AF560994

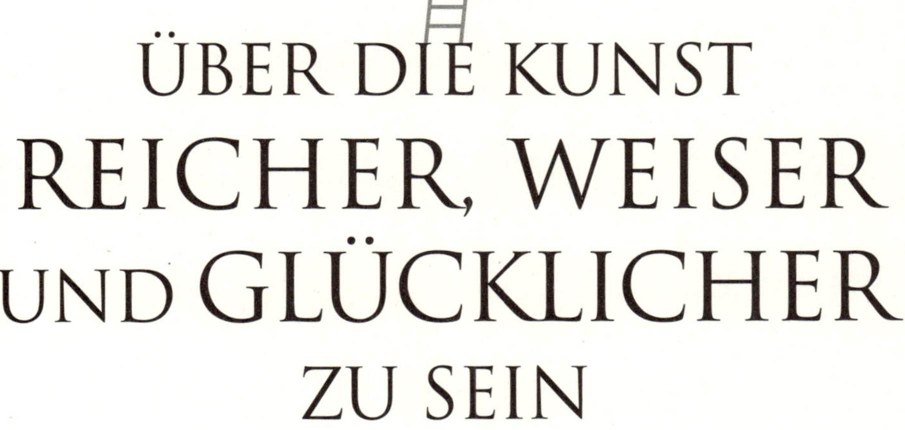

ÜBER DIE KUNST REICHER, WEISER UND GLÜCKLICHER ZU SEIN

WIE DIE BESTEN INVESTOREN DER WELT AN DER BÖRSE UND PRIVAT ERFOLGREICH SIND

WILLIAM GREEN

FBV

Bibliografische Information der Deutschen Nationalbibliothek:
Die Deutsche Nationalbibliothek verzeichnet diese Publikation in der Deutschen Nationalbibliografie. Detaillierte bibliografische Daten sind im Internet über http://dnb.d-nb.de abrufbar.

Für Fragen und Anregungen:
info@finanzbuchverlag.de

1. Auflage 2021

Nymphenburger Straße 86
D-80636 München
Tel.: 089 651285-0
Fax: 089 652096

Die Originalausgabe erschien 2021 unter dem Titel »Richer, Wiser, Happier« im Verlag Scribner.

Übersetzung: Prof. Dr. Fritz Söllner
Redaktion: Petra Sparrer
Korrektorat: Manuela Kahle
Umschlaggestaltung: Catharina Aydemir, in Anlehnung an das originale Cover-Design
Satz: Daniel Förster, Belgern
Druck: GGP Media GmbH, Pößneck
Printed in Germany

ISBN Print 978-3-95972-536-1
ISBN E-Book (PDF) 978-3-98609-018-0
ISBN E-Book (EPUB, Mobi) 978-3-98609-019-7

Weitere Informationen zum Verlag finden Sie unter:

www.finanzbuchverlag.de

Beachten Sie auch unsere weiteren Verlage unter www.m-vg.de.

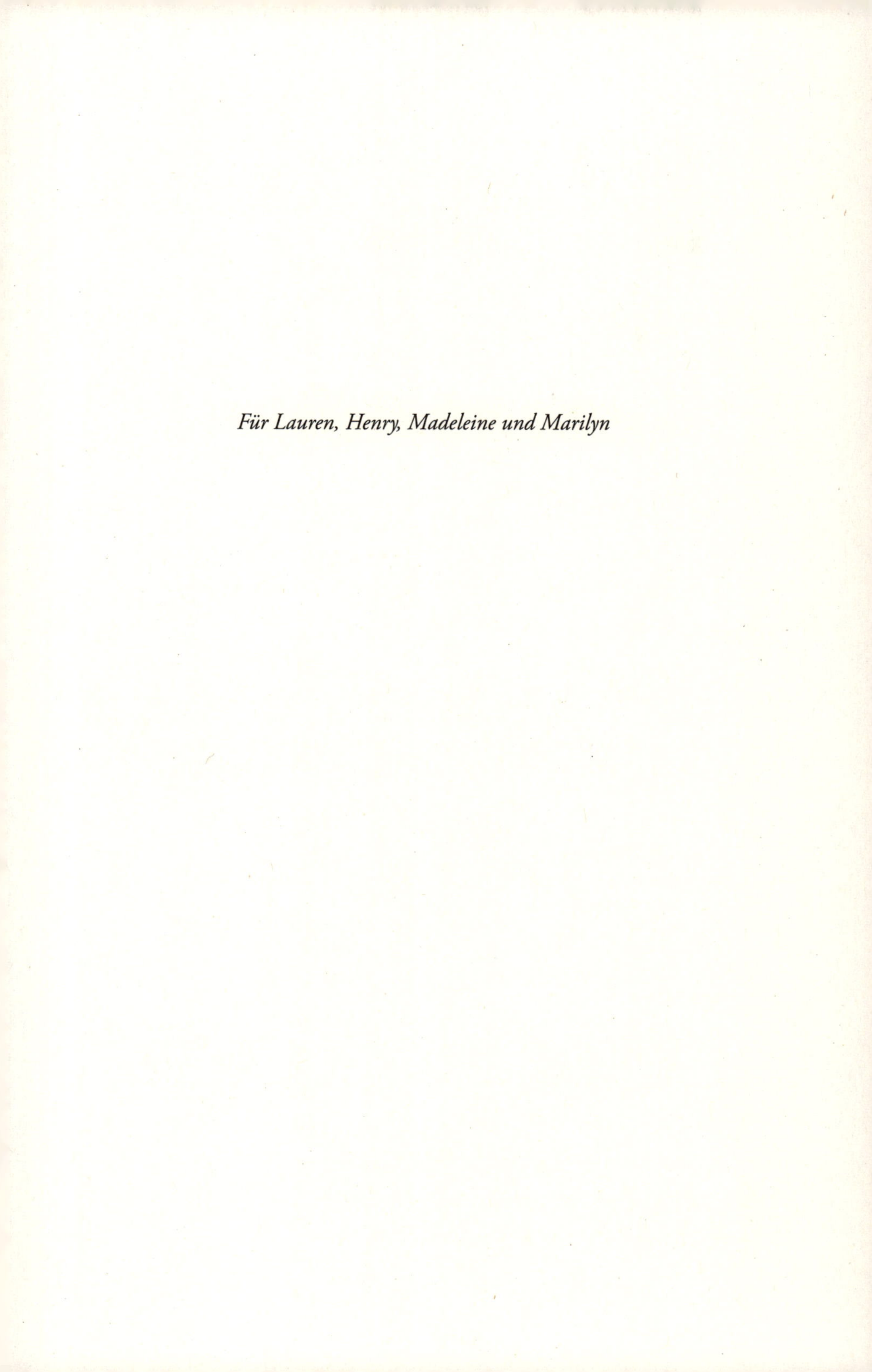

Für Lauren, Henry, Madeleine und Marilyn

INHALT

EINFÜHRUNG

WIE DIE BESTEN INVESTOREN DENKEN

Ein Vierteljahrhundert lang habe ich mich intensiv mit dem Geldanlegen beschäftigt. Dabei sah es anfänglich gar nicht danach aus, dass ich dafür eine Leidenschaft entwickeln würde. Ich hatte weder Kurse für Betriebswirtschaft noch für Volkswirtschaft belegt. Ich hatte kein Gefühl für Zahlen und keine Ahnung von den esoterischen Mysterien der Buchführung. Nachdem ich Oxford mit einem Abschluss in Englischer Literatur verlassen hatte, schrieb ich Romanbesprechungen für Zeitschriften und Berichte über Trickbetrüger und Mörder. Ich war ein aufstrebender Schriftsteller, träumte hochfliegend von literarischem Ruhm und hielt die Wall Street schlicht für ein Spielcasino voller gieriger Spekulanten, die nichts als Geld im Kopf hatten. Immer wenn mir die *New York Times* ins Haus flatterte, warf ich den Wirtschaftsteil weg, ohne ihn auch nur durchgeblättert zu haben.

1995 kam ich dann an etwas Geld, das ich anlegen wollte – die Hälfte des Erlöses aus dem Verkauf eines Apartments, das ich zusammen mit meinem Bruder besessen hatte. Ich begann, viel über Aktien und Anleihen zu lesen, weil ich mein unverhofftes Vermögen unbedingt vergrößern wollte. Dadurch erwachte in mir erneut eine gewisse Neigung zum Glücksspiel, die schon einmal kurz aufgeflammt war, als ich in den 1980er-Jahren als Teenager in England lebte. Mit 15, als ich Schüler in Eton war, schlich ich mich an Sommernachmittagen häufig aus der Schule und verbrachte viele Stunden bei dem örtlichen Buchmacher in der Nähe von Windsor Castle. Dort wettete ich auf Pferde, während meine Klassenkameraden Cricket spielten oder zum Rudern gingen. Eigentlich sollte ich ein vornehmer englischer Gentleman werden, wie Boris Johnson, Prinz William und die anderen Eton-Schüler seit sechs Jahrhunderten. Stattdessen hatte ich ein illegales Wettkonto unter dem Namen Mike Smith.

Nicht die Faszination für diesen Sport oder eine Begeisterung für Pferde war der Grund für mein Interesse an Pferderennen, sondern der Wunsch, reich zu werden ohne zu arbeiten. Ich ging sehr ernsthaft an die Sache heran, machte mir ausführliche Notizen über Pferde und Rennstrecken und verwendete verschiedenfarbige Stifte, um meine Gewinne und Verluste zu markieren. Meinen 16. Geburtstag verdarb ich mir durch einen Streit mit meinen Eltern, die sich geweigert hatten, mir ein Abonnement für Timeform zu kaufen, ein teures Informationssystem zur Rennpferde-Bewertung. Ich war empört, dass sie mir diesen offensichtlichen Weg zu ungeahntem Reichtum versperrten. Kurz danach, nach einer Serie enttäuschender Verluste, gab ich die Pferderennen ein für alle Mal auf.

Als ich ein Jahrzehnt später begann, mich über das Geldanlegen zu informieren, entdeckte ich, dass die Börse ähnlichen Nervenkitzel bot. Allerdings mit wesentlich höheren Erfolgschancen. Aktien erschienen mir als das perfekte Mittel, Geld einfach dadurch zu verdienen, anderen gedanklich etwas voraus zu haben. Natürlich hatte ich keine Ahnung, was ich tat. Aber ich hatte einen nicht zu unterschätzenden Vorteil: Als Journalist konnte ich meiner neuen Leidenschaft frönen, indem ich viele der besten Geldanleger am Markt interviewte.

Für *Forbes, Money, Fortune* und *Time* interviewte ich in den folgenden Jahren die Crème de la Crème der Investorenlegenden und kam dabei immer wieder auf dieselben, grundlegenden Fragen zurück, die mich bis heute faszinieren: Welche Prinzipien, Methoden, Einsichten, Gewohnheiten und Persönlichkeitsmerkmale ermöglichen dieser winzigen Minderheit von Investoren, sich langfristig auf dem Markt zu behaupten und ungeheuer reich zu werden? Und was wichtiger ist: Was können Sie und ich von diesen Ausnahmeerscheinungen lernen und wie können wir nachvollziehen, mit welchen Methoden sie Gewinne erzielen? Um diese Fragen geht es in diesem Buch.

Mich begeisterte, dass viele der Investoren, die ich traf, faszinierende, eigenartige, ja sogar exotische Persönlichkeiten waren. Ich flog auf die Bahamas, um einen Tag mit Sir John Templeton zu verbringen, der in einem karibischen Idyll namens Lyford Cay lebte und als der beste Stock-Picker* des 20. Jahrhunderts galt. Nach Houston reiste ich für ein Gespräch mit Fayez Sarofim, einem geheimnisvollen,

* Ein Stock-Picker ist ein Investor, der gezielt einzelne Aktien nach Maßgabe ihres Wertentwicklungspotenzials auswählt (Anmerkung des Übersetzers).

ägyptischen Milliardär mit dem Spitznamen »die Sphinx«. An den Wänden in seinem Büro hingen Gemälde von El Greco und Willem de Koning und der Fußboden bestand aus einem Mosaik, das aus einer syrischen Kirche des 5. Jahrhunderts stammte. Ich unterhielt mich mit Markt Mobius (dem Kahlkopf), der in den Entwicklungsländern mit einem Privatjet mit vergoldeten Armaturen und Leguanledersitzen herumflog, den er von einem Geschäftsmann aus dem Nahen Osten erworben hatte, dem das Geld ausgegangen war. Ich interviewte Michael Price, der Polo spielte, mehrere hundert Millionen Dollar besaß, Vorstandsvorsitzende terrorisierte, die nur Unterdurchschnittliches leisteten, und an der Wall Street als der »übelste Mistkerl« galt. Ich traf Helmut Friedlaender, der in den 1930er-Jahren aus Deutschland geflohen war und dabei unterwegs nur Halt gemacht hatte, um seine jüngere Schwester mitzunehmen und einen Hut zu kaufen, »weil Gentlemen nicht ohne Hut reisen.« Er trank erlesenen Château Pétrus aus Bordeaux, sammelte wertvolle mittelalterliche Bücher und handelte mit allem – von Terminkontrakten auf Kaffee bis zum Empire State Building. In seinen Neunzigern sagte er mir, er habe »stürmisch gelebt«.

Was ich damals lernte, war unbezahlbar. Jack Bogle, der Erfinder des Indexfonds und Gründer von Vanguard, einer Investmentgesellschaft, die heute 6,2 Billionen Dollar verwaltet, unterhielt sich mit mir über entscheidende Lektionen, die er von seinem Mentor und Helden, einem Pionier der Fondsanlage namens Walter Morgan, gelernt hatte: »Lassen Sie sich niemals zu etwas hinreißen. Gehen Sie nie ein übertriebenes Risiko ein … Achten Sie auf niedrige Kosten.« Und: »Die Masse der Geldanleger liegt immer falsch.« Bogle erklärte mir auch, warum man »kein Genie« sein muss, um als Geldanleger Erfolg zu haben.[1]

Peter Lynch, der erfolgreichste Manager der Investmentgesellschaft Fidelity, erzählte mir, wie er an die Spitze gelangt war, indem er härter als jeder andere gearbeitet hatte. Er sprach aber auch über die vollkommene Unvorhersehbarkeit der Marktentwicklung und die Notwendigkeit, bescheiden zu sein. »In der Schule bekommen Sie viele Einser und Zweier, an der Börse eine Menge Sechser. Und wenn Sie in sechs oder sieben von zehn Fällen richtig liegen, dann sind Sie schon sehr gut.« Lynch erinnerte sich an seinen ersten Fehlschlag, einen Modehersteller, der mit seinen hochfliegenden Plänen »nur wegen *Bonnie und Clyde*« gescheitert war. Dieser Film hatte die Damenmode unerwartet verändert und das gesamte Inventar des Unternehmens »entwertet«. Ned Johnson, der Multimilliardär, der Fidelity zu einem Investmentgiganten gemacht hatte, lachte und sagte zu Lynch: »Sie haben alles richtig gemacht, ab und zu geht es eben schief.«

In den chaotischen Tagen nach den Anschlägen vom 11. September 2002, als die Finanzmärkte ihre schlimmste Woche seit der Weltwirtschaftskrise erlebten, flog ich nach Baltimore, um Bill Miller zu besuchen, der in einer bisher nie dagewesenen Glückssträhne den S&P-500-Index 15 Jahre lang ohne Unterbrechung geschlagen hatte. Wir verbrachten ein paar Tage zusammen und reisten in seinem Privatjet, den er sich zum Teil deswegen gekauft hatte, damit sein zentnerschwerer Irischer Wolfshund mit ihm fliegen konnte. Die Wirtschaft taumelte, ein Krieg in Afghanistan zeichnete sich ab und sein Investmentfonds war seit dem Höchststand um 40 Prozent eingebrochen. Aber Miller blieb entspannt und setzte gelassen Hunderte von Millionen Dollar auf am Boden liegende Aktien, die in der Folge stark ansteigen sollten.

Eines Morgens stand ich neben ihm, als er in seinem Büro anrief und sich nach dem Stand der Dinge erkundigte. Der Aktienanalyst am anderen Ende der Leitung teilte ihm mit, dass AES, ein Unternehmen, dessen Papiere Miller gerade erst gekauft hatte, schreckliche Umsatzzahlen veröffentlicht hatte. Der Aktienkurs halbierte sich, was Miller noch vor dem Mittagessen 50 Millionen Dollar Verlust einbrachte. Er verdoppelte sein Investment umgehend und setzte darauf, dass irrationale Investoren auf die schlechten Nachrichten überreagiert hatten. Wie er mir erklärte, besteht Geldanlegen darin, seine Chancen immer wieder neu zu berechnen: »Es geht nur um Wahrscheinlichkeiten. Es gibt keine Sicherheit.«[2]

Und dann gab es da noch Bill Ruane, einen der erfolgreichsten Stock-Picker seiner Generation. Als Warren Buffett 1969 aus der Investmentgesellschaft, in er damals Teilhaber war, ausstieg, empfahl er Ruane als seinen Nachfolger. Bis zu seinem Tod im Jahr 2005 erzielte Ruanes Sequoia-Fonds erstaunliche Gewinne. Er gab praktisch nie Interviews, aber wir sprachen einmal länger über die vier Grundprinzipien des Geldanlegens, die er in den 1950er-Jahren von einem Starinvestor namens Albert Hettinger gelernt hatte. »Diese einfachen Regeln waren enorm wichtig für mich«, sagte Ruane. »Sie bildeten seither die Grundlage für den Großteil meiner Anlagephilosophie … Und sie sind das Beste, was ich den Leuten raten kann.«

Erste Regel, so warnte Ruane: »Nehmen Sie keine Kredite auf, um Aktien zu kaufen.« Er erinnerte sich an ein frühes Erlebnis, als er, um die Hebelwirkung von

Krediten ausnutzen, »600 Dollar borgte und sie um ein Vielfaches vermehrte.« Dann »brach der Markt ein« und es erwischte ihn so schlimm, dass er alles verkaufen musste und »fast wieder ganz am Anfang stand.« Seine erste Lehre daraus: »Geliehenes Geld anzulegen, ist unvernünftig.« Sein zweiter Grundsatz: »Auf die Kräfte achten, die die Märkte antreiben.« Das heißt, extrem vorsichtig vorzugehen, »wenn Sie sehen, dass die Märkte verrücktspielen,« entweder weil die Herde der Anleger in Panik gerät oder weil sie die Kurse auf Höhen treibt, die nicht gerechtfertigt sind. Drittens sollten Sie Prognosen zur Marktentwicklung vergessen: »Ich bin überzeugt, dass niemand weiß, wie der Markt sich entwickeln wird … Es kommt darauf an, eine vielversprechende Geschäftsidee zu erkennen und in ein Unternehmen zu investieren, das billig ist.«

Für Ruane war die vierte Regel die wichtigste von allen: Investieren Sie in eine kleine Anzahl von Aktien, mit denen Sie sich so intensiv beschäftigt haben, dass Sie einen Informationsvorsprung haben. »Ich versuche, so viel wie ich kann über sieben oder acht gute Geschäftsideen zu lernen«, sagte er. »Und wenn man dann wirklich ein Unternehmen findet, das sehr billig ist, warum sollte man dann nicht 15 Prozent seines Geldes darin investieren?« Für durchschnittliche Geldanleger gibt es aber sicherere Wege zum Erfolg. »Für die meisten Leute ist ein Indexfonds die beste Lösung«, stellte Ruane fest. Aber Anleger, die den Markt schlagen wollten, sollten sich seiner Meinung nach auf wenige Aktien konzentrieren. »Ich kenne niemanden, der in viele Aktien investiert und wirklich Erfolg damit hat – außer Peter Lynch.«

Als wir 2001 miteinander sprachen, sagte mir Ruane, dass 35 Prozent des Vermögens von Sequoia in einer einzigen Aktie angelegt waren: Berkshire Hathaway. Dieses Unternehmen war während der Dotcom-Manie aus der Mode geraten und Buffett, der Präsident und Vorstandsvorsitzende, geriet in den Verruf, kein gutes Händchen mehr zu haben. Ruane sah, was andere nicht erkannten: »ein wunderbares Unternehmen«, das großartige Wachstumsaussichten hatte und vom »klügsten Mann des Landes« geleitet wurde.

Ich begann zu verstehen, dass die besten Investoren intellektuelle Außenseiter sind. Sie haben keine Angst davor, althergebrachte Weisheiten in Frage zu stellen und anders zu handeln. Sie profitieren von den Irrtümern und Fehlern von Leuten, die weniger rational, folgerichtig und leidenschaftslos denken als sie. Einer der besten Gründe, sich mit den Investoren zu beschäftigen, die in diesem Buch vorgestellt werden: Man kann auf diese Weise nicht nur lernen, wie man reich wird, sondern auch besser zu denken und zu entscheiden.

Die Gewinne, die man durch intelligentes und erfolgreiches Geldanlegen erzielen kann, sind so extrem hoch, dass sich viele brillante Menschen davon angezogen fühlen. Aber der Preis, den man zu zahlen hat, wenn man falsch liegt, ist auch extrem hoch – was bei Professoren, Politikern oder anderen Spezialisten selten so ist. Die Einsätze, um die es geht, erklären vielleicht, warum die besten Investoren in der Regel vorurteilslose Pragmatiker sind, die sich unablässig bemühen, ihre Denk- und Entscheidungsprozesse zu verbessern.

Diese Einstellung verkörpert Buffetts Partner Charlie Munger, der geradezu beängstigend klug ist. Er stellte einmal fest: »Ich überlege mir, was funktioniert und was nicht und warum das so ist.« Munger, eine der Hauptpersonen dieses Buchs, hat sich bei seinen Bemühungen um bessere Entscheidungen in vielen Bereichen umgesehen und sich Analyseinstrumente aus so verschiedenen Disziplinen wie der Mathematik, der Biologie und der Verhaltenspsychologie angeeignet. Zu seinen Vorbildern gehören Charles Darwin, Albert Einstein, Benjamin Franklin und Carl Gustav Jacobi, ein Mathematiker des 19. Jahrhunderts. »Ich habe viel von vielen toten Leuten gelernt«, erzählte mir Munger. »Mir war immer klar, dass es eine Menge toter Menschen gibt, die ich näher kennenlernen sollte.«

Ich bin zu der Erkenntnis gelangt, dass die besten Investoren so etwas wie eigenwillige, praktische Philosophen sind. Sie versuchen nicht, die abstrusen Rätsel zu lösen, die viele *tatsächliche* Philosophen fesseln, wie etwa: »Existiert dieser Stuhl wirklich?« Stattdessen suchen sie nach dem, was der Ökonom John Maynard Keynes »Weltweisheit« genannt hat, mit der sie dann drängenderen Problemen auf den Leib rücken. Zum Beispiel: »Wie kann ich kluge Entscheidungen über die Zukunft treffen, wenn die Zukunft nicht bekannt ist?« Sie suchen bei der Lösung solcher Probleme nach Unterstützung, wo immer sie sie finden können: Wirtschaftsgeschichte, Neurowissenschaft, Literatur, Stoizismus, Buddhismus, Sport, Verhaltenswissenschaft, Meditation oder sonst irgendetwas, das hilfreich sein kann. Ihr unbedingter Wille, herauszufinden, »was funktioniert«, macht sie zu wichtigen Vorbildern für unsere eigenen Bemühungen um Erfolg, nicht nur an der Börse, sondern in allen Lebensbereichen.

Man kann sich die fähigsten Investoren auch als meisterhafte Spieler vorstellen. Es ist kein Zufall, dass viele Spitzenfinanzmanager Karten spielen – zum

Vergnügen und wegen des Gewinns. Templeton finanzierte seinen Collegebesuch während der Weltwirtschaftskrise teilweise mit seinen Pokergewinnen. Buffett und Munger sind leidenschaftliche Bridgespieler. Mario Gabelli, ein Milliardär und Investmentmagnat, erzählte mir, wie er damals, als er ein armer Junge aus der Bronx war und als Träger von Golfschlägern in einem vornehmen Golfclub arbeitete, zwischen den Spielrunden Geld beim Kartenspielen verdiente. »Ich war damals elf oder zwölf«, erinnerte er sich, »und alle *dachten*, sie könnten gegen mich gewinnen.« Lynch, der in der Schule, im College und in der Armee Poker gespielt hatte, sagte mir. »Zu lernen, wie man Poker oder Bridge spielt, oder irgendetwas anderes, das einem hilft, Wahrscheinlichkeiten richtig einzuschätzen und seine Entscheidungen entsprechend zu treffen … ist besser, als all die Bücher zu lesen, die es über den Aktienmarkt gibt.«

Meiner Erkenntnis nach ist es hilfreich, das Geldanlegen und das Leben als Spiele anzusehen, bei denen *man bewusst und systematisch seine Erfolgsaussichten maximieren muss.* Die Regeln sind nicht genau greifbar und das Ergebnis ist unsicher. Aber es gibt gute und schlechte Arten, diese Spiele zu spielen. Damon Runyon, der vernarrt in Glücksspiele war, schrieb einmal: »Das ganze Leben ist ein Glücksspiel, bei dem die Chancen sechs zu fünf gegen uns stehen.«* Das mag stimmen. Aber mich fasziniert, dass Templeton, Bogle, Ruane, Buffett, Munger, Miller und die anderen Giganten, mit denen wir uns in den folgenden Kapiteln beschäftigen, kluge Wege gefunden haben, die Chancen zu ihren Gunsten zu beeinflussen. Und mein Ziel ist es, Ihnen zu zeigen, wie sie das gemacht haben.

Schauen wir uns beispielsweise Ed Thorp an, den wahrscheinlich besten Spieler in der Geschichte des Geldanlegens. Bevor er Hedgefonds-Manager wurde, hatte er sich in Spielerkreisen einen unsterblichen Ruf erworben, indem er sich ein raffiniertes System ausdachte, mit dem man das Casino beim Blackjack schlagen

---

* *Die Idylle von Miss Sarah Brown*, eine der besten Kurzgeschichten von Runyon, lieferte die Inspiration für das Musical *Guys and Dolls*. Der Held, ein Glücksspieler mit dem Spitznamen Sky, der hohe Einsätze macht, bekommt von seinem Vater einen wertvollen Rat zu den Gefahren übertriebener Selbstsicherheit – einen Ratschlag, den jeder Geldanleger beherzigen sollte: »Mein Sohn«, sagte der alte Mann, »ganz egal, wie weit du herumkommst oder wie schlau du bist, denke immer daran: Eines Tages, kommt irgendwo jemand und zeigt dir schöne, brandneu verpackte Karten mit noch unversehrtem Siegel und bietet dir an, mit ihm darauf zu wetten, dass der Kreuzbube aus diesem Pack hervorspringen und dir Apfelwein ins Ohr spritzen wird. Aber, mein Sohn,« sagte der alte Mann, »geh nicht auf diese Wette ein, denn sonst bekommst du ganz sicher die Ohren voll Apfelwein.« (Damon Runyon, 1880–1946, war ein amerikanischer Journalist und Schriftsteller; Anmerkung des Übersetzers)

konnte. Wie Thorp mir während eines dreistündigen Frühstücks mit Eiern Benedikt und Cappuccino darlegte, weigerte er sich, die »konventionelle Meinung« zu akzeptieren, es sei mathematisch unmöglich, beim Blackjack einen Vorteil gegenüber dem Kartengeber zu haben. Thorp, der »Vater des Kartenzählens«, verschaffte sich diesen Vorteil, in dem er die Änderung der Wahrscheinlichkeiten berechnete, die sich ergaben, wenn bestimmte Karten »aus dem Pack verschwunden« und »nicht länger verfügbar« waren. Zum Beispiel bot ihm ein Kartenpack mit Assen bessere Chancen als ein Pack ohne Asse. Wenn die Chancen für ihn besser aussahen, setzte er mehr ein, wenn das Casino bessere Chancen hatte, setzte er weniger ein. Langfristig wirkte sich sein kleiner Vorteil enorm zu seinen Gunsten aus. Auf diese Weise machte er ein Glücksspiel, bei dem man nur verlieren konnte, zu einem einträglichen »Mathematikspiel«.

Bei seinem nächsten Coup überlegte sich Thorp, wie man das Casino beim Roulette schlagen konnte. Er und sein Partner Claude Shannon bauten den ersten tragbaren Computer, den Thorp heimlich mit seinem großen Zeh in seinem Schuh einschalten konnte. Dieser Computer, der die Größe einer Zigarettenschachtel hatte, ermöglichte ihm, »die Position und die Geschwindigkeit der Kugel und des Rouletterads sehr genau zu messen«, sodass er vorhersagen konnte, wo die Kugel wahrscheinlich landen würde. Jahrhundertelang war Roulette ein Spiel für Einfältige gewesen, bei dem die Spieler nie im Vorteil sein konnten, weil die Kugel immer mit der gleichen Wahrscheinlichkeit in jedem der 38 Zahlenfächer landen kann. »Aber mit etwas mehr Messung und etwas mehr Wissen, können wir die Wahrscheinlichkeit, was passieren wird, ein bisschen besser einschätzen … So gelang es uns, ein reines Glücksspiel zu einem Spiel zu machen, bei dem wir einen kleinen Vorteil hatten. Und dieser Vorteil ergab sich aus unseren zusätzlichen Informationen.«

Wenn Sie nicht gerade ein Casinobesitzer sind, dann wird diese subversive Gabe von Thorp auf Sie unwiderstehlich wirken. Es war nie das Geld allein, das ihn bewegte, sondern vor allem die Freude an der Lösung »interessanter Probleme«, die alle Experten für unlösbar hielten. »Für mich spielt es keine besondere Rolle, wenn viele Leute etwas behaupten«, sagte Thorp. »Es gilt, unabhängig zu denken, vor allem, wenn es um etwas Wichtiges geht, und zu versuchen, selbst eine Lösung zu finden. Es geht darum, sich die Fakten anzuschauen und konventionellen Meinungen auf den Grund zu gehen.«

Thorps Erlebnisse zeigen: Wenn man seinen finanziellen Erfolg steigern will, kommt es entscheidend darauf an, Spiele zu vermeiden, bei denen man im Nachteil ist. »Glücksspiele spiele ich nicht, wenn ich nicht im Vorteil bin«, sagte Thorp. Alle anderen, die diesen Grundsatz auch anwenden wollen, tun gut daran, sich der Realität so illusionslos wie möglich zu stellen. Thorp: Wenn ich zum Beispiel von Technologie wenig Ahnung habe und auch nicht über die finanzwirtschaftlichen Grundkenntnisse verfüge, die notwendig sind, um ein Unternehmen zu bewerten, dann sollte ich der Versuchung widerstehen, selbst Einzelaktien für mich auszuwählen. Andernfalls wäre ich wie der Trottel am Roulettetisch, der hofft, dass ihm das Schicksal trotz seiner Illusionen hold ist. Wie Jeffrey Gundlach, ein kühl kalkulierender Milliardär, der ungefähr 140 Milliarden Dollar an Anleihen verwaltet, zu mir sagte: »Hoffnung ist keine Methode.«

Ein anderer häufiger Fehler, der die Chancen *zu Lasten* vieler argloser Geldanleger beeinflusst, besteht darin, fürstliche Honorare an mittelmäßige Fondsmanager, Aktienhändler und Finanzberater zu zahlen, deren Leistungen diese Ausgaben nicht rechtfertigen. »Wenn man laufend Gebühren, Handelsprovisionen, Beraterhonorare und andere Arten von Kosten zahlt, dann schwimmt man gegen den Strom«, sagte Thorp. »Wenn man all das *nicht* bezahlt, schwimmt man *mit* dem Strom.« Eine auf der Hand liegende Methode, mit der durchschnittliche Geldanleger ihre Chancen auf langfristige Erfolge erhöhen können, besteht darin, Indexfonds zu kaufen und zu halten, die nur minimale Gebühren berechnen. »Man braucht sich nicht weiter darum zu kümmern und schneidet trotzdem besser ab als vielleicht 80 Prozent aller Leute, die dies nicht tun.« Ein Index wie der S&P 500 wird laut Thorp »wahrscheinlich« langfristig ansteigen, angetrieben »vom Wachstum der amerikanischen Wirtschaft.« Deswegen hat man, anders als Spieler in einem Casino, »einen automatischen Vorteil«, nur weil man sich zu minimalen Kosten an der Aufwärtsbewegung des Markts beteiligt.

Thorps Hedgefonds schlug indessen die Marktindizes zwei Jahrzehnte lang ohne ein einziges Quartal mit Verlusten, weil er sich auf wenig bekannte Anlagemöglichkeiten konzentrierte, die »nicht richtig verstanden worden waren.« Zum Beispiel konnte er wegen seiner ausgewöhnlichen mathematischen Fähigkeiten Optionsscheine, Optionen und Wandelanleihen mit konkurrenzloser Präzision bewerten. Andere Hauptpersonen dieses Buchs wie Howard Marks und Joel Greenblatt verschafften sich ähnliche Vorteile, indem sie sich auf unbeliebte oder vernachlässigte Nischen der Finanzmärkte spezialisierten. Wie wir sehen werden, gibt es viele Möglichkeiten, Gewinne zu machen, aber bei allen muss man auf irgendeine Weise im Vorteil sein. Als ich Thorp fragte, wie ich wissen könne, ob ich im Vorteil sei, gab er mir diese ernüchternde Antwort: »Wenn es keine rationalen Gründe gibt, zu glauben man sei im Vorteil, ist man es wahrscheinlich auch nicht.«

Als ich vor 25 Jahren meine Anlegerlaufbahn begann, sehnte ich mich danach, finanziell unabhängig und niemandem Rechenschaft schuldig zu sein. Die besten Investoren hatten das Geheimnis zum Erfolg enträtselt, was mir damals fast wie ein Wunder vorkam. Aber heute habe ich erkannt, dass es in *vieler* Hinsicht eine wertvolle Hilfe sein kann zu verstehen, wie diese Menschen denken und warum sie Erfolg haben – in finanzieller, beruflicher und persönlicher Hinsicht.

Als ich zum Beispiel Thorp fragte, wie ich meine Chancen auf ein glückliches und erfolgreiches Leben maximieren könne, erläuterte er mir seinen persönlichen Ansatz mit Ausführungen über Gesundheit und Fitness. Thorp, der 84 war, aber 20 Jahre jünger aussah, stellte fest: »Ihnen sind bestimmte genetische Karten zugeteilt worden … Das kann man als Zufall ansehen. Aber es liegt bei Ihnen, wie Sie diese Karten ausspielen.« Dazu gehört die Entscheidung, auf Tabak zu verzichten, sich jährlich medizinisch durchchecken zu lassen, seine Impfungen regelmäßig auffrischen zu lassen und Sport zu treiben. In seinen Dreißigern war Thorp »in einem schrecklichen Zustand« und bekam kaum noch Luft, wenn er auch nur 400 Meter gejoggt war. Deswegen begann er, regelmäßig zu laufen, zuerst jeden Samstag 1600 Meter, dann steigerte er sich allmählich solange, bis er 21 Marathons gelaufen war. Er hat immer noch zweimal pro Woche einen Termin mit seinem persönlichen Fitnesstrainer und geht viermal wöchentlich fünf Kilometer spazieren. Aber als ihm einmal jemand vorschlug, mit dem Fahrradfahren zu beginnen, schaute er sich die Zahl »der Todesfälle pro hundert Millionen Fahrradkilometer« an und »entschied, dass das Risiko zu hoch war.«

Als ich im Juni 2020 wieder mit ihm sprach, war die Welt fest im Griff einer Pandemie, die damals schon mehr als 100 000 Amerikanern das Leben gekostet hatte. Thorp erklärte mir, wie er die Sterblichkeitsraten weltweit analysiert und dabei besonders auf »ungeklärte Todesfälle« geachtet hatte, die das Virus wahrscheinlich verursacht hatte. Er berichtete, er habe Schlussfolgerungen aus der Grippeepidemie von 1918 gezogen, bei der sein Großvater starb, er habe die »tatsächliche Sterblichkeitsrate« geschätzt und Anfang Februar, noch bevor in den Vereinigten

Staaten ein Todesfall verzeichnet worden war, vorhergesagt, dass das Coronavirus unser Land im Laufe der nächsten zwölf Monate 200 000 bis 500 000 Leben kosten würde.

Thorps methodische Vorgehensweise ermöglichte seiner Familie, rechtzeitig Vorkehrungen zu treffen, als erst wenige Amerikaner – und am wenigsten unsere Regierung – das Ausmaß der Bedrohung erkannt hatten. »Wir legten vorsichtshalber Vorräte aller Art an, einschließlich Masken«, sagte er. »Ungefähr einen Monat später erwachten die Leute und begannen, die Läden leer zu räumen.« Drei Wochen bevor die Regierung den nationalen Notstand erklärte, begab sich Thorp in seinem Haus in Laguna Beach selbst in Quarantäne und »traf sich mit niemandem mehr« außer seiner Frau. »Es ist sinnlos, Angst zu haben«, sagte er mir. Aber er verstand die Risiken und handelte entschlossen, um seine Überlebenschancen zu verbessern. Thorp ist wahrscheinlich der Einzige, den ich je getroffen habe, der tatsächlich seine eigene »Sterbewahrscheinlichkeit« berechnet hat.*

Diese Gewohnheit – nämlich leidenschaftslos über Fakten, Zahlen und Wahrscheinlichkeiten nachzudenken, sorgfältig zwischen Risiken und Chancen abzuwägen und vor allem und auf jeden Fall Katastrophen zu vermeiden – erklärt zum Großteil, warum die geschicktesten Investoren lange und gut leben. Thorps Ansicht nach sollten alle Aspekte unseres Verhaltens von »grundsätzlicher Rationalität« geleitet sein. Er weiß zum Beispiel, dass er wahrscheinlicher eine schlechte Entscheidung trifft, wenn er in einem »emotionalen Zustand« ist. Wenn er also »gereizt oder wütend auf jemanden ist«, dann tritt er einen Schritt zurück und fragt sich: »Was weiß ich eigentlich genau? Ist mein Gefühl gerechtfertigt oder nicht?« Eine solche, gelassene Analyse zeigt ihm oft, dass seine negative Reaktion ungerechtfertigt war. »Wir ziehen oft voreilige Schlüsse, auch wenn wir das nicht sollten«, stellte er fest. »Sich mit Urteilen und Schlüssen zurückzuhalten ist deshalb ein wesentliches Element rationalen Verhaltens.«[3]

All das lässt mich glauben, dass die wahren Titanen der Finanzwelt uns dabei helfen können, reicher, weiser und glücklicher zu werden. Ich möchte Ihnen

---

* Wie hat Thorp die Wahrscheinlichkeit geschätzt, dass er an COVID-19 sterben würde? »Ein durchschnittlicher 87-jähriger Mann hat ein rund 20-prozentiges Sterberisiko, wenn er sich mit dem Virus infiziert«, sagte er mir. »Mein Risiko ist geringer, weil viele 87-jährige Männer andere schwerwiegende Gesundheitsprobleme haben, die ich nicht habe. Ich habe keine Vorerkrankungen. Außerdem bin ich sehr vorsichtig. Und für mein Alter bin ich noch recht fit. Deswegen dachte ich mir, dass mein Risiko, vom Virus getötet zu werden, zwischen 2 und 4 Prozent liegt. Aber das ist immer noch ziemlich hoch.«

zeigen, wie sie sowohl an der Börse als auch im Leben Erfolg haben, indem sie unendlich viele Möglichkeiten finden, ihre Erfolgschancen zu optimieren.

Immer zu versuchen, seine Chancen bestmöglich auszunutzen, ist eine außergewöhnlich effektive Verhaltensweise und sie zeigt sich in allem, was sie tun – wie sie sich ihre Zeit einteilen, wie sie sich eine ruhige Umgebung schaffen, in der sie nachdenken können, mit wem sie Zeit verbringen und von wem sie sich fernhalten, wie sie aus Fehlern lernen und vermeiden, diese zu wiederholen, wie sie mit Stress und Missgeschick umgehen, wie sie über Ehrlichkeit und Anstand denken, wie sie Geld ausgeben und verschenken und wie sie versuchen, ein Leben zu führen, das auch jenseits des Geldverdienens Bedeutung und Sinn hat.

Mein Buch ist auf der Basis der wichtigsten Interviews entstanden, die ich in der Vergangenheit mit vielen der weltbesten Investoren geführt habe. Aber ich habe auch Hunderte Stunden damit verbracht, mehr als 40 Investoren gezielt für dieses Buch zu interviewen – überall, von Los Angeles bis London, von Omaha bis Mumbai. Zusammen haben die Personen, denen Sie gleich begegnen werden, Billionen von Dollars im Auftrag von Millionen von Menschen verwaltet. Ich hoffe sehr, dass das Beispiel dieser außergewöhnlichen Investoren Ihr Leben erleuchten und bereichern wird. Ich würde darauf wetten.

KAPITEL 1

DER MANN, DER WARREN BUFFETT GEKLONT HAT

Wie man mit den besten Ideen anderer Leute erfolgreich wird

Ein Mann von Klugheit wird immer Wege einschlagen, die von bedeutenden Männern begangen wurden, und immer die trefflichsten Vorbilder wählen, damit seine Tüchtigkeit, auch wenn sie nicht hinreicht, doch dadurch einigen Glanz erhält.

Niccolò Machiavelli, *Der Fürst*

Ich glaube an den Grundsatz, sich das Beste anzueignen, was sich andere Leute ausgedacht haben. Ich glaube nämlich nicht, dass man sich einfach hinsetzen und versuchen kann, selbst alles herauszufinden. Niemand ist so intelligent.

Charlie Munger

7 Uhr morgens am ersten Weihnachtsfeiertag. Mohnish Pabrai steigt in einen Minivan in Mumbai, während die Sonne am dunstigen Himmel aufgeht. Wir fahren stundenlang die Westküste Indiens entlang durch das Unionsterritorium Dadra und Nagar Haveli. Ab und zu vollführt unser Fahrer waghalsige Manöver und quetscht sich zwischen Bussen und Lastwagen hindurch. Von allen Seiten hupt es und ich schließe mit angstverzerrtem Gesicht die Augen. Pabrai, der in Indien aufwuchs, bevor er zum Studieren in die USA ging, lächelt gelassen. Gefahren begegnet er stets mit Ruhe. Immerhin räumt er ein: »In Indien ist die Unfallrate hoch.«

Es war eine interessante Fahrt, auf der ich Erstaunliches sah. An einer Stelle fuhren wir an einem untersetzten Mann vorbei, der am Straßenrand Ziegelsteine auf den Kopf einer dünnen Frau stapelte, damit diese sie tragen konnte. Weiter im Landesinneren sahen wir mit Gras gedeckte, niedrige Hütten, die einem früheren Jahrtausend anzugehören schienen. Schließlich erreichten wir unser Ziel, eine ländliche Schule namens JNV Silvassa.

Pabrai, einer der bedeutendsten Investoren seiner Generation, war von seinem Zuhause in Irvine, Kalifornien, hierher gereist, um 40 Teenagerinnen zu besuchen. Sie nahmen an einem Programm seiner wohltätigen Stiftung Dakshana teil, die sich um die Ausbildung begabter Kinder aus benachteiligten Familien in ganz Indien kümmert. Dakshana finanziert für diese Mädchen zwei Schuljahre, um sie auf die berüchtigte, schwere Aufnahmeprüfung der Indian Institutes of Technology (IIT) vorzubereiten. Die Absolventen dieser elitären Ingenieurshochschulen sind bei Unternehmen wie Microsoft oder Google hochbegehrt.

Mehr als zwei Millionen Schüler im Jahr bewerben sich bei den IIT, aber weniger als 2 Prozent werden angenommen. Aber Dakshana hat den Zugangscode entschlüsselt. Innerhalb von zwölf Jahren haben 2146 Dakshana-Schüler einen Studienplatz bei den IIT erhalten, was einer Akzeptanzrate von 62 Prozent entspricht. Pabrai sieht *Dakshana* (das Wort aus dem Sanskrit bedeutet »Talent«) als einen Weg, den am stärksten benachteiligten Gruppen der indischen Gesellschaft zu helfen. Die meisten Dakshana-Schüler kommen aus ländlichen Familien, die mit weniger als 2 Dollar am Tag auskommen müssen. Viele gehören zu den niedrigeren Kasten, darunter die »Unberührbaren«, die seit Jahrhunderten unter Diskriminierung leiden.[1]

Jedes Mal, wenn Pabrai ein Klassenzimmer von Dakshana betritt, bricht er das Eis, indem er dieselbe mathematische Aufgabe stellt. Jeder, der diese Aufgabe gelöst hat, hat danach einen Studienplatz an den IIT bekommen und somit erscheint ihm dies ein guter Weg abzuschätzen, wie talentiert die Schüler einer Klasse sind. Die Aufgabe ist so schwer, dass sie fast niemand löst und Pabrai glaubte nicht, dass eine der Schülerinnen in Silvassa ihr gewachsen sein würde. Dennoch schrieb er die Aufgabe mit Kreide an die Tafel des Klassenzimmers: *n sei eine Primzahl ≥ 5. Beweise, dass n2-1 immer durch 24 teilbar ist.* Dann lehnte er sich in einem wackeligen Plastikstuhl zurück, während die Mädchen versuchten, die Antwort zu finden.* Ich fragte mich, was sie wohl von diesem extravaganten, legendären Mann dachten, einem großen, stämmigen, kahl werdenden Geschäftsmann mit üppigem Schnurrbart, bekleidet mit einem Dakshana-Sweatshirt und rosa Jeans.

Nach zehn Minuten fragte Pabrai: »Hat jemand eine Lösung?« Ein 15-jähriges Mädchen namens Alisa antwortete: »Ja, aber es ist nur eine Vermutung.« Ihre Zurückhaltung wirkte nicht sehr überzeugend, aber Pabrai bat sie, nach vorne zu kommen und ihm ihre Lösung zu zeigen. Sie gab ihm ein weißes Blatt Papier und stand bescheiden mit gesenktem Kopf vor ihm, während sie auf sein Urteil wartete. An der Wand über ihr hing ein Plakat, auf dem in amüsant verdrehtem Englisch geschrieben stand: *So lange du an dich selbst glaubst, kann dich nichts in die Irre leiten.*

»Sie ist korrekt«, sagte Pabrai. Er schüttelte Alisa die Hand und bat sie, der Klasse ihre Lösung zu präsentieren. Später erzählte er mir, sie sei das Problem so elegant angegangen, dass sie bei der IIT-Aufnahmeprüfung unter die besten 200 kommen könnte. Pabrai sagte ihr, dass sie »ganz sicher« aufgenommen werden würde. »Du musst nur weiter hart arbeiten.« Ich erfuhr später, dass Alisa aus dem Distrikt Ganjam im Bundesstaat Odisha stammte, einem der ärmsten Indiens, und in eine Kaste hineingeboren worden war, die von der Regierung »sonstige rückständige Gruppen« genannt wird. In ihrer alten Schule war sie von 80 Schülern die Beste gewesen.

Pabrai bat Alisa, sich mit ihm fotografieren zu lassen. »Du wirst mich vergessen«, scherzte er. »Aber dann kann ich dir sagen: Hier ist unser Bild!« Die Mädchen lachten vor Freude, aber ich konnte meine Tränen kaum zurückhalten. Wir hatten etwas Wunderbares miterlebt: Ein der Armut entrissenes Kind hatte gerade bewiesen, dass sie Grips genug hat, sich und ihrer Familie zu Wohlstand zu verhelfen. Angesichts der Umgebung, in der sie aufgewachsen war und ihrer geringen Chancen war das beinahe ein Wunder.

Später an diesem Morgen bestürmten die Schülerinnen Pabrai mit Fragen. Schließlich fasste sich eine ein Herz und fragte, was wahrscheinlich jeder wissen möchte: »Wie haben Sie es geschafft, so viel Geld zu verdienen?«

Pabrai lachte und antwortete: »Ich mache Geld mit dem Zinseszinseffekt.«

* Was ist die Lösung von Pabrais Aufgabe? Das ist ein Mysterium, das ich nie ergründen werde.

Er überlegte, wie er das erklären sollte und sagte dann: »Ich habe ein großes Vorbild. Warren Buffett. Wer hat diesen Namen schon einmal gehört?« Niemand meldete sich. Verständnislose Gesichter. Deshalb erzählte Pabrai den Schülerinnen von seiner 18-jährigen Tochter Momachi und wie sie nach dem Schulabschluss mit einem Sommerjob 4800 Dollar verdient hat. Pabrai hat das Geld für sie auf einem Rentenkonto angelegt. Er bat die Schülerinnen auszurechnen, was mit diesem kleinen Kapital passieren würde, wenn es in den nächsten 60 Jahren um 15 Prozent pro Jahr wachsen würde. »Es verdoppelt sich alle fünf Jahre. Das ergibt zwölf Verdoppelungen«, sagte er. »Im Leben dreht sich alles um Verdopplungen.«

Nach einer Minute hatten die Schülerinnen ausgerechnet: In sechs Jahrzehnten, wenn Momachi 78 Jahre alt ist, sind ihre 4800 Dollar mehr als 21 Millionen Dollar wert. Im Klassenzimmer herrschte große Verwunderung über das fantastische Ausmaß dieses mathematischen Zusammenhangs. »Werdet Ihr den Zinseszinseffekt wieder vergessen?«, fragte Pabrai. Und 40 arme Teenagerinnen aus dem ländlichen Indien riefen mit einer Stimme: »Niemals!«

Wie man aus 1 Million Dollar 1 Milliarde Dollar macht

Vor nicht allzu langer Zeit hatte auch Mohnish Pabrai noch nichts von Warren Buffett gehört. Er ist in bescheidenen Verhältnissen in Indien aufgewachsen und wusste nichts über Geldanlagen, Wall Street oder die Großfinanz. Er wurde 1964 in Bombay (dem heutigen Mumbai) geboren, wo seine Eltern in einem Vorort für 20 Dollar im Monat eine winzige Wohnung gemietet hatten. Sie zogen später nach Neu-Delhi und Dubai.

In Pabrais Familie gab es viele außergewöhnliche Charaktere. Pabrais Großvater war ein berühmter Zauberer, der unter dem Namen Gogi Pasha durch die Welt reiste und sich als geheimnisvoller Ägypter ausgab. Als Kind trat Pabrai zusammen mit ihm auf. Seine Aufgabe war es, ein Ei in der Hand zu halten. Pabrais Vater, Om Pabrai, war ein Unternehmer, der die seltene Fähigkeit besaß, Unternehmen zu gründen, die Bankrott machten. Neben vielen anderen Projekten besaß er eine Schmuckfabrik, gründete einen Radiosender und hatte einen Versandhandel für

Zauberkästen. Wie sein Sohn war er ein unverbesserlicher Optimist. Aber seine Unternehmen waren gefährlich unterkapitalisiert und zu stark fremdfinanziert.

»Ich erlebte, wie meine Eltern mehrmals alles verloren«, sagte Pabrai. »Und wenn ich sage ›alles‹, dann meine ich, dass sie nicht genug Geld hatten, das Essen für den nächsten Tag zu kaufen und die Miete zu bezahlen … Ich will das niemals mehr durchmachen müssen, aber ich sah, dass es ihnen nichts ausmachte. Tatsächlich besteht die wichtigste Lektion, die ich von ihnen gelernt habe, darin, dass sie sich nie unterkriegen ließen. Mein Vater sagte immer: ›Man könnte mich nackt auf einem Felsen aussetzen und ich würde sofort ein neues Geschäft aufmachen.‹«

Als Kind war Pabrai ein schlechter Schüler. In einer Klasse mit 65 Schülern war er einmal der 62., und er litt unter einem geringen Selbstbewusstsein. In der 9. Klasse machte man mit ihm einen Intelligenztest, der sein Leben veränderte. »Ich ging zu dem Mann, der den Test durchgeführt hatte und fragte ihn nach dem Ergebnis? Er sagte, ›Dein IQ ist mindestens 180. Du gibst Dir einfach keine Mühe.‹ Es war, wie wenn jemand einem Pferd die Peitsche gegeben hätte und es losgaloppierte. Das war mein großer Wendepunkt. Man muss den Menschen sagen, dass etwas in ihnen steckt.«

Nach der Schule ging Pabrai auf die Clemson Universität in South Carolina. Dort entdeckte er den Aktienmarkt. Er belegte einen Investmentkurs und hatte bis zum Examen immer Spitzennoten. Sein Professor versuchte, ihn zu überzeugen, sein Hauptfach zu wechseln und statt Computertechnik Finanzen zu studieren. »Ich schlug seinen Rat in den Wind. Damals hielt ich all diese Finanzheinis für Deppen, die keine Ahnung haben. Und dieser kinderleichte Investmentkurs, den ich besuchte und der zehn Mal leichter war als mein Kurs in technischer Mechanik … Warum sollte ich dasselbe Fach wie diese Verlierer wählen?«

Nach dem Studium begann Pabrai, bei Tellabs zu arbeiten. 1990 gründete er die Technologieberatungsgesellschaft TransTech, die er mit 70 000 Dollar an Kreditkartenschulden und 30 000 Dollar von seinem 401(k)-Konto finanzierte.* Für die meisten Leute wäre dieses Risiko zu hoch gewesen, aber er war schon immer eine Spielernatur. In der Tat haben wir einmal einen ganzen Flug lang über seine

* Ein 401(k)-Konto ist eine Art Rentensparplan. Der Name bezieht sich auf den entsprechenden Paragrafen des Internal Revenue Codes (des Bundessteuergesetzbuchs des USA), in dem die steuerliche Behandlung dieser Anlagepläne geregelt ist (Anmerkung des Übersetzers).

Erlebnisse an den Blackjack-Spieltischen in Las Vegas geredet, an denen er stur ein »extrem langweiliges« Kartenzählsystem anwendet, das sich ein Spieler mit einem Doktortitel in Finanzen ausgedacht hat. Pabrai hat vor, 1 Million Dollar zu gewinnen und dann in allen Casinos Spielverbot zu bekommen. Bis zum Jahr 2020 gelang es ihm, aus 3000 Dollar 150 000 Dollar zu machen und er wurde lebenslang »eines kleinen, schäbigen Casinos« verwiesen.

TransTech florierte und hatte schließlich 160 Mitarbeiter. Bis 1994 legte Pabrai 1 Million Dollar Ersparnisse auf die Seite. Zum ersten Mal hatte er eine »Kriegskasse,« die er investieren konnte. In diesem Jahr kaufte er sich das Buch *One Up on Wall Street* von Peter Lynch, um sich die Zeit am Flughafen London-Heathrow zu vertreiben. Damals hörte er zum ersten Mal von Warren Buffett. Staunend erfuhr er, dass der Präsident und Vorstandsvorsitzende von Berkshire Hathaway seit seinem 20. Lebensjahr während der vergangenen 44 Jahre, mit seinen Geldanlagen Gewinne von 31 Prozent pro Jahr erzielt hatte. Dank der Magie des Zinseszinseffekts bedeutete das, dass ein Investment von 1 Dollar 1950 bis zum Jahr 1994 auf die Summe von 144 523 Dollar angewachsen war. Pabrai kam zu dem Schluss, dass Buffett kein Dummkopf war.

Als Junge hatte Pabrai die Geschichte von dem Inder gehört, der das Schachspiel erfunden haben soll. Er zeigte sein Spiel dem König, der ihm eine Belohnung anbot. Der Erfinder bat um ein Reiskorn auf dem ersten Spielfeld des Schachbretts, zwei auf dem zweiten Spielfeld, vier auf dem dritten Spielfeld und so weiter bis zum 64. Spielfeld. Der König, der wenig Ahnung von Arithmetik hatte, gewährte ihm seine Bitte. Pabrai, der viel Ahnung von Arithmetik hat, sagte, der König habe dem Erfinder 18 446 744 073 709 551 615 Reiskörner geschuldet, die heute einen Wert von 300 Billionen Dollar hätten. Als er sich an diese Geschichte erinnerte, wurde ihm sofort klar, dass Buffett den Zinseszinseffekt gemeistert hatte. In 44 Jahren hatte er sein Geld 18 Mal verdoppelt und war nahe daran, der reichste Mann auf der Welt zu werden.

Das brachte Pabrai auf einen Gedanken: Was wäre, wenn er herausfinden könnte, wie Buffett Aktien auswählt und seine Methode nachahmen könnte? Auf diese Weise begann das, was Pabrai als ein »30 Jahre dauerndes Spiel« bezeichnete, mit dem er aus seiner Million Dollar 1 Milliarde Dollar machte. »Es hat mich nicht gereizt, reich zu werden«, sagte er. »Es hat mich gereizt, das Spiel zu gewinnen. Warren geht es um dasselbe wie mir – nämlich anhand der Ergebnisse zu beweisen, dass ich das Bestmögliche getan habe und der Beste bin, weil ich das Spiel fair und nach den Regeln gespielt und gewonnen habe.«

Wir können alle von Pabrai und seiner Methode, ein Milliardär zu werden, lernen – und zwar nicht nur auf dem Gebiet der Geldanlage, sondern in allen Lebensbereichen. Er hat nicht versucht, das Rad neu zu erfinden, indem er sich zum Beispiel einen neuen Algorithmus ausdachte, um winzige Preisanomalien an den Märkten auszunutzen. Stattdessen identifizierte er den fähigsten Spieler in diesem besonderen Spiel, analysierte, warum er so erfolgreich war und kopierte sein Vorgehen dann sorgfältig bis ins Detail. Pabrais Bezeichnung für diese Methode ist Klonen. Wir könnten sie auch Nachbildung, Nachahmung oder Reproduktion nennen. Die Bezeichnung spielt keine Rolle. Es ist eine Methode für Leute, denen es mehr darum geht zu gewinnen, als respektabel oder intellektuell zu erscheinen.[2]

Durch das Klonen von Buffett – und später von dessen umfassend gebildetem Partner Charlie Munger – wurde Pabrai einer der führenden Investoren unserer Zeit. Von 2000 bis 2018 erzielte sein Flaggschiff-Hedgefonds einen Wertzuwachs von überwältigenden 1204 Prozent gegenüber den 159 Prozent, um die der S&P-500-Index im selben Zeitraum gestiegen ist. Wenn man ihm 100 000 Dollar anvertraut hätte, als er im Juli 1999 mit der Vermögensverwaltung begann, wäre diese Summe bis zum 31. März 2018 (nach Kosten und Gebühren) auf 1 826 500 Dollar angewachsen.*

Und doch basiert der Erfolg von Pabrai, sowohl als Investor als auch als Wohltäter, ausschließlich auf den guten Ideen anderer, die er übernommen hat. »Ich ahme hemmungslos andere nach«, sagte er. »*Alles* in meinem Leben ist geklont.« Bewusst, systematisch und voller Freude hat er die Gedanken von Buffett, Munger und anderen untersucht, nicht nur, um auf Investmentideen zu kommen, sondern auch, um Einsichten zu gewinnen, wie er sein Unternehmen führen, wie er Fehler vermeiden, wie er sich ein Renommee erwerben, wie er Geld spenden, wie er

---

* Dies gilt unter der Annahme, dass man sich an seinem ursprünglichen Fonds (Pabrai Investmentfonds 1) beteiligt hat, als dieser 1999 aufgelegt wurde, und ihn bis zum 31. März 2018 gehalten hat. Pabrai gab den ersten Investoren die Garantie, dass er für etwaige Verluste aufkommen würde. Er erkannte, dass ihn eine solche Großzügigkeit benachteiligte, schloss diesen Fonds und verschmolz ihn im Jahr 2002 mit dem Pabrai Investmentfonds 2. Man muss darauf hinweisen, dass die Erträge sehr stark geschwankt haben. Zum Beispiel erlitt er im ersten Halbjahr 2020 einen Verlust von 15,1 Prozent, sodass die Wertsteigerung seines Fonds seit dessen Gründung noch 671,3 Prozent betrug, gegenüber 218,4 Prozent für den S&P 500. Eine von Pabrais Stärken besteht darin, dass ihm diese nervenzerreißenden Schwankungen nichts ausmachen.

Beziehungen gestalten, wie er sich seine Zeit einteilen und wie er ein glückliches Leben führen kann.[3]

Pabrais Bekenntnis zur Nachahmung wirft eine ganze Reihe provozierender Fragen auf. Wird Originalität überschätzt? Sollten die meisten von uns, statt nach Neuerungen zu streben, ihre Anstrengungen darauf richten nachzumachen, was sich klügere und vernünftigere Leute schon erarbeitet haben? Wenn die Nachahmung solch eine wirkungsvolle Methode ist, warum wird sie dann nicht von mehr Menschen angewandt? Hat diese Methode auch Nachteile? Und wie können wir von ihr profitieren, ohne uns dabei selbst aufzugeben?

Während der vergangenen sieben Jahre habe ich viel Zeit mit Pabrai verbracht. Ich bin mit ihm mehrmals nach Omaha zur Jahreshauptversammlung von Berkshire Hathaway gefahren. Ich habe ihn in seinem Büro in Kalifornien interviewt. Wir sind fünf Tage lang durch Indien gereist und haben uns dabei sogar ein Schlafwagenabteil im Nachtzug von Kota nach Mumbai geteilt. Und wir haben uns auf der ganzen Welt zusammen den Bauch übervollgeschlagen – von dem koreanischen Grillrestaurant bei ihm zu Hause bis zu einer Imbissbude am Straßenrand von Jaipur in Indien.

In dieser Zeit habe ich die großen Vorteile seiner Methode des Nachmachens, Nachvollziehens und oft auch des Verbesserns der Erfolgsstrategien anderer schätzen gelernt. Pabrai, der eifrigste Nachahmer, den ich je getroffen habe, hat die Kunst, sich Ideen anderer anzueignen, so weit entwickelt, dass es fast schon wieder originell ist. Seine Gedanken haben mich sehr beeinflusst. Tatsächlich besteht ein wichtiges Ziel meines Buchs darin, Ideen mit meinen Lesern zu teilen, die ich als »nachahmenswert« bezeichne.

Die Gesetze des Geldanlegens

Wenn Pabrai auf ein Thema trifft, das ihn fasziniert, dann widmet er sich ihm mit voller Leidenschaft. Im Fall von Buffett gab es mehr als genug Material dafür, zu dem unter anderem die Aktionärsbriefe von Berkshire Hathaway während mehrerer Jahrzehnte und einflussreiche Bücher wie etwa *Buffett: The Making of an American Capitalist* von Roger Lowenstein gehörten. Pabrai hat alles verschlungen. Er begann auch, jedes Jahr nach Omaha zur Jahreshauptversammlung von Berkshire Hathaway zu pilgern, die der in über 20 Jahren kein einziges Mal versäumte. Schließlich entwickelte sich eine persönliche Beziehung zwischen Pabrai und Buffett. Durch Buffett freundete er sich auch mit Munger an, der ihn inzwischen zum Essen in sein Haus in Los Angeles und zum Bridgespielen in seinen Club einlädt. Aber am Anfang musste sich Pabrai auf seine Lektüre beschränken. Und je mehr er las, desto mehr war er überzeugt, dass Buffett mit Mungers Unterstützung die »Gesetze des Geldanlegens« aufgestellt hatte, die »genauso fundamental wie die Gesetze der Physik« waren.

Buffetts Methode, Geld anzulegen, schien »so einfach« und »so erfolgreich« zu sein, dass Pabrai sie für die einzig richtige Methode hielt. Aber als er sich mit anderen Investmentmanagern beschäftigte, stellte er überrascht fest, dass sich fast keiner von ihnen an die Gesetze Buffetts hielt. Sie kamen ihm vor »wie eine Gruppe von Physikern, die nicht an die Schwerkraft glaubten … Aber ob man nun an die Schwerkraft glaubt oder nicht, sie wird einen verdammt noch Mal anziehen.«

Für Pabrai war offensichtlich: Die meisten Fondsmanager hielten zu viele Aktien, bezahlten zu teuer für sie und kauften und verkauften zu oft. »Diese gemanagten Fonds sitzen auf ein paar hundert oder tausend Aktienpositionen. Wie könnte man 200 Unternehmen finden, deren Aktien sich alle verdoppeln? Und wenn ich mir anschaue, welche Aktien sie halten, dann stelle ich fest, dass sie Papiere besitzen, deren Kurs-Gewinn-Verhältnis über 30 liegt. Mir war klar, dass man sie übers Ohr gehauen hatte.«

Pabrai hatte ein Buch des Managementgurus Tom Peters gelesen, in dem er das Beispiel von zwei Selbstbedienungstankstellen anführt, die sich an derselben Straße gegenüberlagen. Das Geschäft der einen floriert, weil sie guten Service bietet, wie zum Beispiel die kostenlose Reinigung der Windschutzscheibe. Die andere beschränkt sich auf das unbedingt notwendige Minimum an Kundendienst. Was wird passieren? Natürlich werden die Kunden mit der Zeit nur noch zur ersten Tankstelle mit dem besseren Service gehen. Dieser offensichtliche Fehler der zweiten Tankstelle versetzte Pabrai in Erstaunen, denn schließlich wäre nichts einfacher gewesen, als die bessere Geschäftsstrategie zu kopieren, die sie so klar vor Augen hatte.

»Menschen haben irgendetwas Eigenartiges in ihrer DNS, das sie davon abhält, gute Ideen anderer einfach zu übernehmen«, sagte Pabrai. »Ich habe schon vor langer Zeit gelernt, die Welt innerhalb und außerhalb der eigenen Branche aufmerksam zu beobachten und dass man sich, wenn man sieht, dass jemand etwas Schlaues tut, dazu *zwingen* muss, es nachzumachen.« Das klingt offensichtlich, wenn nicht gar banal. Aber diese Gewohnheit war ausschlaggebend für Pabrais Erfolg.

Mit dem Eifer eines zutiefst Überzeugten entschied er sich, Geld so zu investieren, »wie Warren sagte, dass man es investieren solle.« Angesichts der Tatsache, dass Buffett einen Durchschnittsertrag von 31 Prozent pro Jahr erzielt hatte, ging Pabrai naiv davon aus, es könne nicht allzu schwer sein, 26 Prozent pro Jahr zu schaffen. So würde sich seine Million Dollar alle drei Jahre verdoppeln und in 30 Jahren auf 1 Milliarde Dollar angewachsen sein. Um sich an dieses Ziel zu erinnern, das er mit Hilfe des Zinseszinseffekts erreichen wollte, wählte er das Autokennzeichen COMLB 26.* Selbst wenn er sein Ziel von 26 Prozent pro Jahr weit verfehlte, könnte er trotzdem gute Ergebnisse erzielen. Wenn er zum Beispiel im Durchschnitt 16 Prozent pro Jahr schaffte, würden aus seiner Million Dollar in 30 Jahren immerhin 85,85 Millionen Dollar werden. So viel kann der Zinseszinseffekt bewirken.

Natürlich hatte er keinen MBA von einer berühmten Universität wie Wharton oder Columbia. Er war kein amtlich geprüfter Finanzanalyst und hatte keine Erfahrung an der Wall Street.** Aber Pabrai, der sein ganzes Leben als ein einziges großes Spiel ansieht, ging davon aus, durch die konsequente Anwendung der Methode von Buffett gegenüber all den Narren im Vorteil zu sein, die es versäumten, dem Weisen von Omaha zu folgen. »Ich will nur Spiele spielen, von denen ich weiß, dass ich sie gewinnen kann«, sagt Pabrai. »Wie gewinnt man ein Spiel? Man muss natürlich gemäß den Regeln spielen. Und man ist dann im Vorteil und wird gewinnen, wenn man gegen Spieler spielt, die die verdammten Regeln *nicht einmal kennen.*«

Pabrais Auffassung nach basierte Buffetts Methode der Aktienauswahl auf drei Kernkonzepten, die er von Benjamin Graham gelernt hatte, dem Schutzheiligen der wertorientierten Geldanlage, der Buffett an der Universität Columbia

* Der Zinseszins heißt im Englischen »*compound interest.*« Das Kennzeichen Pabrais lässt sich deshalb wie folgt deuten: COM (*compound interest*), LB (*like Buffett*), 26 (Pabrais Ziel von 26 Prozent pro Jahr) (Anmerkung des Übersetzers).

** Mit Wharton ist die Wharton Business School der Universität von Pennsylvania gemeint, die erste Business School weltweit. Columbia ist die Universität Columbia in New York City (Anmerkung des Übersetzers).

unterrichtet und später eingestellt hatte. Erstens: Immer wenn man eine Aktie kauft, dann kauft man einen Anteil an einem aktiven Unternehmen, hinter dem gewisse Werte stehen, und nicht bloß ein Stück Papier, mit dem Spekulanten Handel treiben.

Zweitens sah Graham den Aktienmarkt als eine Art »Abstimmungsmechanismus« und nicht als »Bewertungsmechanismus,« was bedeutet, dass die Aktienkurse oft nicht dem wahren Wert der jeweiligen Unternehmen entsprechen. Wie Graham in *The Intelligent Investor** schrieb, ist es hilfreich, sich den Markt als einen Manisch-Depressiven vorzustellen, der »sich oft von seinem Enthusiasmus oder seinen Ängsten fortreißen lässt.«

Drittens sollte man nur dann eine Aktie kaufen, wenn ihr Kurs unter ihrem konservativ geschätzten, wirklichen Wert liegt. Die Differenz zwischen dem wahren Wert eines Unternehmens und dem Kurs seiner Aktien stellt, in Grahams Worten, eine Art »Sicherheitspolster« dar.

Aber was bedeutet all das in der Praxis? Grahams Erkenntnis, der Markt neige zu irrationalen Stimmungsschwankungen, hat wichtige Konsequenzen. Für Meisterinvestoren wie Buffett oder Munger besteht das Wesen des Börsenspiels darin, sich von den Verrücktheiten der anderen Marktteilnehmer zu lösen und geduldig zu warten, bis der bipolare Markt ihnen, wie Munger das nannte, »ein falsch bewertetes Spiel« bietet. Hektische Aktivität wird nicht belohnt. Stattdessen geht es bei der Geldanlage vor allem darum, auf die seltenen Momente zu warten, in denen die Chancen, Geld zu gewinnen, viel höher sind als die Chancen, Geld zu verlieren. Wie Buffett gesagt hat: »Man muss nicht wie wild hinter jedem Ball herlaufen. Man kann warten, bis man eine gute Vorlage bekommt. Das Problem für einen Fondsmanager besteht darin, dass ihm seine Fans andauernd zurufen: ›Lauf los, du Faulpelz!‹«

Buffett ist über die Zurufe der Menge vollkommen erhaben und dreht mitunter jahrelang Däumchen. Zum Beispiel kaufte er zwischen 1970 und 1972 fast nichts, als euphorische Anleger die Kurse in schwindelerregende Höhen trieben. Dann, als der Markt 1973 zusammenbrach, kaufte er eine größere Beteiligung am

* *The Intelligent Investor*, ein 1949 veröffentlichtes Buch, rühmte Buffett als »das bei weitem beste Buch, das je zum Thema Geldanlage geschrieben wurde«. Wir werden seinen bemerkenswerten Autor im vierten Kapitel näher kennenlernen.

Unternehmen, das die *Washington Post* herausgab, die er vier Jahrzehnte lang hielt. In seinem klassischen Aufsatz »The Superinvestors of Graham-and-Doddsville« schrieb Buffett, der Markt habe dieses Unternehmen damals mit 80 Millionen Dollar bewertet, »obwohl man die Unternehmenswerte an einen der mindestens zehn potenziellen Käufer für nicht weniger als 400 Millionen Dollar hätte verkaufen können … Man sollte nicht versuchen, ein Unternehmen, das 83 Millionen Dollar wert ist, für 80 Millionen Dollar zu kaufen. Man braucht eine sehr große Marge. Wenn man beispielsweise eine Brücke baut, dann legt man sie so aus, dass sie Vierzehntonner aushält, obwohl tatsächlich nur Fünftonner darüberfahren. Und dasselbe Prinzip gilt auch für das Geldanlegen.«

In unserer hektischen Zeit erkennen nur wenige Leute die Vorteile dieser ruhigen und wählerischen Strategie, die zwar nur seltene, dafür aber entscheidende Aktivitätsausbrüche erfordert. Munger, ein 90-Jähriger, den Pabrai »für den intelligentesten Menschen« hält, den er je getroffen hat, verkörpert diese Methode. »Man muss sich wie ein Mann verhalten, der mit seinem Fischspeer am Flussufer steht. Die meiste Zeit tut er gar nichts. Wenn aber ein fetter, saftiger Lachs vorbeischwimmt, spießt er ihn auf. Dann tut er wieder gar nichts. Es kann ein halbes Jahr dauern, bis der nächste Lachs vorbeischwimmt.«

Die wenigsten Fondsmanager denken und handeln so. Stattdessen gehen sie, wie Pabrai sagt, »viele Wetten, kleine Wetten und häufige Wetten« ein. Aber es gibt am Markt einfach nicht genug überzeugende Gelegenheiten, um ein solches Ausmaß an Aktivität zu rechtfertigen. Deshalb wartet Pabrai wie seine beiden Idole lieber auf die saftigsten Lachse. Während eines Gesprächs in seinem Büro in Irvine sagte er: »Die wichtigste Fähigkeit, die man zum Geldanlegen braucht, ist Geduld – *sehr viel Geduld.*« Als der Markt 2008 zusammenbrach, tätigte er zehn Investments in zwei Monaten. In normalen Zeiten ist er typischerweise viel weniger aktiv. Im Jahr 2011 kaufte er nur zwei Aktien, drei 2012 und 2013 gar keine.

2018 besaß Pabrais Offshore-Hedgefonds überhaupt keine US-Aktien, weil keine billig genug erschien. Stellen Sie sich das einmal vor: Unter etwa 3700 Unternehmen, deren Anteile an den großen US-Börsen gehandelt werden, fand Pabrai keine einzige, unwiderstehliche Kaufgelegenheit. Statt sich mit amerikanischen Aktien zufriedenzugeben, die ihm überwertet erschienen, zog er mit seinem Fischspeer zu den ergiebigeren Fischgründen Indiens, Chinas und Südkoreas. Wie Munger gerne sagt, gibt es beim Fischen zwei Regeln. Regel Nummer Eins: »Fische dort, wo Fische sind.« Und die Regel Nummer zwei: »Vergiss niemals Regel Nummer eins.«

Dann kam es im Frühjahr 2020 auf dem US-Markt zu einem Kurssturz, als der COVID-19-Virus unter den Investoren Angst und Schrecken verbreitete. Der Einzelhandel lag am Boden, Geschäfte schlossen auf unbestimmte Zeit und die Verbraucher mussten im Lockdown daheimbleiben. Im Zentrum dieses Bebens stand Seritage Growth Properties, ein Immobilienunternehmen, zu dessen Mietern viele Einzelhändler zählten, die ihre Miete nicht länger zahlen konnten. »Der Markt hasst diese kurzfristigen Unruhen und Probleme«, sagt Pabrai. Er nutzte die Panik aus und kaufte zu einem außergewöhnlich günstigen Preis eine Beteiligung von 13 Prozent an Seritage. Er geht davon aus, dass er am Ende das Zehnfache seines Einsatzes verdienen wird, wenn sich die Ängste legen und auch andere erkennen, wie viel die Premiumimmobilien von Seritage wert sind.*

Buffett, Munger und Pabrai verfolgen nicht als Einzige eine Strategie, die sich durch große Geduld und sorgfältige Aktienauswahl auszeichnet. Zu ihrem elitären Klub gehören große Investoren wie Francis Chou, einer der bekanntesten Fondsmanager Kanadas. Als ich ihn 2014 zum ersten Mal interviewte, hielt er 30 Prozent seines Fondsvermögens in Form von Bankguthaben und hatte seit Jahren keine Aktien in nennenswertem Umfang gekauft. »Wenn es kaum etwas zu kaufen gibt, muss man sehr vorsichtig sein«, sagte er mir. »Man kann nichts erzwingen. Man muss einfach Geduld haben und dann kommen die Kaufgelegenheiten schon von selbst.« Er warnte: »Wenn man andauernd am Markt aktiv sein will, dann spielt man das Spiel wie ein Dummkopf und wird Verluste machen.«

Wie lange kann er durchhalten, ohne zu kaufen? »Nun, ich kann zehn Jahre warten, vielleicht sogar länger«, antwortete Chou. In der Zwischenzeit analysiert er Aktien, die für den Kauf nicht billig genug sind, spielt Golf und liest zwei- bis vierhundert Seiten am Tag. Um emotionalen Abstand vom täglichen Drama an den Märkten zu gewinnen, nutzt er die Technik, von sich in der dritten anstatt in der ersten Person zu denken.

---

* Pabrai gefiel auch, dass Buffett, dessen Immobilienanlagen »praktisch immer erfolgreich« waren, Seritage in seinem persönlichen Portfolio hielt. »Wir klonen nicht nur seine Methode«, sagte mir Pabrai, »wir haben auch diese Anlageposition direkt geklont, und zwar zu einem Fünftel oder einem Sechstel des Preises, den er gezahlt hat.« Ich gebe hiermit bekannt, dass ich den Kloner geklont und während der COVID-Krise auch in Seritage investiert habe.

Wie Chou führt Pabrai sein Leben auf eine Weise, die zu seiner heroisch-inaktiven Investmentstrategie passt. Als ich ihn in seinem Büro in Irvine besuchte, trug er Shorts, Turnschuhe und ein kurzärmliges Hemd. Er sah weniger wie ein auf Hochtouren laufender Börsianer aus als wie ein Urlauber, der sich überlegt, ob er am Strand entlangschlendern soll. Da er Buffett klont, der ihm einmal die leeren Seiten seines kleinen, schwarzen Terminkalenders gezeigt hatte, hält Pabrai sich seinen Terminkalender praktisch völlig frei, damit er seine Zeit damit verbringen kann, zu lesen und Unternehmen zu analysieren. Typischerweise plant er für seine Arbeitstage im Büro keine Telefonate und keine Konferenzen. Eines seiner Lieblingszitate stammt von dem Philosophen Blaise Pascal: »Alle Probleme der Menschheit sind auf die Unfähigkeit der Menschen zurückzuführen, ruhig und allein in einem Zimmer zu sitzen.«

Laut Pabrai stellt es eine Herausforderung dar, dass »starke Motoren nicht dazu geeignet sind, im Leerlauf zu verharren und nichts anzutreiben.« Seiner Meinung nach haben die Aktionäre von Berkshire Hathaway sehr davon profitiert, dass Buffett leidenschaftlich online Bridge spielt, da dieser Zeitvertreib der »natürlichen Neigung zur Tat« entgegenwirkt. Pabrai spielt auch online Bridge und er reagiert sich beim Fahrradfahren und beim Racquetball ab.* Wenn es nichts zu kaufen gibt und auch keinen Grund, etwas zu verkaufen, dann kann er sich mehr seiner wohltätigen Stiftung widmen. Er sieht einen Vorteil darin, dass sein Investmentteam aus einer einzigen Person besteht: ihm selbst. »Sobald man weitere Personen im Team hat, wollen sie aktiv sein und irgendetwas tun – und dann geht's abwärts.« In vielen Bereichen ist der Drang nach Aktivität eine Tugend, aber wie Buffett 1998 bei der Jahreshauptversammlung von Berkshire Hathaway sagte: »Wir werden nicht dafür bezahlt, irgendetwas zu tun, sondern nur dafür, Recht zu haben.«

Pabrai, ein Einzelgänger mit einem Hang zur Misanthropie, war wie geschaffen für das so wunderbar lukrative Metier, allein in einem Raum zu sitzen und ab und zu eine unterbewertete Aktie zu kaufen. Als er sein Technologieunternehmen leitete, heuerte er zwei Organisationspsychologen an, um sein Persönlichkeitsprofil zu erstellen. Sie fanden heraus, dass er vollkommen ungeeignet war, eine größere Zahl von Mitarbeitern zu führen. »Ich bin nicht dieser fürsorgliche Vorgesetzte, der sich um einen Haufen Sensibelchen kümmern, sie aufbauen und motivieren

---

* Racquetball ist eine dem Tennis und dem Squash verwandte Ballsportart (Anmerkung des Übersetzers).

kann und all den anderen Mist.« Das Investmentgeschäft hingegen war für ihn wie ein dreidimensionales Schachspiel, bei dem das Ergebnis – und das war wesentlich – nur von ihm abhing.

Sagen Sie zu fast allem Nein

Eines der ersten Unternehmen, das Pabrai interessierte, war ein winziges, indisches Technologieunternehmen: Satyam Computer Services, dessen Aktien er 1995 kaufte. Er hatte viel Ahnung von dieser Branche, in der er selbst tätig war, und er hielt die Aktien für »extrem billig«. Pabrai sah voller Erstaunen dabei zu, wie der Kurs der Aktie innerhalb von fünf Jahren um das Hundertvierzigfache stieg. Er verkaufte im Jahr 2000, als das Unternehmen hoffnungslos überbewertet war und machte dabei einen Gewinn von 1,5 Millionen Dollar. Danach platzte die Technologieblase der späten 1990er-Jahre und die Aktie verlor mehr als 80 Prozent an Wert. Amüsiert von seinem Glück verglich sich Pabrai scherzhaft selbst mit Forrest Gump, der ein Vermögen »mit irgendeinem Obstgeschäft« verdient hatte – nämlich mit Apple Computers.

Mit Glück und Verstand machte Pabrai aus seiner Million Dollar in weniger als fünf Jahren 10 Millionen Dollar. Da ihm klar war, dass er noch viel lernen musste, schrieb er an Buffett und bot ihm an, umsonst für ihn zu arbeiten. Buffett antwortete: »Ich habe viel über die optimale Einteilung meiner Zeit nachgedacht und bin zu dem Ergebnis gekommen, dass ich allein am besten arbeiten kann.« Also verfolgte Pabrai seinen Plan B. Einige Freunde hatten von seinen Aktientipps profitiert und baten ihn, ihr Vermögen zu verwalten. 1999 gründete er eine Investmentgesellschaft mit 900 000 Dollar von acht Leuten und 100 000 eigenen Dollar. Etwa ein Jahr später verkaufte er seine Technologieberatungsgesellschaft TransTech für 6 Millionen Dollar, um sich ausschließlich auf Geldanlagen konzentrieren zu können.

Von 1956 bis 1969 hatte Buffett Investmentgesellschaften mit spektakulärem Erfolg gemanagt. Deshalb tat Pabrai das, was für ihn auf der Hand lag: Er klonte jedes Detail des Gesellschaftsmodells von Buffett. Beispielsweise berechnete Buffett keine jährliche Verwaltungsgebühr, sondern beanspruchte eine Erfolgsprämie in Höhe von 25 Prozent aller Gewinne, die die »Schwelle« von 6 Prozent pro Jahr überstiegen. Wenn er einen Ertrag von Prozent oder weniger erwirtschaftete, verdiente er keinen Cent. Aber überdurchschnittliche Erträge wurden fürstlich honoriert. Pabrai übernahm dieses Entlohnungsmodell, durch das sich eine Interessenharmonie zwischen Anlegern und Management erreichen ließ, die ihm erlaubte, »sein Geschäft ehrbar zu betreiben«.*

Tatsächlich hatte Buffett sein Gebührenmodell von Graham abgeschaut, der es in den 1920er-Jahren verwendete. Buffett kannte sich selbst mit dem Klonen aus und sagte: »Wenn man von anderen Leuten lernen kann, braucht man nicht so viele eigene Ideen zu haben. Man orientiert sich einfach an dem Besten von dem, was man sieht.« Natürlich besteht die Herausforderung zum Großteil darin herauszufinden, was das Beste ist, den Rest zu verwerfen und nicht etwa blindlings alles nachzuahmen. Beispielsweise war Graham ein überzeugter Anhänger der Diversifizierung, wohingegen Buffett reich wurde, indem er nur auf eine sehr kleine Zahl unterbewerteter Aktien setzte. Das ist ein wichtiger Punkt. Buffett bediente sich großzügig bei den Ideen anderer, aber er modifizierte den von Graham übernommenen Ansatz so, dass er zu seinen eigenen Vorstellungen passte.

Nach Buffetts Vorbild stellte sich Pabrai ein ungewöhnlich kleines Investmentportfolio zusammen. Er war der Meinung, mit zehn Aktien seien seine Anlagen weit genug gestreut. Wenn man so wenige Aktien kauft, kann man sich auch leisten, wählerisch zu sein. Pabrai schaut sich Hunderte von Aktien an und verwirft sehr schnell fast alle, oft in weniger als einer Minute.** Buffett ist ein Meister dieser

---

* Die meisten Hedgefonds berechnen eine Verwaltungsgebühr von 2 Prozent und eine Gewinnbeteiligung von 20 Prozent – ein Modell, das Pabrai mit dem Wurf einer Münze gemäß folgender Regel vergleicht: »Kopf: ich gewinne; Zahl: du verlierst.« Wenn diese Fonds einen Ertrag von 10 Prozent erwirtschaften, machen die Anleger (nach Gebühren) nur einen Gewinn von 6,4 Prozent. Langfristig geraten Hedgefonds-Anleger durch diese hohe Kostenbelastung gegenüber dem Markt hoffnungslos ins Hintertreffen. Im Unterschied dazu verdienen die Anleger bei Pabrai, wenn er 10 Prozent erwirtschaftet, 9 Prozent. Nach der Finanzkrise von 2008 bis 2009 erhielt er für ein paar Jahre keine Gebühren. In dieser Zeit, so erzählte er mir, »habe ich von Luft, Wasser und Erdnüssen gelebt. Jetzt sehne ich mich nach einem Curry mit Hammelfleisch«. Sein großer Festtag kam 2017, als sein Flaggschiff-Fonds 92,2 Prozent erwirtschaftete und er mehr als 40 Millionen Dollar an Gewinnbeteiligungen verdiente.

** Woher bekommt Pabrai seine Anlageideen? Er übernimmt sie, indem er die Portfolios führender Investoren wie Buffett, Ted Weschler, Seth Klarman und David Einhorn analysiert. Pabrai schaut sich ihre drei oder vier wichtigsten Anlagepositionen an (die in den vierteljährlichen 13F-Berichten der Investmentmanager aufgeführt sind) und überlegt sich, warum sie diese Aktien bevorzugen. Er konnte nicht verstehen, warum Weschler und Einhorn auf General Motors setzten, eine Aktie, die ihm wie eine offensichtliche Niete vorkam. Nach sechs Wochen intensiver Nachforschungen verstand er es und setzte selbst auf Autoaktien, vor allem auf Fiat Chrysler, womit er enorme Gewinne erzielte. (13F-Berichte sind standardisierte Dokumente, die Vermögensverwalter, die mehr als 100 Millionen Dollar verwalten, jedes Vierteljahr bei der amerikanischen Börsenaufsichtsbehörde einreichen müssen. Anmerkung des Übersetzers.)

Blitzauslese. »Er sucht nach einem Grund, Nein zu sagen, und wenn er ihn gefunden hat, ist er fertig«, sagt Pabrai. Tatsächlich stellte Buffett fest: »Der Unterschied zwischen erfolgreichen und sehr erfolgreichen Leuten besteht darin, dass sehr erfolgreiche Leute zu fast allem Nein sagen.«

Von Buffett übernahm Pabrai einige simple Auslesekriterien, die ihm die Aktienauswahl erleichtern. Erstens, so Pabrai, bestehe eine der »Grundregeln« Buffetts darin, nur in Unternehmen zu investieren, die »im Bereich der eigenen Kompetenz« liegen. Wenn Pabrai ein Unternehmen analysiert, dann stellt er sich zuerst die Frage: »Verstehe ich dieses Geschäft wirklich?« Er zwingt sich dazu zu entscheiden, ob das betreffende Unternehmen zum Zentrum seines Kompetenzbereichs gehört, nahe an dessen Rand oder vielleicht sogar außerhalb davon liegt.

Zweitens muss das Unternehmen so sehr unterbewertet sein, dass es einen beträchtlichen »Sicherheitsabstand« zwischen tatsächlichem Wert und Aktienkurs gibt. Pabrai verzichtet darauf, komplizierte Excel-Tabellen zu erstellen, die ihn dazu verleiten könnten zu denken, er könne die Zukunft genau vorhersagen. Er sucht nach Investments, die so billig sind, dass man ohne zu überlegen zugreifen kann. Und das bedeutet in der Regel, weniger als 50 Cent für jeden Dollar an Vermögenswerten zu zahlen. »Ich habe ein sehr einfaches Auswahlkriterium: Wenn sich eine Aktie nicht offensichtlich innerhalb kurzer Zeit – sagen wir, in zwei oder drei Jahren – verdoppeln wird, dann bin ich nicht interessiert.«

Drittens änderte Buffett unter dem Einfluss von Munger seine Anlagestrategie allmählich: Er kaufte nicht mehr nur Aktien, die einfach billig waren, sondern wählte zunehmend Aktien von Unternehmen aus, die besser als die Konkurrenz waren. Das bedeutet unter anderem, dass die Unternehmen einen dauerhaften Wettbewerbsvorteil haben und von fähigen und ehrlichen Managern geführt werden sollten. Munger wies Pabrai darauf hin, dass Graham, der darauf fixiert war, billige Aktien zu kaufen, seine größten Gewinne mit GEICO gemacht hatte. »Er hat kein Geld damit verdient, weil es ein billiges Unternehmen war«, sagt Pabrai, »sondern weil es ein großartiges Unternehmen war.«*

Viertens sollten die Geschäftsberichte eines Unternehmens klar und verständlich sein. Wie Buffett festgestellt hat, »besteht der einzige Grund, warum man

* GEICO (Government Employees Insurance Company) ist eine amerikanische Autoversicherungsgesellschaft (Anmerkung des Übersetzers).

einen Geschäftsbericht nicht verstehen kann, darin, dass dessen Verfasser nicht will, dass man ihn versteht.« Wenn nicht klar ist, wie ein Unternehmen heute Einnahmen erzielt und welche Einnahmen es ungefähr in den kommenden Jahren erzielen wird, verbannt Buffett es in die Schublade mit den »zu schwierigen« Fällen. Pabrai hat einmal eine Schachtel auf dem Schreibtisch von Buffett fotografiert, auf der wortwörtlich »zu schwierig« stand. Sie diente als Mahnung, sich nicht von zu viel Komplexität einwickeln zu lassen. Allein mit diesem Kriterium konnte Pabrai Enron und Valeant Pharmaceuticals, die beide untergingen, problemlos aussortieren.

Eines der Geheimnisse des erfolgreichen Geldanlegens besteht für Pabrai darin, alles zu vermeiden, das zu schwierig ist. Investments in Ländern wie Russland und Zimbabwe zieht er grundsätzlich nicht in Betracht, weil dort Aktionärsrechte mit Füßen getreten werden. Er hält sich von allen Neugründungen und erstmaligen Börsengängen fern, weil er in diesen, von Werberummel und überzogenen Erwartungen geprägten Bereichen wahrscheinlich ohnehin keine guten Kaufgelegenheiten finden würde. Er hat nie Leerverkäufe getätigt, weil die maximale Gewinnspanne 100 Prozent ist (wenn der Kurs auf null fällt), aber die Verlustmöglichkeiten unbegrenzt sind (wenn der Kurs in die Höhe schießt).* »Warum sollte man eine so ungleiche Wette eingehen?«, fragt er sich. Er vernachlässigt auch zum Großteil die unendlich komplizierten, gesamtwirtschaftlichen Zusammenhänge und konzentriert sich stattdessen auf die Handvoll kritischer, einzelwirtschaftlicher Faktoren, die für ein bestimmtes Unternehmen wahrscheinlich entscheidend sein werden. Kurzum: Einfachheit ist das dominante Kriterium.

Die hier vorgestellten Grundprinzipien haben sich gut bewährt und Pabrai exzellente Dienste geleistet. Bemerkenswert ist, *dass keines von ihm selbst stammt.* Jede der wichtigen Ideen, mit deren Hilfe er seine Investmentkarriere vorangetrieben hat, hat er von Buffett gestohlen – abgesehen von den Ideen, die er von Munger gestohlen hat. Während ich das schreibe, fühle ich mich etwas unwohl. Wie kann ich hoffen, etwas Neues oder Wichtiges mitzuteilen, wenn ich nur die Ideen aufzähle, die Pabrai von anderen Leuten übernommen hat? Aber genau das ist der

---

* Bei einem Leerverkauf verkauft man geliehene Aktien, in der Hoffnung, dass sie im Preis fallen und man sie dann billiger kaufen kann, als man sie vorher verkauft hat (Anmerkung des Übersetzers).

springende Punkt. Sein Wettbewerbsvorteil liegt darin, dass es im egal ist, ob wir denken, er sei nicht originell. Für ihn zählt nur, dass etwas funktioniert.

Eines Abends beim Essen in einem koreanischen Restaurant in Irvine fragte ich Pabrai, warum nicht mehr Leute so systematisch klonen wie er. Zwischen den Kaupausen eines Gerichts mit der Bezeichnung »gefährlich scharfes Rindfleisch« antwortete er: »Andere sind nicht so schamlos wie ich. Sie haben ein größeres Ego. Wer erfolgreicher klonen will, muss sein Ego an der Garderobe abgeben.«

Der Guru, sein Schüler und ihr 650 000-Dollar-Essen

Pabrais geklaute Investmentmethode funktionierte traumhaft. Im Juli 1999, kurz bevor die Technologieblase platzte, gründete er seine Firma Pabrai Funds. Es war eine gefährliche Zeit für Geldanleger. Während der nächsten acht Jahre schaffte der am besten abschneidende US-Börsenindex, der Dow Jones Industrial Average, einen durchschnittlichen Jahresertrag von mageren 4,6 Prozent. Pabrai indessen erzielte nach Abzug von Gebühren 29,4 Prozent pro Jahr. Die Medien priesen ihn als »Superstar«, als »nächsten Warren Buffett« und als »das Orakel von Irvine.« Das Vermögen, das er verwaltete, wuchs auf 600 Millionen Dollar an. »Ich konnte einfach nichts falsch machen«, erinnerte er sich.

Pabrai erzielte seine Gewinne mit einer Reihe von Spekulationen mit unterbewerteten Aktien, die von der allgemein herrschenden Unsicherheit mitgerissen worden waren. Zum Beispiel investierte er kurz nach den Terroranschlägen vom 11. September 2001, als viele Fluggesellschaften ihre Flugzeugbestellungen stornierten, in den brasilianischen Flugzeugbauer Embraer. Aufgrund dieses kurzfristigen Schocks übersahen viele Anleger, dass Embraer weiterhin ein sehr gutes Unternehmen war, das hochwertige Produkte, geringe Herstellungskosten, ein erstklassiges Management und hohe Barreserven in der Bilanz hatte. Pabrai zahlte 2001 ungefähr 12 Dollar pro Aktie und verkaufte seine letzten Aktien 2005 für 30 Dollar.

Auf ähnliche Weise investierte er 2002 in die skandinavische Werft Frontline Limited, nachdem die Leasingraten für Öltanker ins Bodenlose gesunken waren. Die Aktie war bis auf 5,90 Dollar gefallen, aber er errechnete für Frontline einen

Liquidationswert von 11 Dollar pro Aktie.* Die Leasingraten würden schließlich wieder steigen, da das Angebot zurückgehen würde. In der Zwischenzeit könnte Frontline einen Liquiditätsengpass dadurch überleben, dass ein Schiff nach dem anderen verkauft würde. Wie bei Embraer ließen sich die Anleger durch die Unsicherheit abschrecken. Aber die Gewinnmöglichkeiten überstiegen das Verlustrisiko bei Weitem. Pabrai formulierte ein Motto, das diese Art der Aktienwette auf den Punkt brachte: »Kopf: ich gewinne; Zahl: ich verliere nicht viel.« Innerhalb einiger Monate erzielte er einen Gewinn von 55 Prozent.

Im Jahr 2005 setzte er viel Geld auf eine weitere Aktie, bei der man einfach zugreifen musste: den Spezialstahlproduzenten IPSCO Incorporated. Pabrai zahlte ungefähr 44 Dollar pro Aktie, zu einer Zeit, als ungefähr 15 Dollar pro Aktie an freien Barreserven in der Bilanz des Unternehmens standen. Er ging davon aus, dass IPSCO in jedem der beiden nächsten Jahre wahrscheinlich weitere 13 Dollar pro Aktie an Barreserven generieren würde, was insgesamt 41 Dollar pro Aktie an Barreserven ergeben würde. Bei einem Aktienkurs von 44 Dollar würde er also praktisch alle Stahlwerke und anderen Vermögensteile von IPSCO für nur 3 Dollar pro Aktie kaufen. Pabrai konnte nicht vorhersagen, wie viel das Unternehmen nach Ablauf der nächsten beiden Jahre verdienen würde, aber so wie er es sah, war die Aktie so billig, dass man kaum Geld damit verlieren konnte. Als er 2007 verkaufte, war sein Investment von 24,7 Millionen Dollar 87,2 Millionen Dollar wert – ein Gewinn von 253 Prozent in 26 Monaten.

In den vergangenen Jahren hat sich die Überzeugung, man könne den Markt auf Dauer nicht schlagen, so sehr durchgesetzt, dass man fast von einem Glaubensartikel sprechen kann. Aber dank Buffett und Munger, fand Pabrai einen Weg, den Markt zu schlagen. Wie wir gesehen haben waren die Schlüsselprinzipien gar nicht einmal schwer zu identifizieren und zu klonen. *Seien Sie geduldig und wählerisch. Sagen Sie zu fast allem Nein. Nutzen Sie die bipolaren Stimmungsschwankungen des Markts aus. Kaufen Sie Aktien, deren Kurs deutlich niedriger als ihr wahrer Wert ist. Bleiben Sie im Bereich Ihrer eigenen Kompetenz. Halten Sie sich von allem fern, das zu schwierig ist. Gehen Sie eine kleine Anzahl von Wetten ein, bei denen man nicht viel verlieren, aber sehr viel gewinnen kann.* Aber Pabrai war fast als Einziger

* Der Liquidationswert ist der Erlös, den man bei Auflösung eines Unternehmens durch den Verkauf aller Vermögensgegenstände dieses Unternehmens erzielen kann (Anmerkung des Übersetzers).

fest entschlossen, sich genau an diese Regeln zu halten. »Niemand sonst war dazu bereit«, wunderte er sich. »Warum sollte es also nicht einmal jemand aus Indien probieren?«

Pabrai wollte sich persönlich dankbar erweisen. Deshalb tat er sich mit seinem besten Freund Guy Spier zusammen und beteiligte sich an einer Wohltätigkeitsauktion für einen Power-Lunch mit Warren Buffett. Spier ist ein in Zürich ansässiger Hedgefonds-Manager, der genau wie Pabrai von Buffett begeistert ist.* Sie gewannen die Auktion mit einem Gebot in Höhe von 650 100 Dollar. Das Geld sollte der GLIDE-Stiftung zugutekommen, einer wohltätigen Stiftung, die Obdachlosen hilft. Aber Pabrai sah diese Spende eher als seine Version von »guru dakshana« an – ein hinduistischer Ausdruck für ein Geschenk, das man seinem geistigen Lehrer gibt, wenn man seine Ausbildung beendet hat.

Schließlich traf Pabrai am 25. Juni 2008 endlich seinen Guru. Sie verbrachten drei Stunden zusammen in einem holzvertäfelten Nebenraum des Steakrestaurants »Smith & Wollensky« in Manhattan. Pabrai hatte seine Frau Harina und ihre beiden Töchter Monsoon und Momachi dabei, die zu beiden Seiten Buffetts saßen.** Spier hatte seine Frau Lory mitgebracht. Buffett, der fröhlich und großväterlich war, brachte Geschenke für die Kinder mit, unter anderem Smarties mit seinem Bild darauf. Die Unterhaltung drehte sich um Themen, die von seinem Lieblingsunternehmen (GEICO) bis zu der Frage reichten, wen er am liebsten einmal getroffen hätte (entweder Isaac Newton, »der wahrscheinlich der intelligenteste Mensch in der Weltgeschichte war« oder Sophia Loren, aus nicht ganz so intellektuellen Gründen).

Während dieses Essens lernte Pabrai zwei Lektionen, die er niemals vergessen würde – die eine dazu, wie man investieren, die andere dazu, wie man leben sollte. Die erste erteilte Buffett ihm, als er ihn fragte: »Was ist eigentlich mit Rick Guerin los?« Buffett hatte Guerins ausgezeichnete Anlageerfolge in seinem Aufsatz »The Superinvestors of Graham-and-Doddsville« erwähnt. Buffett erzählte Pabrai und Spier, er habe Wertpapiere auf Kredit gekauft, um seinen Gewinnhebel zu steigern,

---

* An dieser Stelle sollte ich erwähnen, dass Spier einer meiner engsten Freunde ist. Ich bin seit 20 Jahren ein Investor seines Hedgefonds Aquamarine. Ich habe bei verschiedenen Gelegenheiten den Jahresbericht seines Fonds redigiert. Ich bin ein Berater der Geschäftsführung seiner Investmentgesellschaft. Ich habe ihm auch dabei geholfen, seine Memoiren zu schreiben – *The Education of a Value Investor*. Mit anderen Worten: Ich bin ein sehr genauer Beobachter von Spier, aber nicht unparteiisch.

** Seither hat sich Pabrai scheiden lassen.

weil er »es eilig hatte, reich zu werden«.* Nachdem er beim Kurssturz von 1973 bis 1974 fürchterliche Verluste erlitten hatte, wurden seine Kredite zum Teil gekündigt und er musste Aktien verkaufen (nämlich an Buffett), die später ein Riesenvermögen wert waren.**

Buffett sagte, er und Munger hätten es im Gegensatz dazu nie eilig gehabt, weil sie immer wussten, dass sie sehr reich werden würden, wenn sie den Zinseszinseffekt über Jahrzehnte ausnutzen und nicht allzu viele schwere Fehler machen würden. Während seines Essens, das aus Steak, Kartoffelrösti und Cola mit Kirschgeschmack bestand, erklärte Buffett: »Wenn man ein nur wenig überdurchschnittlicher Investor ist und weniger ausgibt, als man verdient, dann muss man im Laufe seines Lebens einfach sehr wohlhabend werden.« Pabrai sagte, diese Warnung vor den Gefahren der Kreditfinanzierung und der Ungeduld habe sich in sein Hirn »eingebrannt«. »Allein schon deswegen, war das Essen mit Buffett seinen Preis wert.«

Aber am meisten hatte Pabrai beeindruckt, dass sich Buffett selbst treu war – und in einem vollkommenen Einklang mit seiner Persönlichkeit, seinen Prinzipien und seinen Präferenzen lebte. Beim Essen erklärte Buffett, dass er und Munger sich immer an einer Art »innerem Maßstab« maßen. Anstatt sich darum zu kümmern, was andere von ihnen hielten, konzentrierten sie sich darauf, ihren eigenen, sehr hohen Standards zu genügen. Ob man nach einem äußeren oder einem inneren Maßstab lebt, lässt sich, wie Buffett sagte, an der Antwort auf die Frage erkennen: »Wäre ich lieber der schlechteste Liebhaber der Welt mit dem Ruf, der beste zu sein, oder wäre ich lieber der beste Liebhaber der Welt mit dem Ruf, der schlechteste zu sein?«

Buffett lebt in jeder Hinsicht so, wie es zu seiner eigenen Natur passt – angefangen von seiner kindlichen Ernährungsweise (vorwiegend Hamburger, Süßigkeiten und Cola) bis zu der Art, wie er sein Unternehmen führt. Zum Beispiel wies er darauf hin, dass die dezentrale Struktur von Berkshire Hathaway nie darauf ausgerichtet war, den Gewinn zu maximieren. Es passte einfach zu seiner Persönlichkeit, sich nicht in die Geschäfte der vielen Sparten von Berkshire Hathaway

* Guerin hatte seine Anlagen mit »margin loans« finanziert, also mit Krediten, zu deren Absicherung die erworbenen Wertpapiere dienten. (Anmerkung des Übersetzers)

** Die Investoren von Guerin machten einiges mit: Sie verloren 42 Prozent im Jahr 1973 und 34,4 Prozent im Jahr 1974. Aber dennoch erzielte er einen jährlichen Durchschnittsertrag von 23,6 Prozent (nach Gebühren) über einen Zeitraum von 19 Jahren.

direkt einzumischen, sondern darauf zu vertrauen, dass deren Geschäftsführer ihren Freiraum sinnvoll nutzen. Aus demselben Grund führt er auch seinen Terminkalender selbst und hält ihn wunderbar frei, weil er fast alle Anfragen ablehnt, die ihn von seiner Lektüre oder vom Nachdenken ablenken könnten. Ebenso besteht er darauf, nur mit Leuten zusammenzuarbeiten, die er mag und bewundert. Auch bei der Aktienauswahl ging er immer seinen eigenen Weg und machte stets einen Bogen um überbewertete Papiere, die gerade in Mode waren.

Diese Diskussion hinterließ bei Pabrai und Spier einen bleibenden Eindruck. Im Mai 2014 ging ich mit ihnen zur Jahreshauptversammlung von Berkshire Hathaway. Am nächsten Tag flogen wir mit einem Privatjet, den Spier bei NetJets, einem Tochterunternehmen von Berkshire Hathaway, gechartert hatte, nach New York. Er und Pabrai kamen gerade von einem Frühstück mit Buffett und Munger und waren froh und glücklich. Während des Flugs unterhielten wir uns vor allem über die Idee, nach einem inneren Maßstab zu leben. Pabrai meinte, »dass wahrscheinlich 99 Prozent der Menschen auf diesem Planeten sich fragen, was die Welt von ihnen denkt.« Eine winzige Minderheit vertritt den entgegengesetzten Standpunkt, den er sehr anschaulich so formulierte: »Zur Hölle damit, was die Welt denkt.«

Pabrai und Spier spulten eine bunte Liste von Leuten ab, die nach einem inneren Maßstab lebten: Jesus, Mahatma Gandhi, Nelson Mandela, Margaret Thatcher, Steve Jobs und führende Investoren wie Buffett, Munger, Ted Weschler, Li Lu, Bill Miller und Nick Sleep (den wir im sechsten Kapitel näher kennenlernen). Pabrai stellte fest: »Alle Menschen, die es an die Spitze geschafft haben, haben es nur auf diese Art und Weise geschafft.«

Niemand, den ich je getroffen habe, lebt konsequenter nach seinen eigenen Regeln als Pabrai. Buffetts Beispiel hat ihn in seinem Entschluss bestärkt, sein Leben in Übereinstimmung mit seiner Persönlichkeit zu führen. An einem normalen Tag schläft er lange und kommt nach zehn Uhr ins Büro, ohne einen Plan für den Ablauf des restlichen Tages. Ungefähr um elf Uhr bringt ihm ein Assistent den Ausdruck seiner E-Mails und Pabrai kritzelt extrem kurze Antworten direkt aufs Papier, eine Vorgehensweise, die er sich von Munger abgeschaut hat. Wie Buffett und Munger liest Pabrai den größten Teil des Tages. An den meisten Nachmittagen macht er ein Nickerchen, ohne dabei ein schlechtes Gewissen zu haben, und liest danach weiter bis in den späten Abend.

Soweit möglich bleibt Pabrai in seinem Kokon. Er vermeidet es, sich mit den Vorständen der Unternehmen zu treffen, die er gerade analysiert, weil er denkt, wegen ihres Verkaufs- und Selbstdarstellungstalents ohnehin keine zuverlässigen Informationen von ihnen zu bekommen, was er von Ben Graham übernommen hat.* Er vermeidet es, mit seinen eigenen Anteilseignern zu sprechen, außer bei Jahresversammlungen, und er weigert sich, potenzielle Anleger zu treffen. »Ich mag diese Gespräche und das ganze Getue wirklich überhaupt nicht.«

Es kümmert ihn nicht, dass diese Einstellung andere verärgert und ihn pro Jahr Millionen Dollar an entgangenen Gebühren kostet. »Munger sagt, es sei ihm egal, ob er reich ist. Wirklich Wert legt er auf Unabhängigkeit. Ich bin genau derselben Meinung. Geld verhilft einem zu der Freiheit, zu tun und zu lassen, was man will und wie man es will … Und das ist ein Riesenvorteil.«

Pabrai geht auch persönliche Beziehungen mit derselben schonungslosen Offenheit hinsichtlich seiner eigenen Prioritäten an. Während des gemeinsamen Essens riet ihm Buffett: »Verbringen Sie Zeit mit Menschen, die ihnen überlegen sind. Dann müssen Sie einfach auch selbst besser werden.« Pabrai hält sich in einem Ausmaß an diesen Ratschlag, das viele Leute entsetzen würde. »Wenn ich jemanden zum ersten Mal treffe, dann schätze ich ihn später ein, indem ich mich frage: ›Werde ich von dieser Beziehung Vor- oder Nachteile haben? Lautet die Antwort ›Nachteile‹, dann will ich von dieser Person nichts mehr wissen.« In ähnlicher Weise fragt er sich nach einem Essen: »Wie hat mir das gefallen?« Wenn es ihm nicht gefallen hat, »dann wird es nie mehr ein weiteres Essen mit dieser Person geben«. Er fügte hinzu: »Die meisten Leute fallen durch diese Prüfung.«

Diplomatie ist nicht gerade seine Stärke, aber für Pabrai ist Wahrhaftigkeit wichtiger. In den späten 1990er-Jahren las er David Hawkins Buch *Power vs. Force: The Hidden Determinants of Human Behavior*. In Pabrais Worten beinhaltet es »den wesentlichen Teil von dem, an was ich glaube«. Hawkins schreibt, »wahre Macht« beruhe auf Charakterzügen wie Ehrlichkeit, Mitgefühl und dem Wunsch, das Leben anderer besser zu machen. Diese positiven »Attraktoren« haben einen unbewussten Einfluss auf die Menschen und lassen sie »stark werden«, während Wesenszüge wie Falschheit, Furcht und Scham sie »schwach werden« lassen. Pabrai

---

* Von dieser Regel macht Pabrai eine Ausnahme, wenn er in Entwicklungsländern, wie zum Beispiel Indien investiert. Dann versucht er, persönlich einzuschätzen, ob er dem Management trauen kann.

hat sich eine spezielle Erkenntnis von Hawkins zu eigen gemacht und verhält sich dementsprechend: »Man kommt nicht damit durch, andere zu belügen«, sagt Pabrai, »und das ist eine sehr wichtige Einsicht.«[4]

Während der Finanzkrise von 2008 bis 2009 fielen seine auf wenige Aktien konzentrierten Fonds um etwa 67 Prozent, bevor sie sich sehr schnell wieder erholten. Bei der Jahresversammlung 2009 sagte er seinen Anteilseignern, »die meisten Probleme mit den Fonds seien seiner Dummheit wegen aufgetreten. Es lag nicht an den Märkten«. Er wies auf mehrere »dumme« Fehler hin, die er bei der Analyse von Aktien wie Delta Financial oder Sears Holding gemacht hatte, deren Kurs eingebrochen war.* Fast alle seine Investoren hielten ihm die Stange. Die Moral von der Geschichte: »Man muss so ehrlich wie nur möglich sein, denn das zahlt sich am meisten aus.«

In der Tat ist es vor allem deshalb ein Vergnügen, Pabrai zu interviewen, weil er jede Frage offen und ehrlich beantwortet und keine Rücksicht darauf nimmt, was man von ihm halten könnte. Ich machte einmal ein Experiment, indem ich ihm einige sehr, fast schon unverschämt persönliche Fragen per E-Mail zuschickte, einschließlich einer zu der Höhe seines persönlichen Vermögens. Er antwortete, »sein Nettovermögen zum 30. November 2017 betrage 154 Millionen Dollar.« Er ging außerdem auf verschiedene finanzielle Details ein, um zu erläutern, was in dieser Zahl enthalten sei und was nicht. Es war ein fantastischer Beweis für die Stärke seines Glaubens an Ehrlichkeit und Aufrichtigkeit.

Meiner Meinung nach ist das Bemerkenswerteste an Pabrai, wie konsequent und beharrlich er an seinen Prinzipien festhält. »Wenn man auf Wahrheiten stößt, die andere Menschen nicht verstehen, dann muss man unbedingt und auf jeden Fall an ihnen festhalten. Jede Wahrheit, die man sich zu eigen macht und die von anderen nicht verstanden wird, stellt einen gewaltigen Wettbewerbsvorteil dar. Und die Menschen verstehen die Ideen in *Power vs. Force* nicht.«

Intelligente Menschen lassen sich leicht von komplexen Konzepten verführen und unterschätzen die Bedeutung einfacher Ideen, die aber enorm wichtig sind. Pabrai, Pragmatiker, der er ist, geht nicht in diese Falle. »Der Zinseszinseffekt ist

* Delta Financial war ein amerikanisches Unternehmen, das sich auf die Vergabe von Konsumentenkrediten an Kunden mit unterdurchschnittlicher Bonität spezialisiert hatte; Sears Holding ist ein amerikanisches Einzelhandelsunternehmen (Anmerkung des Übersetzers).

eine sehr einfache Idee. Das Klonen ist eine sehr einfache Idee. Und die Wahrheit zu sagen, ist eine sehr einfache Idee«, sagte er. Aber wenn man eine Handvoll guter Ideen leidenschaftlich und wie ein Besessener verfolgt, dann wird das Endresultat »unschlagbar« sein.

Das Problem besteht darin, dass die meisten Leute nur sehr halbherzig bei der Sache sind, wenn sie einmal auf eine Idee treffen, die funktioniert. Pabrai kann seine Verachtung nicht verbergen: »Diese verdammten Deppen hören zu und sagen, ›Gut, das hört sich sinnvoll an. Schön, ich werde versuchen, es zu berücksichtigen.‹ Aber das wird verdammt noch mal nicht funktionieren. Man muss Ideen 1000-prozentig umsetzen oder gar nicht!«

Laut Pabrai stammt die Einstellung, dass man klonen sollte, von dem Hinduweisen Swami Vivekananda aus dem 19. Jahrhundert, der seinen Anhängern riet: »Greift eine Idee auf. Macht diese Idee zu eurem Leben. Denkt an sie, träumt von ihr, lebt mit ihr. Erfüllt mit dieser einen Idee euren Geist, eure Muskeln, eure Nerven, jeden Teil eures Körpers und beachtet keine andere Idee. Das ist der Weg zum Erfolg.«*

Willkommen in der indischen Hauptstadt der Entführungen

Als Pabrai immer reicher wurde, war er mit einem Luxusproblem konfrontiert: Was sollte er mit all dem Geld machen? Wieder holte er sich bei Buffett Rat. Buffett hat im Laufe der Jahre immer wieder gesagt, sein Vermögen trage wenig zu seiner Zufriedenheit bei. Ich erinnere mich, als ich mit Pabrai und Spier an einer der Jahreshauptversammlungen von Berkshire Hathaway teilnahm, dass Buffett dem Publikum sagte: »Mir würde es schlechter gehen, wenn ich sechs oder acht Häuser hätte … Es würde einfach nicht zu mir passen.«

* Wie Sie sich wahrscheinlich gedacht haben werden, ging es Swami Vivekananda nicht um den Weg zu Investmentruhm. Stattdessen hat er angehende Yogis gelehrt, wie man »ein spiritueller Riese« werden kann. Sein Rat bestand darin, ein für alle Mal die Gewohnheit aufzugeben »halbherzig herumzuspielen« und sich stattdessen auf ein einziges Ziel zu konzentrieren. »Um erfolgreich zu sein, müsst Ihr ein gewaltiges Durchhaltevermögen und einen gewaltigen Willen haben. ›Ich werde das Meer leer trinken,‹ sagt der Unbeirrbare zu sich selbst. ›Wenn ich es will, dann werden die Berge zu Staub zerfallen.‹ Wenn Ihr diese Art von Energie, diese Art von Willen habt und hart arbeitet, dann werdet Ihr Euer Ziel erreichen.«

Pabrai ist nicht gerade ein Asket. Einmal gab er einige tausend Dollar für ein Paar maßgefertigte Schuhe aus und er fährt ein blaues Ferrari-Cabrio – so belohnte er sich angemessen für einen Riesengewinn, den er mit Ferrari-Aktien gemacht hatte. Aber er weiß, dass Sinnesfreuden und Luxus keine Garantie für ein glückliches Leben sind. Ebenso sieht er es kritisch, seinen Töchtern Hunderte Millionen Dollar zu vererben, denn er hat sich den Rat Buffetts zu eigen gemacht, dass man seinen Kindern am besten so viel vererben sollte, dass sie tun können, was sie wollen, aber nicht so viel, dass sie gar nichts tun brauchen. Buffett hat sich verpflichtet, den Großteil seines Vermögens an die Gesellschaft zurückzugeben und Pabrai beschloss, auch »seine Wohltätigkeit zu klonen«.

Er begann damit, sich zu fragen: »Wenn ich heute sterben würde, an welche wohltätige Organisation sollte der Großteil meines Vermögens gehen?« Er stellte sich eine Organisation vor, die wie ein kostenbewusstes Unternehmen geführt wird und die genau Buch darüber führt, wie viel Gutes sie mit jedem ausgegebenen Dollar erreichte. Nichts begeisterte ihn wirklich, bis er 2006 auf einen Zeitungsartikel über ein Projekt für das ländliche Indien traf, eine Initiative des Mathematiklehrers Anand Kumar, der jedes Jahr 30 bedürftige Schulabsolventen umsonst unterrichtete und für ihren Lebensunterhalt sorgte. »Super 30«, so hieß das Projekt, hatte eine unglaublich Erfolgsquote bei der Vorbereitung der Schulabsolventen auf die Aufnahmeprüfung der IIT.

Pabrai sah die Stärken sofort: Das Projekt war kostengünstig, bot talentierten Jugendlichen eine Chance, der Armut zu entkommen und ihr Leben von Grund auf zu ändern und hatte messbaren Erfolg. Er wandte sich an Kumar und bot ihm Geld zur Erweiterung seines Projekts an. Doch Kumar wollte sich nicht vergrößern. Pabrai ließ sich nicht abschrecken und traf eine bahnbrechende Entscheidung: »Manchmal muss man einfach hinfahren und persönlich erscheinen.«

Das häufig als »die indische Hauptstadt der Entführungen« bezeichnete Bihar war für einen erfolgreichen Hedgefonds-Manager kein verlockendes Ziel. Deshalb heuerte Pabrai bei einem Sicherheitsunternehmen in Neu-Delhi zwei Leibwächter an, die ihn auf seiner Reise begleiten sollten. Einer war ein ehemaliges Mitglied des indischen Spezialeinsatzkommandos Black Cats, ein Antiterrorkämpfer, der darauf trainiert war, »entführte Flugzeuge zu stürmen und die Entführer zu erledigen … jemanden aus dem Schlaf innerhalb von drei Sekunden zu töten«. Dieser Spezialist musste getrennt von Pabrai mit dem Zug nach Bihar fahren, weil er seine Waffe nicht mit ins Flugzeug nehmen konnte. Später stellte sich heraus, dass auch Kumar vier Leibwächter engagiert hatte, um für die Sicherheit Pabrais zu sorgen.

Bihar war in Pabrais Augen eine trostlose und elende Stadt, in der Diebe manchmal Eisenbahnschienen stahlen, um sie als Altmetall zu verkaufen. Sein verdrießliches Urteil lautete: »Das Wetter ist Mist, die Straßen sind Mist und das Hotel ist Mist!« Im Geiste arbeitet Pabrai daran, sich so weit über die Dinge erheben zu können, dass er auch mit Ein-Sterne-Hotels zufrieden ist. Aber bis jetzt hat er es noch nicht geschafft. Trotz all der Unannehmlichkeiten wird er den Tag mit Kumar nie vergessen, der seine Schüler in einem gemieteten Schuppen ohne Wände unterrichtete. Pabrai war von seinem Intellekt, seiner Leidenschaft und seiner Begabung für das Lehren begeistert. »Unter hundert Millionen gibt es keinen wie ihn.«

Pabrai gelang es nicht, Kumar zu überreden, sein Geld anzunehmen. Deshalb bat er um die Erlaubnis, sein Super-30-Projekt kopieren – und erweitern – zu dürfen. Seine Übernahme der Investmentstrategie von Buffett hatte ihm gezeigt, wie gut das Klonen funktioniert. Warum also das Klonen nicht auch für wohltätige Zwecke einsetzen? Kumar gab ihm seinen Segen und Pabrai machte sich an die Arbeit.

Dank der Bekanntheit Kumars bewarben sich Tausende von Schülern um die Aufnahme in sein Programm. Pabrai suchte sich die allerbesten aus. Er fand seine »Superhirne«, indem er mit einem von der Regierung betriebenen Netzwerk von fast 600 Internaten zusammenarbeitete, die bei der Auswahl ihrer Schüler sehr wählerisch waren. Auf diese Internate gingen jedes Jahr Zehntausende armer Kinder aus dem ländlichen Indien. Pabrais Dakshana-Stiftung bot Hunderten der »Talentiertesten« von ihnen ein Stipendium. Zwei Jahre lang bekamen sie Unterricht in Mathematik, Physik und Chemie, als Vorbereitung auf die Aufnahmeprüfung der IIT. »Wenn sie nicht pauken, müssen sie mittellos in ihre Dörfer zurück«, sagte Pabrai. »Dies ist ihre einzige Chance.«

Der Vorteil dieser Art von Wohltätigkeit liegt darin, dass es wenig kostet, sehr viele Leben von Grund auf zu ändern. Im Jahr 2008 betrugen die Gesamtkosten von Dakshana pro Schüler 3913 Dollar und 34 Prozent der Schüler erhielten einen Studienplatz an den IITs. Bis 2016 war Dakshana so effizient geworden, dass die Kosten pro Schüler auf 2649 Dollar gesunken waren und die Erfolgsquote erstaunliche 85 Prozent erreichte. Was das Ganze noch besser macht: Die

Regierung unterstützt sowohl die Internate als auch die IITs mit viel Geld. Pabrai hat ausgerechnet: Für jeden Dollar, den Dakshana in einen Schüler investiert, gibt die Regierung mehr als 1000 Dollar aus. Auf diese Weise geht Pabrai mit seiner Wohltätigkeit im Endeffekt eine Wette mit einer enormen Hebelwirkung ein und erwirtschaftet mit dem Kapital, das er investiert, eine enorme soziale Rendite.*

Bevor er Buffett 2008 zum Mittagessen traf, schickte Pabrai ihm den ersten Jahresbericht von Dakshana. Buffett war so beeindruckt, dass er ihn auch Munger und Bill Gates zeigte. In einem Interview mit Fox TV erklärte Buffett anschließend, dass Pabrai »über Philanthropie genauso gründlich nachdenkt wie über Investitionen … Ich bewundere ihn außerordentlich.« Der Jünger – der schamlose Nachahmer – war vom Meister gesegnet worden. »Danach«, sagt Pabrai, »hatte ich das Gefühl, dass ich sterben und in den Himmel kommen könnte.«

Seit damals ist Dakshana sehr gewachsen. Bis 2018 bildete die Stiftung gleichzeitig mehr als 1000 Schüler an acht Standorten in Indien aus, darunter der 44 Hektar große Campus Dakshana Valley, den Pabrai günstig vom ehemaligen Eigentümer gekauft hat, der in Schwierigkeiten geraten war. Allein hier könnte man bis zu 2600 Schüler unterbringen. Unterdessen hat Dakshana seinen Wirkungskreis über die IITs hinaus erweitert: Die Stiftung bereitet jetzt auch Hunderte in Armut lebende Schüler auf die Aufnahmeprüfungen für das Medizinstudium vor. Allein im Jahr 2019 erhielten 164 Dakshana-Schüler einen Medizinstudienplatz, was einer Erfolgsquote von 64 Prozent entspricht. Alle Aktivitäten von Dakshana werden vom Geschäftsführer der Stiftung, dem Artillerieoffizier im Ruhestand Oberst Ram Sharma gemanagt, der für seine Dienste eine Rupie pro Jahr nimmt.**

Anders ausgedrückt, was als bescheidene Kopie von Kumars Projekt begann, ist zu einem Mammutunternehmen geworden, was beweist, dass zum intelligenten Klonen mehr als reines Nachahmen gehört. Mit Dakshana übernahm Pabrai ein Modell, das im Kleinen funktionierte, und hat es in großem Maßstab ausgebaut.

---

* Bis Ende 2018 hatte Pabrais Familie an die Dakshana-Stiftung mehr als 27 Millionen Dollar gespendet. Die wichtigsten anderen Geldgeber sind Prem Watsa (Vorstandsvorsitzender von Fairfax Financial Holdings und Absolvent der IIT) sowie Radhakistan Damani (der als zweitreichster Mensch Indiens gilt). Ich gebe hiermit bekannt, dass auch ich an Dakshana ein paar tausend Dollar gespendet habe.

** Der Oberst ist einer der bewundernswürdigsten Menschen, die ich je getroffen habe. Er ist mit Herz und Seele bei seiner Aufgabe, weil er seine eigene Tochter verloren hat. Einmal sagte er mir, Gott habe ihm ein Kind genommen und dafür tausend andere gegeben.

»Er ist so erfolgreich, weil er auf jede Kleinigkeit achtet«, erklärt Oberst Sharma. »Das kann ich guten Gewissens sagen.«*

Als Pabrai und ich nach Dakshana Valley fuhren, trafen wir Ashok Talapatra, einen der Stars unter den ehemaligen Schülern der Stiftung. Talapatra erzählte mir, er sei in einer Hütte in einem Slum von Hyderabad aufgewachsen, die sechs Dollar im Monat Miete gekostet hatte. Sein Vater, ein Schneider, verdiente 100 Dollar im Monat. Ihr Heim war so primitiv, dass es als Haustür einen rosa Duschvorhang und ein Dach aus Asbestplatten hatte, durch das es regnete. Als ihn Pabrai mit seiner Tochter Monsoon dort besuchte, servierte seine Mutter ihnen Kräutertee und einen kleinen Imbiss auf einem Hocker, weil die Familie keinen Esstisch besaß.

Aber Talapatra war ein brillanter Schüler. Er bestand die Aufnahmeprüfung der IIT mit Auszeichnung, als 63. von 471 000 Bewerbern. Das war das beste Ergebnis, das ein Dakshana-Schüler je erreicht hatte. Er studierte Computer- und Ingenieurswissenschaften am IIT Bombay (dem heutigen Mumbai) und bekam bei Google einen Job mit einem sechsstelligen Anfangsgehalt. Nach einem Aufenthalt in London ging er nach Kalifornien in die Unternehmenszentrale, wo er heute als Softwareentwickler arbeitet. »Er macht gut Karriere«, sagte Pabrai. »Es geht steil mit ihm nach oben.« Ein Jahr, nachdem er bei Google angefangen hatte, kaufte Talapatra seinen Eltern eine neue Wohnung mit zwei Schlafzimmern, einer Küche, einer Klimaanlage und einem dichten Dach.

Der erstaunliche Weg von Talapatra ist noch nicht zu Ende. Angeregt von Pabrai, der sein Freund und Mentor geworden ist, interessiert er sich immer mehr für das Geldanlegen. Pabrai empfiehlt ihm Investment-Sachbücher und Talapatra begleitet ihn regelmäßig zu den Jahreshauptversammlungen von Berkshire Hathaway. Wenn ich die beiden zusammen in Omaha sehe und darüber nachdenke, wie sehr Pabrai das Leben von Talapatra beeinflusst hat, bin ich immer wieder erstaunt darüber, wie viel Gutes aus dem Talent eines Mannes für das Wetten auf unterbewertete Aktien entstehen kann. In sentimentalen Momenten kommt mir

* Nachdem er eine erste Fassung dieses Buchs gelesen hatte, schrieb mir Guy Spier eine E-Mail, in der er darauf hinwies, Pabrais Methode des Klonens sei alles andere als »unbekümmert«. »Ich befürchte, die Bezeichnung ›hemmungsloser Nachahmer‹ wird der bemerkenswerten Konsequenz und Leidenschaft, mit denen Mohnish genau die richtigen Dinge geklont hat, nicht ganz gerecht … In der Tat scheinen alle Persönlichkeiten in Ihrem Buch über eine enorme Entschlossenheit und Zielstrebigkeit zu verfügen, über die ihr ruhiges Äußeres hinwegtäuscht.«

das Sprichwort aus dem Talmud in den Sinn: »Wer ein einziges Leben rettet, rettet die ganze Welt.«

Aber Pabrai, schonungslos ehrlich wie er ist, lacht über die Idee, er sei so etwas wie ein tugendhafter Erretter. Als wir in einem Taxi in Mumbai saßen, sagte er mir: »Was soll man machen, wenn man erkannt hat, dass das Leben keinen Sinn hat? Bestimmt nicht das Leben anderer Leute ruinieren. Man sollte eine bessere Welt zurücklassen, als man vorgefunden hat. Man sollte sich Mühe mit seinen Kindern geben. Alles andere ist ein Spiel. Es bedeutet nichts.«

Was man von Mohnish lernen kann

Nach den vielen Gesprächen mit Pabrai habe ich mehr und mehr über die Vorteile des Klonens nachgedacht – und darüber, wie ich sie selbst nutzen könnte. Auf einem Flug von Irvine nach Hause habe ich mir sogar einige Notizen dazu gemacht, mit der Überschrift »Was man von Mohnish lernen kann«. Ich begann mit zwei grundsätzlichen Fragen: »Welche erfolgreichen Strategien gibt es, die ich klonen sollte, und wen sollte ich klonen?« Zum Beispiel erschien es mir als Sachbuchautor sinnvoll, Bücher von Autoren nachzuschreiben, die ich bewunderte, wie etwa Michael Lewis, Malcolm Gladwell und Oliver Sacks.*

Als ich mir das Leben von Pabrai anschaute und überlegte, was ich daraus lernen könne, sprachen mich mehrere Prinzipien besonders an. Ich schrieb in mein Notizbuch:

* Als ich Sacks Autobiografie *On the Move* las, entdeckte ich: Auch er klonte beim Schreiben. Sacks, ein Neurologe, der fesselnde Fallgeschichten über die Krankheiten seiner Patienten schrieb, erinnerte sich, dass er *The Mind of a Mnemonist* gelesen hatte, ein Buch des sowjetischen Neuropsychologen A.R. Luria aus dem Jahr 1968. Dieses Buch, das die Geschichte eines Patienten von Luria erzählt, der über ein vollkommenes Gedächtnis verfügte, »hat das Ziel und die Richtung meines Lebens verändert«, schrieb Sacks, »indem es mir als Vorbild nicht nur für *Awakenings* diente, sondern auch für alles andere, was ich später geschrieben habe.« Als ich dann Lurias Buch las, fand ich erstaunt heraus: Auch er war ein Kloner. Luria berichtete, er versuche beim Verfassen seiner medizinischen Fallstudien, »in die Fußstapfen von Walter Pater zu treten, der 1887 *Imaginary Portraits* geschrieben hatte.« Kaum hatte ich mich auf die Suche gemacht, fand ich auf den verschiedensten Gebieten eine ganze Menge Kloner, auch im Geschäftsleben. Als Munger den Erfolg von Walmart erklärte, stellte er zum Beispiel fest: »Sam Walton hat praktisch nichts selbst erfunden. Aber er kopierte alles, was jemals irgendjemand gut gemacht hatte – und das mit einem so großen Fanatismus, dass er alle anderen übertraf.« (Sam Walton ist der Gründer der amerikanischen Supermarktkette Walmart; Anmerkung des Übersetzers).

Regel 1: Klone wie ein Verrückter.

Regel 2: Verbringe Zeit mit Leuten, die dir überlegen sind.

Regel 3: Sieh das Leben als Spiel an, nicht als Wettbewerb oder als einen Kampf um Leben und Tod.

Regel 4: Sei dir selbst treu. Tue nichts, was du nicht willst oder was nicht gut für dich ist.

Regel 5: Lebe nach deinem inneren Maßstab. Kümmere dich nicht darum, was andere von dir denken. Definiere dich nicht durch die Bestätigung anderer.

Zum Schluss zitierte ich einen Satz von Munger, den Pabrai oft wiederholt, und schrieb: »Such dir eine einfache Idee aus und nimm sie ernst.« Unter all diesen Regeln ist die letzte wahrscheinlich die wichtigste. Nur zu oft treffen wir auf eine tolle Idee oder Verhaltensweisen, denken kurz darüber nach, probieren sie vielleicht einmal aus und vergessen sie dann wieder. Pabrai dagegen lässt sich von Ideen vereinnahmen. Er lebt sie gewissermaßen. Das ist ein Charakterzug, den ich einfach klonen *muss*.

Aber das Ziel besteht nicht darin, den Ideen anderer Leute sklavisch zu folgen. Es ist oft vernünftiger, ein Prinzip im Kern zu übernehmen, es aber so zu variieren, dass es zu den eigenen Bedürfnissen passt. Zum Beispiel habe ich lange über Pabrais fixe Idee nachgedacht, »so ehrlich wie möglich zu sein«. Das brachte mich dazu, mich zu fragen: Wie wäre es damit, sich stattdessen zu bemühen, so liebenswürdig oder so einfühlsam wie möglich zu sein? Pabrais Gewohnheit, sich konsequent und kompromisslos auf eine einzige Tugend zu konzentrieren, hat große Vorteile, aber wir müssen nicht alle dieselbe Tugend auswählen.

Ich denke auch, dass es am besten ist, wenn wir auf eine Art und Weise klonen, die zu unseren Talenten und zu unseren Eigenschaften passt. Pabrai und Spier diskutieren oft über Unternehmen, bevor sie zu einem Investment entscheiden – ein Vorgehen, das sie von Buffett und Munger geklont haben. Deshalb halten sie auch tendenziell dieselben Aktien. Aber die Aktienbestände von Spier sind deutlich kleiner als die von Pabrai, weil er vorsichtiger und weniger selbstsicher ist. Er selbst hat es drastisch so ausgedrückt: »Ich habe keine Eier aus Stahl, so wie Mohnish.«

Im Jahr 2015 bestand die Hälfte von Pabrais Fondsvermögen nur aus zwei Anlagen: Optionsscheine auf Fiat Chrysler und General Motors. Spier, der ungefähr ein Viertel seines Depots in diese Optionsscheine investiert hatte, hielt die hohe Konzentration von Pabrais Investments für so »furchterregend, dass es einem den

Atem raubt«. Er machte sich Vorwürfe, seinen Freund nicht vor Übermut und Selbstüberschätzung bewahrt zu haben. Ein weiterer Hedgefonds-Manager hielt Pabrais Übergewichtung des Automobilsektors für »verrückt«. Aber als die Aktie von Fiat in die Höhe schoss, versiebenfachte Pabrai seinen Einsatz innerhalb von sechs Jahren. Pabrai blieb unbeirrt. 2018 hielt er 70 Prozent des Vermögens seines Offshore-Fonds in nur zwei Aktien – eine aggressive und wagemutige Strategie, die im selben Jahr zu einem Verlust von 42 Prozent führte. Wie Spier mir einmal sagte: »Es ist schwer zu sagen, wo Brillanz endet und Dummheit beginnt.«

Pabrais Strategie der »extremen Konzentration« verdankt er Munger, der einmal geäußert hatte: »Ein richtig diversifiziertes Portfolio besteht aus nur vier Aktien.« Aber für Sie und für mich wäre es geradezu selbstmörderisch, diese Methode zu klonen – es sei denn, wir hätten die extreme innere Stärke und die analytischen Talente eines Pabrai. Als ich ihn fragte, wie er mit dem Stress eines Wertverlusts von 67 Prozent während der Finanzkrise von 2008 bis 2009 fertig geworden ist, antwortete er mir: »Ich habe nie Stress. Meine Frau hat damals nicht einmal gemerkt, dass etwas Besonderes los war.« Im Gegenteil: Die Aktien, die er während des Kursrutsches gekauft hat, waren so billig, dass er die Krise »wie einen Orgasmus« empfand.

Psychologisch hilfreich ist natürlich auch, dass Pabrai nichts allzu ernst nimmt. Er sagte mir einmal: »Auf meinem Grabstein soll stehen: ›Er liebte es, Spiele zu spielen, vor allem die, von denen er wusste, dass er sie gewinnen konnte.‹ Klonen ist ein Spiel. Blackjack ist ein Spiel, Bridge ist ein Spiel. Dakshana ist ein Spiel. Und natürlich ist auch der Aktienmarkt ein Spiel. Es ist alles nur ein Spiel. Entscheidend sind die Gewinnchancen.«

Pabrai findet es erstaunlich, wie einfach es war, die Chancen zu seinen Gunsten zu beeinflussen, indem er die Spielweise anderer Leute studiert und ihre besten Spielzüge konsequent kopiert hat. »Tatsächlich ist nichts von alldem schwierig«, sagte er mit einem übermütigen Lachen. »Plaudere das bloß nicht aus, Bill, verrate es niemand!«

KAPITEL 2

DER WILLE, SEINEN EIGENEN WEG ZU GEHEN

Um den Markt zu schlagen, muss man tapfer, selbständig und eigenwillig genug sein, die Herde zu verlassen.

Es ist unmöglich, eine Spitzenleistung zu schaffen, wenn man nicht irgendetwas anders macht als die Mehrheit.

Sir John Templeton

Als ich vor über 20 Jahren auf den Bahamas am Strand entlanggging, bot sich mir ein eigenartiger Anblick. Ein alter Mann stand bis zum Hals im Meer; er trug ein langärmliges Hemd und einen ulkigen Hut mit Augenschirm und Ohrklappen. Sein Gesicht war mit dicken Klecksen von Sonnencreme zugekleistert. Ich versteckte mich hinter einer Palme, damit er nicht bemerkte, dass ich ihn beobachtete. Einige Minuten lang sah ich zu, wie er seine Arme und Beine vor und zurück schwang und gegen den Widerstand des Wassers anlief. Später erfuhr ich, dass er dieses Power Walking jeden Tag 45 Minuten lang absolvierte.

Der alte Mann war Sir John Templeton, wahrscheinlich der größte internationale Investor des 20. Jahrhunderts. Ich war von New York auf die Bahamas geflogen, um ihn in seinem Haus im Lyford Cay Club zu interviewen, ein gut bewachtes Idyll, zu dessen Bewohnern Fürst Rainier III. von Monaco, Aga Khan und Sean Connery gehörten. Aber wenn mich mein Gedächtnis nicht täuscht, hatten wir erst für den nächsten Tag eine Verabredung. Das war die Art von

Dienstreisen, die ein Journalistenherz höherschlagen lassen – ein Interview mit einer Berühmtheit an einem exotischen Ort. Alle Reisekosten bezahlte ein betuchtes Magazin, das noch nicht unter dem Aufkommen des Internets gelitten hatte.[1]

Die Liste von Templetons Anlageerfolgen war spektakulär. Der 1954 aufgelegte Templeton-Wachstumsfonds, erzielte 38 Jahre lang einen Durchschnittsertrag von 14,5 Prozent pro Jahr. Eine Beteiligung von 100 000 Dollar wäre nach dieser Zeit mehr als 17 Millionen Dollar wert gewesen. Templeton, 1912 in einer Kleinstadt im ländlichen Tennessee geboren, hatte mit nichts begonnen und war Milliardär geworden. Ich wollte wissen, wie er das geschafft hatte und was wir anderen von seinen wunderbaren Taten lernen konnten.

Er war damals 85 Jahre alt und der große alte Mann der Investmentwelt. Ich erwartete geradezu, dass er wie ein ehrwürdiger Weiser aussehen würde. Stattdessen fesselte mich der unwahrscheinliche Anblick, wie er mit seinem komischen Hut durch die Brandung stapfte. Aber wie ich später erkannte, gewährte mir die Beobachtung seines Fitnesstrainings wichtige Einblicke in die Gründe für seine Erfolge. Templeton hatte herausgefunden, wie er in einer traumhaften Umgebung kostenlos und effektiv trainieren konnte. Es war ihm vollkommen gleichgültig, dass irgendjemand denken könnte, er sähe komisch aus. Diese gleichgültige Haltung war wesentlich für seine Erfolge.

Michael Lipper, Präsident der Investmentfirma Lipper Advisory Services sagte mir einmal, Templeton, George Soros und Warren Buffett hätten eine unbezahlbare Eigenschaft gemeinsam: »den Willen, den eigenen Weg zu gehen, den Willen, eine Entscheidung zu treffen, die andere nicht für allzu schlau halten. Sie haben eine innere Überzeugung, die sehr viele Leute nicht haben.«

Dieser Ausdruck – »der Wille, seiner eigenen Wege zu gehen« – blieb mir viele Jahre lang im Gedächtnis. Er veranschaulicht den entscheidenden Gedanken, dass die besten Investoren nicht wie andere Menschen sind. Sie sind Bilderstürmer, Außenseiter und Einzelgänger, die die Welt anders als die große Masse sehen und ihrem eigenen, speziellen Weg folgen – nicht nur bei der Geldanlage, sondern auch im Leben und Denken.

Der kanadische Finanzmanager François Rochon, der den Markt im vergangenen Vierteljahrhundert um Längen schlug, hat eine faszinierende Theorie. Wie wir alle wissen, entwickelte sich das Genmaterial des Menschen Hunderttausende

Jahre lang mit dem Ziel, seine Überlebensfähigkeit zu steigern. Eine Lektion, die wir vor mindestens 200 000 Jahren gelernt haben, besteht darin, dass es besser ist, zu einem Stamm oder sonst einer Gruppe zu gehören, als sich allein durchzuschlagen. Dieser Instinkt, so Rochon, wird immer dann fast unwiderstehlich, wenn wir uns bedroht fühlen. Wenn zum Beispiel der Aktienmarkt einbricht, sieht der Durchschnittsinvestor, wie die anderen in Panik geraten und verkaufen und folgt instinktiv der Herde, indem er seine Aktien auch verkauft und in den sicheren Hafen des Bargelds flieht. Was die Herde nicht erkennt, ist die auf den ersten Blick paradoxe Tatsache, dass dies die perfekte Gelegenheit sein könnte, Aktien zu kaufen, da sie jetzt im Sonderangebot sind.

»Aber ich glaube, in diesem Spiel gibt es Leute, denen dieses Stammesgen fehlt«, sagte Rochon. »Deshalb empfinden sie nicht den Drang, der Herde zu folgen. Sie können gute Investoren werden, weil sie für sich selbst denken können.« Auch vielen Künstlern, Schriftstellern und Unternehmern fehlt dieses Gruppenzugehörigkeitsgen, vermutet Rochon, der sein Händchen für Aktien nutzt, um seine Leidenschaft für das Sammeln von Kunst zu finanzieren.

Rochons Theorie lässt sich natürlich nicht beweisen. Aber es gibt viele Belege dafür, dass die besten Investoren auf eine Art ungewöhnlich veranlagt sind, die in finanzieller Hinsicht von Vorteil sein kann. Ein berühmter Investor, der nicht mit Namen genannt werden wollte, erzählte mir, viele seiner erfolgreichsten Kollegen seien »auf eine Art Autisten« und fast alle »gefühllos«. »Keine Gefühle zu haben, ist von Vorteil«, betonte er, wenn man unkonventionelle Wetten eingeht, die die große Masse für verrückt hält. Er fügte hinzu, dass Leute mit Entwicklungsstörungen, wie etwa dem Asperger-Syndrom, »als Ausgleich oft andere Stärken haben. Sehr häufig sind sie Rechenkünstler. Keine Gefühle zu haben und gut mit Zahlen umgehen zu können, ist eine tolle Kombination, wenn es um das Geldanlegen geht.«

Ich habe einem anderen sehr erfolgreichen Fondsmanager, der mathematisch begabt ist, aber sich in Gesellschaft sehr unwohl fühlt, von dieser Theorie erzählt. Er vertraute mir an: »Als ich klein war, hatten meine Eltern Angst, ich könnte autistisch sein oder das Asperger-Syndrom haben. Sie kamen zu dem Schluss, dass das doch nicht der Fall war. Zumindest war es nicht auffällig und schadete mir auch nicht. Vielleicht bin ich ja doch ein bisschen autistisch veranlagt.« Dann erinnerte er sich an ein schreckliches Erlebnis in seiner Kindheit, das ihn auch dazu gebracht hatte, sich von seinen Gefühlen zu »distanzieren«. »Wenn Sie also denken, dass ich etwas gestört bin, dann haben Sie vielleicht Recht.«*

Eine der wertvollsten Einsichten zu diesem Thema stammt von Christopher Davis, der ein Vermögen von ungefähr 25 Milliarden Dollar bei Davis Advisors verwaltet, einer Investmentgesellschaft, die sein Vater 1969 gründete. Er hat ungewöhnlich gute Einblicke in die Persönlichkeiten der erfolgreichsten Investoren. Er ist mit berühmten Geldanlegern wie Buffett, Munger, Mason Hawkins und Bill Miller befreundet. Außerdem waren sowohl sein Großvater (Shelby Cullom Davis) als auch sein Vater (Shelby M. C. Davis) legendäre Investoren, die an den Aktienmärkten gewaltige Reichtümer anhäuften.[2]

»Eine notwendige Eigenschaft großer Investoren besteht darin, dass sie sich kaum davon beeinflussen lassen, was andere Leute denken«, sagte Davis. »Am einfachsten ist es, sich nicht zu sehr von den Gedanken anderer beeinflussen zu lassen, wenn einem *kaum bewusst* ist, was sie denken. Wenn man nicht wirklich wahrnimmt und einem *auch eigentlich gleichgültig* ist, was andere Leute denken, ist es leichter, ein großer Investor zu werden.« Daraus folgt laut Davis, »dass niedrige emotionale Intelligenz ein auffälliger Wesenszug großer Investoren ist.« Nach seinen Beobachtungen fällt es vielen der besten Investoren schwer, »eine Beziehung zu anderen aufzubauen« und »tiefe Gefühle und Bindungen in ihrem Familienleben zu entwickeln.«

Im Gegensatz dazu, so Davis, sieht das Persönlichkeitsprofil von Vorstandsvorsitzenden oft völlig anders aus. Sie benötigen eine hohe emotionale Intelligenz, um sich in andere zu versetzen, ihre Gedanken zu verstehen und sie zu beeinflussen. Aber für einen Geldanleger, der gegen den Strom schwimmt, »wäre es eine Katastrophe, wenn ihn dauernd belasten würde, was andere von seinen Entscheidungen denken.« In ihrer Jugend, fügte er hinzu, haben viele Vorstandsvorsitzende einen Mannschaftssport gespielt, ein Team angeführt oder eine Studentenverbindung geleitet. Wie sieht es aber mit den besten Investoren aus? »Im Großen und Ganzen«, sagte Davis, haben sie Individualsportarten bevorzugt, wie »Laufen, Tennis, Golf

---

* Zugegebenermaßen sind diagnostische Begriffe wie »Asperger-Syndrom« sehr umstritten. Beim Asperger-Syndrom handelt es sich um eine milde Form des Autismus, die häufig mit besonderen Begabungen einhergeht. Das Syndrom ist nach einem Kinderarzt der Nazizeit benannt, der die Euthanasie behinderter Kinder befürwortete. Es geht mir hier nicht darum, amateurhafte Diagnosen über große Investoren abzugeben, sondern darauf hinzuweisen, dass viele von ihnen auf eine Art veranlagt sind, die für ihre Geschäfte von Vorteil ist.

oder Schwimmen. Es gibt nicht viele, die Fußball, Lacrosse oder etwas Äähnliches gespielt haben.«

Sein Vater, der jetzt in den Achtzigern ist, war einer der Investment-Titanen seiner Generation. In den 28 Jahren, in denen Shelby Davis den New York Venture Fund gemanagt hat, wäre ein Investment von 100 000 Dollar auf etwa 3,8 Millionen Dollar angewachsen. Wie passt er in das psychologische Profil, das sein Sohn gezeichnet hat? »Mein Vater war im Grunde seines Wesens ein Einzelgänger«, sagte Davis. »Ich kann ihn mir nicht als Mannschaftsspieler vorstellen, als Präsident einer Studentenverbindung oder als Chef einer gemeinnützigen Organisation … Er war immer auf der Suche nach Informationen, hat Leute ausgefragt und Jahresberichte gelesen. Das war eine ziemlich einsame Art von Arbeit. Sehen Sie, er saß entweder allein am Telefon oder allein über einem Stapel Jahres- und Quartalsberichte.«

Seine Beschreibung erinnerte mich an die höfliche, aber ablehnende Antwort, die Buffett Mohnish Pabrai gab, als er ihm anbot, umsonst für ihn zu arbeiten: »Ich kann allein am besten arbeiten.« In der Tat ist allgemein bekannt, dass Buffett den Großteil seiner Zeit allein und mit heruntergezogenen Jalousien in seinem Büro in Omaha verbringt und sich dem einsamen Vergnügen hingibt, Jahresberichte zu lesen.

Von diesem allgemeinen Schema gibt es aber viele Abweichungen und Ausnahmen. Ich behaupte keineswegs, dass alle großen Investoren unter Entwicklungsstörungen leiden, ein einsames Leben führen oder dazu bestimmt sind, sich scheiden zu lassen. (Allerdings ist die Liste geschiedener Investmentgiganten lang. Darauf stehen Munger, Miller, Pabrai, Bill Ackman, Carl Icahn, David Einhorn und zahllose andere.) Das wäre eine maßlose Übertreibung. Außerdem ist es albern, jede kleine Eigenart zu pathologisieren.

Trotz dieser Einschränkungen und Vorbehalte denke ich, es stimmt, dass alle Investoren, die Ihnen in diesem Buch begegnen, Freidenker sind, die keiner Herde folgen. Sie haben die seltene Fähigkeit, sich der herrschenden Meinung zu widersetzen. Es geht ihnen mehr darum, Recht zu haben und zu gewinnen, als um soziale Anerkennung und Zustimmung.

Matthew McLennan, der über 100 Milliarden Dollar bei First Eagle Investment Management verwaltet, beschreibt seinen Job so: »Jeden Tag versuchen wir zu verstehen, wie die Welt funktioniert – im Kleinen wie im Großen – und zu einem Ergebnis zu kommen, das sich von der allgemein akzeptierten Meinung unterscheidet … Im Endeffekt werden wir dafür bezahlt, die Welt durch eine andere Brille zu sehen.«

Der einzige Weg, den Markt zu schlagen, besteht darin, vom Markt abzuweichen. Für diese Aufgabe eignen sich am besten Leute, die im wahrsten Sinn des Wortes *außergewöhnlich* sind – sowohl intellektuell als auch emotional. Deswegen überrascht es kaum, dass in diesem Spiel brillante Exzentriker Vorteile haben. Und meiner Ansicht nach war niemand brillanter – und exzentrischer – als Sir John Templeton.

Er war ein Pionier der weltweiten und wertorientierten Geldanlage und hat ganz allein eine Reihe von Prinzipien und Methoden entwickelt, von denen bis heute jeder Investor profitieren kann. Aber wenn ich jetzt zurückblicke – lange nachdem er 2008 mit 95 Jahren starb, wird mir bewusst, dass ich die wichtigsten Lektionen, die uns sein Leben lehrt, nicht erfasst habe.

Der Werdegang eines Außenseiters

Ich traf Templeton im Herbst 1998. Sogar damals, ein paar Wochen vor seinem 86. Geburtstag, erschien er jeden Tag zur Arbeit in seinem Büro in Nassau, das nur eine kurze Autofahrt von seinem Zuhause entfernt war. Unser gemeinsamer Tag begann in diesem Büro, wo er mich auf eine höfliche Art begrüßte, einer vergangenen Zeit angehörte: »Meine Zeit steht zu Ihrer Verfügung«, sagte er mit einem leichten Südstaatenakzent. »Ich werde so lange für Sie da sein, wie Sie mich brauchen.«

Er trug eine hellgelbe Sportjacke, ein Hemd mit offenem Kragen und eine graue Hose ohne Gürtel. Er war klein, mager und gebräunt, und sah 15 Jahre jünger aus, als er war. Eine außergewöhnliche Vielfalt von Auszeichnungen füllte sein Büro. Dazu gehörten ein Preis für das beste 35-Jahres-Ergebnis eines gemanagten Fonds, eine Trophäe von PBS für seine Aufnahme in die Wall-Street-Ruhmeshalle von Louis Rukeyser,* akademische Ehrentiteln, die eine ganze Wand dekorieren,

* PBS (Public Broadcasting Service) ist das amerikanische Gegenstück zum öffentlich-rechtlichen Fernsehen in Deutschland (Anmerkung des Übersetzers).

seine Auszeichnung als Internationaler Kirchenmann des Jahres und sein Norman-Vincent-Peale-Preis für positives Denken.

Templeton war nach einem Aufenthalt in New York in den 1960er-Jahren auf die Bahamas gezogen. Er gab seinen US-Pass auf, wurde britischer Staatsbürger und baute sich ein Haus in Lyford Cay. Er war in einer religiösen Familie in Winchester, Tennessee, aufgewachsen und sein tiefer Glaube spielte bei seiner Entscheidung eine Rolle, sich auf den Bahamas niederzulassen. »In diesem Land gibt es mehr Kirchen pro Einwohner als irgendwo sonst auf der Welt«, teilte er mir mit, »und deshalb ist es so anziehend und so harmonisch.«

Und zudem gab es die gesellschaftlichen Vorteile des exklusiven Lyford Cay Club. »Im Allgemeinen hat das Aufnahmekomitee wirklich gute Arbeit geleistet und nur die Crème de la Crème in den Club gelassen. Deshalb hat man hier die Möglichkeit, sein Leben mit wirklich faszinierenden Menschen zu verbringen.« Er nannte den Milliardär Joseph Lewis, der sein Vermögen an den Warenbörsen gemacht hatte und »die fantastischste Jacht besitzt, die ich in meinem Leben jemals gesehen habe – mit Ausnahme der Jacht von Königin Elisabeth II. Sie ist riesig. Er lebt sehr zurückgezogen – genau die Art von Mensch, die wir hier gerne haben wollen. Er ist kein Angeber. Ich habe ihn auf Partys getroffen. Er geht in aller Ruhe auf seiner Jacht oder in seinem Haus seinen Geldanlagegeschäften nach.«

Der Club hat einen eigenen Jachthafen, eigene Tennisplätze und einen eigenen Golfplatz am Meeresstrand. Aber Templeton wollte nicht in solch dekadentem Luxus schwelgen. »Meine Nachbarn gehen zum Golfspielen, unternehmen Ausflüge mit ihren Jachten oder lassen es sich auf andere Art gutgehen. Aber meiner Meinung nach ist es viel wichtiger, sich nützlich zu machen«, sagte er. »Ich habe es nie für sinnvoll gehalten, dem Vergnügen hinterherzujagen … Es muss einen besseren Grund dafür geben, dass Gott den Menschen erschaffen hat. Und es ist doch ziemlich offensichtlich, dass Leute, die einer nützlichen Beschäftigung nachgehen, glücklicher sind Müßiggänger.«

Er hatte auch eine klare Meinung über die Nachteile des Ruhestands, den er als »tödlich« für Körper und Geist bezeichnete. Laut Templeton hatte das verfehlte Konzept eines Ruhestands mit 65 Jahren »die Zahl untätiger, nichtsnutziger Menschen enorm erhöht – Menschen, die bloß der Gesellschaft zur Last fallen«. Zum ersten Mal wurde mir diese Seite seiner Persönlichkeit bewusst – eine harte und moralistische Seite, die nicht so recht zu seinen höflichen Manieren und seinem altmodischen Charme passen wollte.

Während andere ihr Leben vergeudeten, war Templeton, wie er sagte, aktiver als je zuvor. Vor einigen Jahren hatte er seine Investmentgesellschaft für ein paar hundert Millionen Dollar verkauft. Fortan widmete er seine Zeit der Wohltätigkeit, der Verwaltung des Vermögens seiner gemeinnützigen Stiftungen, dem Management seines persönlichen Vermögens und dem Schreiben von Büchern wie *Wordwide Laws of Life: 200 Eternal Spiritual Principles*. Wie wir sehen werden, verließ ihn seine Gabe, enorm viel Geld zu verdienen, nie. Aber seine Hauptleidenschaft galt jetzt der Verbreitung von »spirituellem Wohlstand«, wie er es nannte.

Damit hatte er sich auf einen für ihn typischen, unkonventionellen Kreuzzug begeben. Zum Beispiel bestand eine seiner vielen philanthropischen Aktivitäten darin, die wissenschaftliche Erforschung der Wirkung des Betens an der Harvard Medical School und anderen Einrichtungen mit Millionen von Dollars zu unterstützen. Begeistert zählte er mir eine Reihe von Fragen auf, auf die er eine Antwort zu erhalten hoffte: »Werden Menschen, für die gebetet wird, schneller gesund als andere? Wirkt Beten nur, wenn die kranke Person selbst betet oder auch, wenn jemand anderes für sie betet? Und wenn ein anderer Mensch für sie betet, spielt es eine Rolle, ob er dem Kranken, für den gebetet wird, die Hand auflegt? Soll man darum beten, dass der Krebs verschwindet oder dass der Wille Gottes geschieht?«

Templeton finanzierte auch wissenschaftliche Untersuchungen, bei denen es um den Nutzen von Tugenden wie Versöhnlichkeit, Demut, Aufrichtigkeit und Liebe ging. Er zahlte Universitätsprofessoren Geldprämien, wenn sie Vorlesungen darüber hielten, »wie die Wissenschaft mehr von Gott enthüllen kann«. Er finanzierte auch den »Templeton-Preis für Fortschritte bei der Forschung oder für Entdeckungen spiritueller Realitäten«, der »Pioniere der Spiritualität« dafür ausgezeichnet, dass sie »unser Wissen vom Zweck des menschlichen Lebens und von der wahren Realität erweitern«. Da er großen Wert darauf legte zu betonen, diese spirituellen Fragen seien wichtiger als unsere weltlichen Angelegenheiten, sorgte er dafür, dass sein Preis stets höher dotiert ist als der Nobelpreis. Heutzutage erhält der Gewinner 1,1 Millionen Pfund (etwa 1,4 Millionen Dollar).[3]

All das gehörte zu Templetons grandiosem Projekt, »das spirituelle Wissen zu verhundertfachen«. Es war kein Unterfangen, das allgemeine Zustimmung fand. Auf der einen Seite kritisierten ihn atheistische Wissenschaftler, die sich über sein

Interesse lustig machten, wie man die Wirkung spiritueller Prinzipien experimentell messen könne. Das andere Extrem bildeten konservative Gläubige, die entsetzt über seine freidenkerische Bereitschaft waren, ihre Glaubensgrundsätze in Frage zu stellen. Er erzählte mir, er sei vor Kurzem »einer netten Dame« begegnet, die ihn gefragt habe, was er über die biblische Geschichte von Noah und der Sintflut denkt. Er antwortete, er hielte sie »für eine nützliche Allegorie, aber nicht die wortwörtliche Wahrheit«. Sie entgegnete ihm entrüstet: »Nun, Sie sind offensichtlich kein Christ.«

Als ich ihn etwas unverschämt fragte, ob ihn viele Leute »für einen Spinner« hielten, antwortete Templeton: »Ja, sicher. Aber ich habe mehr Selbstvertrauen als eine Durchschnittsperson.« Mir wurde klar: Dieser Charakterzug lag auch seinem Erfolg als Investor zugrunde. Templeton gab mir Recht. »Wenn man etwas Neues tun will, braucht man genug Selbstvertrauen oder genug Mut, um es zu tun … Und ich bin immer neue Wege gegangen, früher beim Geldanlegen, heute auf spirituellem Gebiet.«

Er führte diese Einstellung auf seine ungewöhnliche Erziehung zurück. »Ich kann mich nicht daran erinnern, dass meine Mutter oder mein Vater mir in der Kindheit je gesagt hätten, ›tu dies‹ oder ›tu das‹. Sie dachten, es würde mir helfen, selbständig und selbstbewusst zu werden, wenn ich alles selbst entscheiden müsste. Junge, Junge, das war wirklich eine tolle Erziehung … Zu erlauben, sich auf sich selbst zu verlassen, ist das wertvollste Geschenk, das man seinem Kind machen kann.«

Einmal ließen sich seine Eltern bei einer Autofahrt von ihm lotsen. Templeton, der noch ein kleiner Junge war, las die Karte falsch und führte sie ein oder zwei Stunden in die falsche Richtung. Niemand korrigierte ihn. Sie warteten einfach, bis er selbst merkte, dass er einen Fehler gemacht hatte. Diese »Laissez-faire«-Erziehung barg ihre Risiken. Als Templeton acht Jahre alt war, erfüllten ihm seine Eltern seinen Wunsch nach einer Schrotflinte, damit er jagen gehen konnte. Sie erlaubten ihm auch, Schießpulver für sein Feuerwerk und Zyankali für seine Schmetterlingsfallen zu kaufen.[4]

Templeton war immer sehr stolz auf seine Selbständigkeit. Nachdem er elf Jahre lang ein Einserschüler gewesen war, ging er 1930 nach Yale. Die Weltwirtschaftskrise trieb seinen Vater, einen Anwalt und Geschäftsmann in den Ruin, der seinem Sohn am Ende des ersten Universitätsjahrs schrieb, er könne ihm »keinen

Dollar mehr« für sein Studium zahlen. Templeton suchte sich ein paar Teilzeitjobs, besorgte sich ein Stipendium von Yale und besserte sein Einkommen mit Gewinnen vom Pokern auf. Gleichzeitig arbeitete er so hart, dass er am Ende seines dritten Universitätsjahrs der Jahrgangsbeste war.

In Yale entschied er sich dazu, sein Geld als Investor zu verdienen. Er liebte Arithmetik und methodische Problemlösungen. Außerdem schien es so, als könne er in diesem Beruf anderen helfen, indem er sie dabei unterstützte, die finanzielle Unabhängigkeit zu erlangen, die seine Familie niemals gehabt hatte. Damals bestand die übliche Anlagestrategie darin, ausschließlich in US-Werte zu investieren. Aber schon zu dieser Zeit war ihm klar, dass diese Einseitigkeit »nicht mit dem gesunden Menschenverstand vereinbar war. Wenn man Aktien oder Anleihen erwerben wollte, schaut man sich besser überall um, als sich auf ein Land zu beschränken«.

Nach Yale verbrachte Templeton zwei Jahre als Rhodes-Stipendiat* in Oxford. Er wollte Betriebswirtschaftslehre studieren, aber für seine Professoren war das kein richtiges Studienfach. »Sie schauten mich so seltsam an, als wolle ich Müll studieren.« Er entschied sich stattdessen für Jura. In seiner Freizeit las er Bücher über Unternehmensführung. Zu jener Zeit konnte er nur ein Buch zum Thema Geldanlage finden. Mitten in der Weltwirtschaftskrise war der Aktienmarkt gefährliches und trostloses Terrain. Von Oktober 1929 bis Juli 1932 stürzte der Dow Jones Industrial Average um 89 Prozent ab. In der Folge dieser Katastrophe hatten die wenigsten Leute genug Geld oder genug Mut, in den Trümmern nach guten Kaufgelegenheiten zu suchen. Aber die Tatsache, dass andere zu ängstlich waren, um einzusteigen, schmälerte Templetons Interesse nicht. Vor dem Hintergrund der allgemeinen düsteren Stimmung, stellte er sich die entscheidende Frage: Wie kann man eine Aktie zu einem Bruchteil ihres wahren Werts kaufen? Seine Antwort: »Der Kurs einer Aktie sinkt nie extrem tief, außer wenn andere Leute um jeden Preis verkaufen wollen.«

Templeton hatte mit eigenen Augen gesehen, wie finanzielle Not die Bauern in Tennessee dazu gezwungen hatte, ihr Land für einen Apfel und ein Ei zu verkaufen. Dieses Erlebnis hatte sich in sein Gehirn eingebrannt: »Man muss zu einer

* Das Rhodes-Programm ist das älteste und renommierteste internationale Stipendienprogramm für graduierte Studenten (Anmerkung des Übersetzers).

Zeit kaufen, in der andere verzweifelt verkaufen wollen.« Später bezeichnete er diese Momente, in denen Furcht und Verzweiflung um sich greifen, als »den Höhepunkt des Pessimismus«.

In der Zwischenzeit nutzte Templeton jede Möglichkeit, um zu reisen, da er begierig war, mehr über ausländische Märkte zu erfahren, in die er später vielleicht investieren könnte. Nach seinem Abschluss in Oxford bereiste er in sieben Monaten 27 Länder – mit einem Schlafsack, einem Satz Wechselkleidung, vier Reiseführern und einer Bibel. Während der Olympischen Spiele von 1936, die die Nazis zu Propagandazwecken nutzten, war er in Berlin. Er reiste nach Osteuropa und sogar bis nach Indien, Japan und China. Zu einer Zeit, in der sich die wenigsten Amerikaner nach Übersee wagten, erarbeitete er sich schon einen Informationsvorsprung gegenüber Anlegern, die nicht seinen unstillbaren Wissensdurst hatten.

Als Templeton 1937 nach Amerika zurückkehrte, heiratete er und arbeitete drei Monate für das Brokerhaus Fenner & Beane an der Wall Street. Dann kündigte er und arbeitete für ein Erdölunternehmen. 1939 hatte er rund 30 000 Dollar gespart. Das damalige Anlageumfeld hätte nicht weniger einladend sein können – selbst für einen erfahrenen Investor und erst recht für einen Neuling. Die Vereinigten Staaten waren in einem Abwärtsstrudel von Depression, Deflation und Massenarbeitslosigkeit gefangen. Der Dow Jones, der seinen Höhepunkt 1929 bei 381 Punkten erreicht hatte, hing 1939 immer noch unterhalb von 150 Punkten fest. Das Schlimmste aber war: Die Welt bewegte sich auf einen Krieg zu.

Kurzum, für einen Südstaatler in den Zwanzigern, der praktisch keine Erfahrung auf den Wertpapiermärkten hatte, war es die perfekte Zeit, um zu beweisen, dass er der schlaueste und kaltblütigste Investor seiner Generation war.

Die Wette des Jahrhunderts

Im September 1939 fiel die deutsche Armee in Polen ein. In den folgenden paar Monaten ergaben sich Norwegen, Holland und Belgien den Nazis. Im Mai 1940, als die Deutschen in Frankreich einmarschierten, sank der Dow Jones auf ein neues Tief von 112 Punkten. In Großbritannien, wo die Menschen Angst vor einer baldigen deutschen Invasion hatten, brach der Aktienmarkt in weniger als vier Monaten um 40 Prozent ein. Winston Churchill bezeichnete das Jahr 1940 später

»als das ruhmreichste und tödlichste Jahr in unserer langen, englischen und britischen Geschichte«.

Wie sollte sich ein kluger Investor verhalten, wenn die ganze Welt am Abgrund steht? Man sollte meinen, in solchen Zeiten sei auf den Märkten Zurückhaltung geboten. Wenn Aktien auf immer neue Tiefststände stürzen und Panik um sich greift, war es bestimmt angebracht, Sicherheit in defensiven Anlageformen wie Bargeld, Gold oder Immobilien zu suchen. Aber Templeton teilte diese konventionelle Meinung nicht.[5]

Nachdem die Deutschen in Polen einmarschiert waren, erkannte er, dass Krieg unausweichlich war und die Vereinigten Staaten sich früher oder später daran beteiligen müssten. Die eiskalte Schlussfolgerung, die Templeton daraus zog, unterschied ihn von anderen. Er erzählte mir: »Wenn es eine Zeit gibt, in der die Nachfrage nach allen Gütern steigt, so sagte ich mir, ist es im Krieg. So fragte ich mich, welche Unternehmen davon profitieren, wenn ein Weltkrieg ausbricht?«

»Vielleicht 90 Prozent« aller amerikanischen Unternehmen, so überlegte er sich, »sähen sich im Krieg mit einer höheren Nachfrage und geringerer Konkurrenz konfrontiert«. Auch schwächere Unternehmen würden sich erholen, wenn die Staatsausgaben in der Kriegszeit in die Höhe schnellen, die Konjunktur angekurbelt und die Beschäftigung steigen würde. Viele Unternehmen lagen infolge der Weltwirtschaftskrise noch am Boden und standen kurz vor der Pleite, sodass sich eine plötzliche Erholung ihrer Geschäfte sehr stark auf ihren Aktienkurs auswirken würde. Wahrscheinlich entwickeln sich die Aktien dieser wiedergeborenen Unternehmen besser als die gesünderer Unternehmen, die nicht so tief gesunken waren. Man könnte fast von einem *Überleben der Schwächsten* sprechen.

Aber wie konnte er sich diese Einsicht zunutze machen?

Templeton schlug das *Wall Street Journal* auf und suchte 104 amerikanische Unternehmen heraus, die unter der Weltwirtschaftskrise »so schrecklich« gelitten hatten, dass ihr Aktienkurs auf 1 Dollar oder weniger gesunken war. Ein paar Tage später rief er einen Aktienmakler an, der bei Fenner & Beane sein Chef gewesen war und erteilte ihm den Auftrag, in jedes dieser Unternehmen 100 Dollar für ihn zu investieren. »Er rief mich zurück und sagte, ›Das ist ein sehr ungewöhnlicher Auftrag, aber wir werden ihn ausführen. Allerdings haben wir 37 Unternehmen von der Liste gestrichen, weil sie schon Insolvenz angemeldet haben.‹ Und ich antwortete ihm, ›Nein, nein. Streichen Sie sie nicht. Vielleicht erholen sie sich ja‹.«

Es war eine erstaunlich wagemutige Wette. Aber Templeton war sich seiner Analyse so sicher, dass er seinen ehemaligen Chef sogar überredete, ihm 10 000 Dollar zu leihen, um sein Investment zu finanzieren.* Die Zukunft hatte noch nie so düster ausgesehen. Und dennoch waren so viele schlechte Nachrichten schon in den Kursen eingepreist, dass Templeton seine Erfolgschancen für extrem gut hielt. Er erinnerte sich: »Ich hielt mich an ganz einfache Berechnungen.«

Ein Beispiel für diese Berechnungen ist Missouri Pacific Railroad. Dieses Unternehmen hatte zu den weltweit größten Eisenbahngesellschaften gehört, bevor es in der Weltwirtschaftskrise Pleite machte. In seinen goldenen Tagen hatte es Vorzugsaktien ausgegeben, deren Käufer ein Anrecht auf eine dauerhafte Dividende von 7 Dollar pro Jahr hatten. Aber als die Gesellschaft unterging, erhielten die Aktionäre ihre Dividenden natürlich nicht mehr, und der Preis der Vorzugsaktien stürzte von 100Dollar auf ungefähr 12 Cent pro Stück ab.

Psychologisch betrachtet ist es sehr schwer, sich in ein Unternehmen zu verlieben, das Verluste machte und an dem sich die Anleger die Finger verbrannt hatten. Aber Templeton sagte, er habe 800 Missouri-Pacific-Aktien für 100 Dollar gekauft. Wie Buffett und Munger hatte er mit kühlem Kopf eine unterbewertete Aktie gefunden, bei der ein großes Missverhältnis zwischen Gewinn- und Verlustrisiko bestand. »Das Potenzial nach oben war viel größer als das Potenzial nach unten«, erklärte mir Templeton. »Ich hätte natürlich meine 100 Dollar verlieren können. Aber wenn ich sie *nicht* verlieren würde, konnte ich sehr viel gewinnen.«

Er behielt Recht. Eisenbahngesellschaften ging es während des Kriegs sehr gut und die Aktie erholte sich von 12 Cent bis auf 5 Dollar, bevor er wieder ausstieg. Er bedauerte nur, zu schnell verkauft zu haben. »Ich war begeistert, eine Aktie zu haben, deren Kurs um das Vierzigfache gestiegen war. Ich hielt das für genug«, erinnerte sich Templeton. »Aber das war dumm von mir. Innerhalb der nächsten vier Jahre stieg der Kurs auf 105 Dollar.«

Natürlich hing eine solche Spekulation nicht nur von der Mathematik ab. Mark Mobius, ein bedeutender Investor in Schwellenländermärkten, der jahrelang mit Templeton zusammengearbeitet hatte, sagte mir einmal, Templeton habe »eine enorme Willenskraft und eine starke Persönlichkeit« gebraucht, um auf dem

* Diese Summe entspricht heute ungefähr 183 000 Dollar.

Höhepunkt des Pessimismus zu kaufen. Wie sich Mobius ausdrückte, »flüchteten alle anderen aus dem brennenden Gebäude«.

Mich beeindruckt vor allem, dass Templeton nicht nur den Mut hatte, in 104 verschmähte Aktien zu investieren, als die ganze Welt in den Krieg zog, sondern dass er auch den Mut hatte, sie jahrelang *zu halten*, selbst als der Trommelschlag der schlechten Nachrichten immer ohrenbetäubender wurde. Im Dezember 1941 griffen die Japaner Pearl Harbor an, worauf der Eintritt der USA in den Krieg erfolgte. Bis 1942 hatte Deutschland die Kontrolle über den größten Teil von Europa errungen. Die Zukunftsängste waren so stark, dass die Märkte schreckliche Rückschläge erlitten. Im April 1942 fiel der Dow Jones auf 92 Punkte, den tiefsten Wert seit einer Generation.

In seinem exzellenten Buch *Wealth, War and Wisdom* weist Barton Biggs darauf hin, dass die Versicherungsaufsicht des Staats New York 1942 sogar Versicherungsgesellschaften untersagte, Aktien in ihren Portfolios zu halten, weil diese »ungeeignete Anlagen« seien. Zu dieser Zeit, schreibt Biggs, »waren alle Marktpropheten, die denken konnten und klar im Kopf waren, pessimistisch eingestellt und sagten fallende Kurse voraus«.

Aber Templeton hielt durch. »Ich hatte genug Selbstvertrauen, um davon auszugehen, dass die meisten der sogenannten Experten große Fehler machten«, sagte er mir. Darin bestärkte ihn auch sein Glaube, der ihn darauf vertrauen ließ, dass die Welt das Chaos letztlich hinter sich lassen würde. Selbst in den schlimmsten Zeiten war er, wie er sagte, »nie verzweifelt oder niedergeschlagen«.

Der Himmel meinte es gut mit ihm. Im Frühling 1942 hörten die Kurse zu fallen auf und begannen, zum Höhenflug anzusetzen, als sich das Kriegsgeschick zugunsten der Alliierten wendete und sich die US-Wirtschaft belebte. Templetons einst so verschmähte Aktien schossen in die Höhe. Nach fünf stürmischen Jahren verkaufte er schließlich. »Als ich diese Anlagen auflöste, hatte ich bei 100 von 104 Aktien einen Gewinn gemacht«, sagte er. »Ich habe meinen Einsatz insgesamt ungefähr verfünffacht.«

Ich erachte heute die Kriegszeitinvestments von Templeton als eine der wagemutigsten und weitsichtigsten Anlageentscheidungen in der Geschichte des Geldanlegens. Sie stellen einen Triumph sowohl seines Intellekts als auch seines Charakters dar. So unerfahren er auch war, verstand er doch genug von Wirtschaftsgeschichte, Finanzmärkten und der menschlichen Natur, um zu erkennen, dass der abgrundtiefe Pessimismus schließlich einem grenzenlosen Optimismus weichen würde. Selbst in den allerdunkelsten Zeiten vergaß er nie, dass die Sonne an jedem Tag wieder aufgeht.

Sechs Grundregeln für Anleger, die nicht der Herde folgen wollen

Nachdem wir uns ein paar Stunden in seinem Büro unterhalten hatten, fuhr ich mit Templeton zu seinem Haus. Das stattliche Gebäude hatte die für die Antebellum-Architektur der Südstaaten typischen, weißen Säulen. Der Blick reichte zum Ozean und einem Golfplatz und es strahlte Ruhe und Frieden aus. Templeton sagte häufig, seine Ergebnisse als Investor hätten sich verbessert, seit er hierhergezogen war, weil die Umgebung seine psychologische Distanz zur Wall Street vergrößert habe. In den ersten Jahren nach seinem Umzug bekam er das *Wall Street Journal* oft erst mit ein paar Tagen Verspätung zugestellt. Für einen langfristig orientierten Anleger könnte sich das als unerwarteter Vorteil herausstellen.

Das Haus war altmodisch eingerichtet und hatte viel Charme. Im Wohnzimmer gab es einen hölzernen Schaukelstuhl, silberne Kerzenhalter und in Leder gebundene Bücher wie etwa *The Life of Christ* oder Gedichte von Henry Wadsworth Longfellow.* Im Obergeschoss zeigte mir Templeton in seinem Arbeitszimmer ein Gemälde, auf dem zu sehen war, wie ihn Königin Elisabeth II. 1987 im Buckingham Palast als Anerkennung für seine Wohltätigkeit zum Ritter schlug. Ich fragte ihn, wie es sich anfühlt, so viele Ehrungen zu erhalten. »Ähnlich wie der Gewinner eines Spiels zu sein«, antwortete er. »Natürlich bin ich auch nur ein Mensch. Als ich in diesem Jahr meine 22. Ehrendoktorwürde erhielt, dachte ich mir, dass ich mich vielleicht nicht allzu dumm angestellt habe.«

Wir nahmen im Wohnzimmer Platz. Templeton schlürfte Tee aus einer mit dem FBI-Motto verzierten Tasse – *Fidelity, Bravery, Integrity* (»Treue, Tapferkeit, Rechtschaffenheit«). Dann vertraute er mir an, welche wichtigsten Lehren man

* *The Life of Christ*, ein Buch des amerikanischen Bischofs Fulton J. Sheen, erschien 1958. Longfellow war ein amerikanischer Dichter des 19. Jahrhunderts, zu dessen bekanntesten Gedichten *Paul Revere's Ride* zählt (Anmerkung des Übersetzers).

seiner Meinung nach aus seiner Karriere als Investor ziehen könne. Während unserer Unterhaltung und in einem darauffolgenden Telefoninterview erwähnte er sechs seiner Grundregeln, die für jeden Geldanleger hilfreich sind.

Diese Weisheiten waren das Ergebnis von mehr als 60 Jahren praktischer Erfahrung und Reflexion eines der hellsten Köpfe in der Welt des Geldanlegens. Hervorhebenswert ist: Keine dieser Regeln war geklont. Als ich Templeton fragte, ob ihn jemals irgendjemand beeinflusst habe, sei es bei der Geldanlage oder in irgendeinem anderen Bereich seines Lebens, antwortete er: »Absolut niemand … Mir ist nie jemand begegnet, auf den ich mich hätte verlassen wollen.« Was war mit seinen Eltern? »Das gilt auch für sie.«

Zuallererst muss man sich vor seinen Gefühlen in Acht nehmen, so Templeton: »Die meisten Leute lassen sich bei der Geldanlage von ihren Gefühlen in die Irre führen. Sie werden zu sorglos und optimistisch, wenn sie hohe Gewinne erzielt haben und übertrieben vorsichtig und pessimistisch, wenn sie hohe Verluste erlitten haben.« Einer der wichtigsten Dienste, die er seinen Kunden als Vermögensverwalter erwies, bestand darin, ihnen dabei zu helfen, »diese Emotionalität zu überwinden. Das war ein wichtiger Teil meines Erfolgs.«.

Aber er vermied nicht nur die Fallstricke seiner Gefühle. Er machte sich die Emotionalität der *anderen* Anleger zunutze, indem er von ihnen kaufte, wenn sie irrational pessimistisch waren und an sie verkaufte, wenn sie irrational optimistisch waren. »Zu kaufen, wenn andere verzweifelt verkaufen wollen, und zu verkaufen, wenn andere begeistert kaufen, ist sehr schwer«, sagte er. »Aber es zahlt sich aus.«

Es lag in Templetons Natur, jede Entscheidung analytisch anzugehen, ob es nun um die Berufswahl, die Auswahl von Aktien oder die Wahl seines Wohnsitzes ging. Bevor er nach Lyford Cay zog, nahm er einige Blätter Papier und schrieb oben auf jedes Blatt den Namen eines Orts, der in Frage kommen könnte. Dann listete er darunter die jeweiligen Vorteile der verschiedenen Orte auf. Als er mir sein Vorgehen beschrieb, sagte er mit Nachdruck: »Ich habe *nicht emotional* gehandelt.«

Zweitens muss man sich, so Templetons Überzeugung, vor seiner eigenen Unwissenheit in Acht nehmen. Das sei »wahrscheinlich ein noch größeres Problem als die Gefühle … So viele Leute kaufen Wertpapiere, über die sie so gut wie nichts wissen. Sie verstehen überhaupt nicht, was genau sie kaufen.« Wichtig sei, immer daran zu denken, dass zu jeder Wertpapiertransaktion zwei Seiten gehören: »Die

Seite mit den besseren Informationen wird wahrscheinlich gewinnen. Man muss deshalb sehr viel Arbeit in Recherchen und Analysen stecken.«

Templeton behauptete, Fleiß habe für seinen Erfolg eine viel größere Rolle gespielt als angeborenes Talent. Er sprach oft von seiner Entschlossenheit, immer mehr zu tun, als eigentlich nötig sei – ein zusätzliches Telefonat zu führen, eine weitere Konferenz anzusetzen, noch eine Dienstreise zu machen. »Als junger Mann«, sagte er, »suchte ich nach allem, was zum Thema Geldanlage geschrieben worden war und erhältlich war. Ich mache das noch immer.« Selbst in seinen Achtzigern versuchte Templeton, »von Jahr zu Jahr als Investor dazuzulernen«.

Sowohl Profi- als auch Privatanleger sollten sich davor hüten zu glauben, es gebe einen leichten Weg zum Anlageerfolg. »Selbst unter den Profis erzielen nicht viele am Ende überdurchschnittliche Resultate. Wer Geld anlegen will, muss sich deshalb die Frage stellen: ›Habe ich mehr Erfahrung und Wissen als die Profis?‹ Und wenn die Antwort ›Nein‹ lautet, sollte man die Finger davon lassen … Man sollte nicht so sehr von sich überzeugt sein zu meinen, man sei besser als die Experten.«

Drittens rät Templeton dazu, seine Anlagen breit zu streuen, um sich vor seinen eigenen Fehlern zu schützen. Nach eigener Schätzung hatte er während seiner Karriere mindestens eine halbe Million Anlageentscheidungen getroffen. Für viele Jahre führte er über die Aktienkauf- und Aktienverkaufsempfehlungen an seine Kunden genau Buch. Dabei musste er leider feststellen, dass rund ein Drittel seiner Ratschläge »das Gegenteil von weise« waren. Er kam zu dem Schluss, Geld anzulegen sei so schwierig, dass selbst die besten Investoren davon ausgehen sollten, in nicht mehr als zwei Drittel der Fälle richtig zu liegen – gleichgültig, wie hart sie arbeiten.

Und die Moral von alldem? Sehen Sie zu, dass Sie Ihr Ego – und das Risiko, das Sie eingehen – in den Griff bekommen. »Setzen Sie nicht Ihr ganzes Geld auf das, was Ihnen ein einziger Experte empfiehlt. Setzen Sie Ihr Geld nicht auf eine einzige Branche oder auf ein einziges Land. Niemand ist derart klug. Deshalb ist es vernünftig zu diversifizieren.«

Viertens, so Templeton, erfordert erfolgreiche Geldanlage Geduld. Als der Zweite Weltkrieg ausbrach und er US-Aktien kaufte, wusste er, wie billig sie waren, aber er konnte nicht vorhersehen, wie lange die Märkte brauchen, bis sie sich seiner Meinung anschließen würden. Sein Vorteil bestand nicht nur in seinem größeren Scharfsinn, sondern auch in seiner Bereitschaft, ein qualvolles Jahr nach dem anderen zu warten, bis sich die Situation zum Besseren wendete, so wie er es erwartet hatte.

Templetons Neigung für Mathematik bestärkte ihn in seiner Überzeugung, Geduld zahle sich am Ende aus. Um dies zu veranschaulichen, erzählte er die Geschichte der holländischen Einwanderer, die Manhattan 1626 für 24 Dollar gekauft hatten.* Hätten die amerikanischen Ureinwohner diese lächerliche Summe für 8 Prozent Zinsen pro Jahr angelegt, sei ihr Vermögen heute, »viel höher als der gesamte Wert von Manhattan, einschließlich aller Gebäude«. Templeton sah dies als Extrembeispiel für ein fundamentales Prinzip der Geldanlage: »Wenn man als Anleger wirklich erfolgreich sein will, braucht man nichts als Geduld.« Er wies darauf hin, »fast alle« Investoren seien »zu ungeduldig« und fügte hinzu: »Leute, die einmal pro Jahr oder öfter von einem Fonds in einen anderen wechseln, machen das mehr aus emotionalen als aus vernünftigen Gründen.«

Fünftens, so Templeton, sei die beste Methode, gute Kaufgelegenheiten zu finden, sich anzuschauen, welche Vermögenswerte sich in den vergangenen fünf Jahren am schlechtesten entwickelt haben und sich zu überlegen, ob der Grund für diese Misere vorübergehender oder dauerhafter Natur ist. Die meisten Leute tendieren von Natur aus zu Investments, die schon erfolgreich und bei der großen Masse beliebt sind, gleichgültig, ob es sich um eine stark gestiegene Aktie, einen gefragten Fonds oder ein Land mit hohem Wirtschaftswachstum handelt. Aber wenn die guten Zukunftsaussichten schon in diesen Vermögenswerten eingepreist sind, dann sollte man nicht auf diese Werte setzen, wenn man kein Dummkopf ist.

Templeton, der den geringsten Herdentrieb unter allen Investoren besitzt, verfolgte den entgegengesetzten Ansatz. Er wollte wissen: »Wo sind die Aussichten *am schlechtesten*?« Wahrscheinlich waren die attraktivsten Kaufgelegenheiten gerade dort zu finden, wo die Stimmung am düstersten war, weil die Preise den allgemeinen Pessimismus widerspiegeln. Seine nonkonformistische Strategie bestand darin, weltweit Aktien in Branchen und in Ländern zu analysieren, die unter Druck standen, und sich immer die Frage zu stellen: »Welches Unternehmen ist am billigsten, verglichen mit dem, was ich für seinen wahren Wert halte?«

---

* Die Einzelheiten dieser Transaktion sind recht undurchsichtig. Was wir heute darüber wissen, beruht auf einem Brief aus dem Jahr 1626, in dem ein holländischer Kaufmann (politisch unkorrekt, wie die Zeiten eben waren) schreibt: »Sie haben die Insel Manhattan von den Wilden für einen Preis von 60 Gulden gekauft.«

In der Zeit, als wir unsere Gespräche führten, hatte die asiatische Finanzkrise von 1997 in Ländern wie Thailand, Indonesien und Südkorea eine Spur der Verwüstung hinterlassen. Hätte man sagen sollen, welches Anlageinstrument weltweit am meisten an Wert verloren hatte, wäre der Matthews Korea Fonds ein Spitzenkandidat gewesen. Dieser Fonds hatte im Jahr 1997 ungefähr 65 Prozent verloren, weil er unglücklicherweise ausschließlich in ein Land investiert hatte, das unter einer Kreditblase, einem Währungskollaps und dem extremen Verschuldungsgrad seiner Unternehmen litt.

Ende 1997 entschied Templeton, südkoreanische Aktien seien, verglichen mit den in Zukunft zu erwartenden Unternehmensgewinnen, weltweit am billigsten. Das Kurs-Gewinn-Verhältnis südkoreanischer Aktien war von über 20 im Juni 1997 auf 10 im Dezember desselben Jahrs eingebrochen – ein überdeutliches Indiz für die Furcht und den Widerwillen der Anleger. Aber für ihn gab es gute Gründe anzunehmen, dass sich das bisher gezeigte kräftige Wirtschaftswachstum dieses Lands wieder einstellt, sobald die schwere Liquiditätskrise vorbei wäre. Also pumpte Templeton 10 Millionen Dollar in den Matthews Korea Fonds und wurde dessen größter Anteilseigner. Er sagte mir: »Was die Anlegerstimmung und die öffentliche Meinung angeht, hätte es gar nicht mehr schlimmer kommen können.«

Für den typischen Investor mag sich das nicht gerade wie eine enthusiastische Kaufempfehlung anhören. Dennoch waren die Überlegungen Templetons einfach, elegant und richtig. Man muss sich aber auch vor Augen halten, was für ein selbständiger und unabhängiger Denker Templeton gewesen sein musste, um in den südkoreanischen Markt einzusteigen, während alle anderen ausstiegen. In der Tat erwies sich die Krise als vorübergehend, genau wie er vermutet hatte. Im Juni 1999 meldete Bloomberg News,* der Matthews Korea Fonds sei im vergangenen Jahr um 266 Prozent gestiegen, was ihn zu dem Fonds mit dem höchsten Wertzuwachs unter 5307 Aktienfonds machte. Wie es schon in der Bibel steht: »So werden die Letzten die Ersten sein und die Ersten die Letzten.«**

Sechstens, so Templeton, »zu den wichtigsten Dingen gehört es, als Investor nie der Mode hinterherzulaufen.« In den 1980er-Jahren veröffentlichte der Verlag der Templeton Stiftung ein zeitloses Buch mit einem großartigen Titel: *Extraordinary*

* Bloomberg News ist eine amerikanische Nachrichtenagentur (Anmerkung des Übersetzers).
** Matthäus 20:16 (Anmerkung des Übersetzers).

Popular Delusions and the Madness of Crowds. Es wurde 1841 von Charles Mackay geschrieben und erzählt die Geschichte von Verrücktheiten wie dem Tulpenwahn oder der Südseeblase. Templeton schrieb ein Vorwort, in dem er ein probates Mittel gegen solche Verrücktheiten der Finanzmärkte empfahl: »Ein Investor entgeht verbreiteten Wahnvorstellungen am besten dadurch, dass er sich nicht auf die Zukunftsaussichten, sondern auf den wahren Wert konzentriert.«

Er schlug vor, auf dem Boden der Tatsachen zu bleiben, indem man eine ganze Reihe spezifischer Wertmaßstäbe analysiere, wie etwa das Verhältnis vom Kurswert eines Unternehmens zu seinem Umsatz pro Aktie, den Nettovermögenswert pro Aktie und den durchschnittlichen Gewinn pro Aktie in den vergangenen fünf Jahren. Diese »kritische Analyse des fundamentalen Werts einer Geldanlage« schütze vor »dem Wahnsinn der großen Masse«.

Als wir uns trafen, hatten US-Aktien einen achtjährigen Höhenflug hinter sich und euphorische Anleger wetteten blindlings auf Technologie- und Internetaktien. Mir erschien es offensichtlich, dass wir uns mitten in einer Blase befanden, aber ich wollte von Templeton hören, ob ich mit meiner Vermutung richtig lag. Er machte es mir nicht leicht.

Am Anfang unseres Gesprächs sagte er: »Der Höhepunkt des Optimismus ist der richtige Zeitpunkt, um seine Gewinne mitzunehmen.« Aber als ich ihn wiederholt fragte, ob wir diesen Punkt schon erreicht hatten, wich er mir aus. Schließlich fuhr er mich an: »Jeder, der diese Frage stellt, ist *dumm*. Ist das klar? Niemand kann wissen, wann dieser Zeitpunkt gekommen ist … Einige Experten haben vielleicht ein wenig öfter recht als Sie. Aber trotzdem ist es ein typisch menschlicher Fehler, sich auch nur mit der Frage zu beschäftigen, welcher Aktienmarkt steigen und welcher Aktienmarkt fallen wird. Es hat noch nie jemanden gegeben, der das wusste.«

Ich fühlte mich, als hätte ich einen Schlag auf den Kopf erhalten. Ich konnte seine Einstellung nachvollziehen, dass grundsätzlich nur Dummköpfe Marktprognosen erstellen. Aber er wusste genauso gut wie jeder andere, dass vielen US-Aktien schlechte Zeiten bevorstanden, weil ihre unrealistisch hohen Bewertungen nicht auf Dauer aufrechtzuerhalten waren. Es war unmöglich vorherzusagen, *wann* die Musik zu spielen aufhören würde, aber das Ergebnis war ziemlich gut vorhersehbar. Im Nachhinein vermutete ich, er habe es mir übelgenommen, dass ich mich nicht genügend für seine Aktivitäten auf dem Gebiet der Wohltätigkeit interessiert hatte. Er bestand darauf, sie seien »die eigentliche Story«. Ich sollte vielleicht in Zukunft zweimal überlegen, bevor ich einen allgemein verehrten Helden frage, ob ihn viele Leute für »einen Spinner« halten.

Jedenfalls zeigte sich später, dass Templeton sich eine geistreiche Methode ausgedacht hatte, um vom Platzen der Dotcom-Blase zu profitieren. Und das funktionierte folgendermaßen:

Damals verdienten sich skrupellose Investmentbanken dumm und dämlich, indem sie Internetunternehmen an die Börse brachten. Die Reklamemaschine der Wallstreet lief auf Hochtouren und lobte undurchsichtige Ramschaktien bis in den Himmel, um sie naiven, gierigen oder verwegenen Anlegern aufzuschwatzen. Es handelte sich um einen klassischen Ausbruch von Finanzwahnsinn – alle haben ihren Spaß, bis dann das bittere Ende kommt. Und Templeton wusste, dass diese Tragikomödie mit Tränen enden würde. Nicht ohne Grund hatte er oft darauf hingewiesen, die fünf kostspieligsten Wörter unserer Sprache seien: »Dieses Mal geht es gut.«

Er reagierte auf diesen Wahn, indem er die 84 am irrsinnigsten bewerteten Internetaktien aufs Korn nahm, deren Kurs sich in allen Fällen seit ihrem Börsendebüt verdreifacht hatte. Nach einem Börsengang folgt immer eine »Stillhaltefrist,« während der die Beschäftigten des betreffenden Unternehmens ihre Aktien nicht verkaufen dürfen. Typischerweise dauert diese Frist sechs Monate. Templeton dachte sich, dass diese Insider ihre Aktien so schnell wie möglich und bei der ersten Gelegenheit loswerden wollen würden, um ihre Gewinne mitzunehmen, bevor die Euphorie enden würde. Diese Flucht der Insider würde zu einem Kursrutsch der Aktien führen.

Also verkaufte Templeton jede dieser 84 Aktien »leer« und setzte darauf, dass sie abstürzen würden, sobald die Stillhaltefrist vorüber war. Lauren Templeton, eine Finanzmanagerin und Templetons Großnichte, sagte, er habe dabei pro Aktie 2,2 Millionen Dollar eingesetzt, insgesamt ungefähr 185 Millionen Dollar.[6]

Die Leerverkaufsstrategie von Templeton funktionierte traumhaft. Als die Dotcom-Blase im März 2000 platzte, machte er innerhalb von ein paar Monaten einen Gewinn von 90 Millionen Dollar. Jahre später war in einem Artikel des *Economist* über die erfolgreichsten Finanztransaktionen aller Zeiten zu lesen, dass dieser »geniale Plan« den »›Hätte-ich-nur-auch-daran-gedacht‹-Preis mit weitem Abstand« gewonnen hatte.

Es erfüllt mich mit Erstaunen, dass ein Mann in seinen späten Achtzigern sich diesen glorreichen Schachzug ausgedacht hatte. Das Beste daran war aber, dass man hier eine exquisite Symmetrie bewundern konnte. 1939 erkannte Templeton, dass die Herde der Anleger der Illusion verfallen war, die Zukunft brächte nichts als Elend und Verluste. 1999 erkannte er, dass die Herde der Anleger der Illusion verfallen war, die Zukunft brächte nichts als Reichtum und Gewinne. Bei beiden Gelegenheiten vertraute er auf sein Urteilsvermögen. 1939 kaufte er eine Gruppe von Aktien, die die Anlegerherde hasste. 1999 verkaufte er die Gruppe von Aktien leer, die die Anlegerherde liebte. Zwei meisterhafte Investments, eines das Spiegelbild des anderen, getrennt durch einen Zeitraum von sechs Jahrzehnten.

Der Herr in seinem Reich

Bevor wir fortfahren, muss ich gestehen: Ich mochte Sir John Templeton nicht wirklich. Natürlich war ich begeistert, ihn zu treffen und dankbar für die Zeit, die er sich genommen hatte. Aber mich störten die Kälte und Strenge, die ich an ihm bemerkte.

In seinem Buch *Wisdom from World Religions: Pathways Toward Heaven on Earth* schrieb er ausführlich über Tugenden wie »grenzenlose Liebe«, die Fähigkeit, zu verzeihen, Demut und Mitgefühl. Aber neben der warmen und großherzigen Seite seines Wesens gab es eine andere Seite, die hart und streng erschien. Er war so freundlich, mich zum Flughafen zu fahren, damit ich ihn noch in seinem Auto interviewen konnte. Aber als er weg war, notierte ich mir meine Eindrücke und brachte damit meine gemischten Gefühle zum Ausdruck: »Er ist seltsam trocken, eisern und formal. Charmant, aber hart. Unglaublich willensstark. Er behauptet, er ist offen und hört zu, aber er ist engstirnig und verbohrt.«[7]

The Templeton Touch, eine Biografie von William Proctor, enthält eine der scharfsinnigsten Charakterisierungen von Templeton. Sie stammt von Rory Knight, dem ehemaligen Dekan des Templeton College in Oxford, zu dessen Finanzierung Templeton beigetragen hatte. »Er war ein harter Mensch«, erinnert sich Knight. »Er war niemand, der wie ein Seminarist herumlief und einfach nur nett zu den Leuten war. Aber er war nie grob zu jemandem und er war ein perfekter Gentleman … Ich würde dennoch sagen, dass er anderen Menschen gegenüber immer sehr fordernd war – im besten Wortsinn. Er hatte sehr hohe Erwartungen und er brachte das Beste in den Menschen zum Vorschein.«

Zu Templetons Gunsten muss man sagen, dass er von sich selbst besonders viel verlangte. »Nach meiner Studienzeit hatte ich überhaupt kein Geld und meine Braut auch nicht«, sagte er mir. »Deshalb sparten wir ganz bewusst 50 Cent von jedem Dollar, den wir verdienten.« Aber es kam ihm nie in den Sinn, seine finanzielle Disziplin zu lockern, auch nicht als er astronomisch reich war. Während viele seiner Kollegen Privatflugzeuge bevorzugten, flog er bewusst immer nur in der Economy-Klasse. »Es gibt für mich viele bessere Möglichkeiten, mein Geld auszugeben, als es für einen bequemeren Sitzplatz zu verschwenden«, erklärte er. »Ich habe es nie für klug gehalten, irgendetwas zu verschwenden.«

Als Templeton ein berühmter Fondsmanager war, machten sich seine Angestellten über seine Angewohnheit lustig, schon einmal beschriebenes Papier zu benutzen und diese Blätter zu behelfsmäßigen Notizblöcken zusammenzuheften. Später in seinem Leben freute er sich, Geld sparen zu können, indem er einen billigen Kia aus Südkorea fuhr. Gary Moore, einer seiner Freunde, der religiöse Investoren beriet, sagte im Spaß zu mir: »John ist ein, wie wir das nennen, Calvinist. Er glaubt, dass es in Ordnung ist, Geld zu machen, solange man es nicht genießt.« Angesichts seines Sparzwangs überrascht es wenig, dass Templeton sich auf den Kauf unterbewerteter Aktien spezialisiert hat.

Er hatte eine Abneigung gegen Schulden und bezahlte seine Autos und seine Häuser immer bar. Er behauptete auch, sich für seine Kriegswette nur ein einziges Mal Geld geborgt zu haben, um ein Investment zu finanzieren. Während der Weltwirtschaftskrise hatte er gesehen, wie leicht hochverschuldete Leute in den Ruin stürzen konnten und finanzielle Disziplin war für ihn eine moralische Tugend. Als wir sein Büro verließen, sprach ihn ein Mann an und bat um Geld, um seine Stromrechnung bezahlen zu können. Templeton gab ihm 50 Dollar und nahm ihm das Versprechen ab, ihn niemals wieder um Geld zu bitten. Im Auto erklärte er mir, warum er das immer so machte. »Jemandem, dem einmal das Geld ausgegangen ist, wird immer wieder das Geld ausgehen. Und wenn ihm jemand Geld gibt, wird er immer wiederkommen.« Er hatte sich sogar eine »neue Version des Zehnten«, eine Art von »Superzehnten« einfallen lassen: »Für jeden Dollar, den ich für mich persönlich ausgebe, spende ich 10 Dollar für einen guten Zweck.«

Er war genauso anspruchsvoll, was sein Zeitmanagement betraf. John Galbraith, der die Fonds von Templeton vermarktete, erinnerte sich: »John wollte nie Smalltalk machen. Sobald wir mit unseren geschäftlichen Angelegenheiten fertig waren, wandte er sich etwas anderem zu.« Gary Moore fügte hinzu: »Als ich John das erste Mal traf, sagte er, ›Seien Sie um 4:02 Uhr hier. Ich habe um 4:13 Uhr noch einen anderen Termin.‹«

Templeton war entschlossen, keine einzige Minute zu verschwenden. Er gewöhnte sich deshalb an, immer zwei Dinge gleichzeitig zu tun. Während unseres Treffens in seinem Haus unterstrich er wichtige Passagen in einem Buch für mich, während er gleichzeitig meine Fragen beantwortete. In ähnlicher Weise gefiel es ihm auch, während des Autofahrens zu beten. Er war ein Pünktlichkeitsfanatiker und erschien gewöhnlich zehn Minuten zu früh zu Treffen. Er hasste Zaudern und Zögern. Er lehnte Ablenkungen wie Fernsehen oder Kino ab (insbesondere »zügellose Unterhaltung«) und zog es vor, Veröffentlichungen und Berichte von Unternehmen oder »inspirierende« Bücher zu lesen. Er nannte »Herumtrödeln« eine »Art Diebstahl« und Müßiggang »eine langsame Form des Selbstmords.«

Als ich ihm gegenüber bemerkte, er scheine sehr hart zu sich selbst zu sein, antwortete er: »Lassen Sie uns eher sagen, es geht mir um Selbstkontrolle. Ich denke, dass ich mich immer darum bemüht habe, mehr Selbstkontrolle zu haben. Und ich wünschte wirklich, andere Leute würden dies auch tun.«

Aber er managte nicht nur sein Geld und seine Zeit mit eiserner Selbstdisziplin. Er war auch darauf fixiert, sein Denken zu managen. In *Wisdom from World Religions* kam er immer und immer wieder auf das Thema »Gedankenkontrolle« zu sprechen. In seinem Alltagsleben fokussierte er sich auf »produktive Gedanken,« auf »positive Emotionen« wie Liebe, Dankbarkeit, Gefälligkeit und auf die Anschauung des »unendlich Guten in uns und in anderen«.

Ebenso entschlossen verbannte Templeton negative Gedanken und Emotionen – wie etwa Ärger, Zweifel, Schuldgefühle, Furcht, Hass oder Neid. Dazu empfahl er die Technik, jeden negativen Gedanken durch die Aussage zu ersetzen: »Ich bin dankbar für das Übermaß an Gutem in meinem Leben.« Wenn man Probleme hatte, sollte man sich seiner Meinung nach sagen: »Das wird ein Segen für mich sein.« Er strebte auch danach, jegliche »ziellosen, undisziplinierten Gedanken« zu verbannen, die nichts zu »den höheren Zielen« seines Lebens beitrugen. Wie sich Templeton ausdrückte, haben wir die Kraft, unser Leben dadurch selbst zu gestalten, dass wir uns bewusst aussuchen, »worauf wir uns konzentrieren wollen. Denn das, worauf wir uns im Leben konzentrieren, wird erblühen und sich entwickeln«.*

Dank seiner Entschlossenheit, Herr seiner Gedanken zu sein, stand Templeton einige schlimme Zeiten durch. Als er und seine erste Frau Judith 1951 Urlaub auf Bermuda machten, kam sie bei einem Motorradunfall ums Leben. Als 38-jähriger Witwer hatte er plötzlich die Verantwortung, drei Kinder alleine großzuziehen. Er überstand diese Jahre, indem er die quälenden Gedanken »verdrängte,« die ihn sonst vielleicht überwältigt hätten. 1958 heiratete er seine zweite Frau Irene, die eine Anhängerin der Kirche der Christlichen Wissenschaft war und seinen Glauben an die Kraft des Geistes und des Gebets teilte.**

Als skeptischer Journalist neigte ich in jenen Tagen (heute nicht mehr) dazu, mit den Augen zu rollen, wenn jemand »positives Denken« oder »Gedankenkontrolle« erwähnte. Ich war so engstirnig, dass ich nicht ernsthaft über Templetons Mission nachdachte, wissenschaftlich zu erforschen, ob spirituelle Praktiken wie Beten oder Vergeben heilsam und vorteilhaft sein könnten. Ich gebe es nur widerwillig zu, aber meine Vorurteile machten mich selbstgefällig und überheblich. Stattdessen hätte ich mit einem Urteil warten sollen, bis ich mehr wusste.

Wie ich heute erkannt habe, muss Templetons Gewohnheit, zu beten und positiv zu denken, ihm sehr dabei geholfen haben, seine Gedanken und Gefühle unter Kontrolle zu bringen. Und die mentale Stärke, die er auf diese Weise erlangt hatte, war von enormem Vorteil für einen Investor wie ihn, der sich darauf spezialisiert hatte, unpopuläre Entscheidungen zu treffen.

Im Gegensatz dazu waren meine eigenen Gedanken hoffnungslos unfokussiert und Gefühle wie Furcht, Zweifel, Bedauern, Gier, Ungeduld, Eifersucht oder Pessimismus konnten mich leicht überwältigen – Gefühle, die es erschweren und komplizieren, vernünftige Anlageentscheidungen zu treffen.

---

* *In The Templeton Touch* erzählt Lauren Templeton, dass ihr Großonkel »so diszipliniert war, dass er keinen einzigen unproduktiven Gedanken in seinem Kopf duldete. Er sagte mir einmal, sobald er einen unproduktiven Gedanken bemerke, würde er ihn packen und in das Nichts verbannen, aus dem er gekommen war«.

** Die *Church of Christ, Scientist*, auch kurz *Christian Science* genannt, ist eine in den USA von Mary Baker Eddy gegründete, weltweit aktive Glaubensgemeinschaft und nicht mit der Scientology-Sekte zu verwechseln (Anmerkung des Übersetzers).

In *Wisdom from World Religions* schreibt Templeton: »Um in der äußeren Welt erfolgreich zu leben, muss man auch in seiner inneren Welt erfolgreich leben … Die Freunde, Kollegen, Chancen, Karrieren und Lebenserfahrungen unserer äußeren Welt spiegeln das wider, was in unserem Inneren passiert.« Templeton brachte seine innere Welt unter Kontrolle. Damals erschien er mir voreingenommen und selbstgefällig, weswegen ich mich sträubte, etwas von ihm zu lernen. Aber 20 Jahre später bin ich beeindruckt von seiner inneren Stärke und seinem eisernen Willen. Ich wünschte, ich hätte auch nur die Hälfte seiner Selbstkontrolle.[8]

Heute bin ich der Meinung, Templeton hat nicht nur die Märkte geschlagen. *Er hat sich selbst übertroffen.* Er übernahm Verantwortung für jeden Aspekt seines Lebens, einschließlich seiner Zeit, seines Gelds, seiner Gesundheit, seiner Gedanken und seiner Gefühle. Dazu war eine außergewöhnliche Selbstdisziplin erforderlich. Selbstdisziplin wird heute nicht mehr in Ehren gehalten. Sie ist so eine altmodische und verstaubte Tugend. Aber Templeton hat seine Triumphe deswegen gefeiert, weil er die Selbstdisziplin bis ins Äußerste getrieben hat. Wie es Pabrai von Munger gelernt hat: »Nimm dir eine einfache Idee her und nimm sie ernst.«

Es gibt so viel bei der Geldanlage und im Leben, das wir *nicht kontrollieren können.* Templeton konnte sich des Siegs der Alliierten im Zweiten Weltkrieg nicht sicher sein. Er hat nicht voraussehen können, dass seine erste Frau jung sterben würde. Aber er kontrollierte, was er *kontrollieren konnte.*

Das bedeutete, dass er sich in seiner Rolle als Investor mit unbeirrbarer Disziplin auf die Bewertung von Unternehmen konzentrierte, auf das Sammeln besserer Informationen, als seine Konkurrenten besaßen, und darauf, Entscheidungen furchtlos und selbständig zu treffen, ohne Rücksicht auf die Meinungen und die Launen der Herde. Es bedeutete auch, alles zu tun, was in seiner Macht stand, um sein geistiges und emotionales Gleichgewicht zu halten. Er konnte nicht kontrollieren, was passieren würde, aber er konnte sich selbst kontrollieren. Was ich vor zwei Jahrzehnten versäumt habe, von Templeton zu lernen, ist die überragende Wichtigkeit dieser inneren Vorgänge.

KAPITEL 3

ALLES IST IM WANDEL

Wie kann man kluge Entscheidungen treffen, wenn nichts gleichbleibt und die Zukunft unvorhersehbar ist? Howard Marks hat eine Antwort auf diese Frage.

Das sich alles ändert, ist eine Grundtatsache des Lebens. Niemand kann diese Tatsache bestreiten und die gesamte Lehre des Buddhismus ist in ihr enthalten.

Shunryu Suzuki, *Zen Mind, Beginner's Mind*[1]

Als Howard Marks an der Universität von Pennsylvania studierte, belegte er einen Kunstkurs. Das war eine exzentrische Wahl für jemanden, dessen Hauptfach Finanzen war, aber Marks war in seiner Jugend ein talentierter Künstler. »Ich gehe also in den Kunstkurs und der Professor kommt herein, schaut sich um und sagt, ›Hier sind zu viele Leute. Wir müssen eine Auswahl treffen. Ich werde Sie nach Ihrem Namen und Ihrem Hauptfach fragen.‹ Und ich antwortete, ›Ich bin Howard Marks und studiere Finanzen an der Wharton Business School.‹ Er sagte, ›Gut, Sie sind der erste, der gehen muss. Raus mit Ihnen.‹«

Weil er aus diesem Paradies vertrieben worden war, musste sich Marks ein anderes Nebenfach suchen. Zu seiner eigenen Überraschung entdeckte er seine Liebe zur Literatur, Kunst und Geschichte Japans. In einem Kurs über japanischen Buddhismus begegnete ihm das Zen-Konzept *mujo* oder Vergänglichkeit.* In seinem

* Shunryu Suzuki Roshi (1904–1971), ein berühmter Zen-Lehrer, verwendet den japanischen Ausdruck *shogyō-mujō*, den er mit »alles ist im Wandel« übersetzt.

Eckbüro in der 34. Etage eines Wolkenkratzers im Zentrum von Manhattan erklärte mir Marks, wie diese altehrwürdige Idee seine Lebens- und Geldanlagephilosophie beeinflusst hat. »Der Wandel ist unvermeidbar. Das einzig Unveränderliche ist die Änderung,« sagte er. »Wir müssen die Tatsache akzeptieren, dass sich unsere Umwelt ändert ... Wir dürfen nicht davon ausgehen, dass wir unsere Umwelt kontrollieren können. Wir müssen uns an unsere Umwelt anpassen. Wir müssen mit dem Wandel rechnen und ihn akzeptieren.«

Marks akzeptiert, dass alles in einem Zustand permanenten Wandels ist: Natur, Wirtschaft, Märkte, Industrien, Unternehmen und unser eigenes Leben. Das ist natürlich sehr misslich für Investoren, da sie echtes Geld auf Dinge setzen, die nicht von Dauer sind, und auf eine Zukunft, die unvorhersehbar ist. Wie können wir angesichts dieser radikalen Instabilität und Unsicherheit kluge Entscheidungen treffen? Der berühmte Investor Bill Biller sagte mir einmal: »Die Welt ändert sich. Das ist das größte Problem der Märkte.«

In der Tat durchdringt dieses Problem unser gesamtes Leben. Der französische Philosoph Michel de Montaigne schrieb: »Und wir und unser Urteil und alle sterblichen Dinge fließen und wogen unaufhörlich dahin. So lässt sich nichts Gewisses vom einen zum andern ermitteln, und der Urteilende und das Beurteilte sind in fortwährender Wandlung und Schwankung begriffen.«* Ein bekannter französischer Investor, François-Marie Wojcik, war begeistert, als ich ihm diese Zeilen vorlas, die Montaigne in den 1570er-Jahren geschrieben hatte. Wojcik achtete immer darauf, sein eigenes Urteil (oder das von anderen) nicht zu überschätzen, da man sich in einer sich andauernd ändernden Welt keiner Sache gewiss sein kann. Er sagte von sich: »Ich habe drei Prinzipien: Zweifel, Zweifel und Zweifel.«

Das Problem der Vergänglichkeit, das den Kern der buddhistischen Lehre bildet, beschäftigt seit Langem auch nachdenkliche Investoren. T. Rowe Price,** der Gründer der in Baltimore ansässigen Investmentgesellschaft, die seinen Namen trägt, schrieb 1937 einen Aufsatz mit dem Titel »Wandel – die einzige Gewissheit, die ein Investor hat.« Er bemühte sich, die geopolitischen Risiken seiner Zeit einzuschätzen, erwähnte den Aufstieg Hitlers und wagte die Vorhersage, dass

* Michel de Montaigne (1533–1592), zitiert nach der Übersetzung von Herbert Lüthy: Michel de Montaigne, *Essais*, 8. Aufl., 1992, Zürich, Manesse-Verlag, S. 482 (Anmerkung des Übersetzers).

** Price, den man den »Vater der wachstumsorientierten Geldanlage« nannte, gründete seine gleichnamige Gesellschaft 1937. Heute ist sie ein globaler Gigant mit Vermögenswerten von über 1 Billion Dollar.

»Deutschland sein Staatsgebiet erweitern wird, wenn es geht, mit friedlichen Mitteln.« Zwei Jahre später marschierte Hitler in Polen ein und stürzte die Welt in einen sechsjährigen Krieg. Alles änderte sich, aber nicht so wie Price oder irgendjemand sonst auch nur halbwegs genau hätten vorhersehen können.[2]

Marks wurde 1946 geboren, ein paar Monate nach Kriegsende. Er wuchs im New Yorker Stadtteil Queens auf, zu einer Zeit, als ihm der Wandel relativ langsam zu sein und in die richtige Richtung zu gehen schien. »In meiner gesamten Jugend kosteten Comichefte 10 Cents,« erinnerte er sich. »Wir dachten alle, die Welt sei stabil und die Ereignisse spielten sich vor einem unveränderlichen Hintergrund ab … Jetzt ist mir klar, dass sich die Welt immer ändert, in einer unvorhersehbaren Weise und mit einer unglaublichen Geschwindigkeit. Nichts bleibt dasselbe und Menschen, deren Weltbild auf Stabilität und Unveränderlichkeit beruht, haben damit große Probleme.«

In der Geschäftswelt stehen Stabilität und Unveränderlichkeit nicht zur Wahl. Unternehmen wachsen und gehen unter, gefangen in einem darwinistischen Kampf ums Überleben und um die Überlegenheit, und eine Branche nach der anderen wird durch technologische Innovationen auf den Kopf gestellt. Time Incorporated, ein Verlag, bei dem ich den Großteil meiner Karriere als Journalist verbracht hatte, hatte kurz zuvor aufgehört zu existieren – nachdem er über Jahrzehnte der dominierende Magazinverlag gewesen war. Als ich dort in den 1990er-Jahren anfing, nannte man die Firma den »samtenen Sarg,« weil sie wie ein Ort der Ruhe und des Friedens erschien, der so bequem und luxuriös war, dass wir ihn zu unseren Lebzeiten nicht mehr verlassen würden. 2018 wurde Time Incorporated zu einem untergeordneten Bestandteil der Meredith Corporation, einem Unternehmen, das sein Geld mit Magazinen wie *Successful Farming* oder *Fruit, Garden and Home* verdiente. Meredith zerlegte den Verlag wie ein Schrottauto und verkaufte die Einzelteile wie Altmetall.

Als Investoren suchen wir nach sicheren Antworten auf komplizierte Fragen über die Zukunft. *Wird der Aktienmarkt steigen oder fallen? Wird die Wirtschaft wachsen oder schrumpfen?* Marks wies darauf hin, dass es beim Geldanlegen ausschließlich darum gehe, »die Zukunft vorherzusagen.« Bei der Analyse jedes Wertpapiers muss man herausfinden, welchen Preis man heute angesichts der erwarteten zukünftigen Gewinne und der erwarteten Wertentwicklung zahlen sollte. Genauso müssen wir uns in anderen Bereichen des Lebens »mit der Zukunft beschäftigen.

Wir müssen uns entscheiden, wo wir wohnen, welchen Beruf wir ergreifen, wen wir heiraten und wie viele Kinder wir haben wollen.« Aber wenn sich alles schneller als jemals zuvor ändert und das Morgen wahrscheinlich mit dem Heute nichts gemein haben wird, wie können wir uns dann am besten auf das vorbereiten, was kommen wird?

Die meisten Menschen treffen ihre Entscheidungen bei der Geldanlage (genau wie die anderen Entscheidungen in ihrem Leben) auf der Grundlage eines unzuverlässigen Mischmaschs aus unausgereifter Logik, Neigungen, Ahnungen, Emotionen und vagen Hoffnungen von oder Ängsten vor der Zukunft. Ich bin mehrmals von einem Land in ein anderes gezogen, ohne gründlich darüber nachzudenken, größtenteils von Launen oder Frustrationen angetrieben.

Im Gegensatz dazu ist Marks ein Meister des disziplinierten und leidenschaftslosen Denkens – eine Fähigkeit, die ihn zu einem allgemein anerkannten Giganten der Investmentwelt gemacht hat. Als einer der beiden Präsidenten von Oaktree Capital Management verwaltet er ein Vermögen von ungefähr 120 Milliarden Dollar. Das Unternehmen ist ein Pionier auf dem Gebiet alternativer Geldanlagen und hat sich auf Gebiete spezialisiert wie notleidende Kredite, Schrottanleihen, Wandelaktien und Wandelanleihen, Gewerbeimmobilien und »beherrschende« Beteiligungen an Unternehmen mit »brachliegendem Potenzial.« Zu den Kunden von Oaktree gehören ungefähr 70 der größten Pensionsfonds der USA, Hunderte von Stiftungen und viele der weltweit größten Staatsfonds.

Die astronomischen Gewinne und die Reputation von Oaktree haben Marks reich gemacht. *Forbes* schätzt sein Nettovermögen auf 2,2 Milliarden Dollar. Zunächst besaß er ein 75-Millionen-Dollar-Anwesen in Malibu und später kaufte er sich für 52,5 Millionen Dollar ein Apartment in Manhattan. Aber Ideen sind sein Lebenselixier – nicht Geld. Zuallererst ist Marks ein origineller Denker – ein Mann, der von Themen wie Risiko, Zufall, Zyklizität, Anlegerpsychologie und der Gefahr von, wie er es nennt, »unwahrscheinlichen Katastrophen« fasziniert ist.

Marks überwacht die Anlagestrategie von Oaktree, aber er hat seine Arbeit so organisiert, dass keiner der ungefähr 950 Mitarbeiter der Firma ihm direkt Bericht erstattet. Er hat auch die tägliche Verantwortung für die Auswahl einzelner Investments an andere delegiert, um genug Zeit zum Lesen, Nachdenken und Schreiben zu haben. Die Memoranden, die er seit mehr als einem Vierteljahrhundert verfasst, stellen eine unbezahlbare Fundgrube finanzieller Einsichten und Erkenntnisse dar.

Warren Buffett schrieb einmal: »Wenn ich sehe, dass in meiner Post Schreiben von Howards Marks sind, dann öffne und lese ich sie zuerst. Ich lerne immer etwas daraus.« Marks hat aus seinen Memoranden ein unentbehrliches Buch gemacht, *The Most Important Thing: Uncommon Sense for the Thoughtful Investor*.[3]

Persönlich wirkt er wie ein ungewöhnlich brillanter Professor, der seine Rede mit Ausdrücken garniert wie »die widerlegbare Annahme muss sein, dass« oder »in meiner Vorstellung von mir selbst.« Während unserer Gespräche nahm er ganz natürlich die Rolle des Lehrers ein, zeichnete ab und zu eine Grafik oder las etwas aus einem seiner abgegriffenen esoterischen Bücher vor, wie zum Beispiel *Decisions Under Uncertainty: Drilling Decisions by Oil and Gas Operators* von C. Jackson Grayson. Eine seiner größten Freuden bestehe darin, Ideen mit anderen zu teilen und sie ihm dann sagten: »Das war sehr hilfreich. Daran habe ich nie gedacht.«

Meiner Meinung nach hat sich niemand in der Welt der Geldanlage mehr nützliche Gedanken darüber gemacht, was wir wissen können und was nicht und wie wir uns auf die Zukunft *vorbereiten* können, statt in den Wahn zu verfallen, man könne sie vorhersehen. Wenn ich damit konfrontiert bin, rationale Entscheidungen treffen zu müssen, bin ich manchmal versucht, mir verzweifelt die Hände über dem Kopf zusammenzuschlagen. Wie kann ich jemals eine vernünftige Vorgehensweise finden, angesichts der überwältigenden Komplexität all der Faktoren, die eine Rolle spielen, und angesichts des geringen Einflusses, den ich auf das Ergebnis habe? Aber Marks, den ich als den Philosophen-König der Finanzwelt ansehe, verdanken wir eine ganze Reihe von profunden Einsichten und praktikablen Strategien, die uns eine unschätzbare Hilfe dabei sein können, unseren Kurs in dem Nebel, der uns umgibt, zu finden.[4]

Erstens, man muss Glück haben. Zweitens, man muss demütig sein.

In einer Welt, in der nichts bleibt, wie es ist, in der man sich auf nichts verlassen kann und in der praktisch alles passieren kann, lautet die erste Regel, sich seine eigenen Grenzen und Schwächen ehrlich einzugestehen. Wie der athenische Dramatiker Euripides vor fast 2500 Jahren schon gesagt hat: »Wie kann man sich selbst für einen großen Mann halten, wenn man vom erstbesten Unglück ausgelöscht werden kann?« Montaigne, einer der weisesten Menschen, der je gelebt hat, ließ sich diesen Ausspruch in einen Balken der Bibliothek seines Schlosses schnitzen.[5]

Marks, dem die Gefahren von Hochmut und Arroganz nur zu bewusst sind, hat eine der Wände in seinem Büro mit einem jahrhundertealten Gemälde geschmückt, auf dem Segelschiffe von schrecklichen Wellen hin und her geworfen werden. Er kaufte es 2001, in einer Zeit, als tollkühne Anleger von den Wellen des Dotcom-Crashs gnadenlos auf den Klippen zerschmettert wurden. Das Gemälde ist eine beunruhigende Mahnung, die besagt: Niemand von uns ist vor zerstörerischen Kräften gefeit, die stärker sind als wir und die wir nicht kontrollieren können – eine Lektion, die wir 2020 ein weiteres Mal lernten, als ein Virus aus heiterem Himmel die ganze Welt ins Chaos stürzte.

»Überhaupt niemand hatte eine Pandemie auf dem Schirm und dann sollte eine Pandemie das bestimmende Ereignis in unserem Leben werden,« sagte Marks. »Allein das sollte genügen, uns davon zu überzeugen, dass wir nicht wissen, was passieren wird … Manchmal wissen wir nicht einmal, was passieren *könnte*.«

In seinem Roman *Fegefeuer der Eitelkeiten* aus dem Jahr 1987 prägte Tom Wolfe den Ausdruck »Herren des Universums«, um die Stars unter den Investmentbankern zu beschreiben, die jedes Jahr Millionen an Boni einstreichen.* Aber Marks widerspricht: »Das Irrste, was man denken kann, ist sich für einen Herren des Universums zu halten. Wir alle sind nur kleine Zahnräder und das Universum wird nicht untergehen, wenn wir nicht mehr da sind. Wir müssen uns anpassen und den Gesetzen des Universums gehorchen.«

Als ich ihn nach einem anderen Milliardär fragte, der oft mutige Vorhersagen über die Wirtschaft und die Märkte macht, räumte Marks ein, er sei »extrem intelligent«, aber er fügte hinzu: »Es wird sich noch herausstellen, ob er so intelligent ist, wie er denkt. Denn wenn man sich für schlauer hält, als man ist, bekommt man Probleme … Ich wünschte manchmal, er würde sich für weniger schlau halten, als er ist.«

Eine der Methoden, mit denen Marks sein eigenes Ego in Schach hält, besteht darin, immer daran zu denken, welch entscheidende Rolle das Glück in seinem Leben gespielt hat. Nachdem er Malcolm Gladwells Buch *Outliers* gelesen hatte,

* Tom Wolfe (1930–2018) war ein amerikanischer Schriftsteller. Der englische Originaltitel seines Romans lautet *Bonfire of Vanities* (Anmerkung des Übersetzers).

das die verschiedenen Gründe analysiert, die zum Erfolg führen können, stellte er eine Liste all der glücklichen Umstände auf, die ihm dazu verholfen haben, seine heutige Position zu erreichen.

Seine Glückssträhne begann mit einem »demografischen Glücksfall,« dass er nämlich als Sohn weißer Eltern aus der Mittelklasse in den USA nach dem Zweiten Weltkrieg, am Beginn eines Goldenen Zeitalters des Wirtschaftswachstums geboren wurde.* In seiner Familie hatte niemand einen Hochschulabschluss, aber er hatte Glück, dass seine Eltern viel Wert auf Bildung legten, eine Enzyklopädie kauften und ihn zum Studium ermutigten. Seine Schulnoten waren nichts Besonderes und deshalb ist es seiner Meinung nach auch dem Glück zu verdanken, dass er einen Studienplatz an der Wharton Business School erhielt. Und dort kam er mit dem Thema Finanzen in Berührung, was ihn dazu brachte, seine Absicht aufzugeben, Wirtschaftsprüfer zu werden. Der Studienort seiner zweiten Wahl, eine große staatliche Universität, hätte in den Personalabteilungen der Wall Street sicher keinen so guten Ruf genossen wie Wharton.

Ich habe einmal ein Interview gegeben, in dem ich erwähnte, Marks hoher Intelligenzquotient habe ganz sicher entscheidend zu seinem Erfolg beigetragen. Als Reaktion darauf schickte er mir eine E-Mail, in der er bescheiden feststellte: »Leute, die nicht anerkennen, wie viel Glück sie gehabt haben, übersehen die Tatsache, dass intelligent zu sein nichts anderes bedeutet, als Glück zu haben. Niemand hat je irgendetwas getan, um einen hohen Intelligenzquotienten ›zu verdienen.‹«

Nach dem Studium in Wharton bewarb er sich um einen Studienplatz beim MBA-Programm in Harvard, wurde aber (genau wie Buffett vor ihm) abgelehnt.** Pech? Nicht wirklich. Stattdessen landete er 1967 schließlich an der Business School der Universität von Chicago, die damals eine wahre Revolution in der Finanztheorie anführte. Die »Schule von Chicago« hatte kurz zuvor die Markteffizienzhypothese entwickelt, welche besagt: Wertpapiere haben immer den korrekten

---

* Ähnlich hat auch Warren Buffett oft gesagt, er habe in der »Geburtslotterie« gewonnen, als er in den Vereinigten Staaten im Jahr 1930 geboren wurde. Während eines Essens mit Mohnish Pabrai und Guy Spier erzählte er, wie er mit Bill Gates nach China gereist war und dort einen jungen Mann beobachtet hatte, der Boote an Land zog. Buffett wurde plötzlich klar, wie viele Wege diesem Mann nur aufgrund des Zufalls seiner Geburt, auf die er keinen Einfluss gehabt hatte, verschlossen waren. Buffett fügte hinzu, seine eigene Investmentkarriere sei nie möglich gewesen, wenn er in China geboren worden wäre – schon allein deshalb, weil er die Bücher von Benjamin Graham nicht hätte lesen können, die damals noch nicht ins Chinesische übersetzt waren.

** Master of Business Administration (Anmerkung des Übersetzers).

Preis, weil dieser Preis alle relevanten Informationen widerspiegelt, die den Anlegern zur Verfügung stehen. Aus dieser Theorie folgt, dass es unmöglich ist, den Markt auf Dauer zu schlagen. Dies wiederum führt zu der Empfehlung, Anleger sollten sich auf günstige Indexfonds beschränken, die die Marktentwicklung nachvollziehen. Wie wir später erläutern werden, ist eine Anlage in Indexfonds zweifelsohne eine gute Idee, weil es sehr schwierig ist, nach Gebühren besser als der Markt abzuschneiden. Oder wie sich Marks ausdrückte: »Die meisten Leute sollten den Großteil ihres Gelds in Indexfonds investieren.«

Als ihm seine Professoren die Effizienzmarkthypothese erklärten, erfuhr er eine Art *satori* der Finanzen, ein Gegenstück zum »Moment der Erleuchtung im Zen-Buddhismus.« Es erschien ihm logisch, dass Millionen von Anlegern, die sich anstrengten, Gewinne zu machen, »die guten Kaufgelegenheiten entdecken und ausnutzen« würden. Zwar sei das »nicht grundsätzlich wahr«, sagte er, »aber es ist viel sinnvoller, als zu denken, dass es offensichtlich gute Kaufgelegenheiten gibt und niemand sonst darauf stößt.«

Marks hält die Markteffizienzhypothese für ein »sehr wichtiges Konzept.« Dennoch ist der Unterschied zwischen der wissenschaftlichen Theorie und der realen Praxis groß genug, um ihm zu ermöglichen, für sich und seine Kunden Milliarden von Dollar zu verdienen. Es gibt einen alten Witz, den er mir wie folgt erzählte: Ein Finanzprofessor und ein Student schlendern über den Campus der Universität von Chicago. Plötzlich hält der Student inne und ruft: »Schauen Sie, da liegt ein Fünfdollarschein auf dem Boden!« Der Professor antwortet ihm: »Es *kann* kein Fünfdollarschein sein, denn sonst hätte ihn schon jemand anderes aufgehoben.« Der Professor geht weiter und der Student hebt den Schein auf und kauft sich ein Bier. Zu dieser Geschichte passt, dass Marks einen gefalteten Fünfdollarschein in seiner Brieftasche aufbewahrt, den er einmal in der Bibliothek der Harvard Business School gefunden hat – als Erinnerung an die Grenzen der Theorie.

Aus den akademischen Debatten der Effizienzmarkthypothese zog Marks eine einfache Schlussfolgerung, die sein Leben verändern sollte: Wenn er als Investor Gewinne erzielen wollte, dann sollte er sich von den effizientesten Märkten fernhalten und sich ausschließlich auf die weniger effizienten Märkte konzentrieren. »Je mehr ein Markt beobachtet und analysiert wird, je populärer er bei den Anlegern ist, desto weniger gute Kaufgelegenheiten wird man in diesem Markt finden«, sagte er. Zum Beispiel ist es schwer, unter den großen amerikanischen

Unternehmen tolle Schnäppchen zu finden. Denn sie bilden einen der bedeutendsten Märkte, in dem sich Scharen von intelligenten, hochmotivierten Finanzmanagern tummeln, die »Fehlbewertungen zum Verschwinden bringen«. Wenn man in umsatzstarke Aktien investieren will, ist es sinnvoll, einen Indexfonds zu kaufen, der dem S&P 500 folgt, und ihn zu halten, weil die Chancen in diesem gut funktionierenden Markt sehr gering sind, auf Dauer überdurchschnittliche Gewinne zu erzielen.

Marks sollte sich dadurch einen Vorsprung erarbeiten, dass er in weniger beliebten Teichen fischte, wie zum Beispiel dem Markt für notleidende Kredite – ein Markt, von dem die meisten Anleger sich fernhalten, weil er gefährlich und undurchsichtig ist. Er verglich das Investieren in solche ineffizienten Märkte mit einem Pokerspiel, bei dem man nur schwache Gegner hat, die viele Fehler machen.

Nach seinem Abschluss in Chicago bewarb sich Marks um verschiedene Jobs, unter anderem bei Lehman Brothers. »Ich war fest entschlossen, den Lehman-Job zu bekommen.« Zu seiner großen Enttäuschung erhielt er nie ein Jobangebot von Lehman. Deshalb fing er bei der First National City Bank an, aus der später die Citibank hervorging. Er verbrachte das nächste Jahrzehnt erst als Aktienanalyst und später als Direktor der Analyseabteilung. Viele Jahre später erfuhr er von einem für die Universitäten zuständigen Personalfachmann, dass Lehman sich tatsächlich dazu entschlossen hatte, ihn einzustellen, der Gesellschafter, der ihn anrufen sollte, jedoch einen Kater gehabt und vergessen habe, ihm die gute Nachricht mitzuteilen. Marks hat sich oft gefragt, was wohl passiert wäre, wenn er diesen Anruf erhalten und seine Karriere bei Lehman begonnen hätte. 2008 machte das Unternehmen pleite. In der Folge verloren die Gesellschafter ihr gesamtes Kapital und die Weltwirtschaft wurde in eine Krise gestürzt.

Nach zehn Jahren Tätigkeit als Aktienanalyst erfuhr Marks, dass Citibank ihn durch einen neuen Leiter der Analyseabteilung ersetzen wollte, sodass er eine neue Aufgabe in der Bank finden musste. Er wollte seine Zeit nicht damit verschwenden, sich mit intensiv untersuchten Gebieten zu beschäftigen, wie etwa den Aktien von Unternehmen aus dem Gesundheitsbereich, da es dann schwer sein würde, besser als andere Anleger informiert zu sein. »Also sagte ich, ›ich werde alles tun, außer mich den Rest meines Lebens damit zu beschäftigen, Merck und Eli Lilly miteinander zu vergleichen.‹ *Dabei* kann niemand in mehr als der Hälfte der Fälle richtig liegen.«

Schließlich beauftragte ihn sein Chef damit, zwei neue Fonds auf Gebieten zu verwalten, auf denen er keine Erfahrung hatte: Wandelaktien beziehungsweise Wandelanleihen und hochverzinsliche Anleihen. Das war wahrscheinlich der größte Glücksfall seines Lebens. Ohne eigene Absicht war er in die Lage versetzt worden, an einem mehrere Jahrzehnte dauernden Boom neuer und exotischer Kreditarten teilzuhaben, die meilenweit entfernt waren vom angesehenen und langweiligen Feld der Niedrigrisikoanleihen mit ihrer AAA-Einstufung.*

Wir denken meist, Können, nicht Glück, sei für den Erfolg entscheidend. Das mag so sein. Aber das Glück zu haben, genau zur richtigen Zeit zur Stelle zu sein, um auf der Welle eines neuen Trends mitzuschwimmen, kann gewiss nicht schaden. Michael Price – eine Legende, was die Auswahl von Gewinneraktien angeht – sagte mir einmal, seine Karriere sei in Schwung gekommen, als er mit 24 Jahren von einem erfahrenen, wertorientierten Investor namens Max Heine eingestellt wurde, der nur einen einzigen Fonds mit einem Volumen von gerade einmal Millionen Dollar managte. »Für 200 Dollar pro Woche fing ich am 2. oder 3. Januar 1975 an, dem nach der Weltwirtschaftskrise tiefsten Punkt an den Aktienmärkten im 20. Jahrhundert,« erzählte mir Price. »Niemand in den USA wollte Aktien kaufen. Deswegen hatte ich großes Glück, bei einem tollen, wertorientierten Investor unterzukommen, der seit 40 Jahren im Geschäft war – und das genau vor dem Beginn eines langanhaltenden Aufschwungs an den Aktienmärkten, als Aktien in Amerika praktisch verschenkt wurden. Es war so gut wie unmöglich, dass ich irgendetwas falsch machen konnte.« Während der nächsten zwei Jahrzehnte wuchs das Vermögen der Fonds des Unternehmens auf ungefähr 18 Milliarden Dollar. 1996 verkaufte Price die Firma für über 600 Millionen Dollar.

Ebenfalls von Vorteil ist, wenn die gute Gelegenheit, auf die man stößt, zu den eigenen Talenten und dem eigenen Temperament passt. »Kreditpapiere passen zu meiner Persönlichkeit«, sagte Marks, »weil man bei Fälligkeit der Anleihe Anspruch auf Rückzahlung hat« und außerdem den Anspruch auf jährliche Zinszahlungen. Wenn der Kredit getilgt wird, weiß man im Voraus genau, wie hoch die Rendite ist, denn das ist vertraglich festgelegt.

---

* Die bekannteste Skala, auf der Ratingagenturen wie Standard & Poor's oder Moody's das Risiko von Anleihen einstufen, reicht von AAA (sehr niedriges Risiko) bis zu D (sehr hohes Risiko) (Anmerkung des Übersetzers).

Entscheidend ist, sich keine schlechten Kredite aufzuhalsen. Also sollte man sich als Erstes die Frage nach der Kreditwürdigkeit des Schuldners stellen. Die zweite Frage ist, ob die Vermögenswerte des Schuldners ausreichend hoch sind, da der Gläubiger einen vorrangigen Anspruch auf diese Vermögenswerte hat, wenn der Kredit nicht zurückgezahlt wird. »Ich denke, dass man diese Fragen beantworten kann«, sagte Marks. In einer unsicheren Welt, in der es auf so viele Fragen *keine Antwort* gibt, ist das Maß an Vorhersehbarkeit und Kontrolle, das man bei Anleihen hat, sehr beruhigend. Anleihen sind außerdem weniger riskant als Aktien, was für jemanden, der sich »von Natur aus Sorgen macht,« ebenfalls beruhigend ist.

Was wäre passiert, wenn ihm sein Chef eine Aufgabe gegeben hätte, die weniger gut zu ihm gepasst hätte, etwa, einen Wagniskapitalfonds zu managen? »Das wäre für mich schrecklich gewesen«, antwortete Marks. »Auf dem Gebiet des Wagniskapitals muss man ein Träumer sein und an die Zukunft glauben.«

Als er 1978 begann, sich mit hochverzinslichen Anleihen zu beschäftigen, war das nicht gerade ein glanzvoller Job. Diese Anleihen wurden umgangssprachlich Schrottanleihen genannt und waren allgemein verrufen, weil das Risiko von Zahlungsausfällen als inakzeptabel hoch galt. Marks erzählte, dass die meisten Finanzinstitutionen den Erwerb dieser Papiere grundsätzlich ausgeschlossen hatten und dass Moody's verkündet hatte, dass die gesamte Klasse der mit »B« bewerteten Anleihen »nicht die Merkmale einer guten Anlageform aufweist«. Ironischerweise war es gerade diese hartnäckige Überzeugung, dass Schrottanleihen ein schlechtes Investment sein *müssten*, die sie für Marks so reizvoll machte. »Wenn es wirklich einmal ein starkes Vorurteil gegen eine Anlageart gibt, dann hat man gerade auf diesem Gebiet die Chance, gute Kaufgelegenheiten zu finden. Und genau das ist mir gelungen.«

Was die Schwarzseher nicht einsahen, war eine Binsenweisheit, die es Marks wie Sir John Templeton vor ihm, ermöglichte, ein Vermögen zu verdienen: Jeder Vermögenswert, wie unattraktiv er auch sein mag, kann es wert sein, dass man ihn kauft, wenn nur der Preis niedrig genug ist. Tatsächlich glaubt Marks, dass »billig kaufen« der verlässlichste Weg ist, durch Investments reich zu werden – und dass »zu teuer kaufen« das größte Risiko darstelle. Deshalb ist die entscheidende Frage, die man sich bei jedem möglichen Investment stellen sollte: »Ist es billig?«

Paradoxerweise hatten die Vorurteile gegenüber Schrottanleihen diese angeblich hochriskanten Anlagen so billig gemacht, dass sie relativ risikoarm waren. Für

Marks liegt ein Großteil der Faszination der Geldanlage in solchen Feinheiten. In einer seiner vielen Notizen zum Thema Risiko stellte er folgende Überlegung an: »Ich bin überzeugt, dass alles, was beim Investieren wirklich wichtig ist, widersinnig scheint und dass alles, was offensichtlich zu sein scheint, falsch ist.«

Marks hörte 1985 bei Citibank auf und fing an, bei der in Los Angeles ansässigen Investmentgesellschaft TCW Group zu arbeiten. Einer seiner Kollegen, Bruce Karsh, hatte die Idee zu einem Fonds, der in notleidende Kredite investieren und die Anleihen von Unternehmen kaufen sollte, die entweder bankrott waren oder kurz davorstanden. Wieder erkannte Marks sofort den ganz eigenen Reiz eines Markts, den wenige verstanden und vor dem viele zurückschreckten. »Wenn schon Schrottanleihen suspekt sind«, fragte er sich, »was könnte dann anrüchiger sein, als in die Schulden von Unternehmen zu investieren, die pleite sind?« Er und Karsh begannen eine Zusammenarbeit, die Bestand haben sollte. 1995 verließen sie TCW und gründeten zusammen Oaktree. Diese Gesellschaft sollte sich zu einem wahren Giganten der Finanzwelt entwickeln, obwohl sie zum Großteil auf einer Grundlage aufbaute, die in Verruf stand: Schrottanleihen und notleidende Kredite.

Marks brauchte viel Glück, um auf diese ineffizienten Märkte voller guter Kaufgelegenheiten zu stoßen. Aber ohne einen starken Intellekt und Unabhängigkeit im Denken hätte er die Gelegenheiten nie nutzen können, die er auf diesen Märkten entdeckte. »Schauen Sie, Glück ist nicht genug«, sagte er. »Aber ebenso gilt auch, dass Intelligenz nicht genug ist, dass harte Arbeit nicht genug ist, dass selbst Durchhaltevermögen nicht in jedem Fall genug ist. Man braucht alles zusammen. Jeder von uns kennt Menschen, die intelligent waren und hart arbeiteten, aber *kein Glück* hatten. So etwas bricht mir das Herz. Solche Menschen kommen andauernd zu mir und bitten mich um einen Job. Sie sind 50 Jahre alt, haben ihre Arbeit verloren und sie hätten etwas Besseres verdient.«

Indem er sich oft klarmacht, wie viel Glück er gehabt hat, schützt sich Marks vor dem, was ich das »Herr-des-Universums«-Syndrom nenne. Seine Demut macht ihn gegen übermäßiges Selbstvertrauen unempfindlich – eine Gefahr, die den klügsten Investoren (oder denen, die das meiste Glück hatten) immer droht.

Aber aus der Erkenntnis, wie viel Glück er hatte, zog er noch einen weiteren Vorteil: Sie machte ihn glücklich. »Ich gehe durch die Welt mit diesem unglaublichen Gefühl, dass ich ein vom Glück verwöhnter Mensch bin«, vertraute mir

Marks an. »Wenn man negativ eingestellt ist, könnte man sagen, ›Ja, ich habe mein ganzes Leben lang Glück gehabt und das kotzt mich wirklich an, weil das heißt, dass mein Erfolg nicht verdient war und vielleicht nicht von Dauer sein wird.‹ Aber ich sage, ›Mensch, wie toll ist es doch, Glück zu haben. Und irgendjemandem oder irgendetwas verdanke ich das, ob es nun Gott oder der Zufall oder sonst etwas ist.‹«

Templeton schien nicht daran zu zweifeln, dass sein Erfolg von Gott vorherbestimmt war. Aber wie sieht das Marks? Er wurde als Jude geboren, aber wuchs als Mitglied der Kirche der Christlichen Wissenschaft auf. Als Kind ging er jeden Sonntag in die Kirche. Heutzutage bezeichnet er sich als nicht religiösen Juden. »Ich glaube sehr an den Zufall«, sagte er. »Und ich glaube, dass ich einfach Glück gehabt habe.«

Man muss wissen, dass man nichts weiß

Marks besitzt eine »große Sammlung« nützlicher Zitate, die er über die Jahrzehnte zusammengetragen hat und aus der er häufig zitiert, um seine Auffassung von der Welt der Geldanlage zu erklären. Eines seiner Lieblingszitate stammt von dem Ökonomen John Kenneth Galbraith, der zu seinen großen intellektuellen Vorbildern zählt. Galbraith sagte einmal: »Es gibt zwei Arten von Vorhersagern: solche, die nichts wissen – und solche, die nicht wissen, dass sie nichts wissen.«

Die Investmentwelt ist voll von Leuten, die glauben (oder dies vorgeben), sehen zu können, was die Zukunft für uns bereithält. Zu ihnen gehören zungenfertige »Marktstrategen« von Maklerfirmen an der Wall Street, die selbstbewusst den genauen Prozentsatz vorhersagen, um den der Aktienmarkt im kommenden Jahr steigen wird – und nicht zugeben, dass sie keine Ahnung davon haben, ob die Kurse steigen oder fallen; Aktienanalysten, die Schätzungen für die Vierteljahresgewinne der Unternehmen, die sie analysieren, abgeben und damit die Illusion befeuern, Gewinne seien beständig und vorhersehbar und nicht unregelmäßig und unvorhersehbar; Manager von gesamtwirtschaftlich orientierten Hedgefonds, die aggressive Wetten auf Änderungen von Wechselkursen, Zinssätzen und anderen Größen eingehen, die im Zeitablauf variieren; Fernsehexperten und Finanzjournalisten, die mit ernster Miene behaupten, sie wüssten, was die letzten (und meistens unerklärbaren) Marktschwankungen für die Investoren bedeuten.

Aber was steckt hinter dieser Angeberei? Marks zitiert häufig eine Feststellung von Amos Tversky, einem israelischen Psychologen, der zusammen mit Daniel Kahneman kognitive Verzerrungen erforscht hat:* »Es ist beunruhigend, wenn man etwas nicht weiß. Aber es ist viel beunruhigender, dass die Welt im Großen und Ganzen von Leuten geführt wird, die glauben, sie wüssten genau über alles Bescheid.«

Man sollte einen Moment innehalten und sich diese verstörende Einsicht fest einprägen.

Ab und zu liegen Vorhersager richtig, aber Marks sieht solche Erfolge als Beweis für die Richtigkeit des Sprichworts, dass manchmal auch ein blindes Huhn ein Korn findet. Dennoch räumt er ein, dass es eine kleine Anzahl echter Ausnahmen gibt – Investoren wie George Soros oder Stanley Druckenmiller, die regelmäßig und entgegen aller Wahrscheinlichkeit erfolgreich auf ihre gesamtwirtschaftlichen Prognosen gewettet haben. »Es gibt viele Wege, auf denen man als Investor keinen Erfolg haben wird«, wie zum Beispiel »die Zukunft vorherzusagen« und auf der Grundlage dieser Vorhersagen »enorme Wetten einzugehen«, sagte Marks. Aber es gibt ein paar Menschen, die diese Behauptung widerlegt haben, »denn man darf nie die menschliche Komponente vernachlässigen.«

Dennoch ist Marks ein überzeugter Anhänger der, wie er sagt, »Ich-weiß-es-nicht«-Denkrichtung. So wie er es sieht, wird die Zukunft von einer praktisch unendlichen Zahl von Faktoren beeinflusst und spielt der Zufall eine so große Rolle, dass es unmöglich ist, zukünftige Ereignisse auch nur halbwegs verlässlich vorherzusagen. Zuzugeben, dass man die Zukunft nicht vorhersagen kann, mag wie das entmutigende Eingeständnis einer Schwäche wirken. Aber tatsächlich ist es ein großer Vorteil, wenn man sich seiner Grenzen bewusst ist und sich nur im Bereich des Möglichen bewegt. Aus einer Schwäche kann eine Stärke entstehen.

Auf welche Weise bewahrt die Kenntnis der eigenen Grenzen Marks vor nutzlosen – oder schädlichen – Aktivitäten? Nun, zunächst verschwendet er keine Zeit damit, Zinssätze, Inflationsraten oder das Wirtschaftswachstum vorherzusagen. Wenn wir seinem Beispiel folgen wollen, sollten wir das auch nicht tun. Wenn Marks solche Werte nicht vorhersagen kann, dann bin ich ziemlich

* Daniel Kahneman (geb. 1934) ist ein amerikanischer Psychologe, der 2002 den Nobelpreis für Wirtschaftswissenschaft erhielt (Anmerkung des Übersetzers).

sicher, dass ich es auch nicht kann. Anders als viele Konkurrenten beschäftigt Oaktree keinen Ökonomen und das Unternehmen zieht auch keine »Experten« von außen heran, um im gesamtwirtschaftlichen Kaffeesatz zu lesen.

Marks hält auch nichts von der Auffassung, ein korrektes Markttiming sei möglich. Schließlich sei es unmöglich, auf Dauer die richtigen Zeitpunkte vorherzusagen, zu denen man einsteigen und zu denen man aussteigen sollte. In einem seiner frühesten Memoranden bemerkte er, dass zwischen 1926 und 1987 das durchschnittliche Wachstum des Aktienmarkts 9,44 Prozent pro Jahr betrug, dass »man aber, falls man die besten 50 dieser 744 Monate verpasst hätte, weil man in diesen Monaten nur Bargeld gehalten hat, in der ganzen Zeit überhaupt keinen Gewinn erzielt hätte. Dies sagt mir, dass Versuche, genau zum richtigen Zeitpunkt ein- oder auszusteigen, nur das Risiko erhöhen – und nicht etwa senken«.*

Oaktree versucht auch, sich von, wie es Marks nennt, »zukunftsorientierten Investments« fernzuhalten. Deshalb kommen verlockende Anlagearten, wie etwa Aktien von Technologie- oder Modeartikelunternehmen, und überhaupt alles, was den Beigeschmack einer Modeerscheinung hat, nicht in Frage. Früh in seiner Karriere, hatte seine Aktienanalyseabteilung bei der Citibank einen der berüchtigtsten Modetrends begeistert bejubelt: die »Flotten Fünfzig,« eine Gruppe von 50 dynamischen Wachstumsaktien wie zum Beispiel Xerox, Avon oder Polaroid, die schwindelerregende Bewertungen erreichten, bevor sie von 1973 bis 1974 einbrachen.** Dieses Erlebnis hinterließ bei ihm ein bleibendes Misstrauen gegenüber Fantasien von einem niemals endenden Wachstum und einer bis ans Ende aller Zeiten glücklichen Zukunft.

Eine unserer Unterhaltungen führten wir 2017, während einer stürmischen Zeit, als Marks einen ähnlichen Ausbruch von Euphorie bei Anlegern wegen »FANG« beobachtete – Facebook, Amazon, Netflix und Alphabet (die Muttergesellschaft von Google, die früher auch Google hieß). »Die Leute verhalten

* Neuere Studien haben dieses Risiko bestätigt. Ein Bericht von Calmos Investments zeigt, dass der S&P 500 von 1998 bis 2017 eine Rendite von durchschnittlich 7,2 Prozent pro Jahr erzielte. Wenn man die 20 besten Tage des Markts während dieser 20 Jahre verpasst hatte, sank die Durchschnittsrendite auf nur 1,1 Prozent.

** Polaroid rühmte sich eines Kurs-Gewinn-Verhältnisses von 94,8 als die Manie um die Flotten Fünfzig 1972 ihren Höhepunkt erreicht hatte. Bis der Markt 1974 an seinem Tiefpunkt angelangt war, war die Aktie von Polaroid um 91 Prozent gefallen. Avon fiel um 86 Prozent, während Xerox 71 Prozent verlor.

sich, als gebe es keine Grenze für den Erfolg dieser Unternehmen und als ob kein Preis für deren Aktien zu hoch wäre«, warnte er. »In der Vergangenheit war das meistens gefährlich … Die Bäume sind noch nie in den Himmel gewachsen. Vielleicht tun sie das irgendwann, aber ich würde nicht darauf wetten.«

Wenn seine gewohnheitsmäßige Skepsis dazu führt, dass er die eine oder andere Gelegenheit verpasst, bei der das Gesetz der Schwerkraft nicht zu gelten scheint, dann hat er damit kein Problem. Marks zieht es vor, seine Bodenhaftung nicht zu verlieren und sich auf »vernünftige Vorhaben« zu konzentrieren, bei denen der Preis eines bestimmten Wertpapiers relativ zu seinem wahren Wert niedrig ist. »Es ist leicht, in Träume zu investieren«, sagte er. »Die Herausforderung liegt darin, den Wert von dem zu bestimmen, was heute greifbar ist.«

Jeder Anleger, der dauerhaft erfolgreich sein will, sollte sich dieses fundamentale Prinzip – nämlich Wertpapiere zu einem Preis unterhalb ihres wahren Werts zu kaufen – zu Herzen nehmen. Wie wir gesehen haben, ist es dieses Prinzip, das Investoren wie Buffett, Pabrai, Templeton oder Marks verbindet.

Wenn er ein Wertpapier analysiert, will Marks vor allem wissen, »wie viel Optimismus im Preis enthalten ist«. Bei FANG »gibt es sehr viel Optimismus. Zu viel? Wer weiß? Wird eines dieser Unternehmen das erste Perpetuum mobile der Finanzwelt werden, das erste Unternehmen, das (a) keine Rückschläge erleidet und (b) nicht der Gefahr durch wirtschaftlichen Wandel ausgesetzt ist? Ich weiß es nicht.« Aber dieses explosive Gemisch von Nichtwissen und zügellosem Optimismus schreckt ihn ab – nicht, weil er genau weiß, was passieren wird, sondern weil ihm die Wahrscheinlichkeit einer Enttäuschung zu hoch ist.

In den Monaten nach unserer Diskussion setzten FANG ihren Höhenflug fort. Aber Marks kann ohne Bedauern dabei zuschauen, wenn andere den Jackpot mit Wetten gewinnen, die er für unklug hält. Als leidenschaftlicher Sammler von Weisheiten hat er einen alten Glückskeks aufgehoben, in dem sich folgender Ausspruch befand: »Selten nur irren sich die Vorsichtigen oder schaffen große Dichtkunst.« Er kann gut mit seiner nüchternen Vorgehensweise leben, die ihm hilft, die Wahrscheinlichkeit katastrophaler Fehler zu reduzieren. »Man muss im Einklang mit seiner eigenen Natur handeln. Das ist entscheidend.« Als ich ihn nach seinen größten Anlagefehlern fragte, antwortete er: »Ich erinnere mich nicht, dass ich je einen großen Fehler durch Tun begangen hätte – nur durch Unterlassung.«

Im Rückblick gibt Marks zu, dass es ein Unterlassungsfehler war, Amazon nicht gekauft zu haben. »Aber es war kein Fehler, grundsätzlich einen vorsichtigen Ansatz zu verfolgen« – in einer Zeit, als es »zu viel Optimismus gab, zu wenig Risikobewusstsein, zu viel Kapital, das angelegt werden wollte, und zu viel Verschuldung«. Angesichts dieser Zeichen der Übertreibung verfolgte Oaktree während einiger Jahre einen betont vorsichtigen Investmentansatz.

Schließlich endete im März 2020 Bullenmarkt, der elf Jahre angedauert hatte, als infolge des Schreckens, den COVID-19 verbreitete, der S&P 500 innerhalb eines Monats um 33,9 Prozent abstürzte. Niemand hätte vorhersagen können, dass ein Virus, von dem man glaubt, dass er in Wuhan von Fledermäusen auf Menschen übergesprungen ist, den steilsten Markteinbruch in der Geschichte der USA auslösen würde. »Aber wenn viel Risiko im Markt ist, muss man *nicht* wissen, was der Auslöser sein wird«, sagte Marks. »Man muss nur wissen, dass der Markt anfällig und verwundbar ist.«

Als sich das Virus immer weiter ausbreitete, sprang die Stimmung der Anleger von »ich kann mir nicht vorstellen, was schiefgehen könnte« auf »ich kann mir nicht vorstellen, was gut gehen könnte« um. Dieser Pessimismus war unbegründet. Wie mir Marks 2020 sagte, »ist das eine Zeit, in der die Leute Angst haben zu sterben, Angst haben, ihre Häuser zu verlassen und Angst vor einer Wirtschaftskrise«. Aber ihre Bereitschaft, Vermögenswerte »zu sehr niedrigen Preisen und in großer Eile« zu verkaufen, verschaffte ihm eine lang erwartete Kaufgelegenheit. Während der Panik investierte Oaktree »ein paar Milliarden Dollar« und sammelte hochverzinsliche Anleihen ein, die »enorme Gewinne« versprachen.

Die Zukunft hatte selten so unsicher und so abweisend ausgesehen. Aber das Anlagerisiko hatte sich in Wirklichkeit verringert. Marks sah das so: »Es war nicht länger gefährlich, sondern vorteilhaft zu investieren«, aus dem einfachen Grund, »dass die Anlagen billig genug wurden«.

Wieder einmal erfüllte der Markt nicht die allgemeinen Erwartungen, sondern ihm gelang die schnellste Erholung seit den 1930er-Jahren. Also »justierte« sich Marks wieder »neu« und kehrte zu einer defensiven Haltung zurück, als der überhandnehmende Optimismus gute Kaufgelegenheiten immer seltener werden ließ. Sein distanziertes und emotionsloses Vorgehen spiegelt die entscheidende Lehre wider, die er aus dem Buddhismus für das Geldanlegen gezogen hatte: »Wir müssen die Tatsache akzeptieren, dass sich unsere Umwelt ändert.«

Wie man Ordnung im Chaos findet

In der Schule schrieb ich eine Prüfung in englischer Literatur, in der eine ungewöhnlich tiefschürfende Aufgabe gestellt wurde: Der Schriftsteller Henry James schrieb, das Leben sei »ein einziges alles einschließendes Durcheinander«, während Kunst »nur aus Unterscheidung und Auswahl« bestehe. Diskutiere diese Aussage! Als Autor liebe ich diese Vorstellung, es sei die Aufgabe des Künstlers, Ordnung in dem alles einschließenden Durcheinander und Wirrwarr des Lebens zu finden. James verglich diese Suche nach einer verborgenen Ordnung mit den Bemühungen eines Hunds, »einen vergrabenen Knochen« zu erschnuppern.

Anleger stehen vor einer ähnlichen Herausforderung: Das Leben ist unendlich kompliziert und verwirrend. Aber was wäre, wenn man das Muster finden könnte, das diesem unendlich komplexen Gewebe zugrunde liegt? Dann könnten wir mehr Erfolg haben, wenn wir herauszufinden versuchen, was die Zukunft für uns bereithält. Marks hat die seltene Gabe, periodische Muster zu identifizieren, die immer und immer wieder an den Finanzmärkten ablaufen. Sobald wir diese Muster verstehen, können wir verhindern, dass wir von ihnen in die Irre geführt werden und sogar von ihnen profitieren.

»Es hilft«, sagte Marks, »wenn man sich das Geschehen in der Welt als eine Reihe von Kreisläufen und Schwingungen vorstellt – und nicht als eine geradlinige Entwicklung.« Er glaubt, dass fast alles zyklisch verläuft und nennt als Beispiele: Die Wirtschaft wächst und schrumpft; die Konsumausgaben nehmen zu und sie nehmen ab; Unternehmensgewinne steigen und fallen; das Kreditangebot wird ausgeweitet und eingeschränkt; der Wert von Kapitalanlagen geht nach oben und nach unten. All diese Vorgänge verlaufen nicht immer in einer Richtung, sondern sie kehren irgendwann ihre Richtung um. Er verglich diese Muster mit den Schwingungen eines Pendels von einem Ausschlag zum anderen.

Die Finanzmärkte sind das ideale Feld, um solche Vorgänge zu untersuchen, weil sie von der Anlegerpsychologie getrieben werden, die für immer zwischen Euphorie und Verzweiflung, Gier und Furcht, Leichtgläubigkeit und Skepsis, Gleichmut und Entsetzen hin und her schwankt. Menschen lassen sich leicht mitreißen, sodass es immer in die eine oder die andere Richtung Übertreibungen gibt.

Aber Marks geht von der Annahme aus, dass sich solche Entwicklungen früher oder später selbst korrigieren und das Pendel in die entgegengesetzte Richtung schwingen wird. Die Zukunft mag unvorhersehbar sein, aber dieser wiederkehrende Ablauf von Aufschwung und Abschwung ist bemerkenswert vorhersehbar. Sobald wir dieses Grundmuster erkannt haben, bewegen wir uns nicht länger im Blindflug.

Allerdings handeln die meisten Anleger so, als ob sich der gerade aktuelle Markttrend auf immer und ewig fortsetzen würde. Verhaltensökonomen haben für diesen Denkfehler den Ausdruck *Rezenzeffekt* geprägt. Dieser Effekt bewirkt, dass wir vor Kurzem gemachte Erfahrungen höher gewichten als länger zurückliegende Erfahrungen. Marks weist außerdem darauf hin, dass der menschliche Verstand dazu neigt, schmerzhafte Erinnerungen zu unterdrücken. Wenn das nicht der Fall wäre, dann wäre meine Frau wahrscheinlich nicht dazu bereit gewesen, mehr als eine Schwangerschaft zu erdulden. Auch würden dann nur wenige Autoren die Stärke aufbringen, wieder und wieder mit einem leeren Blatt Papier zu beginnen. Auf dem Gebiet der Finanzen ist aber diese im übrigen Leben vorteilhafte Fähigkeit, unangenehme Erfahrungen zu vergessen, wenig hilfreich, weil die Missgeschicke und die Leiden der Vergangenheit für uns die wertvollsten Lehren bereithalten.

Eine Möglichkeit, gegen diesen kostspieligen Hang zum Vergessen anzugehen, besteht darin, die Geschichte der Finanzmärkte intensiv zu studieren. »Die Zukunft kann man nicht kennen«, sagte Marks, »aber es ist von Vorteil, die Vergangenheit zu kennen.«

Er nahm sein mit Anmerkungen versehenes Exemplar von Galbraiths Buch *A Short History of Financial Euphoria* vom Bücherregal und las mir die Stelle vor, die ihm von all dem, was je über Finanzen geschrieben worden ist, am besten gefiel. Darin geht es um die Ursachen der Euphorie auf den Märkten: »Die erste Ursache besteht darin, dass das Marktgedächtnis extrem kurz ist. Folglich werden Finanzmarktkatastrophen schnell vergessen. Aus diesem Grund werden außerdem dieselben oder sehr ähnliche Umstände, wenn sie erneut auftreten, vielleicht sogar innerhalb weniger Jahre, von einer neuen, jungen und immer überaus selbstbewussten Generation als eine große und wichtige Entdeckung in der Welt der Finanzen oder der Wirtschaft im Allgemeinen bejubelt. Es gibt nur wenige Gebiete menschlichen Bestrebens, auf denen die Geschichte so wenig zählt wie auf dem Gebiet der Finanzen. Erfahrungen der Vergangenheit, falls man sie überhaupt im Gedächtnis behält, werden allzu oft als billige Ausreden jener abgetan, die nicht die geistigen Fähigkeiten haben, die unglaublichen Wunder der Gegenwart richtig zu würdigen.«

Als er 2017 den kometenhaften Anstieg des Bitcoin-Preises beobachtete, fragte sich Marks, ob es sich dabei um das neueste einer langen Reihe unglaublicher Wunder handelte, das sich schließlich als doch nicht so wunderbar herausstellen würde. Genauso konnte er sich nie dazu überwinden, darauf zu setzen, dass aufregende Aktien wie Tesla oder Netflix immer weiter und über alle Grenzen hinaus steigen würden: »Wenn etwas erfolgreich ist, führt es gewöhnlich zu Hochmut, Übertreibung und dem Glauben, man könne nichts falsch machen. Darin liegen große Gefahren.« Er geht immer davon aus, dass das Pendel schließlich in die entgegengesetzte Richtung schwingen wird, genau wie es das im Fall der »Superaktien« getan hat, die den vorhergehenden Bullenmarkt dominierten. Es fällt leichter, solche Übertreibungen zu erkennen, wenn man viele Male zuvor einen ähnlichen Film gesehen hat. Deshalb sollte man, so Marks, »versuchen, ein hohes Alter zu erreichen«.

Man sollte auch versuchen, umfassend belesen zu sein. François-Marie Wojcik, der von Zweifeln erfüllte französische Investor, zeigte mir einen Roman von Emile Zola aus dem Jahr 1891 mit dem Titel *L'Argent* (»Das Geld«), der eine spekulative Raserei an der Pariser Börse der 1860er-Jahre beschreibt. Die Geschichte, die Zola von einer katastrophalen Blase erzählt, die in einem Bankenkrach endet, kommt einem seltsam bekannt vor. Er berichtet sogar im Detail davon, wie eine »allgemeine Begeisterung« den Kurs einer Aktie über ihren »Höchstwert« hinaus bis zu einem Punkt trieb, an dem er unweigerlich abstürzen musste.

Nach Meinung von Wojcik, der sich leidenschaftlich gern mit Geschichte beschäftigt, liefert der Roman Zolas ein frühes Beispiel für diese »permanenten« Muster des launenhaften Verhaltens der großen Masse. »Als Individuen sind wir klug«, sagte Wojcik, »aber als Kollektiv sind wir dumm.« Als Vorsichtsmaßnahme unterwirft er seine Meinungen immer einer strengen Überprüfung, um sie entweder zu bestätigen oder zu verwerfen: »Ich muss mich selbst fragen, ›François, bist du dir mit diesem Investment an diesem Morgen wirklich sicher? Überlege es dir lieber noch einmal.‹« Er beschreibt diese neurotisch vorsichtige Einstellung mit einem wunderbaren französischen Ausdruck: *toujours rester en éveil.* (»Immer auf der Hut sein.«)

Auch Marks bleibt immer wachsam. Die meisten Investoren werden selbstgefällig, wenn die Zeiten gut sind. Aber seine Wachsamkeit nimmt dann sogar zu, weil er weiß, dass alles im Wandel ist und dass das Pendel nicht an dem einen Ende des Bogens innehalten wird, dass »sich schließlich die Kreislaufprozesse durchsetzen werden«. Marks erklärte mir, dass das Risiko dann am höchsten ist, wenn die

Bereitschaft, Risiken auf sich zu nehmen, am höchsten ist – ein Paradoxon, das er als die »Perversität des Risikos« bezeichnet.

Marks verbringt viel von seiner Zeit damit, die Stimmungen und das Verhalten anderer Marktteilnehmer zu untersuchen. Er versucht, daraus abzulesen, in welcher Phase ihres Kreislaufs sich die Märkte befinden. Besonders stolz ist er auf ein Memorandum, das er 2007 verfasste und in dem er, ein Jahr vor Ausbruch der Finanzkrise, eine ganze Reihe von Alarmsignalen identifizierte. Dazu gehörten idiotisch laxe Kreditvergabebedingungen für Hypothekenkredite in den USA und in Großbritannien, der Leichtsinn, mit dem Unternehmen finanziert wurden, denen man besser kein Geld hätte geben sollen und die Bereitschaft, in riskante Anleihen ohne jede vertragliche Sicherheit zu investieren. Eine Warnung war ihm besonders wichtig: »Die Nachlässigkeit der einen Zeit ist bisher noch immer in der Folgezeit bestraft worden.«

Eine Methode, mit der Marks das aktuelle Investmentklima einschätzt, besteht darin, »Skizzen« zu sammeln von »törichten Geschäften,« die gerade abgeschlossen werden. Zum Beispiel legte Argentinien 2017 eine Anleihe mit einer Laufzeit von 100 Jahren und einer jährlichen Rendite von 9 Prozent auf. Diese Anleihe wurde mehrfach überzeichnet, obwohl Argentinien innerhalb von 200 Jahren *acht Mal* seine Schulden nicht bedient hatte, das letzte Mal im Jahr 2014. Das schien ein gutes Beispiel für das zu sein, was Samuel Johnson »den Triumph der Hoffnung über die Erfahrung« bezeichnet hatte. Und tatsächlich, als ich Marks 2020 interviewte, stellte er fest, dass Argentinien gerade *zum neunten Mal* seinen Verpflichtungen nicht nachgekommen war.*

Die Symptome von Torheit, Hochmut, Gier und Nachlässigkeit waren im Vorfeld der globalen Finanzkrise besonders auffällig. Marks und sein Mitgesellschafter, Karsh, verglichen häufig ihre Notizen und waren überrascht: »Schau dir diesen Mist an! Ein solches Geschäft hätte man niemals machen dürfen – und die Tatsache, dass es gemacht werden *konnte*, bedeutet, dass etwas mit den Märkten nicht stimmt.«

Solche Beobachtungen verschaffen Marks einen Eindruck vom Markt, der sich aber nicht in Zahlen ausdrücken lässt. »Mein ganzes Vorgehen ist intuitiv und

---

* Samuel Johnson (1709–1984) war ein bedeutender englischer Literat, Gelehrter und Dichter (Anmerkung des Übersetzers).

instinktiv«, sagte er. »Ich versuche nur, mir einen Eindruck zu verschaffen von dem, was in der Welt vor sich geht – und überlege dann, welche wichtigen Schlussfolgerungen ich aus meinen Beobachtungen ziehen kann.«

Um zu einem Ergebnis zu kommen, stellt er sich Fragen wie: *Sind die Anleger gebührend skeptisch und vorsichtig oder ignorieren sie die Risiken und zahlen bedenkenlos jeden Preis? Sind die Bewertungen gemessen an historischen Standards vernünftig? Sind die Geschäftsbedingungen aus Sicht der Anleger fair? Sind die Erwartungen zu optimistisch?*

Gewissermaßen würde er, sagte Marks, versuchen, »die Gegenwart vorherzusagen« – weil die Gegenwart, anders als die Zukunft, erkennbar ist.

Wenn man weiß, an welchem Punkt eines Kreislaufprozesses man sich befindet, ist man in der Lage, in Abhängigkeit von den jeweils herrschenden Bedingungen den richtigen Kurs zu wählen – ähnlich wie man nachts auf einer vereisten Straße vorsichtiger fahren würde als an einem sonnigen Nachmittag. »Wir müssen den Markt so sehen, wie er nun einmal ist«, meinte Marks. Wenn zum Beispiel Investoren, nachdem sie hohe Gewinne gemacht haben, weniger Angst haben, Geld zu verlieren, als weitere schöne Gewinne zu verpassen, dann ist das ein Zeichen dafür, seine Erwartungen zu senken und mit mehr Vorsicht vorzugehen. Was heißt das in der Praxis? Es könnte bedeuten, seine Portfoliostruktur zu ändern und weniger Aktien und dafür mehr Anleihen zu halten, risikoärmere Aktien zu kaufen oder sicherzustellen, dass man immer über genügend Liquidität verfügt. »Ich sage nicht, dass man nur Bargeld halten soll«, stellte Marks richtig. »Ich sage nur, dass man seine Portfoliostruktur ändern und anpassen sollte, wenn sich die Gewinnaussichten und die Bewertungsmaßstäbe des Markts ändern.«

Meiner Meinung nach beruht der Ansatz, die Realität so zu sehen, wie sie ist, sie zu akzeptieren und sich an sie anzupassen, auf einer profunden Einsicht. Marks beschreibt diese oft wie folgt: »Die Umwelt ist so wie sie ist.« Wir können keine besseren Bedingungen von den Märkten verlangen. Aber wir können auf diese Bedingungen bewusst reagieren und defensiver oder aggressiver vorgehen, je nachdem, welches Investmentklima vorherrscht.«

Diese Einstellung, sich den jeweiligen Verhältnissen anzupassen, ist eine direkte Folge der Lehre von der Vergänglichkeit, mit der sich Marks während seines Studiums beschäftigte. »Man muss wissen, dass es immer Wandel geben wird, auch wenn man versucht, ihm zu widerstehen«, sagte er. »Ich denke, man sollte deshalb gelassen bleiben und sich sagen, ›Ich werde nicht versuchen, die Zukunft zu kontrollieren. Ich kann die Zukunft nicht kennen. Ich werde versuchen, mich auf eine unsichere Zukunft vorzubereiten.‹« Anleger geraten oft dann in Schwierigkeiten, wenn ihr Verhalten von den Umweltbedingungen losgelöst ist – wenn sie die Realität entweder ignorieren oder leugnen.

In einem Memorandum aus dem Jahr 2006 zitiert Marks den altehrwürdigen Philosophen und Begründer des Taoismus, Lao-Tse* »Um stark zu sein, muss man wie das Wasser sein: Wenn es keine Hindernisse gibt, fließt es dahin; wenn es ein Hindernis gibt, hält es inne; wenn ein Damm bricht, fließt es weiter; wenn ein Gefäß eckig ist, dann nimmt es eine eckige Form an; wenn ein Gefäß rund ist, dann nimmt es eine runde Form an. Weil es so weich und nachgiebig ist, gibt es nichts Unentbehrlicheres und nichts Stärkeres.« Für einen Investor liegt auch eine Stärke darin, wie das Wasser zu sein, sich allem anzupassen, dem er begegnet. Das klingt so einfach, aber die menschliche Natur ist darauf angelegt, es schwierig zu machen. Fast alle von uns lassen sich von der Stimmung der großen Masse beeinflussen und mitreißen und es fällt uns dann am schwersten, vernünftig zu handeln, wenn wir uns in Extremsituationen befinden, in denen viel auf dem Spiel steht.

Als die Märkte 2008 einbrachen, verfiel die Herde der Anleger in Panik, wie sie dies immer tut. Die Feierstimmung verwandelte sich in Entsetzen, als das Pendel mit Wucht wieder in die andere Richtung schwang. Wie reagierte Marks darauf? Er lieferte sein Meisterstück ab. Mit scharfsinniger Logik analysierte er die Marktbedingungen und handelte entsprechend. Unter seiner Führung machte Oaktree das beste Geschäft der Firmengeschichte.

»So schnell geht die Welt nicht unter«

Monate vor der Kreditkrise hatte sich Oaktree schon auf einen Ausbruch von Chaos vorbereitet. Anfang 2008, als die meisten Menschen noch optimistisch und selbstzufrieden waren, hatte es das Unternehmen geschafft, Kapital in Höhe

* Lao-Tse war ein im 6. Jahrhundert vor Christus wirkender, chinesischer Staatsbeamter und Philosoph. Seine Gedanken legte er in einer Schrift nieder, die später *Tao Tê King* (»Buch von Weg und Tugend«) genannt wurde (Anmerkung des Übersetzers).

von 10,9 Milliarden Dollar einzusammeln, um den damit größten Problemkredit-Fonds aller Zeiten aufzubauen.

Von all den Kreisläufen, die Marks analysiert hatte, erschien ihm keiner so vorhersehbar wie der Kreditkreislauf. Wie er in *The Most Important Thing* erklärte: »Wirtschaftswachstum führt zur Expansion der Kreditvergabe, was wiederum zu leichtsinniger Kreditvergabe führt, die hohe Verluste verursacht, welche die Kreditgeber dazu veranlassen, die Kreditvergabe einzuschränken, wodurch das Wachstum endet – und so weiter, und so weiter.« Er hatte die Jahre von 2003 bis 2007 miterlebt, in denen Kredite sehr leichtsinnig vergeben wurden. Als die unvermeidbaren Verluste auftraten und die Kreditvergabe fast zum Stillstand kam, wollte er von dieser Notlage profitieren. Es gibt nichts Besseres, als flüssig zu sein, wenn alle anderen auf dem Trockenen sitzen.

Die Kreditkrise begann mit den Subprime-Hypothekenkrediten, die von Anfang an nur ein schlechter Witz waren, und breitete sich dann aus.* Die Vergabe von Hypothekenkrediten brach ein. Eigenheimpreise fielen. Die Preise von Gewerbeimmobilien stürzten ab. Bear Stearns brach zusammen. Nicht für möglich gehaltene Katastrophen passierten tagtäglich.

In einer Mitteilung an die Anteilseigner von Oaktree vom 31. Juli 2008 kommunizierte Marks, er glaube, es seien immer noch zu wenig Vermögenswerte zu Schnäppchenpreisen im Angebot und schlug vor, »es langsam angehen zu lassen« und zu warten, bis sich bessere Kaufgelegenheiten bieten würden. Innerhalb von Wochen begann das Finanzsystem, sich aufzulösen. Im September übernahm die US-Regierung Fannie Mae und Freddie Mac; Merrill Lynch musste von Bank of America übernommen werden; Lehman stellte den teuersten Insolvenzantrag in der Geschichte der USA; AIG musste mit Hilfe eines 85-Milliarden-Dollar-Kredits der Regierung gerettet werden; und selbst Goldman Sachs stand am Abgrund.**

Es war die größte Panik, die Marks je erlebt hatte. Aber als die Märkte einbrachen und der Pessimismus überhandnahm, begann er zu handeln, weil er zum ersten Mal seit Jahren Grund zum Optimismus sah. Am 15. September, am Tag, als

---

* Subprime-Kredite sind Kredite, die an private Kreditnehmer mit unterdurchschnittlicher, teilweise schlechter Bonität vergeben werden und ein hohes Ausfallrisiko haben (Anmerkung des Übersetzers).

** Fannie Mae und Freddie Mac sind staatlich geförderte, amerikanische Hypothekenbanken; AIG (American International Group) ist ein amerikanischer Versicherungskonzern; Bear Stearns, Merrill Lynch, Lehman Brothers und Goldman Sachs sind beziehungsweise waren amerikanische Investmentbanken (Anmerkung des Übersetzers).

Lehman unterging, begann Oaktree einen riesigen Vorrat von am Boden zerstörten Vermögenswerten anzuhäufen, die sonst niemand anrühren wollte. Während der nächsten 15 Wochen investierte das Unternehmen – unter der Führung von Marks und Karsh – erstaunliche 500 bis 600 Millionen Dollar pro Woche.

Das war *die* Wette der Karriere von Marks – die Wette, die seinen Ruf festigen oder ruinieren würde. Man kann sich also denken, dass er genau wusste, was er tat. Aber als Lehman unterging, erkannte er, dass *niemand* wusste, was passieren würde.

Am 19. September stellte er in einer Mitteilung an die Kunden von Oaktree eine Frage, auf die es keine Antwort gab, die aber irgendwie beantwortet werden *musste*: »Wird das Finanzsystem zusammenbrechen oder erleben wir nur die stärkste Abwärtsbewegung, die es je gab? Meine Antwort ist einfach: Wir haben keine andere Wahl, als anzunehmen, dass dies nicht das Ende ist, sondern nur ein weiterer Ausschlag des Pendels, den man sich zunutze machen sollte.« Mit seinem charakteristischen trockenen Humor fügte er hinzu: »So schnell geht die Welt nicht unter.«

Als ich Marks fragte, was ihn dazu bewegt hat, Mitte September 2008 von einer defensiven zu einer aggressiven Haltung zu wechseln, antwortete er: »Es war die reine Hölle. Vermögenswerte wurden praktisch verschenkt. Niemand war sich sicher, ob die Welt am nächsten Tag überhaupt noch existieren würde und es fanden sich keine Käufer, gleichgültig für welche Vermögenswerte … Es waren ideale Voraussetzungen für eine große Katastrophe.«

Marks sieht die Zukunft nie als ein ganz bestimmtes Szenario an, welches zwangsläufig eintreten muss. Er sieht sie vielmehr als eine »Verteilung verschiedener Möglichkeiten« an. Üblicherweise geht er so vor, dass er jeder dieser »verschiedenen Zukunftsversionen« eine Wahrscheinlichkeit zuordnet. Aber in diesem Fall war die Unsicherheit so extrem, dass es sinnlos war, auch nur zu versuchen, Wahrscheinlichkeiten für die Menge der verschiedenen Resultate zu bestimmen. Er zog es vor, seinen Entscheidungsprozess dadurch zu vereinfachen, dass er die Lage aus einer Entweder-Oder-Perspektive analysierte: »Ich denke, man kann das Problem auf die Wahl zwischen zwei Alternativen reduzieren: Entweder geht die Welt unter oder sie geht nicht unter … Und wenn sie nicht untergeht und wir keine Käufe getätigt hätten, dann hätten wir versagt. Das machte die ganze Sache ziemlich einfach.«

Aber als die Märkte immer weiter abstürzten und die Säulen der Finanzwelt einfielen, waren wenige Leute seiner Meinung. Einige der besten Investoren, die er kannte, waren »einfach starr vor Schreck. Sie sagten sich, ›Alles wird zusammenbrechen‹«. Marks wusste, wie dicht wir am Abgrund standen. Er konnte sich Umstände vorstellen, unter denen ein Dominostein nach dem anderen umfallen würde und am Ende Massenarbeitslosigkeit und der Zusammenbruch des Gesellschaftssystems stehen würden. »Wie schlimm hätte es werden können? Man kann nicht sagen, wie der schlimmste Fall ausgesehen hätte. Anarchie, Aufstände, Hungersnöte?«

Dann, Mitte Oktober, machte er eine unvergessliche Erfahrung, die ihn in seiner Außenseiterposition bestärkte. Einer der Fonds von Oaktree investierte in Hochzinsanleihen, deren Kauf teilweise mit Krediten finanziert wurde. Auf diese Weise konnte das Unternehmen pro Dollar Eigenkapital 5 Dollar einsetzen. Der Fonds besaß vorrangige Anleihen, deren Risiko relativ gering war: Während der vergangenen 30 Jahre hatte Oaktree bei dieser Art von Anleihen nur eine Zahlungsausfallrate von durchschnittlich 1 Prozent zu verzeichnen. Aber die Kurse fielen so tief unter ihr Niveau der Vergangenheit, dass Oaktree Gefahr lief, von den Kreditgebern unter Druck gesetzt und gezwungen zu werden, entweder zusätzliche Sicherheiten beizubringen oder Teile des Anleihebestands zu verkaufen. Marks kontaktierte seine Kunden und bat sie, zusätzliches Eigenkapital zur Verfügung zu stellen. Dadurch konnte der Fonds seine Fremdkapitalquote halbieren und seine Kreditgeber zufriedenstellen. Aber die Kurse fielen immer weiter und Marks musste seine Kunden um *noch mehr* Geld bitten.

Die Entscheidung hätte ihnen eigentlich leichtfallen sollen. Wenn sie ihren Einsatz nicht erhöhen würden, dann würden sie angesichts der katastrophal niedrigen Kurse auf jeden Fall einen Verlust erleiden. Aber ein Manager eines Pensionsfonds hörte nicht auf, Marks zu fragen, was mit den Anleihen von Oaktree passieren würde, wenn sich die Bedingungen immer weiter verschlechtern würden. Jedes Mal, wenn ihm Marks eine beruhigende Antwort gab, bekam er dieselbe panische Frage zu hören: »Und was ist, wenn es noch schlimmer kommt?«

Daraufhin machte sich Marks in seinem Büro eilig eine Notiz, die er »Die Grenzen der Schwarzseherei« nannte. Als er über sein Treffen mit dem Pensionsfondsmanager nachdachte, kam ihm eine Erleuchtung. Seit Jahrzehnten hatte er Anleger ermahnt, skeptisch zu bleiben, wenn der Optimismus so überhandnahm, dass keine Geschichte zu schön sein konnte, um wahr zu sein. Aber der Pessimismus hatte inzwischen ein solches Ausmaß erreicht, dass sich die Anleger nun verhielten, als könne »keine Geschichte zu schlimm sein, um wahr zu sein«. Einem vernünftigen Skeptiker geht es nicht darum, andauernd pessimistisch zu sein, sondern das in Frage zu stellen, was »jeder« für wahr hält, gleichgültig, ob es zu positiv *oder* zu negativ ist. Er erklärte seine Erleuchtung so: »Ein Skeptiker sollte pessimistisch sein, wenn der Optimismus keine Grenzen mehr kennt. Aber er sollte optimistisch sein, wenn der Pessimismus keine Grenzen mehr kennt.«

Und so wurde aus Howard Marks, dem ewigen Schwarzseher, der einzige Optimist an der Wall Street.

Mitten in einer »totalen Panik« gegen den Strom zu schwimmen, wenn »jeder überzeugt davon ist, dass die Dinge sich nur zum Schlechteren wenden können«, erfordert ungewöhnliche Geisteskräfte und Unerschütterlichkeit. Als ich Marks fragte, ob er unter der Krise gelitten hätte, antwortete er ohne Umschweife: »Ich kann mich nicht erinnern, dass ich Probleme gehabt hätte.« War er immer so emotionslos? »Ja, immer.« Ich wusste, dass er zum zweiten Mal verheiratet war und fragte ihn, ob diese Charaktereigenschaft nicht eine Frau in den Wahnsinn triebe. »Ja, vor allem meine erste Frau hatte große Probleme damit«, antwortete er. »Aber ich denke, dass ich mir in meiner zweiten Ehe mehr Mühe gegeben habe.«

Wichtig war, dass Marks und sein Partner bei Oaktree, Karsh, immer miteinander gesprochen, sich gegenseitig unterstützt und sich vergewissert haben, dass sie das Richtige taten. Während Marks für die grundsätzliche Strategie verantwortlich war, erledigte Karsh mit seinem Team die Detailarbeit und führte die Bewertung der verschiedenen Anlagen durch. Zwei oder drei Jahre vor dieser Zeit hatten sich Beteiligungsgesellschaften massiv verschuldet, um interessante Unternehmen zu sehr hohen Preisen zu kaufen. Oaktree kaufte nun die vorrangigen Verbindlichkeiten dieser Gesellschaften für ein Butterbrot auf. In manchen Fällen hätte Oaktree die Gewinnschwelle sogar dann erreicht, wenn die aufgekauften Unternehmen *nur ein Fünftel* von dem wert gewesen wären, was die Beteiligungsgesellschaften ursprünglich bezahlt hatten. »Ich stelle mir in solchen Fällen immer die Frage: ›Worin könnte der Fehler bestehen? Wäre es ein Fehler zu kaufen oder nicht zu kaufen?‹«, sagte Marks. »Man konnte sich unschwer davon überzeugen, dass es sich um günstige Kaufgelegenheiten handelte.«

Der spektakulärste Treffer resultierte aus dem 100-Millionen-Dollar-Investment in Pierre Foods, ein Unternehmen, das Oaktree nach dessen Konkurs erwarb. Nach der Neugründung als AdvancePierre Foods wurde es der Marktführer bei abgepackten Sandwiches und von Tyson Foods 2017 übernommen. Oaktree machte innerhalb von acht Jahren einen Gewinn von ungefähr 2,2 Milliarden Dollar – das Zweiundzwanzigfache des investierten Kapitals.

Insgesamt investierte Oaktree ungefähr 10 Milliarden Dollar mitten in der Krise. Marks schätzt die Gewinne aus diesen Investitionen auf 9 Milliarden Dollar – der größte Gewinn in der Unternehmensgeschichte. Niemand profitierte davon mehr als Marks und Karsh, die beiden größten Anteilseigner von Oaktree. Aber sie hatten auch ihre Freude daran, klüger als andere gewesen zu sein und Recht gehabt zu haben. Wie Marks sagte: »Wir haben die Wette gewonnen.«

»Die Frage ist: Soll man bis an die Grenzen gehen?«

Bei unseren Gesprächen und in seinen Aufzeichnungen kam Marks immer wieder auf eine Handvoll von Themen zurück, die ihn seit Jahrzehnten beschäftigten. Meiner Meinung nach sind es fünf wichtige Ideen, um die sich bei ihm alles dreht:

Die Notwendigkeit zuzugeben, dass man die Zukunft nicht vorhersagen oder kontrollieren kann.

Der Nutzen der Analyse vergangener Muster und deren Verwendung als Anhaltspunkt dafür, was in Zukunft passieren könnte.

Die unausweichliche Tatsache, dass das Pendel wieder zurückschwingen und dass leichtsinnige Übertreibung bestraft werden wird.

Die Möglichkeit, sich Pendelbewegungen zunutze zu machen, indem man sich in die entgegengesetzte Richtung bewegt.

Die Notwendigkeit von Demut, Skepsis und Vorsicht, wenn man in einer unsicheren Welt auf Dauer finanziell erfolgreich sein will.

Die Realität ist so kompliziert, dass es von großem Nutzen ist, ein paar wenige und verlässliche Einsichten zu verinnerlichen, die unserem Denken Struktur verleihen können. Jede dieser fünf Ideen ist enorm hilfreich für jeden Anleger, der seinen Weg durch die unvorhersehbare Zukunft finden muss.

Als ich darüber nachdachte, was ich von Marks gelernt habe, kam ich zu dem Schluss, dass vor allem einer seiner Grundsätze so weitreichende Implikationen hat, dass er für mich und mein Weltbild in Zukunft eine zentrale Rolle spielen wird. Es handelt sich dabei um jenen Grundsatz, den er sich während seines Studiums vor mehr als 50 Jahren zu eigen gemacht hat: Nichts ist beständig.

Die Finanzmärkte liefern viele Beispiele für die Richtigkeit dieser buddhistischen Lehre. Auf das asiatische »Wirtschaftswunder« folgte die asiatische Finanzkrise von 1997; nach der Dotcom-Manie der späten 1990er-Jahre kam der Crash von 2000; auf die Immobilienblase folgte die Kreditkrise, der wiederum ein lang andauernder Bullenmarkt folgte, der 2009 begann; danach brach der Markt im Jahr 2020 innerhalb von 23 Tagen um 34 Prozent ein, bevor er in den darauffolgenden Wochen um fast 40 Prozent stieg.

Wäre Buddha ein Hedgefonds-Manager gewesen, hätte er wahrscheinlich darauf hingewiesen, dass der Wandel an sich nicht das eigentliche Problem darstellt. Es ist vielmehr die Erwartung oder die Sehnsucht, dass sich die Dinge nicht ändern, unter der wir leiden – sowohl beim Geldanlegen als überhaupt im Leben.

Der Buddhismus lehrt uns, dass wir die Vergänglichkeit aller weltlichen Dinge akzeptieren müssen, damit wir nicht überrascht sind oder erschrecken, wenn sich die Dinge ändern. Shunryu Suzuki sagte einmal: »Wenn wir die Lehre des immerwährenden Wandels nicht akzeptieren, werden wir nie Gleichmut und Gelassenheit erreichen.«

In der Finanzwelt hat die Unvermeidlichkeit des Wandels wichtige Konsequenzen. Zunächst einmal müssen wir uns klarmachen, dass die aktuelle wirtschaftliche Situation und die aktuelle Lage an den Märkten – wie alles andere auch – nicht von Dauer sind. Wir sollten also Anlageentscheidungen nicht unter der Annahme treffen, alles ginge so weiter wie bisher. Wie Marks feststellte, machen Anleger immer wieder den Fehler, die Dauer der Auf- und Abwärtsbewegungen des Markts zu überschätzen. Sie vergessen, dass nichts für immer währt. Auf diese Weise haben sich viele Eigenheimbesitzer in der Finanzkrise ruiniert, weil sie sich in der Erwartung, dass die Immobilienpreise bis in alle Ewigkeit steigen, übermäßig verschuldet haben. Was können wir daraus lernen? Man sollte nie um Haus und Hof gegen die unerbittlichen Kräfte des Wandels wetten.

Die Erkenntnis, dass alle Dinge vergänglich sind, kann einen leicht aus dem Gleichgewicht bringen, wenn man daraus den Schluss zieht, dass das eigene Leben (und alles, was einem etwas bedeutet) permanent bedroht sind. Man kann dann versucht sein, vor den Realitäten die Augen zu verschließen. Aber es ist vernünftig anzuerkennen, dass man auf dünnem Eis unterwegs ist und jederzeit einbrechen kann. Diese Einsicht bedeutet nicht, dass wir nur daheimsitzen und die Hände in den Schoß legen sollten – oder dass wir nur Bargeld horten und keinerlei Risiken eingehen sollten. Sowohl im Leben als auch am Finanzmarkt sollte man sich weder blind ins Risiko stürzen noch ihm immer aus dem Weg gehen, sondern intelligent damit umgehen und dabei die Möglichkeit eines unerfreulichen Ausgangs immer im Blick behalten.

Es ist nicht einfach, einen solchen vernünftigen Mittelweg zu gehen. Während der düstersten Tage des Jahres 2008 musste sich Marks immer dazu zwingen, gegen seine Neigung zum Schwarzsehen anzukämpfen: »Wenn ich zu skeptisch bin, mache ich meinen Job für meine Kunden nicht richtig, weil sie mich nicht dafür bezahlen, ein Angsthase zu sein. Sie wollen, dass ich ein vorsichtiger Investor bin, aber kein Angsthase.« Wenn man die »Risikovermeidung« zu weit treibt, fügte er hinzu, endet man bei »Gewinnvermeidung«.

Glücklicherweise sind wir angesichts des Wandels nicht ohnmächtig. Es gibt viele Methoden, mit denen man die eigene Verletzlichkeit mindern kann. Statt zu versuchen, das Unvorhersagbare vorherzusagen, sollten wir uns laut Marks darum bemühen, »ein robustes Portfolio aufzubauen und ein robustes Leben zu führen«, sodass wir auch schlimme Situationen überstehen können.* Und was bedeutet das für normale Anleger? »Vermeiden Sie hohe Schulden und Kreditfinanzierung« und lassen Sie sich nicht von Ihren Träumen von einer »Goldgrube« dazu verleiten, »Kopf und Kragen zu riskieren«, sagte er. »Sowohl im Leben als auch bei der Geldanlage sollte man nie versuchen, immer alles auf die Spitze zu treiben, damit man auf das, was einem so alles zustoßen kann, vorbereitet ist. Die Frage ist also: Sollte man bis an die Grenzen gehen?«

Diese Frage stellt sich nicht nur beim Anlegen, sondern auch beim Geldausgeben. »Finanzielle Unabhängigkeit hängt nicht davon ab, viel Geld zu verdienen oder viel Geld zu besitzen«, sagte Marks. »Wissen Sie, wovon sie abhängt? Davon,

* Wenn er über Zerbrechlichkeit spricht, verwendet Marks Ausdrücke aus Nassim Nicholas Talebs Buch *Antifragile: Things That Gain from Disorder*. Ein anderes Buch von Taleb hatte aber einen größeren Einfluss auf Marks: *Fooled by Randomness: The Hidden Rule of Chance in Life and in the Markets*.

dass man weniger ausgibt, als man verdient, dass man im Rahmen seiner Verhältnisse lebt. Es ist wichtig zu wissen, dass Robustheit von dem Abstand abhängt, den man von seinen Grenzen hält.«[6]

Das Problem besteht aber darin, dass wir dies allzu leicht vergessen, wenn wir Erfolg haben – oder, wenn wir sehen, dass andere Erfolg haben, während wir hinterherhinken. Dann gehen wir immer näher an unsere Grenzen, bis wir sie schließlich überschreiten.

Marks fügte hinzu, dass wir uns auch unserer finanziellen und psychologischen Anfälligkeit bewusst sein müssen. »Man sollte besser ängstlich sein – ängstlich in dem Sinn, die Möglichkeit anzuerkennen, dass etwas Schlimmes passieren könnte, und damit man die eigene Fähigkeit, mit Rückschlägen und Verlusten fertig zu werden, realistisch einschätzt.« Er warnte davor, damit zu prahlen, man mache sich nichts aus Einbrüchen des Aktienmarkts. »Was nämlich normalerweise passiert, wenn der Markt um ein Drittel einbricht: Die Leute geraten in Panik und verkaufen und so wird aus der Abwärtsbewegung für sie ein endgültiger Verlust. Das ist das Schlimmste, was man tun kann.«

Es ist also von größter Bedeutung, ehrlich zu uns selbst zu sein, wie viel Risiko wir aushalten können: »Wenn man ein zu hohes Risiko eingeht, hält man das auf Dauer emotional nicht aus. Es bringt einen früher oder später dazu, das Falsche zu tun, auch dann, wenn einem sonst nichts in die Quere kommt – wie etwa Probleme mit Kreditgebern oder die Notwendigkeit, Brot zu kaufen.«

Diese Einstellung, die Wirklichkeit so zu sehen, wie sie ist, ohne Widerwillen und ohne Selbsttäuschung, hat etwas Buddhistisches. Einer der bedeutendsten Texte des Buddhismus ist das *Satipatthana Sutta*, die Abhandlung Buddhas über Achtsamkeit als Weg zum Nirvana. Er erklärt darin, dass der Weg zur Erweckung von uns verlangt, »immer achtsam« zu werden für alles, was uns begegnet – leidenschaftslos zu beobachten, wie alle Dinge (einschließlich unserer Gedanken, Gefühle und Sinneswahrnehmungen) entstehen und vergehen. Freiheit entsteht aus dem »klaren Bewusstsein«, dass alles vergänglich ist und dem Verzicht darauf, nach dem zu greifen, was an sich zerbrechlich und vergänglich ist. Buddha wiederholt dieselbe Lehre 13 Mal: »Man bleibt dann frei, wenn man an nichts auf dieser Welt hängt.«

Diese Vorstellung der Nichtbindung mag kalt oder unnatürlich wirken. Aber es hat seine Vorteile, wenn man sich der Vergänglichkeit bewusst ist. Zum einen vergeht nicht nur das Gute im Leben (Jugend, Schönheit, geliebte Menschen, Wirtschaftsaufschwünge und Bullenmärkte), sondern auch das Schlechte (seelische und körperliche Qualen, üble Politiker, Rezessionen und Pandemien). Wenn alles im Wandel ist, sollten wir uns nicht mitreißen lassen, wenn die Zeiten gut sind, und nicht verzweifeln, wenn sie schlecht sind.[7]

Zum anderen kann uns das Wissen um die Vergänglichkeit auch dazu bewegen, unsere persönlichen Beziehungen zu pflegen und zu schätzen und unser Leben jeden Tag bewusst zu leben, da ja keiner von uns wissen kann, wie lange er auf dieser Welt sein wird. In seinem Buch *The Science of Enlightenment* beschreibt Shinzen Young, wie man lernen kann, die Welt »voll und ganz« zu erleben – nämlich, indem man jeden Augenblick »mit außergewöhnlicher Konzentration, Klarheit der Sinne und Gleichmut erlebt ... Man kann sein Leben dramatisch verlängern – nicht indem man die Zahl seiner Jahre vervielfacht, sondern indem man die Momente seines Lebens bis zur Fülle auskostet.«*

Marks ist nun in seinen Siebzigern und sich seiner eigenen Vergänglichkeit nur zu gut bewusst. Sein Vater wurde 101 Jahre alt, sodass er vielleicht vorteilhafte genetische Anlagen geerbt hat. Dennoch weiß er, dass er mit an Sicherheit grenzender Wahrscheinlichkeit nicht unsterblich ist. In seinem jetzigen Lebensabschnitt denkt er mehr und mehr darüber nach, ob er sich immer gut und richtig verhalten hat – nicht zuletzt im Umgang mit Kollegen und Kunden. »Es ist nicht nur wichtig, *was* man im Leben erreicht hat. Es ist auch wichtig, *wie* man es erreicht hat«, sagte er. »Vielleicht ist es ein Zeichen von Unsicherheit. Aber für mich ist es sehr wichtig, dass man von mir denkt, ich hätte ein gutes Leben geführt.« Er freut sich über die Gewinne von Oaktree, ist aber auch stolz auf das hohe Ansehen des Unternehmens und sein gutes Verhältnis zu dessen Mitgründer, Karsh. Marks sagte, sie hätten sich in den drei Jahrzehnten ihrer Zusammenarbeit noch nie gestritten.

Was will er in den kommenden Jahren noch erreichen? »Ich habe keine großen Ziele mehr«, sagte Marks. »Ich habe ein großartiges Leben. Ich will ein guter Ehemann, Vater und Großvater sein. Und ich will weiterhin in der Finanzwelt

* Shinzen Young beschreibt Gleichmut als »eine distanzierte und sanftmütige Sachlichkeit, mit der man Vergnügen und Schmerz kommen und gehen sieht, ohne selbst darauf Einfluss zu nehmen«. Dies hat eine gewisse Ähnlichkeit mit der Art und Weise, in der Marks die Märkte sieht. Er erkennt und akzeptiert, dass »es so ist, wie es ist« und kann aufgrund dieser Distanziertheit klar und emotionslos überlegen, was zu tun ist.

Dinge erkennen, die andere nicht erkennen, und sie meinen Kunden verständlich machen.«

Er hat nicht vor, sich zur Ruhe zu setzen. Er arbeitet weiter, weil es ihn intellektuell bereichert und nicht, weil er einen »unstillbaren« Durst nach Geld oder Status hat. Er erinnert sich an seinen Professor für Japanologie, der die buddhistische Lehre erklärt hat, nach welcher »man die Kette des Erhaltens und Wollens durchbrechen muss« – ein zielloser Prozess des Begehrens, der zwangsläufig Leiden nach sich zieht. Das mag so sein. Aber Marks erkennt an, dass ihm das Vermögen, das er angehäuft hat, Freiheit und Sicherheit gebracht und ihn »furchtloser« gemacht hat. Bis jetzt hat er offenbar nicht sehr darunter gelitten, ein Milliardär geworden zu sein.

Wenn er auf sein »Leben voller Glücksfälle« zurückblickt, ist er bescheiden genug, um zuzugeben, dass sein Talent niemals gereicht hätte, dass er sehr viel Glück gebraucht hat, um so erfolgreich zu werden, wie er es gewesen ist. Dieses Wissen hilft ihm, sich vor dem Hochmut zu bewahren, der vor dem Fall kommt. So wie es jetzt aussieht, ist Marks so nahe daran, ein »Herr des Universums« zu sein, wie das überhaupt möglich ist. Aber wenn es etwas gibt, dessen er sich sicher ist, dann ist es die Tatsache, dass sich die Dinge ändern – und dass wir uns alle daran anpassen müssen.

KAPITEL 4

DER WIDERSTANDSFÄHIGE INVESTOR

Wie man sich ein bleibendes Vermögen schafft und die Gefahren übersteht, die einem auflauern

Das eigentliche Problem mit dieser unserer Welt besteht nicht darin, dass man sie nicht verstehen kann und auch nicht darin, dass man sie verstehen kann. Die meisten Probleme bereitet es, dass man die Welt fast verstehen kann, aber nicht ganz. Das Leben ist nicht unlogisch, aber es hält viele Fallgruben für Logiker bereit. Es scheint gerade ein bisschen mathematischer und regelmäßiger zu sein, als es tatsächlich ist: Seine Regelmäßigkeit liegt auf der Hand, aber seine Unregelmäßigkeit liegt im Verborgenen; seine Gefahren lauern auf uns.

Gilbert Keith Chesterton, *Orthodoxie: Eine Handreichung für die Ungläubigen*

Als Jean-Marie Eveillard in den 1960er-Jahren ein junger Aktienanalyst bei der Société Générale in Paris war, hatte er keine Ahnung, was er eigentlich tat. Seine Chefs brachten ihm die in der damaligen Zeit übliche Strategie der Aktienauswahl bei. »Im Grunde genommen ging es ihnen nur darum, die Schwergewichte im Aktienindex aktiv zu handeln, das war alles«, sagte er. Wie alle anderen folgte er diesem allseits respektierten Weg zu mittelmäßigen Erträgen. Er sollte später feststellen: »Mitten in der Herde ist es schön gemütlich.«

Eveillard begann, sich von der Herde zu lösen, als ihn seine Bank 1968 nach New York schickte. In jenem Sommer fuhr er mit zwei französischen Studenten der Columbia Business School im Central Park Fahrrad. Sie erzählten ihm von

Benjamin Graham, der den Ansatz der wertorientierten Geldanlage entwickelt hatte, als er in den 1920er-Jahren in Frankreich unterrichtete.* Eveillard las seine Bücher *Security Analysis* und *The Intelligent Investor* und hatte eine Erleuchtung. Er verglich seine Entdeckung von Graham mit der religiösen Bekehrung von Paul Claudel, einem französischen Autor, der plötzlich Gott entdeckte, als er 1886 in der Kathedrale von Notre-Dame stand: »Ich wurde durch den Ansatz von Ben Graham erleuchtet. Er hatte gefunden, wonach ich suchte.« Eveillard versuchte, seine Chefs davon zu überzeugen, ihn gemäß seinen neuen Grundsätzen vorgehen zu lassen. Aber sie hatten noch nichts von Graham gehört und die Vorteile von dessen Philosophie nicht erkannt. Also spielte Eveillard das Spiel nach den alten Regeln weiter. Insgesamt, sagte er, »verschwendete ich 15 Jahre meines Berufslebens«.

Mit 39 Jahren kam schließlich die Erlösung. Die Bank machte ihn zum Manager von SoGen International, einem Fonds, der so klein und unauffällig war, dass es niemanden kümmerte, was er mit ihm anstellte. Als Eveillard den Fonds 1979 übernahm, verwaltete er nur ein Vermögen von 15 Millionen Dollar. Er managte den Fonds jahrelang alleine in Manhattan und genoss es, dass sich die Unternehmensspitze daheim in Frankreich nicht einmischte.

Seine neue Anlagestrategie basierte auf einer entscheidenden Einsicht, die er *The Intelligent Investor* verdankte: »Weil die Zukunft unsicher ist, muss man das Risiko minimieren«, so Eveillard. Wie die meisten tiefen Wahrheiten ist auch diese so simpel, dass man ihre Bedeutung leicht übersehen kann und Gefahr läuft, sie oberflächlich zu interpretieren, ohne ihre weitreichenden Implikationen zu verstehen.

Graham war zu dieser Einsicht infolge einer schmerzlichen Erfahrung gelangt. Er wurde 1894 in London geboren und wuchs in New York in einer wohlhabenden Familie auf, die ihr Geld mit dem Import von Porzellan aus Europa verdiente. Aber Grahams Vater starb mit 35 Jahren und hinterließ eine Witwe und drei Söhne. Die Importfirma ging zugrunde und Grahams Mutter machte aus

* Grahams Zeit an der Columbia Universität machte diese zum intellektuellen Zentrum der wertorientierten Geldanlage – und diese Rolle spielt sie bis heute. Er hatte ein Stipendium für Columbia erhalten und erwies sich als so vielseitig begabt, dass er Angebote von drei verschiedenen Fakultäten bekam, dort zu unterrichten: Englisch, Mathematik und Philosophie. Stattdessen wurde er Investor. Aber 1928 kehrte er als Dozent für Abendveranstaltungen zurück an diese Universität und unterrichtete dort die nächsten 28 Jahre lang. Auf diese Weise zog er eine ganze Generation von Investoren heran, zu denen Warren Buffett, Irving Kahn und Bill Ruane gehörten.

ihrem Haus eine Pension. Aber auch dieses Geschäft lief schlecht und sie machte alles nur noch schlimmer, als sie Aktien auf Kredit kaufte. Die Panik von 1907, als der Aktienmarkt innerhalb von Wochen fast um die Hälfte einbrach, stürzte sie in den Ruin. Graham, der in einem Haushalt mit einer Köchin, einem Zimmermädchen und einem Kindermädchen aufgewachsen war, erinnerte sich später daran, wie sehr er sich »über die Schande geschämt hatte«, dass die Familie ihre Besitztümer in einer Zwangsversteigerung verkaufen musste.

Diese Kindheitserinnerungen alleine wären schon genug, um zu erklären, warum Graham so darauf fixiert war, sich gegen die Gefahren einer unsicheren Welt zu wappnen. Aber in den Folgejahren erlebte er außerdem eine Reihe von Katastrophen – den Ersten Weltkrieg, den Börsenkrach von 1929 und die Weltwirtschaftskrise. Nachdem er am Bullenmarkt der 1920er-Jahre ein Vermögen als Finanzmanager verdient hatte, verlor er von 1929 bis 1932 70 Prozent davon wieder. Diese Erfahrungen verhalfen ihm zu einer beunruhigenden Erkenntnis: »Die Entwicklung von Wertpapierpreisen ist unvorhersehbar.«

Im Feuer dieser Katastrophen schmiedete Graham den Grundsatz seiner Anlagephilosophie: Überleben steht an erster Stelle. Im letzten Kapitel von *The Intelligent Investor*, dem Buch, das er kurz nach dem Holocaust geschrieben hatte, brachte er diesen Grundsatz auf den Punkt: »In einer alten Legende fassten die weisen Männer die Lehren der Weltgeschichte in einem einzigen Satz zusammen: ›Auch das wird vergehen.‹ Der Herausforderung, das Geheimnis vernünftiger Geldanlage in einer ähnlichen Weise zusammenzufassen, möchte ich mit einem einzigen Wort begegnen: SICHERHEITSPOLSTER.«

Graham erklärte, ein Sicherheitspolster könne man sich zulegen, indem man Aktien und Anleihen mit »günstigen« Abschlägen auf ihren »Schätzwert« kauft. Der Abstand zwischen Preis und Wert stelle ein Polster dar, das die Folgen von eigenen »Fehlkalkulationen« des Anlegers, von »großem Pech« und von »unerwarteten Ereignissen in der Zukunft« abfedern könne. Es war eine weltkluge Strategie, die auf dem Wissen um die menschliche Fehlbarkeit und die Gefahren des Lebens basierte. *Wir machen Fehler. Wir haben Pech. Die Zukunft ist unvorhersehbar.*

Graham kam zu dem Schluss, beim Kauf unterbewerteter Anlagen sei die »Gewinnchance der Investoren größer als deren Verlustrisiko«, aber er warnte davor, dies als Garantie dafür anzusehen, dass ein bestimmtes Investment *nicht* vollkommen schiefgehen könne. Die Lösung für dieses Problem? Diversifizierung.[1]

Eveillard hatte, genau wie Graham, in seinem Leben viel Unsicherheit erlebt. Er wurde 1940 in der französischen Stadt Poitiers geboren, nur einige Monate bevor die Deutschen in Frankreich einmarschierten. Seine vorsichtige, misstrauische und melancholische Einstellung zum Leben wurde von den Predigten geprägt, die er als Kind gehört hatte, als er seine Großmutter in ihre katholische Kirche auf dem Land begleitete. Der Priester, der zu einer Gemeinde sprach, die kurz zuvor durch eine Niederlage, Blutvergießen und Bombardierungen traumatisiert worden war, mahnte immer: »Verlasst Euch nicht darauf, auf dieser Erde glücklich zu werden. Sie ist ein Tal der Tränen. Ihr könnt nur im Jenseits glücklich werden.«* Auf diese Weise fielen die Warnungen Grahams, dass Anleger mit Missgeschick rechnen und sich dagegen wappnen müssten, bei Eveillard auf fruchtbaren Boden.

Während der Glanzzeit Grahams gab es in den Vereinigten Staaten so viele unterbewertete Anlagen, dass er nicht in Übersee nach guten Kaufgelegenheiten suchen musste. Aber Eveillard klonte seine Strategie und passte sie den Bedingungen einer neuen Zeit an. Er stöberte auf der ganzen Welt nach Aktien, die mindestens 30 bis 40 Prozent weniger kosteten, als ihr Wert nach seiner Einschätzung betrug. Bei seinen Bewertungen folgte er einem konservativen Ansatz und stellte sich die Frage, wie viel ein vorsichtiger Käufer für das gesamte Unternehmen in bar zahlen würde. Dieser Ansatz beruhte in Grahams Worten »nicht auf Optimismus, sondern auf Mathematik«. Sicherheitshalber hielt Eveillard in der Regel mehr als 100 Aktien. Buffett und Munger waren mutig genug, ihr Portfolio stärker zu konzentrieren, aber Eveillard konnte sich nicht dazu überwinden. »Ich misstraue meinen eigenen Fähigkeiten zu sehr«, gab er zu, »und ich habe zu viel Angst, dass es in die Hose geht.«

Seine Strategie war erfolgreich und er erwarb sich den Ruf, hohe Erträge bei niedrigen Risiken zu erzielen. *Businessweek* und Morningstar feierten ihn.** Finanzberater und Broker überschütteten ihn mit den Anlagegeldern ihrer Kunden. Er stellte ein Team von Analysten ein und legte zwei neue Fonds auf. Dennoch war er immer in Sorge. Als seine Fonds immer größer wurden, nahm auch die Last der Verantwortung immer mehr zu, das Geld Hunderttausender Anleger zu verwalten,

---

* Als ich Eveillard fragte, ob er ein praktizierender Katholik geblieben sei, antwortete er: »Ich bin gläubig. Aber die Kirche regt mich auf.« Nicht nur als Investor, auch als Gläubiger hält er sich von der Herde fern.

** *Businessweek* ist ein wöchentlich erscheinendes, amerikanisches Wirtschaftsmagazin, Morningstar eine Ratingagentur, die vor allem Investmentfonds bewertet (Anmerkung des Übersetzers).

die für die Ausbildung ihrer Kinder oder für ihren Ruhestand sparten. »Sie können sich nicht leisten, dieses Geld zu verlieren«, sagte er. »Es war mir klar, dass ich das Leben der Anleger meiner Fonds belaste, wenn ich Fehler mache … Das brachte mich dazu, sehr vorsichtig zu sein.«

Die konsequente Fokussierung Eveillards auf den Wert seiner Anlagen brachte den Fondsbesitzern Sicherheit. Zum Beispiel hatten sich die Anleger in den späten 1980er-Jahren so sehr in Japan verliebt, dass die Preise der Anlagewerte die ökonomische Realität nicht länger widerspiegelten. 1989 betrug der Anteil Japans an der weltweiten Aktienmarktkapitalisierung 45 Prozent – mehr als die Anteile der Vereinigten Staaten und Großbritanniens zusammen – und die meisten der weltweit am höchsten bewerteten Unternehmen waren japanische Unternehmen. 1988 verließ Eveillard den japanischen Markt vollständig, weil er keine einzige japanische Aktie finden konnte, die seinen Bewertungsmaßstäben genügte. Die Blase platzte gegen Ende 1989 und japanische Aktien waren jahrzehntelang in einer tödlichen Abwärtsspirale gefangen. Auf seinem Tiefststand im Jahr 2009 hatte der japanische Aktienindex Nikkei 225 innerhalb von 20 Jahren mehr als 80 Prozent verloren. Während einem unserer Gespräche stellte Eveillard mit Erstaunen fest, dass der japanische Aktienmarkt im Jahr 2020 »*immer noch* 30 Prozent tiefer als vor 30 Jahren« stand.

In einem Vorwort zu *The Intelligent Investor* schreibt Buffett: »Um lebenslang erfolgreich Geld anzulegen, braucht man keinen astronomischen Intelligenzquotienten, tiefe Einblicke ins Geschäftsleben oder Insiderinformationen. Was man braucht sind die intellektuellen Voraussetzungen, um vernünftige Entscheidungen zu treffen und die Fähigkeit, seine Gefühle auf Abstand zu halten.« Hat Eveillard diesen Anforderungen genügt? Die intellektuellen Voraussetzungen hatte er – mit seiner altbewährten Betonung eines Sicherheitspolsters. Er hatte auch die emotionale Stärke, sich von der Herde zu distanzieren und der Versuchung zu widerstehen, von seinen Grundsätzen abzuweichen, wenn andere es krachen ließen. Eine Zeitlang genoss er einen weiteren, wichtigen Vorteil: Er hatte genügend Spielraum, um seinen eigenen Weg zu gehen, teils weil er fast 7000 Kilometer von der Zentrale seiner Bank entfernt arbeitete, teils weil angesichts seiner Gewinne niemand einen Grund hatte, sich zu beschweren oder einzumischen.

Die Voraussetzung für überdurchschnittliche Erfolge waren also gegeben. Aber wie Eveillard bald entdecken würde, gibt es Kräfte, die unermüdlich am Werk sind und einerseits die Verletzlichkeit erhöhen, andererseits die Rendite verringern. Wir müssen diese Kräfte verstehen, weil sie die unerbittlichen Feinde von Resilienz und Widerstandsfähigkeit sind. In diesem Kapitel werden wir sehen, wie Eveillard und sein brillanter Nachfolger, Matthew McLennan, durch dieses Minenfeld navigierten und mehr als vier jahrzehntelang ausgezeichnete Anlageresultate erzielten. Aus ihren Erfahrungen lassen sich viele Lehren ziehen, wie man ein Vermögen im Laufe eines Anlegerlebens aufbauen – *und erhalten* – kann.

»Hinterherzuhinken heißt zu leiden.«

Die Probleme von Eveillard begannen 1997. Damals hatte er 18 Jahre hinter sich, in denen er Missgeschicke vermieden und den Markt geschlagen hatte. In seinem schlechtesten Jahr – 1990 – hatte SoGen International mickrige 1,3 Prozent verloren. Während dieser 18 Jahre war das Vermögen, das er verwaltete, auf über 6 Milliarden Dollar angewachsen. Entgegen aller Erwartungen wurde Eveillards finanzielle Festung nicht von einem Marktzusammenbruch bedroht, sondern von einer Spekulationseuphorie.

Zwischen Januar 1997 und März 2000 stieg der technologielastige Nasdaq-Index um 209 Prozent, angetrieben von einer Begeisterung für Internet- und Telekomaktien. Um die Absurdität jener tollen Zeiten zu würdigen, reicht es aus, sich das Beispiel des Aufstiegs und des Falls von theGlobe.com anzuschauen: Die Social-Media-Plattform ging 1998 an die Börse; ihr Aktienkurs stieg am ersten Handelstag um 606 Prozent; die Nasdaq strich das Unternehmen 2001 aus ihrem Index, als die Aktie bei weniger als 1 Dollar herumdümpelte. Oder man betrachtet das Schicksal von eToys: Der Internet-Spielwarenhändler ging im Mai 1999 zu einem Kurs von 20 Dollar an die Börse; die Aktie erreichte ihren Höchststand von 84 Dollar im Oktober desselben Jahrs, und 18 Monate später war das Unternehmen pleite. Auch Cisco Systems ist ein solches Beispiel: Der Marktwert des Netzwerkausrüsters schoss in weniger als 500 Tagen von 100 Milliarden Dollar auf 500 Milliarden Dollar hoch. Kurzzeitig war er das wertvollste Unternehmen auf der ganzen Welt, dann platzte die Blase und die Aktie fiel um 86 Prozent.

Eveillard, ein berufsmäßiger Schwarzseher, weigerte sich, diese Achterbahnfahrt mitzumachen. Für diese Entscheidung gab es gute und vernünftige Gründe – die lächerlich hohen Bewertungen und die Unmöglichkeit vorherzusehen, welche Technologieunternehmen es schaffen und welche untergehen würden. Aber er ging so weit, überhaupt keine Technologieaktien zu halten. Fondsmanager müssen großen Mut haben, wenn sie einen Marktindex vollkommen links liegen lassen. Wenn sie sich täuschen, kann das ihre gesamte Karriere ruinieren. Und das sind keine schönen Aussichten, vor allem wenn man verheiratet ist, Kinder hat oder einfach nur seinen luxuriösen Lebensstil weiter pflegen will. Es ist einfacher, bestimmte Aktien oder Branchen »unterzugewichten«, statt ganz auf sie zu verzichten. Wenn man sich das »Karriererisiko« vor Augen führt, kann man verstehen, warum so viele Fonds dem Index »auf dem Fuß folgen« und sich bei ihrer Aktienauswahl sehr an der Indexzusammensetzung orientieren. Auf diese Weise können sie zwar keine außergewöhnlich hohen Gewinne machen, vermeiden aber eben auch außergewöhnlich hohe Verluste.

Eveillard, der sich durch eine gewisse Sturheit und Hartnäckigkeit auszeichnet, ging nicht den leichten Weg. Folglich hinkte er dem Markt für drei lange Jahre um Meilen hinterher, während die Tech-Aktien durch die Decke gingen. Allein 1998 gewann der Nasdaq 39,6 Prozent und der MSCI World Index 24,3 Prozent – während SoGen International 0,3 Prozent *verlor*. Im Folgejahr kam SoGen International wieder voran und erzielte einen Gewinn von 19,6 Prozent. Ziemlich gut, oder? Nicht wirklich. Denn in diesem Jahr schoss der Nasdaq um 85,6 Prozent nach oben. Eveillards Ergebnisse sahen erbärmlich niedrig aus – in einer Zeit, in der jeder Dummkopf den Jackpot knacken konnte. Seine Anteilseigner waren nicht geneigt, ihm für seine Vorsicht und sein Verantwortungsbewusstsein zu danken. Im Gegenteil, weswegen sein Vorgehen mehr und mehr einem langsamen beruflichen Selbstmord zu ähneln begann.

»Hinterherzuhinken heißt zu leiden«, sagte Eveillard. »Man leidet psychologisch und auch finanziell … Nach einem Jahr sind deine Anteilseigner verärgert. Nach zwei Jahren sind sie wütend. Nach drei Jahren sind sie weg.« In der Tat verlor SoGen International 70 Prozent der Anteilseigner in weniger als drei Jahren und das verwaltete Vermögen schrumpfte von mehr als 6 Milliarden Dollar auf knapp 2 Milliarden Dollar.

Verständlicherweise waren seine Chefs nicht begeistert. Sein Arbeitgeber Société Générale feuerte praktisch nie jemanden. »Wenn sie dachten, du könntest deinen Job nicht mehr machen, setzten sie dich in ein kleines Büro, wo du nichts zu tun hattest.« Aber 1999 dachte er, das Unmögliche könne möglich werden: »Vielleicht werfen sie mich raus.«

Das Fondsgeschäft kann wahnsinnig profitabel sein. Der Kapitaleinsatz ist nicht besonders hoch und die Gewinnmargen sind ungewöhnlich groß. Der inzwischen verstorbene Marty Whitman, ein berühmter Investor, der dazu neigte, offen und ehrlich die Wahrheit zu sagen, erzählte mir einmal, dass Fondsmanager sehr viel vom Wettbewerb halten – außer, wenn er zur Senkung ihrer Gebühren führt. Manager, die Fondsgesellschaften führen, haben einen hohen Anreiz, das von ihnen verwaltete Vermögen immer weiter zu vergrößern. Sie sind weder Narren noch Gauner. Sie sind pragmatische Geschäftsleute, die sich auf den Verkauf und die Vermarktung von Fondsanteilen konzentrieren. In guten Zeiten war jemand wie Eveillard, der überdurchschnittliche Ergebnisse erzielte, sehr wertvoll für sie. Aber in schlechten Zeiten wurde er eher als Sonderling gesehen, der mit seinem einseitigen Ansatz die Boni der gesamten Mannschaft gefährdete. Wenn leichtgläubige Anleger Dotcom-Aktien kaufen wollen, warum sollte man sie das nicht tun lassen? Warum sollte man die Enten nicht füttern, wenn sie quaken?

Der Druck war sehr hoch. Eveillard hörte, dass eine Führungskraft ihn hinter seinem Rücken als »halbsenil« bezeichnet hatte. Eveillard, der nur 59 war, sprach darüber mit seiner Frau, einer abgebrühten Investmentbankerin. »Meine Frau sah nicht einmal von dem Magazin auf, das sie gerade las. Sie sagte lediglich, ›Nur halbsenil?‹.« Ein anderer Manager analysierte die alarmierenden Mittelabflüsse aus den SoGen-Fonds und behauptete, er habe »das genaue und nicht allzu ferne Datum errechnet, an dem wir ein Vermögen in Höhe von null zu verwalten haben.«

Eveillard merkte, dass er unter Beschuss stand. »Selbst der Vorstand der Fondsgesellschaft griff mich an. Sie sagten, ›Wie kommt es, dass Sie als Einziger nicht sehen, was alle anderen sehen, nämlich dass man in Technologie-, Medien- und Telekomaktien investiert sein muss?‹.« Er versuchte, ihnen zu erklären, dass seine Anlagestrategie nicht für Bereiche geeignet war, die einem schnellen Wandel unterworfen und voll von risikoreichen Unternehmen waren, deren Aktien zu irrsinnig hohen Kursen gehandelt wurden. Aber er hinterließ nur den Eindruck, altmodisch zu sein – ein Veteran vergangener Zeiten, der die Wunder der New Economy nicht verstand.

Eveillard hatte immer damit gerechnet, dass es Perioden mit unterdurchschnittlichen Ergebnissen geben würde. In früheren Jahren war er dem Markt das ein oder das andere Mal einige Monate lang hinterhergehinkt. *Aber drei Jahre lang?* »Es dauerte so lange, dass es Tage gab, an denen ich dachte, ich wäre ein Idiot«, gab er zu. »Man beginnt wirklich, an sich selbst zu zweifeln … Jeder kann das Licht sehen. Wie kann es sein, dass *nur ich* es nicht sehe?«

Hatten sich die Märkte vielleicht so stark gewandelt, dass er sie nicht wiedererkannte und seine Anlagestrategie deshalb nicht länger sinnvoll war? Julian Robertson, eine Hedgefonds-Legende, der zwei jahrzehntelang erstaunliche Gewinne erzielt hatte, indem er auf unterbewertete Aktien gewettet und überbewertete Aktien leer verkauft hatte, schloss seine Fonds Anfang 2000. »In einer von der Vernunft beherrschten Umwelt funktioniert meine Strategie gut«, beschwerte sich Robertson. »Aber in einem irrationalen Markt, in dem Mausklicks und Herdentrieb wichtiger sind als Faktoren wie Gewinn- und Kursentwicklung, zählt meine Logik, wie ich feststellen musste, nicht viel.«

Eveillard machte trotzdem weiter und weigerte sich, die Vernunft über Bord zu werfen oder sich zur Ruhe zu setzen. Seine Mutter hatte ihm früher einmal gesagt, er habe den einzigen Beruf gefunden, in dem er halbwegs erfolgreich sein könne. »Ich denke, Sie hatte vielleicht Recht. Außerdem kenne ich mich nur mit wertorientierter Geldanlage aus … Ich kann nur so arbeiten.«

Schließlich schaffte es Société Générale, ihn auf eine taktvolle Art loszuwerden. Die Bank verkaufte seine Fondsgesellschaft an eine kleine Investmentbank, Arnhold & S. Bleichroeder. Eveillard, der zu 19,9 Prozent an seiner Fondsgesellschaft beteiligt war, hatte seit 1962 bei Société Générale gearbeitet. Nun, nach drei Jahren schlechter Ergebnisse, wurde er wie ein alternder Fußballspieler an einen anderen Verein verkauft.

Der Verkauf fand genau zum falschen Zeitpunkt statt. Er wurde im Oktober 1999 bekanntgegeben und der Vertrag wurde im Januar 2000 abgeschlossen. Zwei Monate später, am 10. März, platzte die Techblase. Man könnte fast darüber lachen.

Eveillards Bestand an unterbewerteten Aktien erzielte außerordentlich hohe Wertzuwächse, als die Vernunft wieder die Oberhand gewann. Sein Flaggschiff-Fonds, der in First Eagle Global Fund umbenannt worden war, schlug den Nasdaq mit einem Vorsprung von 49 Prozentpunkten im Jahr 2000, von 31 Prozentpunkten im Jahr 2001 und von 42 Prozentpunkten im Jahr 2002. Morningstar ernannte Eveillard 2001 zum Internationalen Aktienfondsmanager des Jahres. 2003 verlieh Morningstar ihm einen Preis für sein Lebenswerk, der erstmals vergeben wurde und seine »hervorragende langfristige Leistung«, seine Orientierung an den wahren Interessen seiner Anteilseigner und »seinen Mut, von der Mehrheitsmeinung abzuweichen« auszeichnete.

Investoren sind sehr wankelmütig. In einem Jahr galt Eveillard als ein Narr und ein Fossil. Im nächsten wurde er als weiser Mann von allen verehrt. Seine Fonds hatten so hohe Mittelzuflüsse, dass das von ihm verwaltete Vermögen auf ungefähr 100 Milliarden Dollar anwuchs. Seine früheren Chefs hatten die Gesellschaft auf dem Tiefpunkt, »für 5 Prozent ihres heutigen Werts« verkauft, sagte er, mit einer Mischung aus Ärger, Trauer und Genugtuung. »Jemand hat mir erzählt, dass sie kurz danach ihre eignen Eier verschlangen.«

Graham, der auf seinem Weg zum Ruhm ebenfalls Rückschläge erlitten hatte, wäre von der Geschichte von Eveillards Aufstieg, Fall und Wiederaufstieg nicht überrascht gewesen. Graham stellte auf die erste Seite seines Buchs *Security Analysis* ein Zitat des römischen Dichters Horaz: »Viele werden wieder zu Ehren kommen, die heute darniederliegen, und viele werden fallen, die heute verehrt werden.«*

Die Feindseligkeit von Fremden

Eveillard hatte alles richtiggemacht und doch wurde seine Karriere fast ruiniert. Was kann man aus seiner Geschichte lernen? Vor allem macht sie deutlich, wie schwer es ist, jahrzehntelang nachhaltige Anlageerfolge zu erzielen – trotz der Vielzahl störender Einflüsse und unvorhersehbarer Gefahren, denen man auf seinem Weg begegnet.

Anders als viele seiner Kollegen hatte Eveillard einige wichtige Vorteile auf seiner Seite. Er hatte das Glück, auf Graham und seine Prinzipien der wertorientierten Geldanlage zu treffen, was ihm bei der Wertpapieranalyse Vorteile verschaffte. Er hatte genug Selbstdisziplin, um an diesen Prinzipien durch dick und dünn festzuhalten und der Versuchung zu widerstehen, die von überbewerteten Aktien ausgeht. Und er hatte die emotionale Stärke, die Geringschätzung durch seine

* Das Zitat stammt aus Über die Dichtkunst (Verse 70–71) von Horaz (65–8 v. Chr.). Es bezieht sich eigentlich auf das wechselvolle Schicksal der Wörter. Siehe: Quintus Horatius Flaccus, *Sämtliche Werke*, 2006, Stuttgart, Reclam, S. 633–635 (Anmerkung des Übersetzers).

Kollegen auszuhalten und mit seinen Selbstzweifeln fertig zu werden. Kurz und gut, er gehörte zu einer kleinen Minderheit, die die intellektuellen und charakterlichen Voraussetzungen besaß, um auf Dauer überdurchschnittlich erfolgreich zu sein. Dennoch reichten diese großen Stärken nicht aus, ihn zu einem wirklich widerstandsfähigen Investor zu machen. Wie kann das sein?

Eveillard hatte das Problem, dass seine Position *strukturell instabil* war. Erstens war er von seinen Anlegern abhängig, da sie ihre Fondsanteile täglich zurückgeben und ihn so dazu zwingen konnten, Aktien auch dann zu verkaufen, wenn sie am billigsten waren, statt sie zu kaufen. Ihre schwankenden Emotionen und ihr unsicheres Urteilsvermögen stellten eine Gefahr dar, die von außen kam und über die er keine Kontrolle hatte. Zweitens war er auch innerhalb seines Unternehmens Zwängen ausgesetzt, wie etwa dem Druck seiner Kollegen, die Angst vor Einkommenseinbußen hatten, als er sich weigerte, in Tech-Aktien zu investieren. Noch schlimmer war, dass er von der Gunst (oder Ungunst) seiner Vorgesetzten bei der Bank abhängig war. Er war nicht sein eigener Herr.

Es ist schon schwer genug, rationale Entscheidungen in einem Irrsinnsmarkt zu treffen, in dem keiner der üblichen Bewertungsmaßstäbe gilt. Es ist noch unendlich viel schwerer, wenn man außerdem mit dem Druck durch Anteilseigner, die abspringen, mit Kollegen, die ihre eignen finanziellen Interessen verfolgen und mit Vorgesetzten zu kämpfen hat, die genau im falschen Moment nicht mehr an einen glauben. Wie Eveillards Schicksal zeigt, kann man auf verschiedene Art und Weise verwundbar sein. Daraus folgt, dass auch die finanzielle Widerstandsfähigkeit verschiedene Facetten aufweisen muss.

Es ist bezeichnend, dass Buffett und Munger Berkshire Hathaway so organisiert und strukturiert haben, dass das Unternehmen in jeglicher Hinsicht widerstandsfähig und robust ist. Zum Beispiel legten sie sich darauf fest, nie weniger als 20 Milliarden Dollar an Barreserven zu halten, damit sie nie in eine Liquiditätsklemme geraten würden. Als COVID-19 den Markt 2020 einbrechen ließ, verfügte Berkshire Hathaway über 137 Milliarden Dollar an Barreserven, die das Unternehmen selbst angesichts der noch nie dagewesenen Unsicherheit unverwundbar machten. Buffett und Munger kaufen außerdem nur hochwertige Unternehmen, die über Jahrzehnte erfolgreich sein sollten, auch in Zeiten von Krisen und Inflation. Und sie sind mit so viel Kapital gegen Risiken abgesichert, dass sie Katastrophen überstehen könnten, die schwächere Firmen ruinieren würden.

Berkshire Hathaway hat auch den strukturellen Vorteil, eine Aktiengesellschaft zu sein und kein Fonds. Das Unternehmen kann also Kapital investieren, das es von seinen Aktionären auf Dauer erhalten hat und das diese nicht abziehen können, wenn sie in Panik geraten. »Wenn man einen Fonds leitet, ist man immer besorgt, dass die Anteilseigner einen im Stich lassen, wenn es einmal eine Zeitlang nicht so gut läuft«, sagte Eveillard. »Gewissermaßen hat Buffett mit Berkshire Hathaway einen geschlossenen Fonds. Er *kann nicht* unter Mittelabflüssen leiden.«*

Während der Finanzkrise geriet die Aktie von Berkshire Hathaway unter Druck und verlor von September 2008 bis März 2009 50,7 Prozent. Aber diese kurzfristige Marktschwankung hatte keinerlei Einfluss auf den langfristigen Wert des Unternehmens. Im Gegenteil, Buffett nutzte die Krise dazu, um den Wert von Berkshire Hathaway zu erhöhen, indem er Milliarden Dollar zu Vorzugskonditionen in angeschlagene Giganten wie Goldman Sachs, General Electric und die Bank of America investierte. Guy Spiers, dessen Hedgefonds seit über 20 Jahren in Berkshire Hathaway investiert ist, sagte, Buffett habe alles dafür getan, »der einzige Überlebende zu sein.«

In dem Drama *Endstation Sehnsucht* sagt Blanche DuBois: »Ich habe mich immer auf die Freundlichkeit von Fremden verlassen.« Das ist eine reizende Einstellung, aber Blanche ist verrückt geworden und spricht mit dem Arzt, der gekommen ist, um sie einzusperren.** In seinem Aktionärsbrief von 2018 äußerte Buffett seine eigene Meinung zu diesem Thema: »Charlie und ich werden Berkshire niemals so führen, dass wir von der Freundlichkeit Fremder abhängen – oder auch von Freunden, die vielleicht selbst Liquiditätsprobleme haben … Wir haben Berkshire mit voller Absicht so konstruiert, dass das Unternehmen ohne Probleme wirtschaftliche Krisen überstehen kann, auch extreme Krisen wie langandauernde Marktschließungen.«

Wenn wir finanziell widerstandsfähig werden wollen, sollten wir wahrscheinlich Buffett klonen – und nicht Blanche. Wir müssen also dafür sorgen, dass auch wir ohne die Freundlichkeit Fremder gut zurechtkommen. Als Fondsmanager

---

* Es gibt offene und geschlossene Investmentfonds. Die Anteile offener Fonds können von den Anteilseignern gegen Auszahlung ihrer Anteile am Fondsvermögen zurückgegeben werden. Dies ist bei geschlossenen Fonds nicht möglich. Wertpapierfonds sind ganz überwiegend offene Fonds (Anmerkung des Übersetzers).

** Das Drama von Tennessee Williams trägt im Original den Titel *A Streetcar Named Desire* (Anmerkung des Übersetzers).

konnte Eveillard seiner Abhängigkeit von anderen nicht entgehen. Aber Privatanleger haben einen großen Vorteil: Sie müssen sich nicht gegenüber nervösen Anteilseignern oder anderen verärgerten Kritikern verantworten (außer vielleicht gegenüber ihren Familienangehörigen).

Wie also können Privatanleger ihre Verwundbarkeit reduzieren und ihre Widerstandsfähigkeit steigern? Wer Buffetts Beispiel folgt, sollte immer genug Bargeld in Reserve haben, um nie gezwungen zu sein, Aktien (oder andere Vermögensanlagen, die unter Druck geraten sind) in einem Abschwung zu verkaufen. Man sollte sich niemals zu hoch verschulden, weil, so Eveillard, Schulden das »Durchhaltevermögen« schwächen. Wie er sollte man der Versuchung widerstehen, mit riskanten Aktien zu spekulieren, die angeblich fantastische Wachstumsaussichten haben, aber kein Sicherheitspolster bieten. Und man sollte Unternehmen links liegen lassen, deren Bilanzen Schwächen aufweisen und die in absehbarer Zeit eine Kapitalzufuhr brauchen, die in Krisenzeiten nicht zu bekommen ist.

Nichts von alldem ist schwer einzusehen. Aber man muss jenes alte, oft vergessene Gebot ernstnehmen: *Du sollst Dich nicht von der Freundlichkeit von Fremden abhängig machen.*

Das langandauernde Spiel

Es ist auch von Vorteil, wenn man es nicht allzu eilig hat, reich zu werden. Im Jahr 2014 fragte ich Irving Kahn nach den wichtigsten Lehren aus seiner außerordentlich langen Karriere. Damals war er 108 Jahre alt und hatte seit 1928 an der Wall Street gearbeitet. Niemand im Investmentgeschäft hatte mehr Krisen überstanden und für mich stellte er ein lebendes Beispiel für finanzielle (und biologische) Widerstandsfähigkeit dar.* Kahn ging es nicht gut genug, um mich persönlich zu treffen. Aber sein Enkel Andrew – ein Analyst in der Investmentgesellschaft der Familie Kahn Brothers – las ihm meine Fragen vor und notierte seine Antwor-

* Auch biologisch war Kahn eine Ausnahmeerscheinung. Er trieb selten Sport, hatte einen unstillbaren Appetit auf rotes Fleisch, rauchte, bis er um die 50 Jahre alt war – und schaffte es trotzdem, 109 zu werden. Man fragt sich, wie lange er wohl gelebt hätte, wenn er mehr auf seine Gesundheit geachtet hätte. Sein Sohn Thomas sagte, Irvings Wissbegier habe dazu beigetragen, ihn jung zu halten. Aber er hatte auch großartige Gene: Er war eines von vier Geschwistern, die alle älter als 100 Jahre geworden sind.

ten. Es sollte Kahns letztes Interview sein. Er starb kaum drei Monate später mit 109 Jahren.

In den 1920er-Jahren arbeitete Kahn als Assistent für Graham an der Columbia Universität. Sie blieben jahrzehntelang Freunde. Ich wollte von ihm wissen, was er von Graham gelernt hat, dass ihm dabei geholfen hatte, 68 Jahre lang an den Finanzmärkten Erfolg zu haben. Kahn antwortete: »Bei der Geldanlage geht es mehr um *Werterhaltung* als um alles andere. Daran muss man zuallererst denken, nicht an große Gewinne. Wenn man annehmbare Gewinne erzielt und nur minimale Verluste erleidet, wird man reich und kann alle befreundeten Spielerkollegen ausstechen. So vermeidet man auch Schlafstörungen.«

Kahn zufolge lässt sich das Geheimnis des Geldanlegens in einem Wort zusammenfassen: »Sicherheit.« Um intelligente Anlageentscheidungen zu treffen, ist es am wichtigsten, sich zu fragen: »Wie viel könnte ich dabei verlieren?« Das führte er näher aus: »Für einen Anleger ist nichts wichtiger, als sich Risiken und Nachteile bewusst zu machen. Bevor man an Gewinne denken kann, man muss sich mit möglichen Verlusten beschäftigen. Das Problem ist: Die Leute denken heute, sie seien sehr klug, wenn sie etwas sehr schnell tun können. Man kann ein Pferd zum Galopp antreiben. Aber ist man auch auf dem richtigen Weg? Kann man sehen, wohin man galoppiert?«

Kahns vorsichtige Haltung erinnert mich an die Warnung, die man Medizinstudenten einbläut: »Richten Sie vor allem keinen Schaden an!« Für Investoren ist diese Warnung etwas abzuwandeln: »Fügen Sie sich vor allem selbst keinen Schaden zu!« Wer versucht, Anlageerfolge zu erklären, schaut sich automatisch die aufregenderen Seiten dieses Spiels an. Es macht mehr Spaß, Geschichten von wagemutigen Spekulationen zu erzählen, mit denen Milliarden verdient worden sind, als einen Vortrag über all die möglichen Unglücksfälle zu halten, die nie passiert sind. Aber es ist wichtig, Unglücksfälle zu vermeiden, denn man erholt sich davon nur schwer. Die Mathematik finanzieller Verluste spricht eine deutliche Sprache: Wer bei einer wenig durchdachten Spekulation 50 Prozent verliert, braucht einen Gewinn von 100 Prozent, nur um wieder zum Ausgangspunkt zu gelangen.

Eveillard wurde langfristig zu einem Giganten der globalen Geldanlage, weil er Verluste vermied, indem er den tödlichsten Gefahren, die auf ihn lauerten, aus dem Weg ging. Es war ein Triumph des Unterlassens, nicht des Tuns. Auf seine Karriere bei SoGen und First Eagle zurückblickend zieht er folgenden Schluss:

»Den Erfolg, den wir über Jahrzehnte hatten, verdankten wir meistens dem, was wir *nicht* in unserem Portfolio hatten. In den späten 1980er- Jahren besaßen wir keine japanischen Aktien. In den späten 1990er-Jahre besaßen wir keine Tech-Aktien. Und zwischen 2000 und 2008 hatten wir so gut wie keine Finanzaktien.« Seine Fähigkeit, diesen drei Katastrophen innerhalb von drei Jahrzehnten zu entgehen, machte für ihn den ganzen Unterschied zwischen Scheitern und Erfolg aus.

Alles geht einmal zu Ende

Eveillard beendete seine Laufbahn als Fondsmanager im Jahr 2008 und arbeitete fortan als Chefberater für First Eagle. Sein Nachfolger Matthew McLennan, ein 39-jähriger Australier, begann seine Karriere eine Woche bevor sich Lehman Brothers in Luft auflöste und der Zusammenbruch des globalen Finanzsystems begann. Heute verwaltet er ein Vermögen von über 100 Milliarden Dollar und Millionen von Anlegern halten seine Fonds. Er ist einer der weltweit einflussreichsten Investoren – und einer der nachdenklichsten.

Auf den ersten Blick scheint er sich sehr von seinem Vorgänger zu unterscheiden. Eveillard hat mich mit seiner Armesündermiene und seiner pessimistischen Einstellung immer an Eeyore aus *Winnie the Pooh* erinnert – eine melancholische Gestalt, die an einem Ort lebt, der auf der Landkarte mit »Eeyores Dunkelheim: sehr sumpfig und traurig« verzeichnet ist. Der fast 30 Jahre jüngere McLennan strahlt dagegen fröhlichen Enthusiasmus und unbeschwerte Heiterkeit aus. Bei fast jedem Satz, den er äußert, lächelt er.

Aber als Investoren haben Eveillard und McLennan viel gemeinsam. Als sie sich 2008 zum ersten Mal begegneten, tauschten sie sich über die Techblase aus. McLennan, der ein wertorientiertes, globales Investmentportfolio bei Goldman Sachs gemanagt hatte, erzählte von seiner Weigerung, bei einer Manie ohne Sicherheitspolster mitzumachen. Eveillard gab ihm Recht. »Es tröstete ihn, dass auch ich bereit war, auf Anerkennung zu verzichten und vom Weg der Herde abzuweichen«, sagte McLennan. »Es kann manchmal ganz schön einsam sein, der gerade angesagten Mode nicht zu folgen … Und deshalb verstanden wir uns gut.«

McLennans ungewöhnliche Lebensgeschichte erklärt zum Teil seine Bereitschaft, einsame Wege zu gehen. Er wurde 1969 geboren und verbrachte die ersten sechs Jahre seines Lebens in Papua-Neuguinea, wo sein Vater (ein Landvermesser) und seine Mutter (eine Physiotherapeutin und Künstlerin) auf der Suche nach Abenteuern waren. Als ich scherzte, er sei Papua-Neuguineas berühmtester Investor, antwortete er: »Kein Kunststück, es gibt ja nur einen.« Seine Eltern, die er als »Freidenker, die keinen Wert auf große Besitztümer legten« bezeichnete, kauften sich später in idyllischer Lage ein Stück Land in Australien, am Rand des Regenwalds. Die Genehmigung für den Anschluss an das Stromnetz bekamen sie nicht, sodass McLennan einen Großteil seiner Jugend ohne Komfort und Annehmlichkeiten und fern vom »üblichen Trubel des Lebens« verbrachte.

Das Haus war voller Bücher, hatte aber kein fließendes warmes Wasser. Also duschte er sich unter einem Baum mit Wasser aus einem schwarzen Plastiksack, den er in die Nachmittagssonne gelegt hatte, um es zu erwärmen. Es gab keinen Kühlschrank. Geheizt wurde mit einem gusseisernen Ofen, der ihn mit seinem Qualm häufig aufweckte und aus dem Haus trieb. »Eine lange Zeit hatten wir keinen Fernseher«, erinnerte er sich. »Als wir dann einen bekamen, schloss mein Vater ihn an die Autobatterie an. Das ging aber nicht lange gut. Kurze Zeit später fuhr mein Vater rückwärts aus der Einfahrt. Da der Fernseher noch an der Autobatterie hing, schleifte er ihn durch die Haustür ins Freie.«

Einen Großteil seiner Zeit las McLennan, oft im Licht einer Gaslampe. Er verbrachte auch viel Zeit mit seinem Großvater, »einem tiefsinnigen Denker«, der Aktien besaß, Wein sammelte, Rosen züchtete und ihm von seiner Zeit als Arzt bei einer geophysikalischen Expedition in die Antarktis erzählte. McLennan hat die intellektuellen Neigungen und Ambitionen seiner Familie geerbt. In seinen Gesprächen zitiert er sehr häufig große Denker, von Heraklit bis Thukydides und von Montesquieu bis Schrödinger. Nichts bereitet ihm mehr Freude als die Früchte geistiger Anstrengung: »Wenn ich einen Gedanken habe, der richtig zu sein scheint, bereitet mir das so viel Freude wie einem Surfer, der eine tolle Welle erwischt.«

Die Bücher, die McLennan verschlang, führten ihn zu derselben skeptischen Einsicht, die auch Graham und Eveillard erlangt hatten: Die Zukunft »an sich ist so unsicher,« dass sich Investoren hauptsächlich darauf konzentrieren sollten, dauerhafte Verluste zu vermeiden und ein Portfolio aufzubauen, »das unter den verschiedensten Umweltbedingungen Bestand haben kann«. McLennan zufolge sollte man als Erstes sein wichtigstes Anlageziel festlegen, an dem man dann alle einzelnen Anlageentscheidungen ausrichtet. Die bekräftigte er mit einem Zitat des römischen Philosophen Seneca: »Wer nicht weiß, welchem Hafen er zusteuern soll, für den gibt es keinen günstigen Fahrwind.«* Für McLennan ist der Kurs klar: »Unser Ziel ist nicht, schnell reich zu werden, sondern dauerhaften Wohlstand zu erreichen.« Für fast alle von uns wäre das ein sinnvolleres Ziel, als zu versuchen, den Markt zu schlagen.

Zumindest teilweise ist McLennans Respekt vor Unsicherheit und Gefahren auf seine geschichtlichen Kenntnisse zurückzuführen. Besonders fasziniert ihn die scheinbare Ruhe der frühen 1900er-Jahre. Er weist darauf hin, dass ein Anleger, der sich zum Beispiel zwischen 1908 und 1911 ein Bild von der Welt gemacht habe, allen Grund gehabt hätte, vertrauensvoll in die Zukunft zu blicken. Die Weltwirtschaft erlebte damals eine lange Periode noch nie dagewesenen Wachstums. Die Vermögensanlagen waren vernünftig bewertet. Allgemein wurde angenommen, die Inflation sei besiegt. Kein Grund zur Sorge also. Und dann brach die Hölle los.

Der Untergang der unsinkbaren Titanic auf ihrer Jungfernfahrt 1912 erinnerte daran, dass der Mensch die Natur nicht zähmen kann. Das Attentat eines bosnischen Revolutionärs löste eine Kettenreaktion aus, die 1914 zum Ausbruch des Ersten Weltkriegs führte. Während des Kriegs schloss die New Yorker Börse für vier Monate und die wichtigsten europäischen Börsen stellten den Handel sogar während der gesamten Kriegszeit ein. Die Spanische Grippe verursachte zwischen 1918 und 1919 bis zu 50 Millionen Todesfälle. Im Jahr 1922 hatte die Hyperinflation Deutschland im Griff, ein Vorspiel zum Aufstieg Hitlers ab 1923. Auf den Börsenkrach von 1929 folgte die Weltwirtschaftskrise. Darauf folgte der Zweite Weltkrieg von 1939 bis 1945. Eine Epoche des Wohlstands und der Ruhe wurde also durch *drei Jahrzehnte* voller Katastrophen abgelöst. Der von den weltgeschichtlichen Ereignissen hin- und hergeworfene Aktienmarkt schwankte zwischen 1926 und 1945 wie wild. Eine ganze Generation von Anlegern hatte gelernt, das Risiko zu fürchten.**

---

* Das Zitat von Seneca (4 v. Chr.– 65 n. Chr.) steht in Abschnitt 3 des 71. Briefs an Lucilius, zitiert nach der deutschen Übersetzung von Otto Apelt: Lucius Annaeus Seneca, *Philosophische Schriften: Briefe an Lucilius, Erster Teil*, 1924, Leipzig, Meiner-Verlag, S. 272 (Anmerkung des Übersetzers).

** Peter Bernstein schreibt in *Against the Gods: The Remarkable Story of Risk*, dass die Gesamtrendite des Aktienmarkts zwischen 1926 und 1945 im Durchschnitt nur 7 Prozent pro Jahr betrug. In der gleichen Zeit belief sich die Standardabweichung der jährlichen Rendite (ein Maß für die Abweichung vom Mittelwert) auf 37 Prozent pro Jahr. Es war eine entsetzliche Kombination: niedrige Renditen und eine schwindelerregende Volatilität.

Anleger machen häufig den fatalen Fehler anzunehmen, die Zukunft werde sich kaum von der gerade erlebten Vergangenheit unterscheiden. »Aber die Zukunft kann sich *unglaublich stark* von der Vergangenheit unterscheiden«, sagte McLennan. »Damals machte *die nächste Generation* in ihrem Leben vollkommen andere Erfahrungen als *die Generation davor.*«* Nach den Anschlägen vom 11. September 2001, die Berkshire Hathaway Milliarden Dollar an Versicherungsverlusten kosteten, äußerte sich Buffett in ähnlicher Weise. In einer Mitteilung an seine Aktionäre gab er 2002 zu: »Wir hatten die Möglichkeit großer Schäden durch Terroranschläge entweder übersehen oder ausgeschlossen … Kurz und gut, wir alle in der Versicherungsbranche haben einen fundamentalen Fehler gemacht, indem wir die Prämien nach Maßgabe der Erfahrungen der Vergangenheit kalkuliert haben – und nicht nach dem tatsächlichen Gefährdungspotenzial.« McLennan beherzigte die Lehren der Geschichte. Einen großen Teil seiner Aufmerksamkeit widmet er den Risiken, denen er ausgesetzt ist, und er versucht, sich auf eine Zukunft vorzubereiten, die ganz anders aussehen kann als das, was er bisher erlebt hat.

Als wir im Sommer 2017 zum ersten Mal in seinem eleganten Büro in Manhattan miteinander sprachen, betete er eine ganze Litanei von Bedrohungen herunter, denen die Anleger ausgesetzt seien. Zum Beispiel wies er darauf hin, dass die Vereinigten Staaten zu diesem Zeitpunkt im Verhältnis zum Bruttoinlandsprodukt sogar stärker verschuldet seien als vor der Finanzkrise 2008. Die Zinssätze seien so niedrig, dass Sparer für ihre Vorsorge bestraft würden. Die wachsende Automatisierung verursache soziale und politische Unruhen. Die geopolitische Situation sei durch große Konfliktrisiken gekennzeichnet, vor allem durch die zunehmende Rivalität zwischen China und den USA. Und die niedrigen Kapitalkosten hätten die Preise von Vermögensanlagen in solche Höhen getrieben, dass es schwer sei, Aktien zu finden, die ein dickes Sicherheitspolster gewährleiten. Er

* Tatsächlich erwiesen sich die Jahrzehnte *nach 1945* als Goldenes Zeitalter für Investoren. Wer zwischen 1926 und 1945 zu der Überzeugung gelangt war, Aktien seien zu riskant, verpasste den raketenhaften Aufstieg des Dow Jones Industrial Average, der von etwa 150 im Jahr 1945 auf fast 1000 im Jahr 1966 angestiegen war. Bernstein stellte fest, dass die Standardabweichung der Gesamtrendite zwischen 1945 und 1966 *nur ein Drittel* des Werts der Periode von 1926 bis 1945 betrug. Es war eine wundervolle Kombination: hohe Renditen und eine mäßige Volatilität. Anleger können aus diesem Vergleich eine wertvolle Lehre ziehen: Wenn es jemals Grund zu er Annahme geben sollte, dass die Welt sich nicht verändern wird oder dass sich die Kursentwicklung an den Finanzmärkten immer weiter fortsetzt (entweder nach oben oder nach unten), sollte man an die Unterschiede zwischen diesen drei Perioden denken: 1908 bis 1911, 1912 bis 1945 und 1945 bis 1966. Wandel ist die Regel. Selbstzufriedenheit ist der Feind.

nannte diese Phänomene ein »Zeichen der Anfälligkeit und der Verwundbarkeit, die man, wie die Geschichte zeigt, nicht ignorieren darf«.[2]

McLennan hält es für aussichtslos zu versuchen, die Marktentwicklung vorherzusagen. Er gibt nicht vor, zu wissen, was passiert. Aber genau wie Howard Marks denkt er, man müsse sich unbedingt bewusst machen, »dass die Berücksichtigung des Risikos in den Wertpapierkursen in großen Zyklen verläuft … Selbstverständlich sei man eher bereit, Kapital zu investieren, wenn das Risiko korrekt eingepreist ist, wie Ende 2008 oder 2009. Und man sollte vorsichtiger sein, wenn das Risiko unterschätzt und *nicht* angemessen in den Preisen berücksichtigt wird, wie etwa 1999 oder 2007 oder vielleicht heute.«

Er verglich die Situation damit, in San Francisco nahe einer Bruchlinie zu leben. »Vielleicht haben wir zehn tolle Jahr vor uns, in denen kein Erdbeben passiert.« Aber es sei leichtsinnig, so zu tun, als existiere die Gefahr nicht. »Wir sollten einfach zugeben, dass in der Zukunft das eine oder das andere schiefgehen kann«, sagte er mir. »Wenn die Menschheit vorwärts marschiert, muss man dabei sein, darf aber bei den gelegentlichen Ausrutschern nicht hinfallen und liegenbleiben.« Diese Maxime ist sowohl für die Geldanlage als auch für das gesamte Leben hilfreich.

Als die Krise schließlich ausbrach, verursachte im Frühjahr 2020 eine Pandemie und kein Erdbeben einen Marktkollaps. Im Juni 2020 hatte McLennan ein Haus in Greenwich, Connecticut, gemietet, um Manhattan während der Pandemie zu entfliehen. Von dort sagte er mir am Telefon, der Crash, der nach einem Jahrzehnt »fast ununterbrochenen Wachstums« zu einer Zeit »großer Selbstgefälligkeit« passiert sei, habe ihn in seiner Überzeugung bestärkt, »die Märkte seien Teil eines komplexen Systems mit grundsätzlich unvorhersehbarer Entwicklung. Sehen Sie, im Dezember 2019 hat kein einziger Ökonom eine Konjunkturkrise durch COVID vorausgesehen.« Aus diesem Grund kommt es für die Widerstandsfähigkeit entscheidend darauf an, dass man »Vorsorge trifft«, wenn »alles gut läuft«, denn »die Zukunft ist unsicher und Ereignisse wie die Pandemie können passieren.«

Wie gestaltet McLennan sein Investmentportfolio, um ein Vermögen aufzubauen, das dauerhaft und beständig ist? Er beginnt damit, sich die globalen Märkte als einen riesigen Marmorblock vorzustellen. Dann »meißelt« er alles weg, das brüchig ist und nicht seinen Vorstellungen entspricht. Auf diese Weise versucht er, aus dem Block eine schöne und dauerhafte »Skulptur« zu formen. Dabei lässt er sich von dem Prinzip der »Fehlervermeidung« leiten. McLennan erklärte, er gehe von einer »fundamentalen Unsicherheit« aus, weil er erkannt habe, »dass es viele Dinge gibt, die uns schaden können« und dass er, wenn er Widerstandsfähigkeit erreichen wolle, diesen Dingen »aus dem Weg gehen muss«.

McLennan hat die Freiheit, weltweit nach Kaufgelegenheiten suchen zu können, weil er globale und internationale Fonds managt. Die meisten Investoren würden an die Sache herangehen, indem sie nach »brandaktuellen Wachstumsmärkten« suchen – Investmenttrends wie etwa brasilianische Aktien 2010, Social-Media-Unternehmen 2017 oder Elektroautos 2020. Investoren orientieren sich oft an Erfahrungen, die sie kurz zuvor gemacht haben und kaufen von dem, was bisher am besten gelaufen ist, alles was sie nur bekommen können. Aber die allgemeine Erwartung fortgesetzten Erfolgs führt zu übertriebenen Preisen. Außerdem herrscht gerade auf Gebieten mit guten Wachstumsaussichten meist ein sehr harter Wettbewerb. Oder wie Marks sagte: »Erfolg trägt den Keim zum Misserfolg in sich.«

Wer dauerhaft ein Vermögen aufbauen will, kann es nicht so machen wie eine wärmesuchende Rakete. Die Risiken seien extrem, weil es bei den »heißesten« Vermögensanlagen kein Sicherheitspolster gibt. Also »meißelt« McLennan alles »weg«, was er für eine Mode hält, dazu gehören auch Länder und Branchen, die »gedankenlos« mit Kapital überhäuft worden sind. Dieser Grundsatz bewahrte seine Anteilseigner vor Verlusten, als die beliebten BRICs (Brasilien, Russland, Indien und China) ins Straucheln gerieten und Brasilien zu Boden stürzte. Er hält sich auch von Ländern mit politischen Systemen fern, die Eigentumsrechte nicht respektieren. Damit ist Russland gemeint.

Genauso lässt er die Finger von Unternehmen, von denen er denkt, dass sie die Verwundbarkeit seines Portfolios erhöhen. Zum Beispiel vermeidet er Unternehmen mit Geschäftsmodellen, die für technologischen Wandel besonders anfällig sind. Ebenso kritisch ist er gegenüber Unternehmen mit undurchsichtigen Bilanzen, zu hoher Verschuldung oder einem unvorsichtigen, »zu wagemutigen« Management. Das hat ihn vor tickenden Zeitbomben wie Enron, Fannie Mae und all den Banken bewahrt, die in der Finanzkrise untergegangen sind.

McLennan nimmt nicht an, dass erfolgreiche Unternehmen bis in alle Ewigkeit weiterwachsen. Er betrachtet sie mit kritischeren Augen, wie ein Naturwissenschaftler. »Ich glaube, dass *alles* irgendwann einmal zu Ende geht«, sagte er. »Denken Sie an die Evolutionsgeschichte. 99 Prozent aller Arten, die es jemals gab, sind ausgestorben. Unternehmen bilden keine Ausnahme.«

Die Wirtschaft sieht er als ein Ökosystem an, in dem die gegenwärtigen Herren des Dschungels irgendwann einmal von technologischen Innovationen oder neuen Wettbewerbern besiegt werden. »Unternehmen, die heute stark sind, werden das künftig nicht mehr sein«, sagte McLennan. »Unsicherheit ist ein zwangsläufiger Bestandteil des Systems. Sie entspricht der Zunahme der Entropie – und dem Zweiten Hauptsatz der Thermodynamik. Man kann es so ausdrücken: Im Laufe der Zeit nimmt die Unordnung zu; man braucht viel Energie, um eine bestimmte Struktur mit bestimmten Eigenschaften zu bewahren. Wir müssen so philosophisch sein, die Tatsache zu respektieren, dass es in der Natur nichts grundsätzlich Dauerhaftes gibt, dass alles ein Ende hat.«

Für die Auswahl von Aktien hat diese Einsicht wichtige Konsequenzen. Die meisten Anleger wollen berühmte Unternehmen mit tollen Wachstumsaussichten besitzen. McLennan dagegen verfolgt einen eher negativen Ansatz: Er vermeidet Unternehmen, die Gefahr laufen zu verschwinden. Wie? Er sucht nach »beständigen Unternehmen«, die weniger anfällig für die »zerstörerischen Kräfte des Wettbewerbs« sind. Man kann sich das als »Anti-Entropie«-Strategie vorstellen.

FANUC Corporation ist ein Beispiel für ein Unternehmen, von dem er erwartet, dass es »fortdauern« wird. FANUC ist ein japanisches Unternehmen, dessen Position als Weltmarktführer in den Sparten Robotik und Automatisierung bemerkenswert stabil ist. Welches Auto man in den USA auch kauft, so McLennan, es wurde wahrscheinlich von einem FANUC-Roboter lackiert. Das Unternehmen hat einen festen Kundenstamm, der an seine Produkte gewöhnt ist. Es sammelt von seinen Kunden Daten in Echtzeit und nutzt diesen Wissensvorsprung, um seine führende Stellung weiter auszubauen. Außerdem ist FANUC kein Opfer des technologischen Wandels. Im Gegenteil, das Unternehmen profitiert von dem Trend zur Automatisierung in der Industrie. Seine finanzielle Lage ist stabil. In seiner Bilanz stehen Nettobarreserven und es wird von einem vorausblickenden Managementteam geführt, dessen Priorität ausdrücklich ist, dafür zu sorgen, dass FANUC »für immer fortbesteht«. Das bedeutet natürlich nicht, dass FANUC gegen die Zunahme von Entropie immun ist, aber McLennan glaubt, es sei »nur schwer zu verdrängen«.

Der Konsumguthersteller Colgate-Palmolive ist ein weiteres Beispiel für ein marktbeherrschendes Unternehmen, das laut McLennan »auf Widerstandsfähigkeit ausgerichtet« ist. Das Unternehmen stellt seit den 1870er-Jahren Zahnpasta her und kontrolliert mehr als 40 Prozent des Weltmarkts. Zahnpasta ist ein billiges Produkt des täglichen Bedarfs und als solches gegen Umbrüche und Verwerfungen immun – es sei denn, es passiert etwas ganz Unwahrscheinliches, etwa dass sich ein Hauptbestandteil der Zahnpasta als krebserregend erweisen würde. Selbst in Zeiten wirtschaftlicher Krisen wie 2008 oder 2020 läuft dieses Geschäft »wie von selbst weiter«, sagte McLennan. Und genau wie bei FANUC »führt die Kombination von Unternehmensgröße und Kundentreue zu hohen Gewinnmargen und folglich hohem Cashflow.«

Colgate-Palmolive hat weder den Reiz des Neuen noch sonstigen »Sex-Appeal«. Aber sein Geschäftsmodell ist so schwer nachzuahmen, dass es, wie McLennan es formuliert, einen »Alltags-Seltenheitswert« besitzt. Die Vorstellung, dass bei der Geldanlage die wahre Schönheit oft im Alltäglichen und nicht im Glanzvollen liegt, mag widersinnig erscheinen, ist aber von einer gewissen Eleganz. Über die Jahre hat McLennan die verborgenen Werte zahlreicher hässlicher Entlein entdeckt – von einem Forstwirtschaftsunternehmen, das er in einem Konjunkturabschwung kaufte, bis zu einer Firma, die Uniformen vermietet. Kein Vergleich mit Tesla.

Als die Aktien im März 2020 einbrachen, erhöhte er in ähnlicher Weise seinen Anteil an der japanischen Firma Hoshizaki – ein weiteres, höchst alltägliches und sehr beständiges Unternehmen, das er als den »Weltmarktführer für Eismaschinen für Restaurants« bezeichnete. Er erklärte mir: »Restaurants kommen und gehen andauernd, aber alle brauchen dieselben Geräte. Deshalb ist ein Hersteller von Geräten für Restaurants eine wesentlich sicherere Wette als ein Restaurant.«

McLennan achtet bei jeder Aktie, die er kauft, auch darauf, dass das »Abstiegsrisiko eingepreist« ist. Mit anderen Worten: Die Bewertung muss niedrig genug sein, um seiner Annahme Rechnung zu tragen, dass sich das Unternehmen, wie jedes andere Unternehmen auch, schließlich »auf dem Weg zur Bedeutungslosigkeit« befindet. Typischerweise versucht er, mit einem Abschlag von 30 Prozent von seiner Schätzung des wahren Unternehmenswerts zu investieren. Wenn das Unternehmen nicht dahinschwindet, sondern weiter wächst, »bekommen wir dieses Wachstum umsonst«.

Was bleibt nach McLennans sorgfältigem Ausleseprozess übrig? Ein »widerstandsfähiger Kern« von ungewöhnlich beständigen, konservativ geführten, gut kapitalisierten und unterbewerteten Unternehmen, die wahrscheinlich sogar in einem darwinistischen Ökosystem florieren, in dem nichts für immer fortdauert.[3]

Im Durchschnitt hält er diese Positionen für fast ein Jahrzehnt und erhöht oder senkt in dieser Zeit seine Bestände je nach den Schwankungen der Kurse. McLennan ist klar, dass es kein perfektes Unternehmen gibt und dass einige der von ihm gewählten Unternehmen ihn enttäuschen werden. Deshalb erhöht er die Widerstandsfähigkeit seines Portfolios, indem er rund 140 dieser Unternehmen hält. Wie Graham und Eveillard sieht auch er Diversifikation als unverzichtbaren Bestandteil einer »Strategie der Fehlertoleranz«, mit der man seine eigenen Fehler, Pech und sein Unvermögen, in die Zukunft zu sehen, ausgleichen kann.*

Gelegenheiten, »gute Unternehmen zu guten Preisen« zu kaufen, kommen meist unregelmäßig und oft in Zeiten großer Volatilität. Aber McLennan wartet gerne fünf oder zehn Jahre, bis ein attraktives Unternehmen auf seiner Liste seinen Bewertungsmaßstäben genügt. In der Zwischenzeit ist er diszipliniert genug, Barreserven anzuhäufen, ohne sich verpflichtet zu fühlen, zu Kursen zu investieren, die ihm zu hoch sind. Tatsächlich versucht er, seinen Analysten vor allem von einem zu überzeugen: der Bedeutung der Fähigkeit, Nein sagen zu können.

Wenn Märkte überschäumen und keine Schnäppchen zu machen sind, kann McLennan ebensogut Nein sagen wie Eveillard. Am 19. Februar 2020, dem Tag, bevor der COVID-Crash begann, hielt First Eagle Global nur 71 Prozent seines Vermögens in Aktien und 15 Prozent in sicheren Anlagen wie Bargeld und Staatsanleihen. Darin spiegelte sich McLennans Besorgnis wegen Überbewertungen und steigenden Risiken wider, auf die er 2017 aufmerksam gemacht hatte. Er stellte fest: »Die Tatsache, dass wir nicht mit Gewalt Kapital investiert haben, als die

---

* Man muss natürlich zugeben, dass ein Fondsmanager mit einem zu verwaltenden Vermögen von 100 Milliarden Dollar kein konzentriertes Portfolio haben kann. Mohnish Pabrai, der den Großteil seines Gelds in eine Handvoll von Aktien investiert hat, sieht Diversifizierung als eine Garantie für nur durchschnittliche Renditen. Aber zwischen überdurchschnittlichen Renditen und dauerhaftem Überleben besteht ein gewisses Spannungsverhältnis. Pabrai hat bessere Chancen als McLennan, glänzende Renditen zu erzielen, aber seine Chancen, mit seinem Fonds an einem Berg zu zerschellen, sind ebenfalls größer. McLennan fügte hinzu, dass seit 1926 »der allergrößte Teil der Marktgewinne nur etwa 4 Prozent der Aktien zu verdanken gewesen sei … Wenn man versucht, sein Portfolio zu stark zu konzentrieren, dann ist die Wahrscheinlichkeit ziemlich niedrig, genau diese 4 Prozent zu erwischen.«

Kurse für Investitionen zu hoch waren, hat uns geholfen, die Abwärtsbewegung zu überstehen.«

McLennan hält außerdem 14 Prozent des Fondsvermögens in Form von Gold, das er als einen langfristigen Schutz vor Marktzusammenbrüchen, geopolitischem Chaos und einem Verlust des Vertrauens in die Papierwährungen ansieht. »Der Goldpreis ist in wirklich schlechten Zeiten negativ mit den Aktienkursen korreliert«, sagte er. Gold ist außerdem »eines der knappsten und widerstandsfähigsten Elemente im Periodensystem … Es rostet nicht, es verrottet nicht und es verschwindet nicht wie ein Unternehmen oder eine Regierung.« In einer Welt voller Gefahren, die vom Menschen ausgehen, ist Gold nach McLennans der Meinung (die heute nicht mehr in Mode ist), als Element »natürlicher Widerstandfähigkeit« für sein »Allwetter«-Portfolio wichtig und hilft ihm, unerwartete Ausrutscher zu überstehen. Denn Unternehmen können untergehen, aber Gold besteht auf Dauer.

Der Global Fund von McLennan kam erwartungsgemäß gut durch den Tumult von 2020, weil ihm sein »Ballast« von Gold und Bargeld Stabilität verliehen hatte. »Das war ein Paradebeispiel dafür, dass man einen Regenschirm kaufen muss, *bevor* es regnet«, sagte McLennan. »Wenn man erst mitten in einem Regensturm anfängt, nach einem Schirm zu suchen, ist es ziemlich schwierig, einen zu finden. Deshalb war es entscheidend, dass wir im Voraus daran gedacht haben.« Während andere in Panik gerieten, war er in der Lage, in angeschlagene Aktien zu investieren, bei Kursen, »die plötzlich viel vernünftiger waren«. Sein Fazit: »Es genügt nicht, nur konservativ zu sein. Man muss auch bereit sein, Geld einzusetzen, wenn andere davor zurückschrecken.«

McLennans an Widerstandsfähigkeit orientierter Ansatz kontrastiert sehr stark mit dem Verhalten der meisten Anleger. Da er bemüht ist, seine Verwundbarkeit systematisch zu verringern, gilt es das »offensichtliche Fehlverhalten« zu vermeiden, das sie an den Tag legen. Sie sind zum Beispiel zu ungeduldig, um auf den richtigen Kaufpreis zu warten. Gewissermaßen »leihen« sie sich Aktien nur, weil sie sie nur kurzfristig und nicht einige Jahre lang halten. Sie geben sich der arroganten Selbsttäuschung hin, die Zukunft vorhersagen zu können, statt sich die Grenzen ihres Wissens einzugestehen. Und sie springen blind auf den Zug jeder Börsenmanie auf, weil der Neid auf die Gewinne anderer und die Furcht, etwas zu verpassen, ihr Urteilsvermögen trübt.

Der Peloponnesische Krieg, ein Werk, das der athenische General Thukydides vor rund 2400 Jahren verfasste, zählt zu den Büchern, die McLennans Vorstellungen davon geprägt haben, warum Menschen oft Entscheidungen treffen, die ihnen schaden. So kam es McLennan zufolge zu dem Krieg zwischen Athen und Sparta, weil beide Seiten »übereilte« und »überhebliche« Entscheidungen »in einem momentanen Gefühlsüberschwang« getroffen hätten. Die entgegengesetzten Charakterzüge – *Geduld und Demut* – seien seiner Ansicht nach vorteilhaft, ob wir nun einen Konflikt entschärfen oder ein Vermögen aufbauen wollen. In jedem Fall kann man nur Erfolg haben, wenn man bewusst allem widersteht, was einen verwundbar macht.

Wenn McLennan sein Vorgehen bei der Zusammenstellung eines potenziell langfristig florierenden Portfolios beschreibt, erinnert er sich daran, wie er seiner Mutter in seiner Kindheit in Australien bei der Gartenarbeit zugesehen hat. Irgendein Problem gab es immer: Trockenheit, Dürre, Schädlingsbefall. Oft fragte er sich, warum sie sich überhaupt die Mühe machte. Es wäre viel einfacher gewesen, alles wachsen zu lassen und sich mit einem Rasen zu begnügen, den man nur einmal in der Woche mähen musste. Aber ihre Arbeit führte im Lauf von drei Jahrzehnten zu bemerkenswerten Resultaten. »Ich sah, wie allmählich dieser wunderschöne Garten entstand. Das brauchte sehr viel Zeit und sehr viel Sorgfalt. Ich glaube, man kann das gut mit der Geldanlage vergleichen.«

Der First Eagle Global Fonds ist einem Garten sehr ähnlich. Viel ist passiert, seit ihn Eveillard 1979 übernahm – Bullenmärkte, Blasen, Inflation, Kriege, Börsenzusammenbrüche, Krisen und eine Pandemie. Aber in der ganzen Zeit blieb dieselbe disziplinierte, risikoaverse Strategie erhalten. Das Ergebnis? Seit 1976 hat der Fonds im Durchschnitt eine Rendite von 12,46 Prozent pro Jahr erwirtschaftet, während der MSCI World Index 9,35 Prozent erzielt hat.* Hätte man 1979 100 000 Dollar in den Fonds investiert, wäre diese Summe bis 2020 auf 12,94 Millionen Dollar angewachsen – verglichen mit den 4,05 Millionen Dollar, wenn man in den Index investiert hätte, ist das eine Differenz von fast 9 Millionen

* Der Wert von 12,46 Prozent, der die Gebühren für den Kauf der Anteile am First Eagle Global Fonds nicht beinhaltet, bezieht sich auf den Zeitraum von Januar 1979 bis Mai 2020. Die kumulierte Wertentwicklung des Fonds während dieser rund vier Jahrzehnte betrug 12,845 Prozent; der entsprechende Wert für den MSCI World Index beläuft sich auf 3,945 Prozent. Was kann man daraus lernen? Geduld + Vorsicht = spektakulärer Erfolg.

Dollar. Das ist das Schöne am Zinseszinseffekt: Kleine Vorteile werden im Laufe der Jahrzehnte zu einem Riesenvorsprung.

Paradoxerweise waren Eveillard und McLennan unglaublich erfolgreich, obwohl sie dafür nicht alles aufs Spiel setzten. McLennan erklärte mir ihren Erfolg mit dem andauernden Bemühen, das Risiko zu mindern, Fehler auszuschließen und Vorsicht walten zu lassen.

»Das Leben ist nicht einfach«

Dennoch war der Weg zum Wohlstand nicht einfach. Eveillard, der jetzt im Ruhestand ist, macht kein Heh! aus den Narben, die in seiner Seele von der Zeit zurückgeblieben sind, als seine Karriere fast gescheitert wäre. Wenn er auf sein Leben zurückschaut, dann bedauert er auch, dass es ihm schwergefallen sei, gleichzeitig seiner Arbeit und seiner Familie gerecht zu werden. Seine Arbeit »nahm ihn so in Anspruch« und war »manchmal psychisch sehr belastend«, sodass er »seine zwei Töchter vernachlässigt hat«. Wäre er ein weniger erfolgreicher Stock-Picker gewesen, wenn er ihnen mehr Aufmerksamkeit geschenkt hätte? »Ich weiß es nicht und werde es auch nie erfahren«, antwortete er. »Jener katholische Priester hatte Recht. Das Leben ist nicht einfach.«

Dennoch ist er sehr stolz auf das, was er erreicht hat. »Was mich froh macht, ist nicht, dass ich besser als andere gewesen bin, sondern dass ich über einen langen Zeitraum Renditen erwirtschaftet habe, die deutlich über denen eines Indexfonds lagen«, sagte er. »In diesem Spiel täuschen die Zahlen nicht.«

Auch in McLennans Leben, wie in dem von uns allen, ging es manchmal nach oben und manchmal nach unten. Als ich ihn fragte, wie sich die Kräfte der Entropie und der Unbeständigkeit auf sein Leben ausgewirkt haben, antwortete er: »Ich habe sie selbst erlebt. Sie wissen ja, die Ehe.« Er und seine Frau hatten drei Kinder zusammen und sich nach vielen Jahren getrennt. Seitdem hat er sich wieder verliebt, wieder geheiratet und ein viertes Kind bekommen – eine Tochter namens Tennyson, »wie der Dichter«.*

*Alfred Tennyson (1809–1892), britischer Dichter (Anmerkung des Übersetzers).

Sowohl beruflich als auch privat hat McLennan oft erlebt, dass auf »Momente großen Schmerzes« »neue Anfänge« und »sehr günstige Gelegenheiten« folgten. Zum Beispiel waren die späten 1990er-Jahre für wertorientierte Investoren wie ihn und Eveillard eine sehr schwere Zeit, »aber die frühen 2000er-Jahre waren ein Goldenes Zeitalter. Wenn man also lange genug durchhalten konnte, ging es sehr steil nach oben.«

In den Märkten hängt genau wie im Leben sehr viel von der Fähigkeit ab, Rückschläge zu überstehen.

McLennan arbeitete 14 Jahre für Goldman Sachs, zusammen mit einigen der erfolgreichsten Manager an der Wall Street. Anfänglich hatte er sich gefragt, ob Führungskräfte sich durch besondere Talente auszeichnen. »Mit der Zeit stellte ich fest, dass es sich meist um Menschen handelte, die nie aufgeben, die immer dazulernen, die immer durchhalten und dazu fähig sind, Rückschläge wegzustecken.« Dieselben Wesenszüge entdeckte er bei den besten Investoren: »Sie geben einfach nie auf. Sie arbeiten wie besessen an der Lösung von Problemen.« Und sie haben die Kraft, »die unvermeidlichen Enttäuschungen durchzustehen«.

McLennan weiß, dass die Zukunft weitere Probleme, weitere Instabilitäten und weitere Krisen bringt. Schließlich »hat das Entropiegesetz das Universum fest im Griff«. Aber er hält sich selbst für einen »aufgeklärten Realisten« und nicht für einen Pessimisten. »Ich glaube an das Potenzial des Menschen, aber ich denke nicht, dass es für uns einen geradlinigen und leichten Weg gibt«, sagt er. »Unseren Weg säumen viele Fallgruben und Irrwege. Deshalb sollte man sein Portfolio und seine Denkweise darauf ausrichten, auf diese Fallgruben und Irrwege vorbereitet zu sein. So hat man bessere Chancen, im Laufe der Zeit vom Vorwärtsmarsch der Menschheit zu profitieren, als wenn man sich darauf verlässt, dass schon alles gut geht.«[4]

Die fünf Regeln der Widerstandsfähigkeit

Lassen Sie uns einen Moment innehalten und überlegen, welche praktischen Lehren wir aus den Erfahrungen von Graham, Kahn, Buffett, Eveillard und McLennan ziehen können, um unsere Widerstandsfähigkeit als Anleger zu erhöhen.

Erstens müssen wir Respekt vor der Unsicherheit haben. Wenn man an all die Krisen denkt, die Graham und Kahn während des vergangenen Jahrhunderts erlebt haben, beginnt man zu begreifen, dass Unordnung, Chaos, Volatilität und Überraschungen keine Ausnahmen, sondern die Regel sind. Wir können den Zeitpunkt, den Auslöser und die genaue Natur dieser Verwerfungen nicht vorhersehen. Aber wir müssen mit ihnen rechnen und uns auf sie vorbereiten, damit wir besser mit ihnen fertig werden. Und wie? Indem wir bewusst unsere Schwachstellen identifizieren und diese (soweit wie möglich) beseitigen. Wie Nassim Nicholas Taleb in *Antifragile: Things That Gain from Disorder* schreibt: »Es ist viel leichter herauszufinden, wo man verwundbar ist, als vorherzusagen, durch welches Ereignis man einen Schaden erleiden wird.«

Zweitens, wenn wir ein hohes Maß an Widerstandsfähigkeit erreichen wollen, dürfen wir uns nicht zu hoch verschulden, insbesondere unsere Investitionen nicht mit Krediten finanzieren und keine übertriebenen Ausgaben tätigen. Denn all das kann uns von der Freundlichkeit von Fremden abhängig machen. In diesem Zusammenhang muss man sich zwei Fragen stellen: »Wo bin ich verwundbar? Und wie kann ich diese Verwundbarkeit reduzieren?« Wenn man zum Beispiel sein ganzes Geld bei einer Bank, bei einem Broker, in einem Land, in einer Währung, in einer Anlageform oder in einem Fonds investiert hat, spielt man mit dem Feuer. Wenn man Glück hat, kann man mit allem eine Zeitlang durchkommen. Aber je mehr Zeit vergeht, desto höher ist die Wahrscheinlichkeit, dass unvorhergesehene Ereignisse die eigenen Schwachstellen offenlegen und man Verluste erleidet.

Drittens sollten wir uns vor allem darauf konzentrieren, Rückschlägen zu widerstehen, dem Ruin zu entgehen und immer im Spiel zu bleiben, statt auf kurzfristige Gewinne fixiert zu sein oder darauf, irgendwelche Vergleichswerte zu übertreffen. Bis zu einem gewissen Grad fallen Gewinne ohne unser Zutun und praktisch von selbst an, wenn die Wirtschaft wächst, die Produktivität steigt, die Bevölkerung zunimmt und der Zinseszinseffekt seine magische Wirkung tut. Aber, wie Kahn gesagt hat, wir können uns nicht leisten, die Verlustrisiken zu ignorieren.

Viertens müssen wir uns vor übertriebenem Selbstvertrauen und Selbstgefälligkeit in Acht nehmen. Wie schon Aristoteles wusste: »Der Charakter des Reichen ist der von jemandem, der unverständig glücklich ist.«* Was meine Person angeht, so bin ich mir absolut sicher, dass ich irrational, unwissend, verblendet und für all

* Das Zitat stammt aus der *Rhetorik*, Buch 2, Kap. 16; vgl. zum Beispiel die Übersetzung von Gernot Krapinger (2019, Stuttgart, Reclam-Verlag) (Anmerkung des Übersetzers).

die Verhaltensfehler anfällig bin, über die ich bei anderen lache – einschließlich der gefährlichen Einstellung, darauf zu vertrauen, dass die Zukunft der Vergangenheit ähneln wird.

Fünftens sollten wir als aufgeklärte Realisten immer das Risiko, dem wir ausgesetzt sind, genau im Auge behalten und stets auf einem Sicherheitspolster bestehen. Aber dabei gibt es eine wichtige Einschränkung: Unser Risikobewusstsein darf nicht so weit gehen, dass wir furchtsam, pessimistisch oder paranoid werden. Nietzsche hat uns gewarnt: »Und wenn Du lange in einen Abgrund blickst, blickt der Abgrund auch in Dich hinein.«* Wie McLennan in der Pandemie bewiesen hat, haben widerstandsfähige Investoren die Stärke, das Selbstvertrauen und den Glauben an die Zukunft, um gute Gelegenheiten beim Schopf zu packen, während nicht widerstandsfähige Investoren am Abgrund entlangtaumeln und mit sich selbst beschäftigt sind. Dagegen können widerstandsfähige Investoren schnell von der Verteidigung zum Angriff übergehen und so von der Krise profitieren.

---

* Das Zitat stammt aus *Jenseits von Gut und Böse*, 1886, Leipzig, Naumann-Verlag, S. 113 (Anmerkung des Übersetzers).

KAPITEL 5

EINFACHHEIT IST DIE HÖCHSTE STUFE DER VOLLENDUNG

Die lange und komplizierte Suche nach dem einfachsten Weg zu astronomischen Gewinnen

Unser Leben wird durch Kleinigkeiten vergeudet … Einfachheit, Einfachheit!

Henry David Thoreau, *Walden oder Das Leben in den Wäldern*

Das große Paradoxon dieses bemerkenswerten Zeitalters besteht darin, dass wir umso mehr nach Einfachheit streben müssen, um unsere finanziellen Ziele zu erreichen, je komplizierter die Welt um uns herum wird … Einfachheit ist in der Tat der Schlüssel zum finanziellen Erfolg.

Jack Bogle

Die Schwüle war erdrückend. An Sommertagen wie diesem träumten selbst die zähesten New Yorker davon, der Hitze zu entfliehen, die sich zwischen den Wolkenkratzern der Stadt staute. In der Wall Street schnappten die aufstrebenden Finanzmagnaten in ihren feinen Anzügen wahrscheinlich nach Luft.

170 Kilometer davon entfernt hatte Joel Greenblatt eine Zuflucht vor der städtischen Hitze gefunden und arbeitete an diesem Tag in seinem Strandhaus in den Hamptons.* Wir saßen im Schatten auf seiner eleganten Veranda und genossen die

* Die Hamptons sind eine Gruppe von Ortschaften auf der Ostspitze von Long Island. Sie sind als Zweitwohnsitze reicher New Yorker sehr beliebt (Anmerkung des Übersetzers).

kühle Brise und den fantastischen Atlantikblick. Zum Haus gehörten ein Pool, ein Basketballspielfeld und ein Rasen mit Fußballtoren. Ein paar Surfbretter lehnten an der Wand hinter uns. Das Sonnenlicht schimmerte auf dem Wasser des Ozeans.

Greenblatt war gebräunt und entspannt. Er trug eine Jeans und schwarze Slipper ohne Socken. Seine Hemdsärmel waren hochgekrempelt. Er ist ein begeisterter Tennisspieler und sah kurz vor seinem 60. Geburtstag sportlich und fit aus. Um die sozialen Kompetenzen der Giganten der Investmentwelt ist es nicht immer zum Besten bestellt. Aber Greenblatt, ein Gigant unter Giganten, hat eine charmante Art und ein warmes Lächeln. Vor allem aber strahlt er ruhiges Selbstvertrauen und Gelassenheit aus. Er vermittelt den Eindruck, über dem üblichen Streben nach Anerkennung zu stehen. Er ist mit sich selbst im Reinen und sich dessen bewusst, was er erreicht hat.

Das ist vielleicht nicht überraschend, wenn man bedenkt, was er alles schon erreicht hat. Die Investmentgewinne Greenblatts sind legendär. 1985, im zarten Alter von 27 Jahren, gründete er Gotham Capital und legte einen Hedgefonds mit einem Vermögen von rund 7 Millionen Dollar auf. 1989 wurde Robert Goldstein sein Geschäftspartner, was er bis heute, über drei Jahrzehnte später, geblieben ist. In den ersten zehn Jahren schaffte der Fonds Renditen von 50 Prozent pro Jahr (nach Betriebskosten, aber vor Gebühren). Über einen Zeitraum von 20 Jahren erzielte er im Durchschnitt erstaunliche 40 Prozent pro Jahr. Bei dieser Rendite wächst 1 Million Dollar innerhalb von 20 Jahren auf 836 Millionen Dollar an – ein tolles Kunststück.

Nach fünf Jahren zahlte Gotham den Anteilseignern die Hälfte ihres Gelds zurück. Nach zehn Jahren wurden die Anteilseigner vollständig ausgezahlt, sodass sich Greenblatt und Goldstein auf die Verwaltung ihres eigenen Vermögens konzentrieren konnten. Die meisten Fondsmanager sind anfällig für die Launen ihrer Anleger. Aber Greenblatt und Goldstein genossen den seltenen Luxus, niemandem Rechenschaft zu schulden.

Greenblatt war frei, seiner Neugier dahin zu folgen, wohin sie ihn führte – und er schlug seinen ganz eigenen Weg ein. Viele der besten Investoren interessieren sich nur für ihren Beruf, denn wenn man an die Spitze gelangen will, fordert er die ganze Aufmerksamkeit. Aber Greenblatt hat ein erfülltes und abwechslungsreiches Leben geführt. Das beginnt damit, dass er ein leidenschaftlicher Familienmensch ist, mit einer Frau, fünf Kindern und zwei Hunden. Er ist außerdem ein sehr talentierter Autor. Er hat drei Investmentratgeber veröffentlicht, die sich durch eine einzigartige Kombination aus detaillieren Ratschlägen, frechen Witzeleien (»*Anmerkung*: Es gibt drei Arten von Menschen – die, die zählen können, und die, die nicht zählen können.«), überschäumenden Wortspielen (»*ipso facto* buchstabiert man *ipso fatso*«) und amüsanten Geschichten seiner jugendlichen Abenteuer auszeichnen (bei denen künstliches Hundeerbrochenes und Wetten beim Hunderennen als Minderjähriger vorkommen).*

Sein erstes Buch *You Can Be a Stock Market Genius (Even If You're Not Too Smart!)* war für ein breites Publikum gedacht, wurde aber schnell zur Bibel von Hedgefonds-Managern, die versuchten, anderen voraus zu sein. Mit seinem zweiten Buch *The Little Book That Beats the Market* wollte er seinen Kindern die Geheimnisse der Geldanlage erklären. Es verkaufte sich 300 000 Mal und wurde von Michael Price als »einer der bedeutendsten Investmentratgeber der letzten 50 Jahre« gepriesen. Sein drittes Buch *The Big Secret for the Small Investor* war weniger erfolgreich. Greenblatt scherzte, es sei »immer noch ein Geheimnis«, weil »niemand es gelesen« habe.[1]

Seit 1996 hält er an der Columbia Business School die Vorlesung »Wertorientierte Geldanlage und Geldanlage in außergewöhnlichen Situationen«. Bis jetzt kommt die elitäre Gruppe, die er unterrichtet hat, auf ungefähr 800 MBA-Studenten. Er brachte ihnen seinen Denkansatz nahe, mit dem ihm gelungen ist, den Markt zu schlagen. Am Anfang seiner Veranstaltung sagt Greenblatt den Studenten, dass die Fertigkeiten, die er ihnen jetzt beibringen würde, sie sehr reich machen könnten, aber er sagt auch, dass sie gesellschaftlich ungefähr genauso wertvoll seien, wie das Talent, bei Pferderennen auf die richtigen Pferde zu setzen. Er fordert die Studenten dann auf, angesichts dessen »einen Weg zu finden, der Gesellschaft zu nützen«.

Mit dem Schreiben und der Lehre hat Greenblatt zwei gute Wege gefunden, der Gesellschaft von Nutzen zu sein. In einem Bereich voller törichter und eigennütziger Ratgeber, die den Finanzen der Leser schaden können, folgte er dem positiven Beispiel von Ben Graham, Warren Buffett und Howard Marks und teilte

* Greenblatts Witzeleien machen auch deswegen so viel Spaß, weil der Leser überhaupt nicht mit ihnen rechnet. Beispielsweise hat er die folgende Definition in das Wörterverzeichnis von *You Can Be a Stock Market Genius* aufgenommen: »DORFTROTTEL: Jemand, der 24 Dollar für einen Investmentratgeber ausgibt und denkt, er könne den Markt schlagen (kleiner Scherz).«

nachweislich nützliche Einsichten mit seinen Lesern. Als Philanthrop spielte Greenblatt außerdem eine entscheidende Rolle bei der Etablierung eines Netzwerks von 45 Charter-Schulen, die 18 000 Schüler aus dem Großraum New York unterrichten.* Die meisten kommen aus Haushalten mit niedrigen Einkommen oder gehören einer Minderheit an und wohnen in Stadtteilen wie der Bronx oder Harlem.[2]

In den vergangenen Jahren hat Greenblatt auch wieder damit begonnen, Geld von Anlegern zu verwalten. Er und Goldstein legten eine Reihe von »Long/Short«-Fonds auf, deren Strategie sich unerwarteterweise deutlich von der Strategie unterscheidet, der sie ihren Ruhm verdanken.** Greenblatt, der sehr unternehmerisch veranlagt ist, liebt es, neue Projekte zu starten. Aber er hat nicht den Ehrgeiz, sein eigenes Vermögen zu maximieren und ein Finanzimperium zu schaffen. »Ich habe nichts dagegen, Geld zu verdienen«, sagte er. »Aber das ist es nicht, was mich wirklich antreibt. Geld habe ich genug.«

Vielmehr besteht seine Hauptmotivation in dem Vergnügen, das ein Spieler daran hat, sich neue Spielzüge einfallen zu lassen, um gewinnen zu können. »Ich habe Freude an der Herausforderung, Probleme zu lösen. Das reizt mich am meisten«, sagte er. »Und da das jeder auf der ganzen Welt versucht, ist es ein gutes Gefühl, wenn man dabei Erfolg hat.« Tatsächlich kommt mir Greenblatt wie jemand vor, der unwiderstehlich von der intellektuellen Herausforderung angezogen wird, Probleme zu lösen und so das System zu schlagen.

Ich wollte verstehen, was er in den über drei Jahrzehnten gelernt hatte, in denen er versucht hatte, die Märkte zu entschlüsseln und die Konkurrenz auszustechen. Wie ich erfahren sollte, sind die Prinzipien, die seinen Strategien zugrunde liegen, überraschend einfach. Seine Fähigkeit, das komplizierte Spiel der Märkte auf seine wesentlichen Elemente zu reduzieren, macht ihn zu einem umsichtigen Führer durch die Welt der Geldanlage. Zum Beispiel sagte er mir während eines Gesprächs in seinem Büro im Zentrum von Manhattan, das ganze Geheimnis einer erfolgreichen Aktienauswahl bestehe darin, »herauszufinden, was etwas wert ist und viel weniger dafür zu bezahlen«.

---

* Charter-Schulen sind öffentliche Schulen in freier Trägerschaft. Sie werden vom Staat finanziert, genießen aber größere Freiheiten als staatliche Schulen (Anmerkung des Übersetzers).

** »Long/Short«-Fonds verfolgen die Strategie, sowohl durch den Kursanstieg unterbewerteter Wertpapiere (»long«) als auch durch den Kursrückgang überbewerteter Wertpapiere (»short«) Gewinne zu erzielen (Anmerkung des Übersetzers).

Ist es wirklich so einfach? Nun, wir werden sehen …

Aber zunächst müssen wir in einem kleinen Exkurs klären, warum es so wichtig ist, ein paar wenige, fundamentale Prinzipien zu finden, die zumindest ungefähr richtig sind. Danach werden wir mit Hilfe von Greenblatt und einigen anderen Titanen der Finanzwelt versuchen, einige wenige Investmentprinzipien herauszuarbeiten, die uns helfen, jahrzehntelang den richtigen Kurs zu halten. Worin besteht unser Ziel? In unserer überkomplizierten Welt suchen wir nach einem einfachen, verständlichen und verlässlichen Weg, überdurchschnittliche Gewinne zu erzielen.

Die Einfachheit jenseits der Komplexität

Als ich in den 1970er-Jahren in London aufwuchs, gab es insgesamt drei Fernsehsender zur Auswahl. Ich erinnere mich noch gut an jenen magischen Abend im Jahr 1982, als mein Vaterland mit der wundersamen Ankunft von Channel 4 beglückt wurde, die uns ein grenzenloses Fernsehvergnügen versprach. Heute, im New York des 21. Jahrhunderts stehen mir mindestens 100 Fernsehkanäle zur Verfügung. Dennoch kann ich mich selten dazu aufraffen, meinen Fernseher einzuschalten – außer wenn ich alle vier Jahre enttäuscht dabei zuschaue, wie das englische Nationalteam aus der Fußballweltmeisterschaft ausscheidet.

Wir glauben meistens, dass uns ein größeres Angebot glücklicher macht. Bis zu einem gewissen Punkt mag das sogar stimmen. Aber ich bin bestimmt nicht der Einzige, der sich von dieser ganzen Vielfalt überwältigt fühlt. Der Psychologe Barry Schwartz behauptet in seinem Buch *The Paradox of Choice: Why More Is Less*, viele Käufer seien wie gelähmt, wenn sie vor Supermarktregalen stehen, die unter der Last von 24 Sorten Gourmetmarmelade ächzen – ein typisches Problem reicher Länder.

Auch bei der Geldanlage kann einem angesichts der vielfältigen Auswahl schwindlig werden. Soll man Einzelaktien, ETFs, Hedgefonds oder Investmentfonds kaufen?* Gemanagte Fonds oder Indexfonds? Soll man nur eine Anlagestrategie verfolgen oder verschiedene Strategien kombinieren und aufeinander abstimmen – Strategien, die Kriterien wie Wachstum, Wert, Wachstum zu einem

* ETFs (Exchange Traded Funds) sind börsengehandelte Fonds (Anmerkung des Übersetzers).

vernünftigen Preis, inneren Wert, Markttrend, gesamtwirtschaftliche Entwicklung oder Neutralisierung des Marktrisikos in den Mittelpunkt stellen? Und wie sollte man sein Geld aufteilen – auf in- und ausländische Aktien, Anleihen, Bargeld und »alternative Anlagen« wie Unternehmensbeteiligungen, Wagniskapital, Immobilienfonds, Gold oder Terminkontrakte auf Schweinebäuche?

In der Praxis ist die Fähigkeit der Komplexitätsreduktion enorm wertvoll. Denken Sie nur einmal an das Alte Testament, das nicht weniger als 613 Gebote kennt. Wer kann schon so viele Gebote behalten, ganz zu schweigen, sie befolgen? Vielleicht brauchen wir deshalb eine Liste der zehn wichtigsten Gebote. Aber als ich gerade eben versucht habe, die Zehn Gebote aufzuschreiben, habe ich nur sechs von ihnen richtig gehabt – und auch das nur, weil ich sehr großzügig korrigiert habe.

Aber an eines erinnere ich mich gut: Vor ungefähr 2000 Jahren wurde ein weiser Mann namens Hillel dazu aufgefordert, das gesamte Alte Testament zu lehren und dabei die ganze Zeit auf einem Bein zu stehen. Er antwortete: »Tut das, was Ihr verabscheut, nicht Euren Nächsten an. Alles andere ist nur Auslegung.« Das Alte Testament benötigt nur drei Worte, um diese Grundregel zu vermitteln: *Veahavta lereacha kamocha.* Das ist Hebräisch und bedeutet: »Und Ihr sollt Eure Nächsten wie Euch selbst lieben.«

Genauso entschied sich Jesus, als er nach dem wichtigsten Gebot gefragt wurde, für große Einfachheit und erklärte: »Du sollst den Herrn, Deinen Gott, lieben mit ganzem Herzen, mit ganzer Seele und mit all Deinen Gedanken … Du sollst Deinen Nächsten lieben wie Dich selbst.«*

Mir gefällt auch diese wunderbar knappe Ermahnung von Buddha: »Halte Dich fern von dem, was Dir schadet. Tue Gutes. Reinige Deinen Geist.« Brauchen wir wirklich mehr als diese 13 Wörter als Leitfaden für unser Leben? Wie Hillel und Jesus war sich Buddha wahrscheinlich bewusst, dass wir armen Sterblichen durch Kompliziertheit leicht verwirrt werden – und dass eine sehr kleine Zahl einfacher, einprägsamer Grundsätze uns recht gut auf den Weg in Richtung Nirwana bringen kann.

Vereinfachung ist auch in vielen weltlichen Angelegenheiten, wie etwa der Wissenschaft oder dem Geschäftsleben, von großer Bedeutung. Zum Beispiel berufen

* Matthäus 22: 37–39 (Anmerkung des Übersetzers).

sich Wissenschaftler oft auf das Prinzip von Ockhams Rasiermesser. Es wird Wilhelm von Ockham zugeschrieben, einem englischen Mönch und Philosophen aus dem 14. Jahrhundert, und besagt, »dass unter sonst gleichen Umständen im Allgemeinen die einfachste Lösung auch die beste ist.«

Ockhams Rasiermesser-Analogie bringt die wichtige Einsicht zum Ausdruck, dass wir die richtige Lösung umso eher finden, je mehr nicht notwendige Details wir abrasieren. Albert Einstein stimmte dem zu und sagte: »Alle physikalischen Theorien, mit Ausnahme ihrer mathematischen Darstellung, sollte man so einfach erklären können, dass sie selbst ein Kind verstehen könnte.« Lord Ernest Rutherford, der Vater der Kernphysik, kam zu einem ähnlichen Schluss. Er sagte angeblich einmal: »Physik, die man nicht auch einer Kellnerin erklären könnte, ist wahrscheinlich keine gute Physik.«*

Eine wichtige Rolle spielt Einfachheit auch in vielen der erfolgreichsten Unternehmen. Schauen Sie sich zum Beispiel die Homepage von Google an. Sie besteht im Wesentlichen aus dem Firmenlogo von Google und einem Feld, das wie ein langgezogenes Oval aussieht, in das man seine Suchbegriffe eintippt. Oder denken Sie an die einfache Eleganz der Produkte von Apple, zu der Steve Jobs von der minimalistischen Ästhetik des Zen-Buddhismus inspiriert wurde. Wie Jobs häufig erklärte, ging sein Streben nach Einfachheit weit über Fragen des Designs hinaus: »Die Art und Weise, wie wir das Unternehmen führen, das Produktdesign, die Werbung – es läuft alles auf eins hinaus: ›Lasst es uns einfach machen, richtig einfach.‹.« Schon 1977 gab es in der ersten Werbebroschüre das Foto eines glänzenden roten Apfels unter dem Motto »Einfachheit ist die höchste Stufe der Vollendung«.**

---

* Ein weiteres meiner Lieblingsbeispiele für die Bedeutung der Einfachheit in der Wissenschaft stammt von Dr. Dean Ornish, dem Vater der Lebensstilmedizin (ein Gebiet der Medizin, das sich mit Erkrankungen beschäftigt, die auf den Lebensstil zurückzuführen sind, also insbesondere Zivilisationskrankheiten; Anmerkung des Übersetzers). Er fasste alles, was er in vier Jahrzehnten bahnbrechender Forschungsarbeit über Gesundheit und Ernährung gelernt hatte, in elf Wörtern zusammen: »Ernähre dich gesund, bewege dich mehr, vermeide Stress und liebe mehr.« Ornish sagte mir vor Kurzen: »Wenn man etwas wirklich von Grund auf versteht, weil man sich sein ganzes Leben damit beschäftigt hat, dann kann man es vereinfachen … Man kann es auf sein eigentliches Wesen reduzieren. Und dies zu tun, *ist* das Wesentliche.« Ich empfehle mit Nachdruck sein bemerkenswertes Buch *Undo It! How Simple Lifestyle Changes Can Reverse Most Chronic Diseases*. Es kann vielleicht Ihr Leben retten.

** Dieser Ausspruch wird häufig Leonardo da Vinci zugeschrieben. Es ist aber nicht sicher, ob er wirklich von ihm stammt.

Die Finanzdienstleistungsbranche strebt in der Regel *nicht* nach Einfachheit – deshalb gibt es so sinnverwirrende »Innovationen« wie forderungsbesicherte Wertpapiere, strukturierte Anlageinstrumente und Kreditausfallversicherungen, die 2008 die Weltwirtschaft fast zerstörten.* Der verstorbene Jack Bogle, der 1975 die Fondsgesellschaft Vanguard Group gründete und den ersten Indexfonds ein Jahr später kreierte, stellte in seinem Buch *Enough* fest: »Unternehmen der Finanzbranche arbeiten nach Maßgabe des *umgekehrten* Rasiermesser-Prinzips von Ockham. Sie haben einen großen Anreiz, das Komplizierte und Teure dem Einfachen und Billigen vorzuziehen – ganz im Gegensatz zu dem, was die meisten Investoren wollen und brauchen.«**

Als ich Bogle 2001 interviewte, wies er darauf hin, es könne nichts Einfacheres geben als seine Überlegung, Indexfonds mit niedrigen Gebühren würden im Durchschnitt aktiv gemanagte Fonds schlagen, da Letztere wegen ihrer höheren Betriebs- und Transaktionskosten im Nachteil seien. »Wenn es einen Mittelsmann gibt – einen Croupier –, kostet das einen großen Teil der Marktrendite«, sagte er mir. »Deshalb *müssen* Indexfonds einfach überlegen sein. Es war nicht schwierig, darauf zu kommen.« Diese einfache Einsicht in die mathematisch begründeten Vorteile der Indexfonds erwies sich als so bedeutend, dass das von Vanguard verwaltete Vermögen seither auf 6,2 Billionen Dollar angewachsen ist.***

---

* Forderungsbesicherte Wertpapiere (*collateralized debt obligations*) sind Anleihen, als deren Sicherheit ein Portfolio aus Wertpapieren unterschiedlicher Bonität dient; mit Hilfe strukturierter Anlageinstrumente (*structured investment vehicles*) werden verschiedenartige langfristige Forderungen durch die Ausgabe kurzfristiger Anleihen refinanziert; mittels Kreditausfallversicherungen (*credit default swaps*) können Kreditrisiken gehandelt werden (Anmerkung des Übersetzers).

** In seinem Brief an die Aktionäre von Berkshire Hathaway aus dem Jahr 2016 schrieb Buffett: »Wenn jemals derjenigen Person ein Denkmal errichtet werden sollte, die den amerikanischen Anlegern am meisten Nutzen gebracht hat, könnte dies niemand anderes als Jack Bogle sein … In seinen Anfangsjahren wurde Jack häufig von den Vertretern der Investmentbranche verspottet. Heute kann er zufrieden feststellen, Millionen von Anlegern zu weit besseren Renditen für ihre Ersparnisse verholfen zu haben, als sie sonst erzielt hätten. Er ist ihr Held und er ist mein Held.« Bogle starb 2019.

*** Als Bogle 1976 den ersten Indexfonds auflegte, hatte er Einlagen von insgesamt 11,4 Millionen Dollar zu verzeichnen. Sein Ziel, nur mit der Marktrendite gleichzuziehen, wurde als bloße Mittelmäßigkeit abgetan. Aber Bogle hatte eine entscheidende Tatsache verstanden: Im Zeitablauf können sich die großzügigen Gebühren und Kosten, die von aktiven Managern berechnet werden, verheerend auf die Nettorendite der Anleger auswirken. Um das neue Konzept des indexbasierten Anlegens zu vermarkten, präsentierte Bogle eine Tabelle, aus der hervorging, dass 1 Million Dollar, die man für 10 Prozent pro Jahr anlegt, in 30 Jahren auf 17,5 Millionen Dollar anwachsen. Im Unterschied dazu würde ein aktiver Investor, der jedes Jahr 1,5 Prozent für Kosten und Gebühren aufwendet (und so die Rendite von 10 Prozent auf 8,5 Prozent reduziert) in 30 Jahren aus 1 Million Dollar 11,5 Millionen Dollar machen. Mit anderen Worten: Durch die Ersparnis von 1,5 Prozent pro Jahr würde der kostenbewusste Anleger ein Plus von 6 Millionen Dollar erzielen. Bogle sagte mir dazu: »Ich wusste einfach, dass die Mathematik der Geldanlage unumstößlich war.«

Einer der klügsten Verfechter der Vorteile der Einfachheit ist Josh Waitzkin, ein Experte für Spitzenleistungen auf so unterschiedlichen Gebieten wie Schach, Kampfsport und Geldanlage. Er war ein Wunderkind, nationaler Schachmeister und Thema des Films *Searching for Bobby Fischer*. Als Erwachsener errang er die Weltmeisterschaft im Schattenboxen (Tai-Chi-Chuan), bildete Hedgefonds-Managern aus und schrieb das faszinierende Buch *The Art of Learning: An Inner Journey to Optimal Performance*.

Aufgrund seiner eigenen Erfahrungen an der Weltspitze verschiedener Disziplinen betonte Waitzkin die Notwendigkeit, komplizierte Aufgaben in einfache Teilaufgaben zu zerlegen. Wenn er Schach unterrichtet, entfernt er alle Figuren bis auf drei (zwei Könige und einen Bauern), um die Grundprinzipien des Spiels anhand einer stark vereinfachten Spielsituation zu erläutern. In ähnlicher Weise erlernte er Tai-Chi, indem er »die einfachsten Bewegungen Stück für Stück weiterentwickelte, beispielsweise die Hände 15 Zentimeter durch die Luft zu stoßen«. Er übte solche »vereinfachten Bewegungen« wie besessen und verinnerlichte so die Grundprinzipien dieser Kampfsportart, zu denen »die Koordination von Geist, Atem und Körper« gehört. Er kam zu folgendem Schluss: »Nur in seltenen Fällen bringt uns eine geheimnisvolle Technik an die Spitze. Meistens ist dafür die vollkommene Beherrschung einer Reihe teils einfacher Fertigkeiten verantwortlich.«

Diese Erkenntnis ist wichtig und kann selbst dem klügsten Anleger von Nutzen sein. Denn Komplexität kann gerade für intelligente Menschen ein besonders verlockender Irrweg sein. In der Schule wurden sie mit guten Noten dafür belohnt, komplizierte Probleme zu lösen, sodass es kein Wunder ist, dass sie zu komplizierten Lösungen neigen, wenn sie sich mit dem Problem der Geldanlage beschäftigen. Aber genau wie beim Kampfsport hängt der Sieg auch auf den Finanzmärkten nicht von der Anwendung blendender esoterischer Techniken ab. Er hängt vielmehr von der genauen Kenntnis der Spielregeln und der sicheren Beherrschung grundlegender Fertigkeiten ab. Buffett ist auch dieser Meinung: »In der Business School kommt man mit schwer zu erlernenden und komplizierten Methoden weiter als mit einfacheren Methoden. Aber die einfacheren Methoden sind effektiver.«

Buffett ist selbst ein Großmeister der Vereinfachung. In seinem Aktionärsbrief von 1977 erläuterte er seine vier Kriterien der Aktienauswahl: »Wir legen Wert darauf, dass das Unternehmen (1) ein für uns nachvollziehbares Geschäftsmodell hat, (2) langfristig gute Aussichten hat, (3) von ehrlichen und kompetenten Leuten geführt wird und (4) zu einem sehr attraktiven Preis erhältlich ist.« Das mögen keine weltbewegenden oder umwerfend neuen Prinzipien sein. Aber was eine Aktie attraktiv macht, wird man wohl kaum besser auf den Punkt bringen können. Buffetts vier Auswahlkriterien sind heute noch genauso relevant und nützlich wie vor über 40 Jahren – und sie werden es immer bleiben.

Ich habe mich immer und immer wieder über die Fähigkeit der besten Investoren gewundert, die Erfahrungen vieler Jahre auf ein paar Grundprinzipien herunterzubrechen. Es geht dabei nicht darum, Dinge einfacher darzustellen, als sie sind, oder so zu tun, als ob Schwierigkeiten und Widersprüche nicht existieren würden. Es geht darum, die Einzelheiten eines unendlich vielfältigen und differenzierten Gebiets zu analysieren und sie dann zu einem nicht weiter reduzierbaren Kern zu verdichten. Das erinnert mich an eine Bemerkung, die oft Oliver Wendell Holmes, einem Richter am Obersten Gerichtshof der Vereinigten Staaten, zugeschrieben wurde: »Ich würde um die Einfachheit diesseits der Komplexität keinen Deut geben, aber für die Einfachheit jenseits der Komplexität würde ich mein Leben geben.«*

Warum ist es so wichtig, die Geldanlage auf ein paar Grundprinzipien zu reduzieren? Zunächst einmal zwingt uns dies, unsere Überzeugungen zu durchdenken. Diese Überzeugungen sind in stürmischen Zeiten besonders nützlich, wenn wir von Unsicherheit, Zweifel und Furcht heimgesucht werden. Denken Sie nur einmal daran, wie orientierungslos wir uns in den ersten Monaten des Jahres 2020 fühlten, als COVID-19 mehr als 100 000 Menschen allein in den USA das Leben kostete, zig Millionen arbeitslos machte und innerhalb von Wochen den Aktienmarkt um ein Drittel einbrechen ließ.

Aber in den allerbesten Zeiten kann man fast genauso leicht vom Kurs abkommen. Denn es gibt ständig so viele Nachrichten, die einem Angst machen können; so viele verschiedene Werbesprüche von Verkäufern schrecklicher Geldanlageprodukte mit zweifelhaften Sachkenntnissen; so viele Verlockungen, zu der gerade modischen Strategie oder Anlageform zu wechseln, die alle anderen wahnsinnig reich zu machen scheint.

---

* Ich glaube, dass Holmes leider nie genau diese Worte geäußert hat. Aber in einem Brief, den er 1902 an Lady Georgina Pollock schrieb, kam er ihnen sehr nahe: »Die einzige Einfachheit, um die ich einen Deut geben würde, ist diejenige, die jenseits der Komplexität liegt – nicht diejenige, die sie nie auch nur geahnt hat. Und damit schweige ich.«

Die besten Investoren sind diszipliniert genug, sich von solchen Ablenkungen nicht beeinflussen zu lassen. Wie Greenblatt sagt: »Ich habe eine einfache Sichtweise der Dinge, die mir sinnvoll zu sein scheint. Und daran halte ich mich, komme, was wolle.«

Das Geheimrezept von Will Danoff

Die Vorteile einer einfachen, mit tiefer Überzeugung verfolgten Anlagestrategie wurden mir besonders deutlich, als ich Will Danoff in der Zentrale von Fidelity Investments in Boston interviewte. Danoff hat nichts Oberflächliches oder Prahlerisches an sich. Er ist ein herzlicher, von seiner Arbeit besessener Mensch mit einem Zahnlückenlächeln und einem Sinn für trockenen Humor. Er sieht mehr wie ein abgearbeiteter, unter Schlafmangel leidender, durchschnittlicher Manager aus als wie ein »Herr des Universums«. Trotzdem hat er aus dem Fidelity Contrafund, seit er ihn 1990 übernahm, einen Koloss mit einem verwalteten Vermögen von ungefähr 118 Milliarden Dollar gemacht. Damit ist er in ganz Amerika der größte, aktiv gemanagte Fonds, der von einer einzelnen Person geführt wird. Insgesamt managt Danoff ein Vermögen von über 200 Milliarden Dollar.

Bekanntermaßen ist es sehr schwierig, den Markt mit einem Riesenfonds zu schlagen. Aber als wir uns 2017 trafen, hatte es Danoff bemerkenswerterweise geschafft, den S&P 500 im Vorjahr und während der letzten drei, fünf, zehn und 27 Jahre zuvor zu übertreffen. Ich war begierig darauf, die besonderen Zutaten seines Geheimrezepts zu erfahren. Aber er fasste seine Investmentphilosophie in nur drei Worten zusammen: »Aktienkurse folgen Gewinnen.«

Mit dieser Überlegung im Hinterkopf sucht er hartnäckig nach den besten Unternehmen jeder Branche, von denen er denkt, dass sie »in den nächsten fünf Jahren wachsen«. Warum? Weil er glaubt, dass sich der Aktienkurs eines Unternehmens (mehr oder weniger) verdoppeln wird, wenn es ihm gelingt, die Gewinne pro Aktie innerhalb der nächsten fünf Jahre zu verdoppeln. Diese sehr allgemeine Regel klingt verdächtig einfach und man ist geneigt, sie deswegen abzulehnen. Aber eins darf man nicht vergessen: Geldanlage ist nicht wie Turmspringen bei den Olympischen Spielen, wo die Richter Extrapunkte für besonders schwierige Sprünge vergeben.

Danoff steht voll und ganz hinter seiner einseitigen Konzentration auf die Vorhersage der Gewinnentwicklung. Anders als die meisten Investoren in diesem Buch kümmert er sich kaum um die Höhe der Bewertung eines Unternehmens, außer wenn sie »lächerlich hoch« ist. Er fragte mich: »Will man das Spiel für seine Anteilseigner gewinnen und zu diesem Zweck die besten Unternehmen kaufen? Manchmal muss man, wenn man ein tolles Unternehmen besitzen will, einen fairen Preis bezahlen.«

Mit dieser Einstellung hat er enorme Bestände an Aktien führender, gut gemanagter Unternehmen. Berkshire Hathaway ist seit 1996 ein wichtiger Teil seines Portfolios, ebenso wie Microsoft und Alphabet. Beim Börsengang von Google 2004 war er einer der größten Investoren und hat die Aktien bis heute gehalten. Amazon ist seine größte Position und beim Börsengang von Facebook zählt er zu den größten Aktienkäufern und hält sie langfristig. »Das ist alles ziemlich einfach«, sagte er. »Meine Einstellung bei der Geldanlage lautet, ›Warum nicht in die besten Unternehmen investieren?‹.«

Um seine Denkweise zu erklären, zeigte mir Danoff einen Stapel von Notizen, die zerknittert und voller Kaffeeflecken waren. Sie stellten einen Teil der Aufzeichnungen von seinen Treffen mit Zehntausenden von Unternehmen während der vergangenen drei Jahrzehnte dar. Er zog eine seiner Lieblingsnotizen aus dem Stapel: zwei Seiten voll mit seiner kritzligen Handschrift über ein Treffen mit Howard Schultz, dem Visionär, der Starbucks zu einer Weltmarke gemacht hatte. Sie trafen sich im Juni 1992, genau eine Woche bevor das Unternehmen mit einem Marktwert von 250 Millionen Dollar an die Börse ging. Heutzutage ist Starbucks ungefähr 120 Milliarden Dollar wert.

Danoff schaute sich seine Aufzeichnungen von diesem Treffen an und sagte dann zu mir: »Alles was man wissen musste, stand hier. Es war eine Riesenchance.« Zum Beispiel hatte ihm Schultz erklärt, dass es allein in Italien mindestens 200 000 Kaffeebars gäbe.

Im Vergleich dazu hatte Starbucks nur 139. Aber das in Seattle ansässige Unternehmen expandierte aggressiv in andere Städte und eröffnete neue Cafés, die jeweils nur bescheidene 250 000 Dollar kosteten. Drei Jahre nach der Eröffnung konnte ein Café Gewinne in Höhe von 150 000 Dollar pro Jahr erzielen – eine Rendite von 60 Prozent bezogen auf die investierte Summe. »Entscheidend war«, sagte Danoff, »dass die Rendite jedes einzelnen Geschäfts sehr hoch war«, sodass das Unternehmen »schnell wachsen konnte, ohne externe Finanzmittel zu benötigen«.

Danoff sagte, dass er Schultz bei ihrem ersten Zusammentreffen unterschätzt hatte. Aber Starbucks sollte schließlich eine der größten Positionen im Portfolio des Contrafunds werden. Starbucks gab das beste Beispiel dafür ab, warum es so lohnend ist, langfristig in ausgezeichnete Unternehmen zu investieren, die eine ungewöhnlich hohe Wachstumsrate auf Dauer aufrechterhalten können. Danoffs zeigte mir eine Grafik, die die verblüffende Entwicklung des Unternehmens während zwei Jahrzehnten abbildete: Der Gewinn pro Aktie wuchs 20 Jahre lang um durchschnittlich 27,45 Prozent pro Jahr, während die Aktie um durchschnittlich 21,32 Prozent pro Jahr stieg. Im selben Zeitraum wuchsen die Gewinne im S&P 500 um durchschnittlich 8,4 Prozent pro Jahr, während der Index nur um durchschnittlich 7,9 Prozent pro Jahr stieg.

Danoff zeichnete die Linien des Schaubilds mit dem Finger nach und fragte mich, was man daraus lernen könne. Ich antwortete: »Der Aktienkurs wird über kurz oder lang den Gewinnen folgen.« Er strahlte und grinste mich fröhlich an: »Genau! Bingo! Das ist es, was ich gelernt habe. *Aktienkurse folgen Gewinnen!*«

Sein Mantra klingt nicht sehr tiefsinnig. Aber Danoffs Erfolg ist auch darauf zurückzuführen, dass er sich beharrlich weigert, Dinge zu verkomplizieren. Seinem Freund Bill Miller zufolge, einem der scharfsinnigsten Denker in der Welt der Geldanlage, konzentriert sich Danoff bewusst auf die Punkte, die am wichtigsten sind, und lässt sich nicht durch unwichtige Details verwirren. »Will hat einmal zu mir gesagt, ›Weißt du, ich bin nicht besonders schlau und es gibt ein Übermaß an Informationen. Deshalb frage ich mich nur, wenn ich mir ein Unternehmen anschaue: *Geht es aufwärts oder geht es abwärts?* Und wenn es aufwärtsgeht, dann überlege ich mir, warum das so ist.‹«

Auch Miller hat gelernt, seine Anlageentscheidungen zu vereinfachen. »Ich versuche, bei dem, was ich tue, alles Unnötige wegzulassen«, sagte er. Beispielsweise konstruierte er früher aufwendige Finanzmodelle, um die komplizierten Einzelheiten jedes Unternehmens abzubilden, das er analysierte. »Ich konstruiere keine Modelle mehr. Es ist einfach dumm. Es ergibt keinen Sinn.« Stattdessen konzentriert er sich auf drei oder vier kritische Punkte, die er für das Geschäft für entscheidend hält. »Bei jedem Unternehmen gibt es ein paar wenige Schlüsselgrößen«, sagte er, »und alles andere stört nur.«

Das Muster ist klar. Jeweils auf ihre Art waren Greenblatt, Buffett, Bogle, Danoff und Miller alle auf der Suche nach Einfachheit. Wir anderen sollten uns an ihnen ein Beispiel nehmen. Jeder von uns braucht eine einfache, widerspruchsfreie Anlagestrategie, die auf Dauer gut funktioniert – eine, die man versteht und von der man so fest überzeugt ist, dass man in guten und in schlechten Zeiten unbeirrt an ihr festhält. Wir kommen später wieder auf diese Idee zurück, weil sie so wichtig ist. Aber jetzt wollen wir uns näher mit den Gedanken von Greenblatt beschäftigen und versuchen herauszufinden, wie er das Problem der Geldanlage gelöst hat.

Effiziente Märkte, Verrückte und Dynamit

Als Greenblatt in den späten 1970er-Jahren Student an der Wharton Business School war, bestanden seine Professoren darauf, es habe keinen Sinn, *auch nur zu versuchen*, den Markt zu schlagen. Sie vertraten die Markteffizienztheorie und behaupteten, die aktuellen Aktienkurse würden alle öffentlich verfügbaren Informationen widerspiegeln. Ihrer Ansicht nach führten die Interaktionen zwischen gut informierten Käufern und Verkäufern dazu, dass der Kurs einer Aktie ihrem richtigen und fairen Wert entspricht, was bedeutet, dass es sinnlos ist, nach Schnäppchen zu jagen.

Aus intellektueller Sicht handelt es sich um eine elegante Theorie, die das kollektive Wissen, würdigt, über das die breite Masse verfügt. Außerdem hat sie den positiven Effekt, viele Privatanleger dazu zu bringen, in Indexfonds zu investieren. Diese basieren auf der entmutigenden, aber realistischen Idee, dass man, wenn man den Markt *nicht schlagen kann*, versuchen sollte, zu den geringstmöglichen Kosten dieselben Ergebnisse wie der Markt zu erzielen. Für die ganz überwiegende Mehrheit der Anleger stellt die indexorientierte Anlage die vernünftigste – und einfachste – aller Strategien dar.

Aber Greenblatt glaubte nicht, was man ihn lehrte. »Ich habe instinktiv an dem gezweifelt, was man mir über effiziente Märkte beibrachte«, sagte er. »Schon allein angesichts dessen, was in der Zeitung steht und was in der Welt vor sich geht, erschien mir diese Theorie wenig sinnvoll.«

Vor allem konnte er sehen, dass Aktienkurse häufig sehr stark zwischen ihren 52-Wochen-Hochs und -Tiefs schwankten. Wenn eine Aktie im Februar zu

50 Dollar gehandelt wird und bis November auf 90 Dollar hochschießt, wie kann es dann möglich sein, dass beide Extreme die korrekten Preise sind? Und was ist mit sehr populären Aktien, wie den Flotten Fünfzig, die plötzlich in Flammen aufgingen? Hat zum Beispiel die breite Masse, die ja angeblich allwissend ist, die Aktie von Polaroid mit 150 Dollar im Jahr 1972 *und* mit 14 Dollar im Jahr 1974 fair bewertet? Das schien sehr unwahrscheinlich zu sein.

Greenblatt erkannte auch, dass sich der Gesamtmarkt in unberechenbarer Weise von einem Extrem zum anderen bewegte. Der euphorische Boom und der beängstigende Absturz in der Zeit von 1972 bis 1974 waren beispielhaft für die schwindelerregende Volatilität, die der Gesamtmarkt seither an den Tag legte. Er wies darauf hin, dass sich der S&P 500 von 1996 bis 2000 verdoppelte, zwischen 2000 und 2002 halbierte, von 2002 bis 2007 wieder verdoppelte, zwischen 2007 und 2009 ein weiteres Mal halbierte und von 2009 bis 2017 verdreifachte. Hatten die Anleger in dieser ganzen Zeit, als die Märkte hochschossen, taumelten und abstürzten, die Aktien logisch und effizient bepreist? Oder waren sie vielleicht viel weniger rational, als die Theoretiker an der Universität glaubten?

Greenblatt machte 1979 sein Examen mit Auszeichnung und schloss ein MBA-Studium an. Aber mit seiner akademischen Ausbildung gelang es ihm nicht, die Mysterien des Markts aufzuklären. Er belegte einen Kurs in Investmentmanagement, konnte aber keine Erleuchtung durch abstruse Themen wie quadratische parametrische Programmierung erlangen. Aber eines gelang ihm: »Ich schaffte es, die schlechteste Note im ganzen Kurs zu bekommen.«

Forbes wurde Greenblatts Rettung. Während seines Studiums stieß er auf einen kurzen Artikel über Ben Grahams Methode, unterbewertete Aktien zu identifizieren. Dies brachte ihn dazu, Grahams Bücher *Security Analysis und The Intelligent Investor* zu lesen, die er als »die Antithese dessen beschrieb, »was ich an der Universität lernte«. Grahams Sicht des Markts und seiner Funktionsweise »war so einfach und verständlich«, sagte Greenblatt, »dass ich davon begeistert war.«

Vor allem zog er aus Grahams Büchern eine Lehre, die sein Leben änderte. Greenblatt beschreibt diese wie folgt: »Aktien sind Eigentumsrechte an Unternehmen«, die »man bewertet und versucht, mit einem Abschlag zu kaufen.« Entscheidend ist also, Gelegenheiten zu finden, die eine besonders große Differenz zwischen dem *Preis* und dem *Wert* des Unternehmens bieten. Diese Differenz stellt ein Sicherheitspolster dar, das Greenblatt (genau wie Graham und Buffett) als das allerwichtigste Konzept der Geldanlage ansieht.

Es ist sehr befreiend zu erkennen, dass die ganze Aufgabe darin besteht, Unternehmen zu bewerten und für sie viel weniger zu bezahlen, als sie wert sind. »Wenn man es so einfach sieht und immer diese Einfachheit im Kopf behält, dann überzeugt einen dieses Konzept so sehr, dass ein Großteil von dem, *was es sonst noch gibt*, fast dumm erscheint«, sagte Greenblatt. »Damit wurden praktisch 99 Prozent von dem überflüssig, was ich sonst noch zur Erklärung des Markts und der Welt gehört habe.«

Viele Anleger werden nervös, wenn sie die neuesten Nachrichten über, sagen wir, die griechische Schuldenkrise lesen, die die europäische Wirtschaft bedroht. Aber Greenblatt meinte: »Ich sehe das so: Wenn ich eine Ladenkette im Mittleren Westen besitze, werde ich sie dann plötzlich für die Hälfte ihres Werts verkaufen, nur weil irgendetwas Schlimmes in Griechenland passiert ist? Ich denke nicht. Aber das ist es doch, was man in der Zeitung liest und auf das jeder schaut. Es ist sehr hilfreich, so etwas im Zusammenhang zu sehen und sich zu fragen: ›Spielt es eine Rolle oder nicht?‹«

Tatsächlich beginnt man zu erkennen, dass sich ein Großteil der Investmentwelt mit nutzlosem Unsinn beschäftigt. Die Ökonomen an der Wall Street halten Vorträge über den Gegenwind oder den Rückenwind durch gesamtwirtschaftliche Einflüsse, die niemand verlässlich und genau vorhersagen kann. Die Experten in den Medien zerbrechen sich den Kopf über die Bedeutung kurzfristiger Kursschwankungen, die zufallsbedingt sind und keine Bedeutung haben. Hochintelligente Analysten bei Wertpapierhandelsfirmen verschwenden ihre Zeit damit, die Unternehmensgewinne des nächsten Quartals auf den Cent genau zu berechnen – ein absurdes Ratespiel, um das sich erfolgreiche, langfristig denkende Anleger nicht kümmern.

Um nicht ins Hintertreffen zu geraten, unterrichten die Professoren an den Universitäten komplizierte mathematische Modelle und sprechen in einer Geheimsprache über Sharpe-Quotienten, Sortino-Quotienten, Alphas, Betas, das Modigliani-Modigliani-Maß und andere rätselhafte Konzepte, mit denen sie dem Durcheinander auf den Märkten einen Anschein mathematischer Berechenbarkeit verleihen wollen. Andererseits bedienen sich Anlageberater dieses hochtrabenden

Unsinns, um ihre Kunden davon zu überzeugen, dass ihre Portfolios häufig und auf eine subtile und komplizierte Art und Weise angepasst werden müssten. Buffett verspottete diese teuren Berater im Dienst der Komplexität, als »Über-Helfer, deren Rat meist aus esoterischem Geschwätz besteht«.

Im Unterschied dazu schrieb Graham einfach und verständlich über »Mr. Market«. Mit einer einzigen kurzen Parabel über diese verwirrte Person brachte er das ganze Spiel des Geldanlegens auf den Punkt. In seinem Buch *The Intelligent Investor* fordert Graham den Leser auf, sich vorzustellen, er besäße einen Anteil im Wert von 1000 Dollar an einem Unternehmen. Jeden Tag erscheint der Geschäftspartner, der hilfsbereite, aber irrationale Mr. Market, mit einer Bewertung dieses Unternehmensanteils. Seine Bewertung ändert sich von Tag zu Tag und hängt davon ab, wie euphorisch oder wie ängstlich er sich fühlt: »Man kann das Glück haben, ihm den eigenen Anteil an einem Tag zu verkaufen, an dem er einen lächerlich hohen Preis nennt; und man kann auch das Glück haben, ihm seinen Anteil abzukaufen, wenn der Preis sehr niedrig ist.« In der restlichen Zeit kann man still dasitzen und darauf warten, bis Mr. Market wieder von Sinnen ist und einem ein weiteres Geschäft anbietet, das man nicht ablehnen kann.

Mit anderen Worten: Der Markt ist keine effiziente Maschine, die verlässlich und widerspruchsfrei faire Preise ermittelt. Er ist eine Komödie der Irrungen, ein Fest der Torheit. »Die Menschen sind verrückt und emotional«, sagte Greenblatt. »Sie kaufen und verkaufen Dinge nach Maßgabe ihrer Gefühle, nicht ihres Verstands und darin besteht der einzige Grund, weshalb es gute Gelegenheiten gibt ... Wenn man also über eine Methode zur Bewertung von Unternehmen verfügt, die verlässlich und sinnvoll ist, sollte man in der Lage sein, sich die Emotionen anderer Leute zunutze zu machen.«

Das wirft eine offensichtliche, aber entscheidende Frage auf: *Wissen Sie, wie man ein Unternehmen bewertet?*

Es kommt nicht darauf an, ob man auf seine Antwort stolz sein kann oder sich für sie schämen muss. Es kommt aber darauf an, diese Frage ehrlich und offen zu beantworten, denn Selbsttäuschung kann bei Extremsportarten wie Fallschirmspringen oder Aktienauswahl teuer und gefährlich werden. »Nur sehr wenige Menschen sind in der Lage, Unternehmen zu bewerten – und wenn man nicht dazu gehört, dann glaube ich nicht, dass man selbst aktiv investieren sollte«, sagte Greenblatt. »Wie kann man eine vernünftige Anlageentscheidung treffen, wenn man nicht herausfinden kann, wie viel etwas wert ist?«* Er fügte hinzu, dass »die meisten Leute einfach indexorientiert anlegen sollten«, weil »sie sonst nicht verstehen, was sie tun«.

Ich habe weder die technischen Fertigkeiten noch die Geduld oder das Interesse, Unternehmen zu bewerten. Deshalb ist es für mich sinnvoll, diese Aufgabe Profis zu überlassen, die das besser können. Diese Selbstbeschränkung sollte mir viel Ungemach ersparen. Wie Greenblatt in *The Little Book That Beats the Market* feststellt: »Einzelne Aktien auszuwählen, ohne zu wissen, worauf man achten muss, ist wie mit einem brennenden Streichholz durch eine Dynamitfabrik zu laufen. Man kann es überleben, aber man ist doch ein Idiot.«

Alle paar Jahre schlage ich diese Warnung in den Wind und kaufe, obwohl ich es besser weiß, eine einzelne Aktie. Ich besitze zur Zeit drei Aktien. Eine davon ist Berkshire Hathaway, die ich für viele Jahre zu halten beabsichtige. Ich bilde mir ein, dass ich vom Geschäft des Unternehmens genug verstehe, um diese langfristige Anlage zu rechtfertigen. Schwieriger zu rechtfertigen ist, dass ich auch einen winzigen Anteil eines Bergbau- und Immobilienunternehmens besitze, das mir ein sehr bekannter Investor empfohlen hat, dessen Namen ich nicht nenne. Wie hat sich diese Aktie geschlagen? Bis jetzt ist sie um 87 Prozent gefallen. Bis jetzt halte ich sie noch – als schmerzhafte Mahnung daran, vorsichtiger mit brennenden Streichhölzern und Dynamit zu sein. Die dritte Aktie ist Seritage Growth Properties, ein Investment gegen den Markttrend, das ich mir von Mohnish Pabrai abschaute, als die Gewerbeimmobilienbranche 2020 zusammenbrach.

Je nach der Branche des Unternehmens verwendet Greenblatt eine Kombination von vier verschiedenen Standardbewertungstechniken. Technik 1: Er führt eine *Analyse des diskontierten Cash-Flows* durch und berechnet den Nettobarwert der geschätzten künftigen Gewinne des Unternehmens. Technik 2: Er ermittelt den *relativen Wert* eines Unternehmens, indem er ihn mit dem Wert ähnlicher Unternehmen vergleicht. Technik 3: Er schätzt den *Anschaffungswert* des Unternehmens, indem er sich überlegt, was ein sachverständiger Käufer dafür zahlen würde. Technik 4: Er berechnet den *Liquidationswert* des Unternehmens, indem er

* Wenn Sie lernen wollen, Bilanzen und Gewinn- und Verlustrechnungen zu lesen und besser zu verstehen, empfiehlt Greenblatt Bücher wie *Interpretation of Financial Statements* von Benjamin Graham, *How to Use Financial Statements* von James Bandler oder *How to Read a Financial Report* von John Tracy.

ermittelt, wie viel es wert wäre, wenn es schließen und alle Vermögensgegenstände verkaufen würde.

Keine dieser Methoden ist präzise und jede hat gewisse Grenzen. Aber Greenblatt geht von der Annahme aus, dass – falls eine Aktie billig genug ist – die Gewinnchance das Verlustrisiko bei Weitem überwiegt. Das zugrunde liegende Konzept, nämlich Schnäppchen zu kaufen, ist die Einfachheit selbst. Es allerdings durchzuführen ist nicht so einfach, weil damit so komplizierte Dinge verbunden sind, wie etwa die zukünftigen Gewinne und den zukünftigen Cash-Flow eines Unternehmens (zumindest ungefähr) vorherzusagen. Das erinnert mich an einen bissigen Kommentar über das Geldanlegen, den Charlie Munger einmal bei einem Essen mit Howard Marks gemacht hat: »Man sollte nicht denken, dass es einfach ist. Jeder der denkt, es sei einfach, ist dumm.«

Greenblatt beteuerte, dass seine eigenen Fähigkeiten, ein Unternehmen zu bewerten, nur »durchschnittlich« seien. Seine Stärke liege vielmehr in seiner Fähigkeit, alles, was er am Markt beobachtet, »in einen Zusammenhang zu bringen« und in ein logisches System einzufügen. Er ist so sehr von diesem System überzeugt, dass er seinen Studenten an der Columbia Universität eine Garantie gibt: Wenn sie halbwegs gute Arbeit bei der Bewertung von Unternehmen leisten, diese mit einem großen Abschlag auf ihren inneren Wert kaufen und geduldig darauf warten, bis sich die Lücke zwischen aktuellem Preis und dem von ihnen ermittelten Wert schließt, dann belohnt sie der Markt am Ende.*

Der Haken an der Geschichte besteht darin, dass man nie genau sagen kann, wie lange der Prozess der Angleichung des Marktpreises an den inneren Wert dauern wird. Dennoch, sagte Greenblatt, »glaube ich fest daran, dass der Markt in 90 Prozent der Fälle diesen Wert innerhalb von zwei oder drei Jahren realisiert«.

Das führt uns zu einer fundamentalen Einsicht, die eines der verlässlichsten Gesetze in der Finanzwelt darstellt. Kurzfristig ist der Markt irrational und bewertet Aktien häufig falsch, aber auf lange Sicht ist er überraschend rational. »Am Ende«, sagte Greenblatt, »liegt Mr. Market richtig.«

* In der »Gebrauchsanleitung« für die Aktionäre von Berkshire Hathaway erklärte Buffett: »Der innere Wert ist ein überaus wichtiges Konzept, das die einzige logische Methode darstellt, um die relative Attraktivität von Unternehmen oder Geldanlagen einzuschätzen. Der innere Wert lässt sich einfach definieren: Er entspricht dem Gegenwartswert der Barmittel, die aus einem Unternehmen während seiner restlichen Lebensdauer gezogen werden können … Im Lauf der Zeit tendieren die Aktienkurse gegen diesen inneren Wert.«

Einseitige Wetten und hässliche Entlein

Nachdem er die Wharton Business School verlassen hatte, ging Greenblatt auf die Stanford Law School, vor allem, weil er noch nicht richtig arbeiten wollte. Nach einem Jahr brach er sein Studium ab. Viele seiner Kollegen gingen den üblichen Weg und wurden Firmenanwälte oder Investmentbanker. Aber er hatte keine Lust darauf, 100 Stunden pro Woche in einem großen, anonymen Unternehmen zu schuften und eine Durchschnittskarriere zu machen. Sein Ziel war, einen Weg zu finden, »für schlaue Ideen bezahlt zu werden statt für die Anwesenheit am Arbeitsplatz«.

In der Zwischenzeit arbeitete er während des Sommers für Bear Stearns, wo er ein relativ neues Gebiet kennenlernte: den Handel mit Optionen. Er erinnerte sich: »Ich habe risikolose Arbitragegeschäfte durchgeführt, indem ich tatsächlich quer durch den Handelsraum gerannt bin, um mir einen Computerausdruck zu holen, zurück zu meinem Schreibtisch gerannt bin« und den Ausdruck »auf Anomalien überprüft habe, mit denen ich Geschäfte machen konnte«. Durch den gleichzeitigen Einsatz von Verkaufs- und Kaufoptionen konnte er »automatische Gewinne« garantieren, ohne jedes Verlustrisiko. »Das hat mir die Augen dafür geöffnet, was an der Wall Street alles möglich ist.«

Greenblatt war schon immer vom Glücksspiel fasziniert gewesen. Mit 15 hatte er das verbotene Vergnügen entdeckt, sich auf eine Hunderennbahn zu schleichen und ein paar Dollar auf einen Greyhound zu setzen. Sein Verstand war wie gemacht für Wetten. »Ich berechne gerne die Wahrscheinlichkeiten«, sagte er. »Bewusst oder unbewusst – ich berechne die Wahrscheinlichkeiten bei jedem Investment. Wie hoch ist die Gewinnchance? Wie groß ist das Verlustrisiko?« Als ich erwähnte, dass die besten Investoren alle in Wahrscheinlichkeitsgrößen zu denken scheinen und die Wahrscheinlichkeiten verschiedener Resultate sorgfältig abwägen, antwortete er: »Ich glaube nicht, dass man ein guter Investor sein kann, wenn man *nicht* so denkt.«

Greenblatt verbrachte die nächsten drei Jahre als Analyst bei einer neu gegründeten Investmentgesellschaft und schloss »Risikoarbitrage«-Wetten im Zusammenhang mit Unternehmensfusionen ab. Er erkannte sehr schnell, dass es sich dabei um ein Spiel mit sehr schlechten Gewinnchancen handelte. Wenn eine Unternehmensfusion wie geplant verlief, »konnte man 1 oder 2 Dollar verdienen«, sagte er. Aber wenn sie unerwartet scheiterte, »konnte man 10 oder 20 Dollar verlieren.« Das war »das genaue Gegenteil« der Strategie von Graham, nämlich spottbillige Aktien zu kaufen, »bei der man 1 oder 2 Dollar verlieren, aber 10 oder 20 *gewinnen* kann. *Das* ist ein gutes Gewinn/Verlust-Verhältnis«.

1985 gründete Greenblatt Gotham Capital, mit der Absicht, die Prinzipien anzuwenden, die er von Graham gelernt hatte. Greenblatt begann mit einem Kapital von 7 Millionen Dollar, das zum Großteil von Michael Milken stammte, dem König der Schrottanleihen, mit dem ihn ein Kommilitone von der Wharton Business School bekannt gemacht hatte.[3] Milken hatte angeblich 1 Milliarde Dollar innerhalb von vier Jahren bei Drexel Burnham Lambert verdient, sodass ihm das Risiko eines kleinen Zusatzgeschäfts mit einem unerfahrenen 27-Jährigen nichts ausmachte.*

Greenblatt sagte, seine Anlagestrategie bei Gotham habe darin bestanden, »Geld nicht durch die Übernahme von Risiken zu verdienen, sondern durch den Abschluss einseitiger Wetten«. Das heißt, er investierte nur, wenn alles danach aussah, als lägen die Chancen ganz überwiegend auf seiner Seite. Die Einzelheiten unterschieden sich von einem Investment zum anderen, aber er war immer auf der Suche nach »asymmetrischen« Vorhaben, bei denen »ich nicht viel verlieren, aber vielleicht eine Menge gewinnen« konnte. »Wenn es ausgeschlossen ist, Geld zu verlieren, sind die anderen Möglichkeiten, die eintreten können, meistens gut.«

Einseitige Wetten sind selten, aber Greenblatt brauchte nur wenige. Er setzte üblicherweise 80 Prozent des Vermögens seines Fonds für sechs bis acht Investments ein – eine außergewöhnlich hohe Konzentration. »Es gibt nicht viele tolle Gelegenheiten«, erklärte er. »Ich habe danach geschaut, wo die Barrieren niedrig sind – was andere auch gekauft hätten, wenn sie ihre Arbeit richtig gemacht hätten.«

Aufbauend auf seinen Erfahrungen mit Risikoarbitrage-Geschäften, entwickelte er sich zu einem Experten für »besondere Situationen«, die die meisten Investoren übersahen – wie beispielsweise Unternehmensabspaltungen, Umstruk-

* Greenblatt wusste das damals nicht, aber Milken war der Sonne zu nahegekommen und hatte sich die Flügel verbrannt. 1990 bekannte er sich in sechs Punkten des Wertpapier- und Steuerbetrugs für schuldig. Er musste insgesamt mehr als 1 Milliarde Dollar für rechtliche Vergleiche und Bußgelder zahlen. Er verbrachte 22 Monate im Gefängnis, entging aber dem Armenhaus: Nach *Forbes* beläuft sich sein Vermögen heute auf ungefähr 3,7 Milliarden Dollar. 2020 wurde Milken von Präsident Trump begnadigt, was auf viel Kritik stieß.

turierungen und »verwaistes Eigenkapital«, das nach Konkursen übrigblieb. Er investierte auch in wenig gehandelte Aktien, die die großen Investoren aufgrund der geringen Marktkapitalisierung dieser Aktien nicht kaufen konnten. Er stellte fest: »Es ist einfacher, gute Kaufgelegenheiten abseits der ausgetretenen Pfade oder in außergewöhnlichen Situationen zu finden, weil sich andere Leute dort nicht umschauen.«

Greenblatt hatte den Spielraum, diese »nicht ausgetretenen Pfade« zu erforschen, weil er immer darauf achtete, dass sein Fonds nie zu groß wurde. »Wir hätten beliebig viel Kapital aufbringen können, aber dadurch wäre die Rendite gesunken«, sagte er. 1994, als das Vermögen von Gotham ungefähr 300 Millionen Dollar betrug, zahlte er das gesamte von Anteilseignern stammende Kapital zurück. Dadurch blieb der Fonds wendig genug, um sich überall hin zu wagen.

Tatsächlich war der erste Faktor, den er nannte, als ich ihn bat, den Erfolg von Gotham zu erklären, die Tatsache, »dass wir klein geblieben sind«. Der zweite bestand in der außergewöhnlich hohen Konzentration seines Portfolios. Deshalb »musste man nur ein paar gute Ideen haben«. Der dritte? »Wir hatten ein bisschen Glück.« Er erklärte, Gotham habe im Laufe der Jahre bemerkenswert wenig Unheil erlitten. Das führte er zum Teil auf Glück zurück. »Außerdem hasste ich es, Geld zu verlieren«, fügte er hinzu. »Deshalb hatten wir sehr hohe Anforderungen, die erfüllt sein mussten, bevor wir etwas kauften.«

Greenblatts extrem wählerische Strategie bedeutete, dass er oft Aktien verschmähte, die gut, aber nicht toll waren. Genauso ließ er die Finger von Unternehmen, die zu schwer zu bewerten waren. »Ich will es mir einfach machen«, sagte er. »Vielleicht bin ich ein wenig fauler als die meisten Leute. Zumindest versuche ich, auf der Bahn mit den Halbmeter-Hürden zu laufen und nicht auf der mit den Dreimeter-Hürden.«

Aber bei den seltenen Gelegenheiten, bei denen er am Markt haargenau das fand, was er suchte, zögerte er nicht, mit voller Kraft zuzuschlagen. Eines dieser wertvollen Geschenke von der Gottheit der Finanzen erhielt er 1993 – ein Trauminvestment, sagte Greenblatt, »welches nichts zu wünschen übrigließ«.

Es begann im Oktober 1992 damit, dass die Marriott Corporation ihre Aufspaltung ankündigte. Das Unternehmen war während eines Abschwungs am Immobilienmarkt in Schwierigkeiten geraten, so Greenblatt, und »saß nun auf einem Haufen Hotels, die es gebaut hatte, aber nicht verkaufen konnte«. Stephen

Bollenbach, ein Finanzmagier, der gerade Donald Trumps schlingerndes Casino- und Hotelimperium umstrukturiert hatte, landete bei Marriott, um eine weitere Rettungsmission zu vollbringen.

Marriott bestand aus zwei Geschäftszweigen: einem schönen Schwan und einem hässlichen Entlein. Der schöne Schwan lieferte einen verlässlichen Strom hoher Gebühreneinnahmen durch das Management von Hotels für andere Unternehmen. Das hässliche Entlein, das Hotels baute und besaß, war mit Schulden überladen. Bollenbach schlug vor, die beiden Geschäftszweige mit einem radikalen Schnitt voneinander zu trennen.

Der schöne Schwan würde das neue Unternehmen Marriott International und rund 85 Prozent des Werts des Vorgängerunternehmens Marriott Corporation repräsentieren und schuldenfrei sein. Auf der anderen Seite würden die nicht verkäuflichen Hotels und Schulden von ungefähr 2,5 Milliarden Dollar bei einem zweiten, neuen Unternehmen abgeladen, Host Marriott – eine üble Müllhalde, die offenbar nur aus Giftmüll bestehen würde, den niemand anfassen wollte. Der schöne Schwan (Marriott International) könnte unbeschwert in den Sonnenuntergang schwimmen, während das hässliche Entlein (Host Marriott) zurückbleibe und ertrinke. So sah es zumindest aus.

Greenblatt wusste, dass fast niemand sich Host Marriott näher anschauen, geschweige denn in das Unternehmen investieren würde. »Es sah einfach schrecklich aus«, sagte er. »Es hatte einen Haufen Schulden. Das Geschäft lief schlecht. Es hatte nichts Gutes an sich.« Außerdem war es den meisten institutionellen Investoren zu klein, selbst wenn sie den Müllgestank ausgehalten hätten. Die Aktionäre von Marriott Corporation würden Aktien von Host Marriott erhalten, sobald die Abspaltung abgeschlossen sei. Aber Greenblatt war sich sicher, dass sie scharenweise verkaufen würden. Was tat er also? Er stürzte sich auf das hässliche Entlein.

»Schnäppchen findet man«, sagte er, indem man nach dem verborgenen Wert bei Vermögensgegenständen sucht, »von denen andere nichts wissen wollen«.

Ein Indiz dafür, dass Host Marriott nicht so übel war, wie es aussah, war die Tatsache, dass das Unternehmen von Bollenbach geführt werden würde – »dem Typen, der sich diesen Plan ausgedacht hatte«. Warum sollte dieser gerissene Geschäftsmann die Verantwortung für eine Firma übernehmen, wenn sie wirklich nur dazu bestimmt war, pleite zu gehen? Es stellte sich heraus, dass er viel dabei zu gewinnen hatte, wenn es ihm gelingen würde, Host Marriott aus den roten Zahlen zu führen. Überdies würde die Familie Marriott 25 Prozent des Unternehmens besitzen. Also waren etliche schlaue Insider sehr an seinem Erfolg interessiert.

Greenblatt studierte das Unternehmen genau und entdeckte überraschend hohe Werte. Es gab zwar viele »lausige Immobilien«, einschließlich einiger noch nicht fertiggestellter Hotels. Aber es gab auch einige wertvolle Besitztümer, wie etwa Konzessionen für Flughafenrestaurants und einigen schuldenfreien Grundbesitz.

Am besten war aber, dass die Aktie mit 4 Dollar spottbillig war. Nach seiner Einschätzung waren *allein* die schuldenfreien Aktiva 6 Dollar pro Aktie wert. Aber es gab auch eine Tochtergesellschaft, die stark verschuldet war, die aber wertvoll werden könnte, wenn ihre Geschäfte jemals besser gehen würden. »Die Asymmetrie war wirklich erstaunlich«, sagte er. »Ich konnte für 4 Dollar Vermögensgegenstände ohne Schulden im Wert von 6 Dollar kaufen und hatte zudem die Chance auf Wertzuwächse bei dem Haufen der anderen Aktiva. Wenn die Tochtergesellschaft tatsächlich nichts wert sein sollte, dann hätte ich eben 4 Dollar für etwas gezahlt, das 6 Dollar wert war.«

Also schlug Greenblatt zu und setzte fast *40 Prozent* des Vermögens seines Fonds auf Host Marriott. Es war ein atemberaubendes Manöver. Es handelte sich um ein strauchelndes Unternehmen, das bis zum Hals in Schulden steckte. Aber Greenblatt sah, was alle anderen nicht sahen: eine unwiderstehlich einseitige Wette.

Wie ihn Graham gelehrt hatte, kam es vor allem auf das Sicherheitspolster an. Wenn man eine Aktie für viel weniger als ihren inneren Wert kauft, dann werden das früher oder später auch andere Anleger herausfinden und den Kurs nach oben treiben. Und bis dahin, sagte Greenblatt, »sah ich kein Risiko, viel Geld zu verlieren«. Und genau deswegen ging er solch eine aggressive Wette ein. »Man muss seine Bestände nach dem Risiko bemessen, das man eingehen will«, sagte er. »Ich kaufe nicht mehr von den Aktien, mit denen ich die größten Gewinne machen kann. Ich kaufe mehr von denen, mit denen ich kein Geld verlieren kann.«

Was passierte also? Im Herbst 1993 wurde der Börsenhandel mit Host Marriott als selbständigem Unternehmen aufgenommen. Innerhalb von vier Monaten verdreifachte Greenblatt seinen Einsatz, als das hässliche Entlein die Zweifler Lügen strafte und zum Höhenflug ansetzte. Greenblatt hatte nicht erwartet, dass er seine Wette so schnell gewinnen würde. »Das war Glück«, sagte er. »Aber wir haben alles dafür getan, dass das Glück zu uns kommt.«

Bevor ich von meiner Begeisterung hingerissen werde, muss ich darauf hinweisen, dass die *Durchführung* dieses Investments nicht ganz einfach war. Zunächst kaufte Greenblatt Vorzugsaktien, die ihm im Fall eines Konkurses ein höheres Maß an Schutz bieten würden. Außerdem setzte er Kaufoptionen für die Strukturierung seiner Wette ein. Vor allem war die seltene Kombination von kühler Rationalität, unabhängigem Denken und großem Mut notwendig, um so viel auf ein so allgemein verschmähtes Unternehmen zu setzen. Aber das grundlegende Prinzip hätte nicht einfacher sein können. Sie erinnern sich? *»Finde heraus, was etwas wert ist und bezahle viel weniger dafür.«*

Billig + gut = der Heilige Gral

Greenblatts Investmentansatz entwickelte sich weiter, zum Teil weil er sah, wie Buffett die Strategie von Graham, unterbewertete Aktien zu kaufen, modernisiert und verbessert hatte. Wie Greenblatt mir erklärte, hatte Buffett diese Strategie um einen »kleinen, einfachen Kniff« erweitert, der »ihn zu einem der reichsten Menschen der Welt machte: Billig zu kaufen ist toll, – aber wenn man gute Unternehmen billig kaufen kann, ist das noch besser.«

In seiner Anfangszeit hatte Buffett ein Vermögen gemacht, indem er mit den Aktien mittelmäßiger Unternehmen Handel trieb, die er mit einem großen Abschlag gekauft hatte. Aber als sein Vermögen immer größer wurde, brauchte er eine vielseitigere Strategie. Unter dem Einfluss von Munger ging Buffett dazu über, wie er es beschrieb, »wundervolle Unternehmen zu fairen Preisen« zu kaufen und auf Dauer zu halten. 1988 investierte Berkshire Hathaway 650 Millionen Dollar in Coca-Cola und zahlte einen Preis, der übertrieben hoch erschien.* Aber später stellte es sich als Schnäppchen heraus. Warum? Weil Coca-Cola eine

* Buffett kaufte bis 1994 weitere Aktien von Coca-Cola, bis er insgesamt etwa 1,3 Milliarden Dollar in, wie er es nannte, »das beste Großunternehmen auf der Welt« investiert hatte.

außergewöhnliche Wachstumsmaschine mit einem dauerhaften Wettbewerbsvorteil und einer hohen Kapitalrendite war. Berkshire Hathaway verzehnfachte schließlich das eingesetzte Geld innerhalb von zwölf Jahren.

Als er Buffett studierte, wurde Greenblatt klar, was genau ein »wundervolles Unternehmen« ausmachte. Ein Spitzenexemplar bot sich ihm im Jahr 2000 mit der Abspaltung von Moody's Corporation, einer Ratingagentur, die Teil von Dun & Bradstreet gewesen war.* Moody's »schien auf den ersten Blick nicht billig zu sein«, sagte Greenblatt. Aber er und Goldstein vollzogen Buffetts Kauf von Coca-Cola nach, um herauszufinden, ob vielleicht auch Moody's einen Spitzenpreis wert sein könnte: ein Paradebeispiel für das Klonen. Sie kamen zu dem Schluss, dass es vielleicht das beste Unternehmen war, das sie je gesehen hatten.

Moody's war eines von zwei marktbeherrschenden Unternehmen in einer lukrativen Nische mit hohen Marktzutrittsschranken. Seine Einnahmen waren seit fast zwei Jahrzehnten um 15 Prozent pro Jahr gewachsen. Und während Coca-Cola sich zwar eindrucksvoller Kapitalrenditen rühmen konnte, war Moody's in der Lage, ohne die Investition von Kapital stark zu wachsen – abgesehen von den Ausgaben für ein paar Schreibtische und Computer. Greenblatt traf die konservative Annahme, dass die Gewinne ein Jahrzehnt lang um 12 Prozent pro Jahr wachsen würden. Allerdings wurde die Aktie zu einem hohen Kurs gehandelt, der dem 21-Fachen der Gewinne des Folgejahrs entsprach. Aber wenn er das mit dem verglich, was Buffett für Coca-Cola gezahlt hatte, war Moody's »immer noch verdammt billig«.

Wer sonst hatte dieses gut getarnte Schnäppchen entdeckt? Buffett. Er kaufte 15 Prozent von Moody's und hält zwei Jahrzehnte später noch den größten Teil davon. 2020 waren die Aktien, die er ursprünglich für 248 Millionen Dollar erwarb, fast 6 Milliarden Dollar wert. Im Unterschied dazu nahm Greenblatt einen schönen Gewinn mit und setzte sein Geld für andere Aktien ein. »So ziemlich alles, was wir je besaßen, haben wir viel zu bald verkauft«, sagte er. »Wenn man etwas billig gekauft hat, fällt es schwer, in aller Ruhe stillzuhalten, wenn sich der Preis verdoppelt oder verdreifacht hat, selbst wenn es immer noch eine gute Anlage ist.«

Als Professor und als Autor hat sich Greenblatt immer bemüht, sein Wissen über das Geldanlegen möglichst verständlich darzustellen. Das »hat mir

* Dun & Bradstreet ist eine amerikanische Wirtschaftsauskunftei (Anmerkung des Übersetzers).

unglaublich dabei geholfen zu tun, was ich immer versucht habe, die Dinge auf den Punkt zu bringen«, sagte er. »Mit der Zeit gelang mir das immer besser.« Und schließlich erkannte er, dass man alles auf diesen Punkt bringen kann: Kaufe gute Unternehmen zu Schnäppchenpreisen. Darin liegt die reine Essenz der Ansätze von Graham und Buffett.[4]

In Greenblatts Karriere gibt es genug Belege dafür, dass dies eine clevere Methode ist, um das Investmentspiel zu gewinnen. Aber er wollte beweisen, dass es ihm tatsächlich gelungen war, das Problem zu lösen. Deshalb begann er 2003 ein Forschungsvorhaben, das ihn am Ende ungefähr 35 Millionen Dollar kosten würde. Er stellte sich die Aufgabe nachzuweisen, dass »billige und gute« Unternehmen überdurchschnittliche Gewinne produzieren.

Er stellte einen Computerexperten ein, der große Datenmengen analysieren sollte, um herauszufinden, wie diese Unternehmen historisch gesehen abschnitten. Dazu brauchte er einfache Maße für Billigkeit und Qualität. Er wählte zwei Größen, um damit diese beiden entscheidenden Eigenschaften zumindest ungefähr zu messen. Erstens sollte das Unternehmen eine hohe Gewinnrendite haben – als Indikator dafür, dass es im Verhältnis zu seinem Preis hohe Gewinne erzielt. Zweitens sollte es eine hohe Sachkapitalrendite haben – ein Indikator für Qualität, da sie zeigt, dass das Unternehmen mit seinem Umlauf- und seinem Anlagevermögen effektiv Gewinne erwirtschaften kann.*

Das Computergenie analysierte dann 3500 US-Aktien und erstellte auf Grundlage dieser beiden Größen eine Rangfolge. Die Unternehmen mit den höchsten kombinierten Werten sollten im Allgemeinen überdurchschnittlich gute Unternehmen mit unterdurchschnittlichen Aktienkursen sein. Greenblatt wollte herausfinden, was passieren würde, wenn ein hypothetischer Anleger 30 dieser Aktien zu Jahresbeginn kaufen, nach einem Jahr verkaufen und durch eine neue Gruppe von 30 Aktien ersetzte, die dann an der Spitze der Rangfolge standen. Er nahm in

* In seiner Forschungsarbeit maß Greenblatt die Gewinnrendite mit dem Quotienten aus Gewinn vor Zins und Steuern (EBIT: Earnings Before Interest and Taxes) und Unternehmenswert (Marktwert des Eigenkapitals + Nettobetrag der verzinslichen Schulden). Mit anderen Worten: EBIT/Unternehmenswert. Die Kapitalrendite maß er mit dem Quotienten aus Gewinn vor Zins und Steuern (EBIT) und eingesetztem Sachkapital (Nettoumlaufvermögen + Nettoanlagevermögen). Mit anderen Worten: EBIT/(Nettoumlaufvermögen + Nettoanlagevermögen). Zur Vereinfachung verwendete er für seine Berechnungen die Gewinnzahlen des jeweils vorhergehenden Zwölfmonatszeitraums.

seiner Studie an, dass dieser Prozess jedes Jahr wiederholt würde und man auf diese Weise systematisch in billige und gute Unternehmen investiere.*

Greenblatt war »ziemlich erstaunt« über die Ergebnisse der Analyse der Vergangenheitswerte. Von 1988 bis 2004 würde diese Strategie eine durchschnittliche Rendite von 30,8 Prozent pro Jahr erzielt haben, verglichen mit 12,4 Prozent pro Jahr für den S&P 500. Hier gab es also eine Aktienauswahlstrategie, die nur auf zwei Größen basierte – und sie schlug den Markt vernichtend. Es war ein überzeugender Beweis für die Vorteile der Einfachheit.

Greenblatt bezog sich auf diese Forschungsergebnisse und schrieb ein großartiges Buch: *The Little Book That Beats the Market.* Zwischen seinen Witzen erklärt er, wie man »selbst die besten Investmentprofis um Längen schlägt«, indem man »nur zwei einfache Werkzeuge« einsetzt. Wer »ein Meister des Aktienmarkts« werden will, führt er aus, *»muss daran festhalten, gute Unternehmen zu kaufen (also Unternehmen, die eine hohe Kapitalrendite haben) und diese Unternehmen nur zu Schnäppchenpreisen zu kaufen (also zu Preisen, bei denen die Gewinnrendite hoch ist).«*

Er nannte diese einfache Kombination der zwei zentralen Größen »die Zauberformel.«

Glauben Sie an Magie?

Allerdings gibt es da ein kleines Problem. Die meisten Anleger versagen jämmerlich dabei, Meister des Aktienmarkts zu werden, selbst wenn man ihnen die schwere Denkarbeit abgenommen und ihnen eine Zauberformel an die Hand gegeben hat.

Nach der Veröffentlichung von *The Little Book* im Jahr 2005 begann Greenblatt zu erkennen, wie schwierig es war, den Plan umzusetzen, den er seinen Lesern empfohlen hatte. Er und seine Kinder versuchten es, aber sie hatten Schwierigkeiten, so viele Transaktionen im Auge zu behalten. »Ich bekam wirklich Hunderte von E-Mails von Leuten, die sagten, ›Danke für das Buch. Aber können *Sie* das

---

* Die Datenanalyse war wesentlich aufwendiger als es sich anhört. Zum Beispiel maß Greenblatts Team die Ergebnisse ihrer »Zauberformel«-Portfolios über 193 rollierende Ein-Jahres-Perioden zwischen 1988 und 2004 – also von Januar 1988 bis Januar 1989, von Februar 1988 bis Februar 1989 und so weiter. Die Untersuchung produzierte viele erstaunliche Resultate, wie etwa, dass die »Zauberformel«-Portfolios den Markt in 169 von 169 rollierenden Drei-Jahres-Perioden schlugen.

nicht *für mich* erledigen?‹.« Er machte sich auch Sorgen, seine Leser könnten sich selbst Schaden zufügen, indem sie unzuverlässige Unternehmensdaten aus dem Internet verwendeten oder indem sie die Berechnung durcheinanderbrachten, wenn sie versuchten, seine Formel anzuwenden. Was wäre, wenn sie aufgrund dieser Fehler die falschen Aktien auswählen würden und er am Ende den Leuten geschadet hätte, denen er helfen wollte?

Lösungsorientiert richtete Greenblatt die kostenlose Webseite www.magicformulainvesting.com ein, die verlässliche Daten verwendete und es einfach machte, nach Aktien zu suchen, die seine beiden Kriterien erfüllten. Er sagte oft im Spaß: »Es gibt keine Zahnfee an der Wall Street.« Aber er fand Gefallen an der Idee, Privatanleger zu schützen. Deshalb gründete er eine, in eigenen Worten, »wohltätige Wertpapierhandelsfirma«, deren Kunden nur in Aktien investieren können, die auf der von ihm genehmigten Liste der Zauberformel-Aktien stehen.

Greenblatt gab seinen Kunden zwei Optionen zur Auswahl. Option 1: Sie konnten ein »professionell gemanagtes« Anlagekonto eröffnen, bei dem nach einem vorher festgelegten Prozess in festen Zeitabständen Aktien von der genehmigten Liste systematisch gekauft und verkauft wurden. Ungefähr 90 Prozent der Kunden wählten diese »Mach-du-das-mal-für-mich«-Option und mussten deshalb selbst keine Entscheidungen treffen. Option 2: Sie konnten die Do-it-yourself-Methode wählen, sich selbst das empfohlene Minimum von 20 Aktien von derselben Liste aussuchen und selbst entscheiden, wann sie kaufen oder verkaufen. Die paar Mutigen, die sich für diese Option entschieden, glaubten wahrscheinlich, ihre eigene Expertise verstärke den Zauber. Ach, wie hochmütig!

Bei der Analyse Tausender von Kundenkonten stellte Greenblatt entsetzt fest, wie viel schlechtere Ergebnisse die Do-it-yourself-Investoren erzielt hatten. Über einen Zeitraum von zwei Jahren erreichte diese Gruppe eine kumulierte Rendite von 59,4 Prozent, verglichen mit 62,7 Prozent für den S&P 500. Im Unterschied dazu konnte sich die Gruppe mit den professionell gemanagten Konten einer kumulierten Rendite von 84,1 Prozent erfreuen und schlug damit den S&P 500 um 21,4 Prozentpunkte. Erstaunlicherweise hatten die Do-it-yourself-Investoren fast 25 Renditeprozentpunkte dadurch verschleudert, *dass sie ihre eigenen Entscheidungen trafen*. Ihre »Expertise« hatte aus einer dem Markt überlegenen Strategie einen Blindgänger gemacht, der dem Markt hinterherhinkte. Es war ein warnendes Beispiel dafür, wie man sich selbst schaden kann.

»Sie haben alles falsch gemacht, was man als Investor falsch machen kann«, sagte Greenblatt. »Wenn der Markt nach oben ging, stiegen sie sein. Bewegte er sich nach unten, stiegen sie aus. Wenn die Strategie überdurchschnittlich erfolgreich war, stiegen sie ein. Wenn sie unterdurchschnittlich erfolgreich war, stiegen sie aus.« Theoretisch hatten sie wahrscheinlich an sein Konzept des Kaufs hochwertiger Unternehmen zu niedrigen Preisen geglaubt. Aber in der Praxis jagten sie Aktien hinterher, wenn sie teurer wurden und stießen sie ab, wenn sie billiger wurden.

Um es noch schlimmer zu machen, vermieden die Do-it-yourself-Investoren außerdem die unattraktivsten Aktien auf der Liste, denn sie übersahen, dass diese oft die besten Kaufgelegenheiten waren. Gefühlsmäßig war es schwierig, die billigsten Unternehmen auf der Liste zu kaufen, weil die kurzfristigen Aussichten trübe waren und sie häufig von schlechten Nachrichten in Mitleidenschaft gezogen wurden. Die Anleger hatten Angst vor dieser Unsicherheit und verpassten den Wiederanstieg in diese zu Boden gegangenen Aktien, die später zu den größten Gewinnern zählten.

Die Gesamtheit dieses selbstschädigenden Verhaltens veranschaulicht eine der schwierigsten Herausforderungen für jeden Anleger. Es genügt nicht, eine kluge Strategie zu finden, die die Gewinnchancen langfristig erhöht. Man braucht auch die Disziplin und das Durchhaltevermögen, diese Strategie konsequent zu verfolgen, insbesondere wenn man sich nicht wohl dabei fühlt.

Greenblatt hält es für unglaublich hilfreich, »wenn man einige einfache Prinzipien hat, an die man sich halten kann … einfache Prinzipien, die sinnvoll und nicht zu erschüttern sind«. Warum ist das so wichtig? Weil man klar im Kopf sein muss, um all dem psychischen Druck, den Rückschlägen und den Versuchungen zu widerstehen, die einen konfus machen oder vom Weg abbringen können. »Das Geschäft ist hart und der Markt ist nicht immer einer Meinung mit einem«, sagte Greenblatt. »Es liegt in der Natur der Sache, dass Aktienkurse von Emotionen beeinflusst werden, dass man überall auf Probleme stößt und dass man von jedem Experten zu hören bekommt, man habe unrecht.«

Besonders schwer fällt es, an seinem Kurs festzuhalten, wenn man Verluste macht oder dem Markt einige Jahre hinterhergehinkt ist. Man beginnt sich zu fragen, ob die eigene Strategie immer noch die richtige ist oder ob sich etwas von Grund auf geändert hat. Aber tatsächlich funktioniert *keine* Strategie permanent.

Deshalb sind solche Perioden finanzieller und psychischer Leiden ein unvermeidbarer Bestandteil des ganzen Spiels. Die schwächeren Spieler straucheln und kommen zu Fall, wodurch sich zusätzliche gute Gelegenheiten für die Spieler mit den unerschütterlichsten Prinzipien und dem stärksten Charakter ergeben. Greenblatt meint dazu: »Man muss die Qualen positiv sehen, die man bei unterdurchschnittlichen Ergebnissen erleidet: Gäbe es sie nicht, würde jeder genauso handeln wie man selbst.«

Greenblatt besitzt die Überzeugung, die notwendig ist, um in diesen Leidensperioden durchzuhalten. Aber es ist offensichtlich, warum durchschnittliche Anleger unsicher werden können. Bei einer historischen Analyse der 1000 größten Unternehmen in den Vereinigten Staaten erzielte die Zauberformel von 1988 bis 2009 eine durchschnittliche jährliche Rendite von 19,7 Prozent, verglichen mit 9,5 Prozent für den S&P 500. Das ist ein phänomenaler Vorsprung. Dennoch hinkte die Formel dem Index in sechs dieser 22 Jahre hinterher und sie produzierte im Jahr 2002 brutale Verluste von 25,3 Prozent und im Jahr 2008 von 38,3 Prozent. Wenn man so zur Ader gelassen wird, ist es schwer, unerschütterlich zu bleiben – es sei denn, man teilt Greenblatts tief verwurzelten Glauben an die unausweichliche Überlegenheit seiner Strategie.

Seine Erfahrungen brachten ihm eine wichtige Erkenntnis: »Nicht die Strategie, die die höchsten Gewinne erzielt, ist für die meisten Anleger die beste.« Vielmehr sei die ideale Strategie »eine *gute* Strategie, an der man auch in schlechten Zeiten festhalten kann«.

Diese Einsichten inspirierten Greenblatt in den vergangenen Jahren dazu, eine neue Mausefalle zu entwickeln – eine Long/Short-Strategie, die darauf abzielt, das Risiko zu reduzieren und das Geldanlegen »weniger qualvoll« zu machen. Sein Ziel besteht darin, eine vernünftige Wachstumsrate des Kapitals bei weniger turbulenten Schwankungen zu erreichen, damit die Investoren seiner Fonds eine bessere Chance haben, »auf Dauer durchzuhalten«.

Diese Entwicklung kam überraschend für jemanden, der berühmt dafür war, immer aufs Ganze zu gehen und dessen Strategie der Spezialisierung zwei Jahrzehnte lang 40 Prozent Rendite pro Jahr brachte. Aber die meisten Anleger sollten solide und nachhaltige Renditen anstreben und nicht nach den Sternen greifen. »Als ich nur sechs oder acht verschiedene Unternehmen besaß, machte ich oft alle zwei oder drei Jahre innerhalb von ein paar Tagen Verluste von 20 oder

30 Prozent«, sagte Greenblatt. »Es ist schwierig, an einer solchen Strategie festzuhalten. Deshalb ist sie für die meisten Anleger nicht geeignet. Aber für mich war sie vollkommen in Ordnung. Wenn etwas um 20 oder 30 Prozent fällt, gerate ich nicht in Panik, weil ich weiß, was ich habe.«

Heutzutage bewertet Greenblatts Team mehr als 4000 Unternehmen und ordnet sie danach, wie billig sie sind. Seine Fonds kaufen Hunderte von Aktien, die mit einem Abschlag auf den von ihm geschätzten, fairen Wert gehandelt werden, in der Hoffnung, Gewinne durch Kursanstiege zu erzielen (»Long«-Strategie). Dabei setzt er systematisch mehr Geld auf die billigste Aktie als auf die zweitbilligste. Auf der anderen Seite setzt er bei Hunderten von Aktien, deren Kurs höher ist als ihr Wert, auf fallende Kurse (»Short«-Strategie). Auch hier hängt die Größe der Bestände von der Bewertung ab, sodass die teuerste Aktie automatisch die größte Short-Position ist. »Unser Grundprinzip ist es, die billigsten Aktien zu kaufen und die teuersten leer zu verkaufen – und das machen wir sehr systematisch«, sagte er. »Gefühle spielen dabei keine Rolle.« Er weiß, dass er ab und zu falsch liegen wird, aber es kommt ihm vor allem darauf an, »im Durchschnitt richtig zu liegen«.

Es ist keine einfache Aufgabe, eine komplexe Strategie zu verfolgen, die Hunderte Long- und Short-Positionen beinhaltet. Greenblatt hat ein Team aus 20 Finanzanalysten und Computerexperten gebildet, das ihn unterstützt. Aber die Prinzipien, die seiner Strategie zugrunde liegen, sind immer noch so einfach und verlässlich, dass wir alle gut daran täten, uns auf sie zu besinnen:

1. Aktien sind Eigentumsanteile an einem Unternehmen, das bewertet werden muss.
2. Man sollte sie nur kaufen, wenn ihr Kurs geringer als ihr Wert ist.
3. Auf lange Sicht ist der Markt rational und die Kurse werden den fairen Wert dieser Unternehmen (mehr oder weniger) widerspiegeln.

Das Problem besteht jedoch darin, dass niemand weiß, ob dieser Prozess der Annäherung von Kurs und Wert Wochen, Monate oder Jahre dauern wird. Aber Greenblatt ist zu warten bereit, weil er darauf vertraut, dass diese altbewährten Prinzipien sich schließlich bewahrheiten. »Falls Aktien Eigentumsanteile an Unternehmen sind und ich gut darin bin, diese Unternehmen richtig zu bewerten (zumindest im Allgemeinen), dann werde ich mit der Zeit Erfolg haben«, sagte er. »Die Gesetze der Ökonomie und die der Schwerkraft gelten immer.«

Vier einfache Lehren

Wenn ich mir überlege, was ich alles von Greenblatt gelernt habe, kommen mir vor allem vier einfache Lehren in den Sinn:

Erstens: Man braucht nicht die optimale Strategie. Man braucht eine vernünftige Strategie, die gut genug ist, damit seine finanziellen Ziele zu erreichen. Wie der preußische Militärstratege General Carl von Clausewitz gesagt haben soll: »Der größte Feind eines guten Plans ist der Traum von einem perfekten Plan.«

Zweitens: Die Strategie sollte so einfach und so logisch sein, dass man im tiefsten Inneren von ihr überzeugt ist und auch dann an ihr festhält, wenn sie nicht mehr zu funktionieren scheint. Die Strategie muss auch zur eigenen Fähigkeit passen, Verluste, Schwankungen und Belastungen auszuhalten. Es ist hilfreich, die Strategie, die Prinzipien, auf denen sie beruht, und die Gründe, warum man auf sie vertraut, niederzuschreiben. Man kann sich das als ein finanzielles Grundsatzprogramm oder einen finanziellen Verhaltenskodex vorstellen. In schlechten und belastenden Zeiten kann man sich dieses Dokument wieder durchlesen, um so sein Gleichgewicht und seine Orientierung zurückzugewinnen.

Drittens: Man muss sich fragen, ob man wirklich die Fähigkeit und das Temperament dazu hat, den Markt zu schlagen. Greenblatt besitzt eine ungewöhnliche Kombination von Fähigkeiten, die ihm zu einem großen Vorteil gereichen. Er ist ein brillanter Analytiker und kann ein komplexes Spiel in seine fundamentalen Bestandteile zerlegen: *Bewerte ein Unternehmen, kaufe es mit einem Abschlag und warte dann ab.* Er weiß, wie man Unternehmen bewertet. Er lässt sich nicht von der Mehrheitsmeinung oder von Autoritäten wie den Professoren an der Wharton Business School beeinflussen, die behaupten, der Markt sei effizient. Im Gegenteil, er hat seine Freude daran, sie wieder und wieder zu widerlegen. Er ist außerdem geduldig, ausgeglichen, selbstsicher, ehrgeizig, rational und diszipliniert.

Viertens: Man sollte immer daran denken, dass man auch ein wohlhabender und erfolgreicher Investor werden kann, wenn man nicht versucht, den Markt zu schlagen. Während mehrerer Jahrzehnte sah Jack Bogle zu, wie Tausende aktiver

Fondsmanager versuchten zu beweisen, dass sie auf Dauer besser als Indexfonds seien – und dabei scheiterten. »All diese Sterne waren am Ende nur Sternschnuppen«, sagte er mir. »Sie erleuchteten den Himmel nur für einen Augenblick. Dann verglühten sie und ihre Asche sinkt langsam zu Boden. Glauben Sie mir, das passiert fast immer.«

Bogle behauptete oft, »die höchste Stufe der Einfachheit« bestünde darin, einen einzigen, breit gestreuten Indexfonds zu kaufen, der amerikanische und ausländische Aktien und Anleihen zu einem jeweils festen Prozentsatz hält. Und das war's. Keine selbstzerstörerischen Versuche, die richtige Zeit für den Ein- und den Ausstieg zu erwischen. Nicht davon zu träumen, die nächste heiße Aktie oder Anleihe zu finden.

Als ich dieses Kapitel schrieb, folgte ich seinem Rat und kaufte einen einzigen Indexfonds für das Rentenkonto meiner Frau – einen Fonds, der sein Vermögen weltweit und zu 80 Prozent in Aktien und zu 20 Prozent in Anleihen investiert. Ich bin mir sicher, dass dies nicht die optimale Strategie ist. Aber sie sollte gut genug sein, vorausgesetzt, meine Frau hält den Fonds viele Jahre lang und kauft regelmäßig weitere Anteile. Es ist eine einfache Strategie. Sie basiert auf breiter Diversifizierung, einem vernünftigen Verhältnis zwischen Chance und Risiko, steuerlicher Vorteilhaftigkeit, außergewöhnlich niedrigen Kosten und einem langen Zeithorizont. Ihr fehlt Glanz und Gloria. Aber wie Bogle mir sagte: »Man *muss nicht* der Größte sein.«

Ich persönlich bin immer hin- und hergerissen zwischen der mathematischen Logik der indexorientierten Geldanalage und dem Traum, den Markt zu schlagen. Aber eines weiß ich: Gleichgültig, welche Richtung man einschlägt, zahlt es sich aus, einen einfachen Weg zu wählen.

KAPITEL 6

DAS GROSSE ABENTEUER VON NICK UND ZAK

Eine höchst unkonventionelle Investmentgesellschaft liefert den Beweis, dass man der Verlockung widerstehen sollte, sich seine Wünsche sofort zu erfüllen.

Wenn man ein größeres Glück dadurch erlangen könnte, dass man ein kleineres Glück aufgibt, dann würde ein weiser Mann zugunsten des größeren Glücks auf das kleinere Glück verzichten.

Dhammapada, Buddhas Weg zur Weisheit

Wer diese meine Worte hört und danach handelt, ist wie ein kluger Mann, der sein Haus auf Fels baute. Als nun ein Wolkenbruch kam und die Wassermassen heranfluteten, als die Stürme tobten und an dem Haus rüttelten, da stürzte es nicht ein; denn es war auf Fels gebaut. Wer aber meine Worte hört und nicht danach handelt, ist wie ein unvernünftiger Mann, der sein Haus auf Sand baute. Als nun ein Wolkenbruch kam und die Wassermassen heranfluteten, als die Stürme tobten und an dem Haus rüttelten, da stürzte es ein und wurde völlig zerstört.

Matthäus 7: 24–27

Nick Sleeps Traumberuf war Landschaftsarchitekt. Er sah sich selbst als Gestalter von Parks und öffentlichen Plätzen, die eine Zuflucht vom Trubel des Alltags boten. Nach dem Abschluss seines Studiums an der Universität von Edinburgh, begann er bei einer örtlichen Firma eine Ausbildung als Landschaftsgestalter. »Meine romantischen Vorstellungen von dieser Arbeit wurden vollständig zerstört. In der Realität bauten wir Parkplätze und Dachgauben.« Nach ein paar Monaten wurde er entlassen. »Man hat das Personal von 30 auf 20 Leute reduziert … Und ich war einer der zehn, die rausflogen.«

Sleep, der Engländer ist, wollte in Edinburgh bleiben, weil er und seine künftige Frau, Selina, eine kleine Wohnung in den Außenbezirken gekauft hatten. »Also schaute ich mich einfach um, worin Edinburgh gut war«, sagte er. Eine Karriere in Informationstechnik erschien ihm eine machbare Möglichkeit. Aber er wurde auch gewahr, dass Edinburgh einen guten Ruf als Standort für Fondsgesellschaften hatte. Er las ein obskures Buch mit dem Titel *Investment Trust Explained*, um herauszufinden, um was es im Investmentgeschäft überhaupt ging. Er war fasziniert: »Mir gefiel der Gedanke, dass es sich um eine Art intellektuelle Detektivarbeit handelte.«

Sleep begann als Trainee in der Aktienanalyse bei einer kleinen schottischen Fondsgesellschaft. Er war nicht gerade besonders qualifiziert für diesen Job. An der Universität hatte er erst Geologie studiert und war dann zu Geografie gewechselt – nicht wirklich die übliche Vorbereitung auf eine Karriere, bei der es um die Auswahl von Aktien ging. Auch seine bisherigen Beschäftigungsverhältnisse ließen nicht erkennen, dass er sich schon immer nach einer Karriere im Finanzbereich gesehnt hatte. Er hatte im Kaufhaus Harrods und als Leiharbeitnehmer bei einer IT-Firma gearbeitet. Außerdem hatte er Sponsorengelder ergattert, um seine Windsurfing-Aktivitäten zu finanzieren. Mit dem Aussehen eines Filmstars und seinem freundlichen Wesen wirkte er nicht gerade wie der typische Bürohengst.

Aber wie es sein Schicksal wollte, war er auf ein Gebiet gestoßen, zu dem seine eigenwillige Denkweise perfekt passte. Wie alle sehr guten Investoren sieht Sleep die Welt aus einer ungewöhnlichen Perspektive. Er hält seine prägenden Erfahrungen als Teenager am Wellington College dafür verantwortlich, ein englisches Internat, das Königin Viktoria gegründet hatte. Sleep war einer der wenigen Schüler, die zu Hause wohnten, sodass er am Schulleben nur »am Rande«

teilnahm. Er arbeitete sogar an den Wochenenden in einem Pub, während die meisten seiner Schulkameraden auf ihrem 160 Hektar großen Campus blieben. »Ich habe mich früh daran gewöhnt, anders als alle anderen zu sein«, sagte er. »Auch außerhalb der Gemeinschaft war ich glücklich.«

Als Sleep ungefähr 20 Jahre war, fesselte ihn Robert Pirsigs Buch *Zen and the Art of Motorcycle Maintenance: An Inquiry Into Values.* Diese Memoiren in Gestalt eines Ratgebers waren von 121 Verlagen abgelehnt worden. Das Buch ist eine seltsame, aber brillante Meditation darüber, was es bedeutet, ein Leben zu führen, das der »Qualität« gewidmet ist. Pirsig preist Menschen an, denen die Qualität ihrer Entscheidungen und Handlungen so wichtig ist, dass selbst die alltäglichsten Arbeiten den Charakter spiritueller Exerzitien bekommen – und innere Eigenschaften wie Geduld, Integrität, Rationalität und Gelassenheit widerspiegeln. Ob man nun einen Stuhl repariere, ein Kleid nähe oder ein Küchenmesser schärfe, so schreibt er, gebe es, »eine hässliche Art, es zu tun« und »eine qualitätsvolle, schöne Art, es zu tun«.

Für Pirsig stellt die Wartung von Motorrädern eine ideale Metapher dafür dar, wie man transzendent leben und arbeiten sollte. »Das wirkliche Motorrad, an dem man arbeitet, ist man selbst,«, schreibt er. »Die Maschine, die ›vor einem‹ zu sein scheint und die Person, die ›in einem‹ zu sein scheint, sind nicht zwei verschiedene Dinge. Sie entwickeln sich zusammen in Richtung Qualität oder sie entfernen sich zusammen von ihr.«

Wie man sich leicht vorstellen kann, haben die meisten der überehrgeizigen Karrieristen an der Wall Street wenig Sinn für mystisches Geschwätz über Motorräder. Aber Pirsigs Vision von einem seelenvollen, ethischen und intellektuell aufrichtigen Leben stieß bei Sleep auf großen Widerhall und machte ihn zu dem Investor, der er werden sollte.[1] In einer E-Mail über den dauerhaften Einfluss Pirsigs auf ihn schrieb Sleep: »Ich möchte wirklich alles in hoher Qualität tun, denn nur so erreicht man inneren Frieden und Zufriedenheit.«

Aber was bedeutet das für das Geldanlegen? 2001 legten Sleep und sein Freund Qais »Zak« Zakaria einen Fonds namens Nomad Investment Partnership auf, mit dem sie ausprobieren wollten, wie man »hochqualitativ« investieren, denken und handeln könne. In einem seiner eloquenten und amüsanten Mitteilungen an ihre Anteilseigner philosophierte Sleep: »Nomad bedeutet für uns weit mehr, als einfach nur einen Fonds zu managen … Nomad ist eine rationale, metaphysische, fast spirituelle Reise (ohne Sand und Kamele, obwohl das Zak vielleicht besser gefallen hätte).«

Für all das würde sich niemand interessieren, wäre ihr hochgeistiges Experiment nicht so erstaunlich erfolgreich gewesen. Ganze 13 Jahre lang erzielte Nomad eine kumulierte Rendite von 921,1 Prozent, verglichen mit 116,9 Prozent für den MSCI World Index.* Mit anderen Worten, ihr Fonds schlug den Vergleichsindex um mehr als 800 Prozentpunkte. Und das heißt: 1 Million Dollar, die man in den Vergleichsindex investiert hätte, wäre auf 2,17 Millionen Dollar angewachsen, während 1 Millionen Dollar, die man in Nomad investiert hätte, auf 10,21 Millionen Dollar explodiert wäre.

2014 zahlten Sleep und Zakaria den Anlegern ihr Geld zurück und gingen als Fondsmanager im vorgerückten Alter von 45 Jahren in den Ruhestand. Seither haben sie ihr eigenes Vermögen mit gleich eindrucksvollem Erfolg verwaltet und es in den ersten fünf Jahren ihres Ruhestands ungefähr verdreifacht. Sleep, wie immer gleichgültig gegenüber der herrschenden Meinung, investierte fast sein ganzes Vermögen in nur drei Aktien. Zeitweise hatten er und Zakaria bis zu 70 Prozent ihres Gelds in einer Aktie investiert.

Unter Experten genießen wenige andere Investoren so einen guten Ruf wie Sleep und Zakaria. Bill Miller, der sagte, er bewundere »die vollkommene Unabhängigkeit« und »Klarheit« ihres Denkens, legte sein eigenes Geld bei Nomad an. Guy Spiers, der mit Sleep befreundet ist, verehrt ihn als einen der profundesten Denker der Investmentwelt. Als ich Mohnish Pabrai um Rat fragte, welche Investoren ich interviewen sollte, sagte er mir: »Nick Sleep ist außergewöhnlich. Er führt sehr gründliche Analysen durch und investiert sehr konzentriert. Er riskiert ganz schön viel … Das Interview wäre gewiss interessant, aber es wird sicher nichts daraus. Er ist ein sehr zurückgezogener Mensch.«

Tatsächlich ist ein Teil ihrer geheimnisvollen Aura der Tatsache geschuldet, dass Sleep und Zakaria immer das Rampenlicht gescheut haben. Sie hatten wenig Interesse, ihren Fonds zu vermarkten – und überhaupt kein Interesse, sich selbst zu vermarkten. Deshalb ist ihre Geschichte noch nie erzählt worden. Aber während

* In diesen Zahlen sind die erfolgsabhängigen Provisionen nicht enthalten. Die durchschnittliche Jahresrendite des Fonds vor Provisionen betrug 20,8 Prozent. Nach Provisionen waren es 18,4 Prozent, verglichen mit 6,5 Prozent für den MSCI World Index.

der vergangenen paar Jahre habe ich Sleep bei mehreren Gelegenheiten interviewt. Dann verbrachte ich im Herbst 2018 einen Nachmittag mit ihm und Zakaria in ihrem Büro in der King's Road in London. An diesem hellen und freundlichen Ort geht es so formlos zu, dass Zakaria nicht einmal einen Schreibtisch hat. Er arbeitet lieber in einem bequemen Ledersessel. Gegenüber hängen die Imkerschutzanzüge der beiden an der Wand. Dort – in der »Galaktischen Zentrale« – heckten sie ihre, wie sie es nennen, »kapitalistischen Abenteuer« aus.

Das Ergebnis unserer Unterhaltungen war ein ermutigendes, moralisches Lehrstück, in dem die Guten gewinnen. Es ist auch eine Geschichte über die außerordentlichen Vorteile, die Investoren genießen, wenn sie diszipliniert und geduldig genug sind, der Versuchung zu widerstehen, sich ihre Wünsche sofort zu erfüllen. In einer schnelllebigen Zeit, in der kurzfristiges Denken vorherrscht, ist die Fähigkeit, sich erst später zu belohnen, eine der wichtigsten Voraussetzungen für Erfolg, nicht nur an den Märkten, sondern auch im Geschäftsleben und im Leben überhaupt.

Ein auf Sand gebautes Haus

Zakaria hatte wie Sleep nie davon geträumt, an der Wall Street zu arbeiten. »Ehrlich gesagt, hätte ich sehr gerne etwas anderes gemacht«, sagte er. »Ich wäre gerne Meteorologe geworden, wenn meine Eltern mich gelassen hätten. Das hat mich immer fasziniert. Ich habe Wetterberichte gelesen und meine eigenen Wetterberichte erstellt, aber meine Eltern dachten, das sei Unsinn.«

Er wurde 1969 im Irak geboren und stammt aus einer relativ privilegierten Familie. Sein Vater arbeitete in der Zentralbank des Irak. Seine Mutter unterrichtete Ernährungswissenschaft an der Universität von Bagdad. Aber es war eine gefährliche Zeit, geprägt von politischen Intrigen und Gewalt. »Wir fielen einer Säuberungsaktion zum Opfer«, sagte Zakaria. Seine Familie floh und ließ alles zurück. Im Jahr 1972 half eine katholische Wohltätigkeitsorganisation seinen Eltern, in Großbritannien Zuflucht zu finden. Dort zogen sie ihre drei Kinder groß. »Sie kamen hier mit nichts an«, sagte Zakaria, »wirklich mit nichts, außer einem orangen Volvo, den ihnen jemand in der Türkei geschenkt hatte.«

Sein Vater putzte Türklinken, bis er einen Job als Buchhalter fand. Er arbeitete sich nach oben und gründete dann ein erfolgreiches Unternehmen, das Maschinen in den Irak exportierte. Zakarias Eltern erwarteten von ihm, dass er in das Unternehmen einsteigen und es schließlich leiten würde. Auf diese Weise würde er ihnen dabei helfen, ihr Polster für die Unwägbarkeiten des Lebens zu vergrößern. »Geld bedeutet ihnen sehr viel«, sagte er. »Das Anhäufen von Geld, nicht unbedingt das Ausgeben. Es geht ihnen um Sicherheit und um Ansehen.« Im Jahr 1987 ging Zakaria auf die Universität von Cambridge, um Mathematik zu studieren. Alles schien in bester Ordnung zu sein. Aber im selben Jahr machte sein Vater pleite.

Es stellte sich heraus, dass er am Aktienmarkt auf Kredit spekuliert hatte. Er hatte mit riskanten Aktien gehandelt, die von dubiosen Börsenbriefen angepriesen worden waren und war auf Pyramidensysteme hereingefallen, die ihm windige Verkäufer aufgeschwatzt hatten. Ein Broker »empfahl eine Aktie, die auf einem solchen Pyramidensystem basierte. Die Gewinne hingen davon ab, ob man früh oder spät einstieg«, sagte Zakaria. »Je mehr Geld man investierte, desto weiter kam man in der Pyramide nach oben. Mein Vater kam nie hoch genug und als sie einstürzte, verlor er alles.« Die Familie ertrank in Schulden und das Exportunternehmen brach zusammen.*

Für Zakaria war das keine gute Einführung in das Investmentgeschäft. »Mein Vater hatte sein Geld mit Dingen verdient, die er verstand und mit Dingen verloren, die er nicht verstand. Er wurde von sehr skrupellosen Leuten hereingelegt.« Aufgrund dieser Erfahrungen hat Zakaria immer »Verkäufern, Methoden, schnell reich zu werden, und dem Teil der Wall Street, der ein Spielcasino war«, misstraut.

Nach seinem Examen in Cambridge kam Zakaria mangels anderer Alternativen zum Investmentgeschäft. Das Familienunternehmen gab es nicht mehr. Im Unterschied zu seinen Geschwistern konnte er nicht Arzt werden, da er in Ohnmacht fiel, wenn er Blut sah. Und die Meteorologie war Unsinn. Also fing er als Aktienanalyst bei Jardine Fleming in Hong Kong an, einem der führenden Vermögensverwalter Asiens. Bis 1996 lief es recht gut. Dann wurde sein Vorgesetzter,

---

* Bei einem Aktien-Pyramidensystem wird eine Aktie empfohlen. Es ist möglich, aber nicht notwendig, dass die Aktie völlig wertlos ist. Notwendig ist aber, dass das Handelsvolumen gering und der Kurs deshalb leicht beeinflussbar ist. Die ersten Käufer steigen zu einem niedrigen Kurs ein und empfehlen die Aktie weiter. Je mehr Käufer sich finden, desto höher steigt der Kurs. Durch den Kursanstieg können weitere Käufer gewonnen und kann der Kurs weiter in die Höhe getrieben werden. Je früher ein Käufer eingestiegen ist, desto höher ist sein möglicher Gewinn. Wenn keine neuen Käufer mehr gefunden werden können und die alten Käufer ihre Gewinne realisieren wollen, bricht der Kurs ein und die Pyramide zusammen (Anmerkung des Übersetzers).

ein Star-Fondsmanager, beschuldigt, gewinnbringende Transaktionen auf seinem Privatkonto verbucht und so Kunden um Gewinne gebracht zu haben, die ihnen eigentlich zugestanden hätten. Der Manager wurde gefeuert und erhielt eine Geldstrafe in Höhe von einigen Millionen Dollar. Und da der Ruf des Unternehmens ruiniert war, musste es umstrukturiert werden. Zakaria wurde entlassen.

»Ich habe bei ein paar Freunden angerufen und sie gefragt: ›Habt Ihr irgendetwas für mich? Ich mache *wirklich alles.*‹« Ein Freund, der eine Aktienhandelsabteilung bei der Deutschen Bank leitete, hatte Mitleid und gab ihm einen Job als »Verkaufsanalyst« mit dem Spezialgebiet asiatische Aktien. Grausame Ironie des Schicksals: Zakaria, der Verkäufern im Allgemeinen und Aktienbrokern im Besonderen immer misstraut hatte, verdiente nun sein Leben damit, den institutionellen Kunden der Bank Aktien zum Kauf zu empfehlen. »Ich habe das vier Jahre lang gemacht und es war die reine Hölle«, sagte er. »Ich bin niemand, dem man leicht etwas verkaufen kann und ich konnte selbst niemandem etwas verkaufen.«

Seine Zeit bei der Deutschen Bank war für Zakaria ein Crashkurs über die Arbeitsweise der Wall Street. »Es war schockierend, dort zu arbeiten«, sagte er. Man musste seine Moralvorstellungen der Arbeit anpassen. »Mein guter Freund, der dort mein Vorgesetzter war, sagte, ›Halte nie jemanden davon ab, etwas zu tun, was er tun will – auch dann nicht, wenn du denkst, es sei falsch. Man dankt es dir nie, also lass es ihn einfach tun‹. Und ich dachte, ›Es ist schrecklich, so seinen Lebensunterhalt zu verdienen‹. Es ist fürchterlich! Ich meine, wenn man denkt, jemand ist dabei, einen Fehler zu machen, sollte man es ihm *sagen.*« Zakaria sagte, er sei für den Job so ungeeignet gewesen, dass man ihn innerhalb eines Monats gefeuert hätte, wenn ihn sein Freund nicht »beschützt« hätte. Aber einen Vorteil hatte das Ganze: Er begegnete Nick Sleep.

Nachdem Sleep drei Jahre in seinem ersten Investmentjob in Edinburgh gearbeitet hatte, fing er als Investmentanalyst bei Sun Life Canada an, ein Finanzdienstleistungsgigant mit Zehntausenden Mitarbeitern. »Ich war fast allergisch gegen die Arbeit dort«, sagte er. »Wenn man einmal für ein kleines, wendiges Unternehmen gearbeitet hat, ist es ziemlich schwierig, für ein Unternehmen zu arbeiten, das groß, eintönig und langweilig ist.« Er hörte nach ein paar Monaten auf und landete 1995 bei Marathon Asset Management, wo er über ein Jahrzehnt lang bleiben sollte. Das war eine aggressive, ehrgeizige Investmentgesellschaft in London, die »versuchte, die großen Spieler zu schlagen«.

Sleeps Mentor dort war einer der Gründer von Marathon, Jeremy Hosking, ein exzentrischer Engländer, zu dessen Hobbys das Sammeln alter Dampfmaschinen zählte. »Er ist von Natur aus unorthodox«, sagte Sleep. »Er neigt dazu zu kaufen, was am meisten verachtet wird … Er liebt die Kontroverse, die Herausforderung.« Als die asiatische Finanzkrise 1997 ausbrach, suchten Hosking und Sleep in den noch schwelenden Überresten der südostasiatischen Börsen nach billigen Aktien. Alle anderen wollten sich in Sicherheit bringen, als sich das Wirtschaftswunder von Asien in eine Katastrophe verwandelte. Aber die Männer von Marathon fanden in einem Broker, der in Asien arbeitete und der nicht wie alle anderen war, einen unerwarteten Verbündeten: Zakaria.

Sleep und Zakaria sprachen regelmäßig über die tollen Schnäppchen, die sie an Orten wie Singapur, Hongkong und den Philippinen entdeckten. Die meisten Broker konzentrierten sich auf beliebte Aktien, die man leicht verkaufen konnte. Aber Zakaria begeisterte sich für allgemein verschmähte Aktien, die mit fabelhaften Abschlägen gehandelt wurden. »Zak war ein miserabler Broker, weil das, was ihm gefiel, zwar auch uns gefiel, aber niemandem sonst«, sagte Sleep. »Deswegen war es für die Bank wertlos, man konnte es keinem verkaufen.« Aber Zakarias Sinn für versteckte Juwelen war genau das, was ihn für Marathon interessant machte. »Wenn du eine Aktie niemand anderem verkaufen kannst, rufst du uns an.«

In den Wirtschaftswunderjahren waren die Anleger mit Bezug auf Asien so optimistisch, dass sie auf Aktien setzten, deren Kurs drei Mal so hoch war wie der Wiederbeschaffungswert des Vermögens der entsprechenden Unternehmen. Während der Krise konnte man dieselben Aktien *für ein Viertel* des Wiederbeschaffungswerts des Unternehmensvermögens kaufen. In weniger als einem Jahr investierte Marathon 500 Millionen Dollar in Südostasien und machte einen Riesengewinn, als die Region sich wieder erholte. Zum Teil war das der Verdienst von Zakaria. »Er war genau der Analyst, den wir in der Asienkrise brauchten«, sagte Sleep. »Er war nur ein Verkäufer für eine Investmentbank, aber er machte seine Arbeit eigentlich nicht, weil er nicht das verkaufte, was er verkaufen sollte.« Zakaria sollte in Zukunft noch stärker (und etwas verzweifelt) gegen den Strom schwimmen.

Wer einen satirischen Roman über die Abgründe der Wall Street schreiben will, könnte sich dafür eine Blütezeit der Habsucht aussuchen, wie etwa Ende 1999 und Anfang 2000. Es war die Zeit, als die Euphorie um Technologie- und Internetaktien

Bankern, Brokern, Fondsmanagern und Privatanlegern den Geist verwirrte. Millionen von Menschen wurden von dem Wunsch beherrscht, schnell reich zu werden, und das einzige, vor dem man Angst haben musste, war, etwas zu verpassen.

Die Deutsche Bank und ihre Konkurrenten machten stattliche Gewinne, indem sie unreife Unternehmen zu übertriebenen Kursen an die Börse brachten und dabei alle Zweifel an der Solidität dieser Unternehmen, die sie vielleicht gehabt haben mochten, ignorierten. Aktienanalysten bei angeblich renommierten Brokerhäusern handelten wie aufdringliche Marktschreier.* Und Broker wie Zakaria sahen sich gezwungen, diesen Dreck Anlegern zu verkaufen, die es entweder nicht besser wussten oder davon träumten, reich zu werden, bevor der Wahnsinn ein Ende hatte. Es war das Spielcasino in Reinform. Aber Zakaria weigerte sich mitzuspielen. »Die Börsengänge waren allesamt schrecklich. Und natürlich wollte ich so etwas nicht verkaufen. Es war für mich eine große Qual.«

Bei einem Geschäft, das ihm immer unvergesslich bleiben sollte, ging es um das neu gegründete, taiwanesische Technologieunternehmen GigaMedia Limited. Es war noch keine zwei Jahre alt und mögliche Gewinne lagen in ferner Zukunft. Dennoch entschieden sich Goldman Sachs und die Deutsche Bank, das Unternehmen im Februar 2000, auf dem Höhepunkt der Blase, an die Nasdaq zu bringen. Zakaria erzählte, dass einer seiner Kollegen – »ein geborener Verkäufer« – einen Fondsmanager in Paris anrief und ihm sagte: »Ich denke, Sie sollten einsteigen.« Der Fondsmanager erteilte einen 150-Millionen-Dollar-Kaufauftrag. Allerdings gab es da ein kleines Problem. Das Auftragsvolumen war größer als das gesamte Vermögen des Fonds. Aber das schien niemanden zu stören. Es war ja alles nur ein Spiel. Der Fondsmanager setzte darauf, dass ihm die Bank nur einen Bruchteil der Aktien seines Kaufauftrags zuteilen würde und dass die Aktie in die Höhe schießen würde.

* Die Analyseabteilung von Merrill Lynch war besonders zynisch, weil sie ihre Aufgabe darin sah, unablässig die Werbetrommel für neue Aktien zu rühren, um so für das Investmentbanking lukrative Kunden zu gewinnen. Henry Blodget, der Internet-Staranalyst von Merrill Lynch, empfahl Unternehmen zum Kauf, die er privat als »Nieten«, »Scheißdreck« und »Schrott« bezeichnete. 2003 belegte ihn die Finanzaufsicht mit einer Geldbuße in Höhe von 4 Millionen Dollar und erteilte ihm ein dauerhaftes Berufsverbot im Wertpapiergeschäft. Ich schreibe dies nicht, um ihn anzuprangern, sondern um einen Eindruck von der damals herrschenden Euphorie zu vermitteln und den Sinn dafür zu schärfen, dass man immer bei allem vorsichtig sein sollte, an dessen Verkauf die Wall Street ein großes Interesse hat.

Und tatsächlich, die Aktien von GigaMedia schossen am Tag des Börsengangs von 27 Dollar auf 88 Dollar. Damit hatte diese Verluste machende Bruchbude einen Wert von mehr als 4 Milliarden Dollar. Aber es war alles nur Schall und Rauch. Als die Dotcom-Blase ein paar Wochen später platzte, verlor die Aktie 98 Prozent ihres Werts.

Zakaria war das alles zu viel – die Irrationalität, die Substanzlosigkeit und der Wille, schnelle Gewinne zu machen, gleichgültig wer darunter leiden würde. »Ich bin ein ängstlicher Mensch und ich brauchte etwas mit mehr Bodenhaftung«, sagte er. »Meine Zeit bei der Deutschen Bank war deshalb sehr schlecht für meine Gesundheit, denn als Aktienbroker hat man überhaupt keine Bodenhaftung. Man geht am Morgen ins Büro und hat keine Vorstellung davon, was der Tag bringen wird, ob die Kunden einen lieben oder hassen oder ob man gefeuert wird oder nicht. Es war alles so unsicher.«

Er fand Zuflucht bei Marathon. Als die Dotcom-Stars im April 2000 in Stücke geschlagen wurden, entkam Zakaria der Deutschen Bank und arbeitete mit Sleep als Analyst für Marathon in London. Im Mai fuhren sie zusammen nach Omaha zur Jahreshauptversammlung von Berkshire Hathaway. »Es war wundervoll«, erzählte Zakaria. Warren Buffett und Charlie Munger sprachen über Unternehmen, die sie jahrzehntelang halten wollten. Sie wetteten nicht auf den neuesten unsinnigen Börsengang und waren nicht darauf aus, sich die Taschen mit anderer Leute Geld vollzustopfen. »Guter Gott!«, dachte Zakaria. »Das hat nichts von einem Spielcasino. Das hier ist ein seriöses Unternehmen.«

Sleep bekniete seine Vorgesetzten bei Marathon, ihn einen konzentrierten Fonds nach dem Vorbild Buffetts auflegen zu lassen. Buffett erschien ihm als der Inbegriff von Qualität. Das lag nicht nur an seiner sorgfältigen Analyse von Unternehmen, sondern auch an der Ehrbarkeit, mit der er die Aktionäre von Berkshire Hathaway behandelte, angefangen mit seinem bescheidenen Jahresgehalt von 100 000 Dollar. Auf der einen Seite, so Sleep, »steht Buffett, der so prinzipientreu ist, wie man nur sein kann«. Auf der anderen Seite »gibt es Fondsgesellschaften, denen es nur um den Verkauf geht und die statt Investmentfonds genauso Autos oder Waschmaschinen verkaufen könnten … Ihre Kunden interessieren sie einen Dreck«.

Als Sleep von seinen Vorgesetzten grünes Licht für die Nomad Investment Partnership bekam, bat er Zakaria, den Fonds mit ihm gemeinsam zu managen.

»Es war klar, dass wir immer etwas Besonderes sein würden«, sagte Sleep. Tatsächlich sahen sie Nomad von Beginn an als eine Art Waffe im Kampf gegen, wie er es nannte, »die Sünden und die Narrheit« der Investmentbranche an. »Wir wollten beweisen, dass man auch anders investieren und dass man sich auch anders verhalten konnte«, sagte Sleep. »Man muss nicht bei jedem Scheiß an der Wall Street mitmachen.«

Schluss mit dem Scheiß!*

Sleep und Zakaria hatten nicht vor, einen Riesenfonds aufzubauen, mit dem sie Unsummen an Gebühren verdienen konnten. Sie träumten nicht davon, als Börsengurus bei CNBC aufzutreten oder auf dem Titelbild von *Forbes* gefeiert zu werden.** Sie wollten sich keine Schlösser, Flugzeuge oder Jachten kaufen. Ihr Ehrgeiz war einfach, langfristig überragende Renditen zu erzielen.

Konkret bestand ihr Ziel in der Verzehnfachung des Nettovermögens von Nomad. Sleep, der drei Töchter und ein Patenkind hat, drückte diese Mission auf eine etwas eigenartige Weise aus: Wenn er jemals gefragt werden würde: »Was hast Du im Krieg gemacht?«, wollte er antworten: »Wir haben aus 1 Pfund Sterling 10 gemacht.«

Jeder, der Traumrenditen erzielen will, würde gut daran tun, sich anzuschauen, auf was Sleep und Zakaria ihre Aufmerksamkeit richteten – und was sie ignorierten. Sleep zitierte dazu den Philosophen William James: »Wenn man weise sein will, muss man wissen, was man nicht zu wissen braucht.«*** Er und Zakaria verwar-

* (Im Original lautet diese Überschrift »Never Mind the Bollocks!«; Anmerkung des Übersetzers.) Für den unwahrscheinlichen Fall, dass Sie wissen wollen, woher diese schöne Überschrift stammt: Sie zitiert den Titel eines Punkalbums aus dem Jahr 1977: *Never Mind the Bollocks, Here's the Sex Pistols*. Das Wort *bollocks*, ein englischer Slangausdruck für Hoden, hielt man damals für so anstößig, dass viele Plattenläden sich weigerten, das Album zu verkaufen. Aber gemäß dem *Oxford English Dictionary* ist das Wort mindestens seit dem 13. Jahrhundert in Gebrauch. Die Sex Pistols triumphierten in ihrem Prozess wegen des Verstoßes gegen die guten Sitten, nachdem ein Sachverständiger ausgesagt hatte, das Wort *bollocks* komme sogar in einer der frühesten Bibelübersetzungen vor. Die Kontroverse war hilfreich für die Karriere von Richard Branson, dessen Plattenfirma Virgin Records das Album veröffentlicht hatte.

** CNBC (Consumer News and Business Channel) ist ein US-Nachrichtensender, der vor allem über das Wirtschaftsgeschehen und die Finanzmärkte berichtet, in etwa vergleichbar mit n-tv.

*** Das Zitat von William James (1842–1920) stammt aus *The Principles of Psychology*, Bd. 2, New York, Verlag Henry Holt & Company, S. 369 (Anmerkung des Übersetzers).

fen eine ganze Reihe üblicher Praktiken. »Wir warfen einfach alles über Bord, das uns nicht gefiel«, sagte Sleep. »Wir waren eingeschworene Mitglieder des Vereins der Nonkonformisten.«

Zunächst ignorierten sie all die unwichtigen Informationen, die Anleger nur von dem ablenkten, auf das es wirklich ankommt. Sleep ist der Meinung, dass Informationen genau wie Lebensmittel ein »Verfallsdatum« haben. Aber einige Informationen verderben besonders schnell, während andere »länger haltbar« sind. Diese Idee von der Haltbarkeit erwies sich als nützlicher Informationsfilter.

Als ich im Mai 2020 wieder mit Sleep und Zakaria sprach, dominierten zum Beispiel Spekulationen über den kurzfristigen Einfluss von COVID-19 auf Konsumausgaben, Unternehmensgewinne, Zinssätze und Vermögenswerte die Finanznachrichten. In einem Artikel in der *Financial Times* wurde sogar darüber debattiert, ob die Erholung der US-Wirtschaft den Buchstaben V, U, W, L oder dem Nike-Logo ähneln werde. Sleep und Zakaria sahen diese substanzlose Berichterstattung nur als Teil der täglichen »Seifenoper« des Markts an – zu oberflächlich, zu kurzlebig und zu wenig vertrauenswürdig, um ihre Aufmerksamkeit zu verdienen. Sie konnten nicht vorhersagen, wie die Wirtschaft sich entwickeln würde. Warum sollten sie also geistige Energie darauf verschwenden?

Ebenso ignorierten sie die Flut kurzfristiger Finanzdaten und Empfehlungen der Wall Street. Brokerhäuser, die ein Interesse daran haben, die Anleger zu mehr Aktivität anzutreiben, produzieren unzuverlässige Schätzungen des Gewinns pro Aktie im nächsten Vierteljahr für Tausende Unternehmen. Leute, die auf diese, schon zwölf Wochen später wertlosen, Informationen begierig sind, bezeichnete Sleep verächtlich als »Gewinn-pro-Aktie-Süchtige«. Aus seiner Sicht reagiert die »Masse der kurzfristig Denkenden« andauernd auf die »falschen Reize«, gleichgültig, ob es das neueste Detail der Konjunkturentwicklung oder die triviale Neuigkeit ist, ein Unternehmen habe die Erwartungen der Analysten übertroffen. »Man muss sich fest vornehmen, diesen Mist nicht zu glauben, und nicht einmal zuzuhören.«

Eine praktische Möglichkeit, sich von diesem Nachrichtenmüll zu befreien, bestand darin, all die Verkaufsanalysen, die von der Wall Street abgesondert werden, zu vernachlässigen. »Wir legen sie alle auf einen Stapel«, sagte Zakaria. »Jeden Monat oder so schauen wir sie durch und langweilen uns dabei fürchterlich. Dann wandert der gesamte Stapel in den Müll … Es handelt sich immer nur um

Geschwätz und Unsinn und wir sind froh, wenn wir nichts davon hören.« Genauso haben Sleep und Zakaria Aktienhändler gebeten, sie nicht anzurufen und sie mit ihren Werbesprüchen zu verschonen, weil sie sich auf ihre eigenen Analysen verließen, um unabhängige Entscheidungen zu treffen.

Sie koppelten sich ebenfalls von der Tagesaktivität der Märkte ab, indem sie ihr Bloomberg-Terminal möglichst wenig nutzten.* Viele Fondsmanager starren andauernd auf eine Wand aus vier Computermonitoren, auf denen Finanzmarktdaten und Wirtschaftsnachrichten in Echtzeit erscheinen. Dieses Terminal, das man für rund 24 000 Dollar pro Jahr mieten kann, gilt unter Profianlegern als Statussymbol. Aber bis zum heutigen Tag haben Sleep und Zakaria ihr einziges Bloomberg-Terminal auf einen kleinen Nebentisch ohne Stuhl verbannt.[2] »Die Verwendung soll *bewusst* unbequem sein«, sagte Zakaria. »Nick wollte, dass es auf einem niedrigen Tisch steht, damit man nach höchstens fünf Minuten etwas anderes tut, weil man denkt: ›Mein Rücken bringt mich noch um!‹«

Pat Dorsey, ein in Chicago ansässiger Fondsmanager, sieht das ähnlich: »Das Beste, was ein Investor tun kann, ist weder ein Bloomberg-Terminal noch einen Fernseher in seinem Büro zu haben«, sagte er mir einmal. »Es ist gut, wenn man 20 Meter den Flur entlanggehen muss, um die Aktienkurse zu erfahren oder zu überprüfen, ob es gute Nachrichten über unser Portfolio gibt. Sonst wäre die Versuchung zu groß. Es ist, wie wenn man seine E-Mails wie ein Besessener kontrolliert. Man bekommt einen kleinen Dopaminkick. Aber wir wissen natürlich alle, dass das vollkommen unproduktiv ist.«

Diese *bewusste Abkopplung* mag heutzutage pervers erscheinen, in einer Kultur, in der man den sofortigen Zugang zu einer unendlichen Anzahl von Informationen so hoch bewertet. Aber Sleep und Zakaria wollten bei dem üblichen Spiel nicht mehr mitmachen und nicht andauernd Daten sammeln und Wetten darauf eingehen, wie sie sich kurzfristig auf die Kurse auswirken könnten. Sie wollten in Ruhe nachdenken, ohne sich von der populären Leidenschaft für, so Sleep, »Ratespiele« stören zu lassen.

Man muss eine große Willensstärke haben, wenn man vernachlässigt, was die meisten Kollegen als sehr wichtig ansehen. Aber sobald die beiden sich dazu

---

* Das Bloomberg-Terminal ist ein Computersystem des amerikanischen Finanzdatenanbieters Bloomberg, das den Zugriff auf Finanzmarktdaten in Echtzeit ermöglicht (Anmerkung des Übersetzers).

entschlossen hatten, die Störgeräusche der Wall Street auszublenden, fühlten sie sich befreit und erleichtert. »Es ist fast wie eine Stimme im Kopf, die ohne Unterbrechung plappert«, sagte Sleep. »Wenn man nicht mehr darauf hört, fühlt man sich sofort besser.« Aber wie verbrachten sie dann ihre Zeit? »Wir haben Geschäftsberichte gelesen, bis wir blau angelaufen sind, und jedes Unternehmen besucht, das wir besuchen konnten, bis uns davon übel wurde.« Sleep war so viel unterwegs, dass sein extradicker Reisepass bald voll war und er einen neuen beantragen musste.

Wenn sie Unternehmen analysierten und mit Vorständen sprachen, suchten Sleep und Zakaria nach Informationen mit langer Haltbarkeitsdauer. Sie suchten Antworten auf Fragen wie: *Wo will dieses Unternehmen in zehn oder 20 Jahren stehen? Was muss das Management heute tun, um die Wahrscheinlichkeit zu erhöhen, seine Ziele zu erreichen? Und was könnte das Unternehmen davon abhalten, diese Ziele zu verwirklichen?* Sie bezeichneten diese Art der Analyse als »Zielanalyse«.

Dagegen konzentriert sich die Wall Street im Allgemeinen auf kurzfristige Analysen und stellt Fragen wie: *Wie werden sich die Gewinne dieses Unternehmens im nächsten Vierteljahr entwickeln? Und wie sieht unser Zwölfmonats-Kursziel für diese Aktie aus?* Sleep und Zakaria richteten ihre Aufmerksamkeit stattdessen auf das, was nötig ist, damit ein Unternehmen sein Potenzial verwirklichen kann. Zum Beispiel wollten sie Folgendes wissen: *Verbessert das Unternehmen seine Kundenbeziehungen durch hochwertige Produkte, niedrige Preise und einen effizienten Kundendienst? Setzt der Vorstand das Kapital vernünftig ein, sodass der Unternehmenswert langfristig gesteigert wird? Zahlt das Unternehmen seinen Mitarbeitern zu wenig, behandelt es seine Lieferanten schlecht, enttäuscht es das Vertrauen seiner Kunden oder handelt es auf eine andere Weise kurzsichtig und gefährdet so sein eigenes Potenzial?*

Die Zielanalyse kann auch in anderen Lebensbereichen von großem Nutzen sein. Wenn zum Beispiel das Ziel in einem gesunden, hohen Alter besteht, dann könnte man sich fragen, was notwendig ist (in Sachen Ernährung, Sport, Stressreduktion, Vorsorgeuntersuchungen und Ähnlichem), um die Chancen zu verbessern, dieses Ziel auch zu erreichen. Wenn man will, dass einen seine Angehörigen und Freunde voller Liebe in Erinnerung behalten, könnte man sie sich bei seinem eigenen Begräbnis vorstellen und sich überlegen, wie man sich heute zu verhalten hat, damit sie das Andenken an einen selbst hochhalten. Diese Konzentration auf Ziele hatte großen Einfluss auf Sleep und Zakaria. »Ich will mit 80 zurückschauen können«, sagte Sleep, »und mir sagen können, dass ich meine Kunden immer fair behandelt, meinen Job ordentlich gemacht und mein Geld sinnvoll ausgegeben habe – und nicht, dass ich vier Autos und ein Flugzeug besessen habe.«

Für sie war es leicht, unkonventionell zu denken, weil sie zwei Außenseiter waren, die mehr oder weniger zufällig im Investmentgeschäft gelandet waren – ein gescheiterter Landschaftsarchitekt und ein verhinderter Meteorologe. Als ewige Außenseiter konnten sie alles in Frage stellen. Vor allem akzeptierten sie nie den unausgesprochenen Grundsatz, die eigenen finanziellen Interessen seien wichtiger als die der Kunden. Deshalb war das Gebührensystem von Nomad ungewöhnlich fair. Sleep und Zakaria berechneten eine niedrige Managementgebühr, die gerade einmal ihre Kosten deckte, und nicht die übliche Gebühr von 1 oder 2 Prozent des Anteilswerts. Sie erhielten darüber hinaus jährlich 20 Prozent der Gewinne des Fonds, aber nur von dem 6 Prozent *übersteigenden* Gewinn. Wenn sie keine guten Ergebnisse erzielten, erhielten sie gar keine Gewinnanteile.

Ein paar Jahre später änderten sie das System noch mehr zu ihren Ungunsten, indem sie sich dazu entschlossen, ihre Gewinnbeteiligung für einige Jahre nicht anzurühren. Falls sie dann in der Zukunft eine Rendite erzielen würden, die unterhalb der 6-Prozent-Grenze lag, würden sie einen Teil der früher vereinnahmten Gewinnbeteiligung an ihre Anteilseigner *zurückerstatten.* »Uns gefiel die Idee sehr gut, dass der Fonds keine Goldmine für uns sein sollte«, sagte Zakaria. »Wir wollten nicht dieselben Gauner sein wie alle anderen.«

Sie wurden in ihrer Haltung durch *Zen and the Art of Motorcycle Maintenance* beeinflusst. Sleep hatte Zakaria das Buch empfohlen, kurz nachdem sie sich kennengelernt hatten. Dieses Buch bestärkte sie in ihrer Entschlossenheit, ein Verhalten mit einer niedrigen Qualität zu vermeiden, das nur eigennützig und unehrlich wäre. »Unser Leben wurde sehr einfach, nachdem wir eine Menge Dinge ausgeschlossen hatten«, sagte Zakaria. »Es ging uns nur um Qualität … Geld war nicht so wichtig. Es ging uns mehr darum, einen guten Job zu machen, *einen Qualitätsjob*, und das Richtige zu tun. Ich denke nicht, dass wir jemals eine Entscheidung trafen …«

»… nur um *unsere* Taschen mit Geld zu füllen. Gewiss nicht«, beendete Sleep Zakarias Gedankengang.

»Das Ganze hatte etwas Herausforderndes«, sagte Zakaria. »Wäre es möglich, ein Investmentgeschäft zu betreiben, bei dem es nicht nur ums Geld geht, sondern darum, das Richtige zu tun?«

Wie man sich unschwer denken kann, liegt die Priorität der meisten Investmentgesellschaften bei der Maximierung des eigenen Gewinns, woraus einige offensichtliche Interessenkonflikte resultieren. Zum Beispiel profitieren die Gesellschaften immer davon, überteuerte Produkte zu verkaufen, die nur mickrige Renditen bringen. Außerdem besteht ihr Hauptinteresse darin, das von ihnen verwaltete Vermögen zu vergrößern, weil man so üppige Gebühren berechnen kann, um damit großzügige Gehälter und Boni zu finanzieren. Es ist allgemein bekannt, dass die Rendite tendenziell sinkt, wenn das verwaltete Vermögen wächst. Aber Fondsmanager wollen typischerweise nichts von der logischen Konsequenz wissen, für übergroße Fonds keine weiteren Einlagen zu akzeptieren. Wie der Schriftsteller Upton Sinclair schrieb, »ist es schwierig, einen Mann dazu zu bringen, etwas zu verstehen, wenn sein Gehalt davon abhängt, es nicht zu verstehen.«*

Im Unterschied dazu war Nomad von Anfang an als ein Instrument zur Maximierung der Rendite, nicht des verwalteten Vermögens, gedacht. »Wir hatten andere Moralvorstellungen«, sagte Sleep. »Wenn man im Einlagensammelgeschäft ist, braucht man Verkäufer, Compliance-Beauftragte, Kundenbetreuer – also viel Bürokratie. Und am Ende hat man eine große Maschinerie. Wenn man langfristig investieren und wirklich gute Renditen erzielen will, braucht man den ganzen Mist nicht ... Wir haben uns nur darauf konzentriert, gute Aktien zu finden und hielten alles andere für Nebensache.«

Vor allem stellten Verkauf und Marketing für sie nur eine Ablenkung dar. Sie sprachen praktisch nie mit den Medien. Es war ihnen gleichgültig, ob ein potenzieller Kunde hohe oder niedrige Einlagen bringen würde, da es nie ihr Hauptziel war, das lukrativste Investmentunternehmen zu werden. Sie stellten auch klar, dass sie den Anteilseignern Alteinlagen zurückzahlen und neue Anleger abweisen würden, wenn die Größe von Nomad je der Rendite abträglich würde. Wiederholt schlossen sie den Fonds für neue Einlagen. Das begann im Jahr 2004, als sie ungefähr 100 Millionen Dollar verwalteten, nach den Standards der Branche eine armselige Summe. Sie öffneten den Fonds erst dann wieder, als sie attraktive Kaufgelegenheiten gefunden hatten, um neue Kundengelder anzulegen.

* Das Zitat von Upton Sinclair (1878–1968) stammt aus seinem Roman *I, Candidate for Governor* (Anmerkung des Übersetzers).

Es machte ihnen auch Vergnügen, Anleger abzuweisen, die ihnen ungeeignet oder lästig erschienen. Zakaria musste lachen, als er sich an ein tragikomisches Treffen mit dem Team erinnerte, das Milliarden für die Erben des Lebensmittelverpackungsunternehmens Tetra Pak verwaltete. Diese Finanzberater forderten Zugang zu den Aktienanalysedaten von Nomad als Bedingung, das Geld ihrer Klienten anzulegen. Zakaria erzählte, die Atmosphäre sei »immer eisiger« geworden und Sleep habe zum Zeichen seines wachsenden Missfallens seine Beine und seine Arme übereinandergeschlagen. Nach 15 Minuten baten Sleep und Zakaria ihre Besucher zu gehen.

Potenzielle Investoren mussten eine Erklärung unterzeichnen, in der sie bestätigten, dass Nomad für Anleger mit einem kürzeren Zeithorizont als fünf Jahre nicht geeignet war. »Ich wollte, dass sie unseren Fonds geistig anders einordneten als alle anderen Anlagen, die sie hatten«, sagte Sleep. »Wir waren nicht nur einfach irgendein anderer verdammter Hedgefonds ... Wir gingen das Problem der Geldanlage auf eine völlig andere Art und Weise an.«

Tatsächlich verzichtete Nomad auf alle Methoden, mit denen man schnell reich werden konnte, die Hedgefonds üblicherweise anwenden, um ihre kurzfristigen Ergebnisse zu verbessern – Hochtestosteron-Strategien, die Sleep »Viagras für die Geldanlage« nannte. Zum Beispiel bediente sich Nomad nie der Hebelwirkung von Krediten, verkaufte nie Aktien leer, spekulierte nie mit Optionen oder Terminkontrakten, wettete nie auf die Entwicklung gesamtwirtschaftlicher Daten, reagierte nie wie wild auf die neuesten Nachrichten und gab sich nie mit exotischen Anlageinstrumenten ab, die bombastische Namen wie LYONS oder PRIDE trugen.* Stattdessen spielten Sleep und Zakaria ihrer Auffassung nach »ein einfaches, langes Spiel«, bei dem sie ein paar sorgfältig analysierte Aktien kauften und jahrelang hielten.

Ihre langsame, geduldige und überlegte Strategie war so ungewöhnlich, dass sie fast verschroben erschien. Der Zeithorizont der Investoren verkürzte sich im Laufe der vergangenen Jahre drastisch. Als Jack Bogle, der Gründer von Vanguard, 1951 ins Investmentgeschäft einstieg, hielten Fonds Aktien für durch-

* LYONs (Liquid Yield Option Notes) sind Zerobonds, die in Aktien des Schuldners umgewandelt werden können. PRIDES (Preferred Redeemable Dividend Equity Securities) sind synthetische Wertpapiere, die einen Wertpapierterminkontrakt und eine verzinsliche Einlage miteinander kombinieren (Anmerkung des Übersetzers).

schnittlich sechs Jahre. Bis zum Jahr 2000 hatte sich diese Frist auf ungefähr ein Jahr verkürzt, was Bogle zu der Warnung veranlasste: »Die Narrheit kurzfristiger Spekulation löst die Weisheit langfristiger Geldanlage ab.« 2006 teilte Sleep den Anteilseignern von Nomad mit, die durchschnittliche Haltedauer des Fonds betrage sieben Jahre, während andere Investoren die US-Aktien im Portfolio von Nomad für nur durchschnittlich 51 Tage hielten (mit Ausnahme von Berkshire Hathaway).

Sleep und Zakaria waren entsetzt über diesen Kulturwandel hin zur Kurzfristigkeit. »Wir können uns beim besten Willen nicht vorstellen, welchen Nutzen die Gesellschaft im Ganzen davon haben sollte, dass ein Unternehmen alle paar Monate neue Eigentümer hat«, schrieb Sleep. »Die ökonomischen Grundbausteine der Gesellschaft geraten ins Wanken, wenn jene, die über Anlagekapital verfügen, ihre Meinung so oft ändern, wie sie ihre Unterwäsche wechseln.« Nomad wollte mit der entgegengesetzten Methode erfolgreich sein. »In der Bibel steht, man solle sein Haus auf Fels und nicht auf Sand bauen«, sagte Sleep. »Schließlich will man ja etwas bauen, das Bestand hat.«

Ein auf Fels gebautes Haus

Sleep und Zakaria nannten ihren Fonds Nomad, weil sie bereit waren, auf der Suche nach etwas Wertvollem überallhin zu wandern. Sie versuchten nicht, einen bestimmten Index nachzubilden oder *relativ* gute Ergebnisse zu erzielen. Ihr Ziel war eine *absolut* herausragende Rendite, unabhängig davon, was andere taten. Ihre Suche führte sie zu einigen der unbeliebtesten Orte des Planeten.

Der Fonds begann am 10. September 2001, einen Tag vor dem Angriff auf das World Trade Center, mit dem Wertpapiergeschäft. Die Märkte stürzten ab, als sich die Anleger mit den unabsehbaren Risiken von Terrorismus, Krieg und Wirtschaftskrise konfrontiert sahen. Die Situation wurde noch dadurch verschlimmert, dass viele Anleger den Schock über das Platzen der Tech-Blase noch nicht überwunden hatten. In diesem Chaos investierten Sleep und Zakaria unerschrocken, und konzentrierten sich auf Unternehmen, deren Aktien zeitweise hohe Verluste erlitten hatten, weil sich die Anleger angesichts der unsicheren Zukunft ängstlich zurückzogen.

Auf den Philippinen investierten sie in Union Cement, den landesweit größten Zementproduzenten, nachdem die Aktie von 30 auf weniger als 2 Cents abgestürzt war. Der Pessimismus hatte so stark um sich gegriffen, dass der Markt das Unternehmen zu einem Viertel des Wiederbeschaffungswerts seines Vermögens bewertete. In Thailand investierten sie in Matichon, einen Zeitungsverlag, dessen Aktie von 12 Dollar auf 1 Dollar gefallen war. Der Börsenwert betrug nur 75 Prozent des Jahresumsatzes und das Unternehmen war ungefähr dreimal so viel wert, wie sie dafür bezahlten. In den USA kauften sie Vorzugsaktien von Lucent Technologies, einem der ehemaligen Telekom-Stars, der 98 Prozent seines Werts verloren hatte. Diese Unternehmen waren die »Zigarrenstummel« der Geldanlage, nicht die besten, aber so extrem billig, dass man sie nicht liegenlassen sollte.* Bis Ende 2003 verdoppelte sich der Nettovermögenswert von Nomad, weil diese und ähnliche Spekulationen erfolgreich gewesen waren.

Das Angebot an Schnäppchen verringerte sich, als die Ängste schwanden und die Märkte sich erholten. Also wagten sich Sleep und Zakaria in eine der wenigen Gegenden, die noch von Verzweiflung beherrscht wurden. 2004 reisten sie von Südafrika nach Simbabwe. Unter der despotischen Regierung von Robert Mugabe wurde die Wirtschaft von Simbabwe durch Korruption, Währungskrisen, die Verstaatlichung vieler privater Farmen und Plünderungen gelähmt. Unerschrocken kauften Sleep und Zakaria vier simbabwische Aktien. Sie waren praktisch Monopolisten, aber ihre Aktien wurden zu so niedrigen Kursen gehandelt, als seien sie wertlos. Zimcem, ein Zementproduzent, war an der Börse von Harare für *ein Siebzigstel* des Wiederbeschaffungswerts seines Vermögens zu haben.

Als er die Anteilseigner von Nomad über den besonderen Reiz dieses verschmähten Markts informierte, bemerkte Sleep: »Unsere Kunden werden ihn hassen. Die Compliance-Beauftragten werden ihn hassen. Die Berater werden ihn hassen. Die Marketingleute werden ihn hassen. Der Markt ist winzig und er gehört zu keinem wichtigen Index … Mit anderen Worten, er ist einfach perfekt!«

Eine Zeitlang standen diese Schnäppchen mit einem Wert von null in den Büchern von Nomad, weil der Handel an der Börse von Simbabwe eingestellt worden

---

* Warren Buffett hatte bestimmte Unternehmen mit »Zigarrenstummeln« verglichen. Sie taugten nicht viel, waren aber so billig, dass man sie praktisch umsonst haben konnte – ganz ähnlich, wie man einen weggeworfenen Zigarrenstummel aufheben und noch ein paar Züge machen konnte (Anmerkung des Übersetzers).

war. Die Wirtschaftslage blieb katastrophal. Trotzdem, als Nomad 2013 die letzten seiner simbabwischen Aktien verkaufte, waren diese um das Drei- bis Achtfache gestiegen. Zur Erinnerung erhielt jeder Nomad-Anteilseigner von Sleep und Zakaria einen wertlosen 100-Billionen-Dollar-Geldschein aus Simbabwe, den die Regierung auf dem Höhepunkt der Hyperinflation ausgegeben hatte.

Nomads Interesse an vernünftigen Unternehmen, die zu unvernünftig niedrigen Preisen gehandelt wurden, war angesichts der damals verfügbaren Kaufgelegenheiten verständlich. Aber diese Strategie hatte einen Nachteil. Wenn sich diese Aktien erholten und nicht mehr so billig waren, musste man sie verkaufen und nach neuen Schnäppchen suchen. Aber was sollte man tun, wenn es keine attraktiven Kaufgelegenheiten gab, um die Gewinne zu reinvestieren? Ein offensichtlicher Ausweg aus diesem Dilemma bestand darin, höherwertige Unternehmen zu kaufen und zu halten, mit denen man wahrscheinlich für viele Jahre Wertzuwächse erzielen konnte.

Diese zweite Strategie war das Resultat eines kostspieligen Fehlers. 2002 ging Nomad seine bis dahin teuerste Wette ein und investierte in Stagecoach, ein stark verschuldetes, britisches Busunternehmen, das sich bei seiner Expansion im Ausland zu seinem Unglück übernommen hatte. Die Aktie war von 2,85 Pfund auf 14 Pence eingebrochen, aber Sleep und Zakaria dachten, sie könne leicht 60 Pence wert sein. Zum Teil setzten sie darauf, dass der Unternehmensgründer die Wende schaffen würde. Er war ein ehemaliger Busfahrer, der das Unternehmen so geschickt geführt hatte, dass er einer der reichsten Menschen Großbritanniens geworden war. Er kam aus seiner Altersteilzeit zurück, um das Unternehmen zu rationalisieren und wieder auf den lange vernachlässigten Umsatzbringer auszurichten: den Busbetrieb in Großbritannien. Die Strategie hatte Erfolg. Sleep und Zakaria stiegen bei einem Kurs von ungefähr 90 Pence aus und beglückwünschten sich zu einem Gewinn von 500 Prozent. Aber Stagecoach war ein besseres Unternehmen, als sie dachten. Ende 2007 erreichte der Kurs 3,68 Pfund. »Wir fühlten uns wie Deppen«, sagte Sleep. »Wir hatten das Unternehmen immer nur für einen Zigarrenstummel gehalten.«

Sleep und Zakaria begannen, nach anderen Unternehmen zu suchen, die von weitsichtigen Managern geführt wurden, denen sie zutrauten, den Unternehmenswert dauerhaft zu steigern. »Wenn sie rational und langfristig denken«, sagte Sleep, »kann man ihnen die Entscheidungen überlassen, wie sie Kapital einsetzen. Man muss dann nicht andauernd Aktien kaufen und verkaufen.« Sie begannen auch, sich zu überlegen, welche Faktoren für den Erfolg von Unternehmen verantwortlich waren, die ungewöhnlich lange Bestand hatten. Sie kamen zu der Einsicht, ein Geschäftsmodell sei vielleicht allen anderen überlegen. Sie bezeichneten es als »Aufteilung von Größenvorteilen«.

Das Unternehmen, bei dem sie dieses Geschäftsmodell kennenlernten, war Costco Wholesale, ein amerikanischer Discounter, bei dem sie alles fanden, was sie sich bei einem Unternehmen wünschten. Als sie 2002 das erste Mal in Costco investierten, war die Aktie von 55 Dollar auf 30 Dollar gefallen, weil sich die Anleger wegen der niedrigen Gewinnmarge Sorgen machten. Aber Sleep und Zakaria waren der Meinung, Costcos fanatisches Streben, seinen Kunden das bestmögliche Angebot zu machen, werde an den Märkten nicht genug gewürdigt. Damals zahlten die Kunden eine Jahresmitgliedschaftsgebühr von 45 Dollar und erhielten so Zugang zu Lagerhäusern voller bewährter Produkte, die zum geringstmöglichen Preis verkauft wurden. Costcos Verkaufspreise beinhalteten einen Kostenzuschlag von höchstens 15 Prozent, während sich der Verkaufspreis in einem typischen Supermarkt auf 30 Prozent belief. Die Mitglieder von Costco brauchten nirgendwo sonst nach Schnäppchen zu suchen, weil Costco sie so fair behandelte. Das Unternehmen hätte die Preise erhöhen und die Gewinnmarge vergrößern können, aber das hätte das Vertrauen seiner Mitglieder untergraben.

Kritiker an der Wall Street sahen in dieser Großzügigkeit ein Indiz für Verweichlichung und fehlenden Wettbewerbssinn – so etwas wie Kollektivismus auf Unternehmensebene. Aber Sleep und Zakaria sahen die langfristigen Vorteile der Strategie von Costcos. Zufriedene Kunden kamen immer wieder in die Geschäfte und gaben immer mehr Geld aus, wodurch Costco enorme Umsätze erzielte. In dem Maß, in dem das Unternehmen wuchs, konnte es mit seinen Lieferanten günstigere Bedingungen aushandeln und seine anerkannt niedrigen Kosten weiter senken. Costco teilte dann diese Größenvorteile mit den Kunden, indem die Preise noch stärker reduziert wurden. Sleep und Zakaria schätzten, dass die Mitglieder 5 Dollar für jeden Dollar sparten, den Costco für sich behielt. Der Effekt dieser Politik der Selbstbeschränkung war eine Aufwärtsspirale, die Sleep so zusammenfasste: »Höhere Umsätze führen zu Größenvorteilen, die zu niedrigeren Kosten führen, die zu niedrigeren Preisen führen, die wieder zu höheren Umsätzen führen.«

Die meisten großen, erfolgreichen Unternehmen fallen schließlich in die Mittelmäßigkeit zurück. Aber die Bereitschaft von Costco, die Größenvorteile mit den Kunden zu teilen, bedeutete, Größe war nicht länger ein Nachteil, sondern ein Vorteil, weil das Unternehmen dadurch Konkurrenten, die sich größerer Gewinnmargen rühmten, überflügeln konnte. Costco wurde 1983 gegründet und wuchs immer weiter, weil es seinen Kunden Vorteile zukommen ließ und nicht alles für sich behielt. Die niedrigen Gewinnmargen waren ein Zeichen von Geduld, nicht von Schwäche. Sleep erklärte das den Anteilseignern von Nomad so: »Das Unternehmen verzichtet heute auf Gewinne, damit es morgen noch besser dasteht. Die Wall Street würde natürlich lieber heute Gewinne sehen als morgen, aber daran zeigt sich nur ihre Fixierung auf kurzfristige Ergebnisse.«

Sleep und Zakaria investierten immer stärker in Costco, weil sie das Unternehmen immer mehr wertschätzten. 2005 machte es ein Sechstel des Gesamtvermögens von Nomad aus und heute bildet es ein Schwergewicht in ihren persönlichen Portfolios. Während der 18 Jahre, die sie die Aktie gehalten haben, ist sie von 30 Dollar auf ungefähr 380 Dollar gestiegen – und hat in der ganzen Zeit hohe Dividenden abgeworfen. Dennoch haben sie nicht vor, sie in absehbarer Zeit zu verkaufen, weil es wahrscheinlich ist, dass Costco seinen Erfolgsweg fortsetzt.

Das umsichtige Vorgehen von Sleep und Zakaria hat einen großen Vorteil: Sie hatten Zeit, zu reden, zu denken und ausführlich über das zu sprechen, was sie gelernt haben. Sleep besitzt die geistige Beweglichkeit, schnell von einem Gebiet zum anderen zu springen – von der Wirtschaftsgeschichte zur Religion, von der Neurowissenschaft zum Sport – und gemeinsame Inhalte und Muster zu identifizieren. Zakaria, den Sleep als »extrem intelligent« bezeichnet, ist weniger vielseitig, geht aber mehr in die Tiefe. Oft diskutierten sie die Frage, welches Geschäftsmodell am besten funktioniert. Sie hatten eine Liste dieser Modelle auf einer Tafel in ihrem Büro. Am Ende dieser Diskussionen gelangten sie zu der Überzeugung, dass nichts an das Modell »Aufteilung von Größenvorteilen« heranreiche, wenn es darum gehe, das langfristige Überleben eines Unternehmens zu sichern.

Als sie die Geschäftsberichte von Walmart aus den 1970er-Jahren studierten, stellten sie fest, dass dieses Unternehmen viel mit Costco gemein hatte. Dasselbe galt für andere Unternehmen, die dauerhaft auf der Überholspur blieben, wie Dell Computer, Southwest Airlines und Tesco. Sie alle folgten einem ähnlichen Weg. All diese überaus effizienten Unternehmen hielten die Kosten niedrig und gaben einen Großteil der Ersparnisse an ihre Kunden weiter, die sich dadurch revanchierten, dass sie immer mehr Geld bei ihnen ließen.

GEICO und Nebraska Furniture Mart, zwei von Buffetts Lieblingsunternehmen, haben ihre Kosten mit zunehmendem Wachstum auf dieselbe Weise immer weiter gesenkt. Dadurch konnten sie ihren Kunden so große Preissenkungen zugestehen, dass es für ihre Rivalen immer schwieriger wurde, konkurrenzfähig zu bleiben. Vor einem Jahrhundert gelang Henry Ford ein ähnlicher Erfolg. Er nutzte die Kostenvorteile der Fließbandproduktion dazu, den Preis des Tourenwagens Model T von 850 Dollar im Jahr 1908 auf weniger als 300 Dollar im Jahr 1925 zu senken. »Es handelt sich also um kein neues Geschäftsmodell«, sagte Sleep. »Aber es zählt zu jenen, die man mit religiösem Eifer verfolgen muss.«

Die Kultur solcher Unternehmen wird typischerweise von visionären Gründern geprägt und nicht von angestellten Managern. Meistens beschäftigen sie sich leidenschaftlich mit den kleinsten Details; sie bemühen sich, die Kundenzufriedenheit zu steigern, senken Kosten selbst in guten Zeiten und tätigen Investitionen auf lange Sicht, trotz des Drucks von außen, kurzfristig gute Zahlen zu präsentieren. Zu diesen legendären Gestalten gehören Sam Walton von Walmart, Jim Sinegal von Costco, Herb Kelleher von Southwest und Rose Blumkin von Nebraska Furniture Mart. Rose Blumkin, die aus Russland einwanderte und von ihrem sechsten Lebensjahr bis nach ihrem 100. Geburtstag arbeitete, schuf das größte Einrichtungsunternehmen Amerikas, indem sie drei Gebote immer treu befolgte: »Verkaufe billig, sage die Wahrheit und betrüge niemand.«

Sobald Sleep und Zakaria die Stärken dieses Geschäftsmodells erkannt hatten, rückten sie es in den Fokus ihres Fonds. Sie entzogen den Zigarrenstummeln ihre Gunst und konzentrierten sich stattdessen auf eine Handvoll Unternehmen, die ihre Größenvorteile mit den Kunden teilten. Ihnen war klar, wie wenig man im Leben sicher wissen kann. Aber dies *wussten* sie: Sie hatten eine profunde Wahrheit entdeckt. »Das war vielleicht der allerwichtigste Gedanke, den wir je im Leben hatten«, sagte Sleep. »Er musste im Zentrum von allem stehen, weil nicht viele derartige Einsichten folgen. Alles andere hat eine niedrigere Qualität, oder nicht? Es ist vergänglich. Es spielt keine große Rolle.«

Sleep und Zakaria bestückten ihr Portfolio mit Unternehmen, die aus demselben Holz geschnitzt waren. Sie setzten 15 Prozent des Vermögens von Nomad auf ASOS, einen britischen Online-Modehändler, der im Vergleich zu den traditionellen Unternehmen mit Ladengeschäften in den Einkaufsstraßen große Kostenvorteile hatte, und sahen dabei zu, wie die Aktie von 3 Pfund auf 70 Pfund stieg. Sie investierten eine beträchtliche Summe in Carpetright, eine Handelskette, die von Lord Harris gegründet worden war, einem britischen Unternehmer mit einer starken Leseschwäche, der das Kleinunternehmen seines Vaters mit 15 Jahren geerbt hatte und schließlich Hunderte von Ladengeschäften in ganz Europa besaß. Nomad wurde auch der größte ausländische Aktionär von AirAsia, der billigsten Fluggesellschaft der Welt. Und dann war da noch Amazon – das Unternehmen, das die Aufteilung von Größenvorteilen am konsequentesten betrieb.

Als Sleep zum ersten Mal auf Amazon stieß, war es ein neugegründeter Buchhandel, der sich auf den Börsengang vorbereitete. Der Gründer, Jeff Bezos, erklärte bei einer Präsentation in London, wie sein gewinnloses Unternehmen eine praktisch unendlich große Auswahl an Büchern anbieten würde, wie es Kostenvorteile gegenüber der Konkurrenz mit Ladengeschäften erzielen würde und wie es die Einnahmen in andere Geschäftsfelder investieren würde. Sleep eilte zurück in sein Büro bei Marathon und sagte seinem Chef: »Das ist fantastisch. Es könnte ein Riesenerfolg werden.« Und er sagte: »Ja, Nick, in Ordnung. Aber was tun sie, das niemand anderes auch tun kann?«

Sleep und Zakaria brauchten einige Jahre, um zu verstehen, welcher Art der Wettbewerbsvorteil von Amazon war. Aber schließlich fiel der Groschen. Bezos folgte dem Weg von Unternehmern wie Ford, Walton und Sinegal – und das Internet würde ihm erlauben, deren klassische Strategie auf Hochtouren zu fahren.

Wie sie betrieb Bezos eine konsequente und effiziente Kostenkontrolle. Sleep zufolge ging Amazon sogar so weit, die Glühbirnen aus den Verkaufsautomaten in den Büros zu entfernen, um jährlich 20 000 Dollar für Strom zu sparen. Bezos war davon besessen, seinen Kunden Zeit und Geld zu ersparen. Und er investierte geduldig in die Zukunft. Er finanzierte neue Geschäftsideen, von denen er nicht erwartete, dass sie innerhalb der nächsten fünf bis sieben Jahre Gewinne abwerfen würden. Jedes Jahr gab er Hunderte Millionen Dollar in Form von Preissenkungen und subventionierten Versandkosten aus, ein perfektes Beispiel für aufgeschobene Belohnung.

Wie nicht anders zu erwarten, murrte die Wall Street über das Ausbleiben von Gewinnen bei Amazon, weil dort niemand sah, dass Bezos geduldig den Grundstein für ein atemberaubendes Wachstum legte. In einer Mitteilung an die

Aktionäre von Amazon im Jahr 2005 erklärte Bezos: »Durch die konsequente Beteiligung der Kunden an Effizienzverbesserungen und Größenvorteilen in Form von niedrigeren Preisen wird eine Aufwärtsspirale in Gang gesetzt, die langfristig zu viel höheren Mittelzuflüssen und damit zu einem viel wertvolleren Amazon.com führt.« Sleep und Zakaria hatten in der Geschäftswelt einen Seelenverwandten gefunden.

Im selben Jahr startete Bezos Amazon Prime, ein Mitgliedschaftsprogramm, das für eine Jahresgebühr von 79 Dollar freien Versand innerhalb von zwei Tagen anbot. Er verbesserte das Angebot später noch, indem er alles Mögliche hinzufügte, von kostenlosen Filmen und Fernsehserien bis zu unbegrenztem Speicherplatz für Fotos. Kurzfristig würde sich dieser Überfluss an Vorteilen und Ersparnissen negativ auf den Gewinn auswirken. Aber langfristig würde er die Loyalität der Kunden vergrößern und dazu führen, dass sie noch mehr Geld ausgeben. Als Bezos Prime einführte, erkannten Sleep und Zakaria sofort, dass es das Gegenstück zu Costcos jährlichem Mitgliedschaftsbeitrag war. »Oh mein Gott, ich weiß genau, worauf sie aus sind«, dachte Sleep. »Amazon ist plötzlich zu einem Costco auf Hochtouren geworden.«

Nomad begann 2005, Amazon aggressiv bei einem Kurs von rund 30 Dollar zu kaufen. 2006 verließen Sleep und Zakaria Marathon und machten Nomad zu einem völlig selbständigen und unabhängigen Fonds. Sie hatten dadurch noch mehr Freiheiten, ihre eigenwilligen Überlegungen zu verfolgen. Sie setzten 20 Prozent des Fondsvermögens auf Amazon und beschafften sich von ihren Anteilseignern die Erlaubnis, noch höher zu gehen. Ein Viertel der Kunden zog seine Einlagen ab, weil sie fürchteten, durch das hohe Gewicht einer einzelnen Aktie einem zu hohen Risiko ausgesetzt zu sein.

Die Zweifel an Amazon verbreiteten sich weiter. Während des Marktzusammenbruchs im Jahr 2008 besuchte Sleep eine Veranstaltung in New York, auf der George Soros über die bevorstehende finanzielle Apokalypse sprach. Soros, einer der erfolgreichsten Spekulanten aller Zeiten, sagte, als die Welt in Stücke fiel habe er nur eine Aktie leer verkauft: Amazon.

Am selben Tag traf Sleep beim Essen Bill Miller, dessen Fonds unter den externen Investoren die größte Beteiligung an Amazon hielt. Miller hatte die Stärken von Amazon früher als jeder andere erkannt und 15 Prozent des Unternehmens gekauft. Aber er erzählte Sleep, dass er dazu gezwungen worden war, seinen

Bestand zu reduzieren, um die Einlagen von Anlegern zurückzuzahlen, die aus seinem Fonds flohen. Sleep rief Zakaria an diesem Abend in London an und fragte: »Bist du sicher, dass wir wissen, was wir tun? Denn jeder hier geht in die entgegengesetzte Richtung.« Niemals waren sie sich so sicher wie bei Amazon gewesen, dass ein Unternehmen schließlich Erfolg haben würde. Aber was wäre, wenn sie das Unternehmen falsch eingeschätzt hätten? Was wäre, wenn sie etwas übersehen und all die Kritiker Recht hätten? »Entweder sind wir brillant«, dachte Sleep, »oder wir sind wirklich erledigt.«

Amazon verlor 2008 fast die Hälfte seines Marktwerts und die Nomads Anteile fielen um 45,3 Prozent. An einem der Lage angemessenen Ort – McDonald's – hielten Sleep und Zakaria ein Krisentreffen und diskutierten die unsichere Zukunft von Nomad, wenn der Markt weiter fallen sollte. Sie erschraken bei dem Gedanken als Analysten bei irgendeiner miesen Wall-Street-Firma zu enden.

Aber sie gaben nicht auf. Während andere in Panik verfielen, nutzten sie die Marktturbulenzen, um ihr Portfolio auszubauen. Dabei konzentrierten sie sich noch stärker auf die Unternehmen mit der höchsten Qualität, wie Amazon, Costco, ASOS und Berkshire Hathaway. Als sich der Markt erholte, machten sie atemberaubende Gewinne. Von 2009 bis 2013 erzielte Nomad eine kumulierte Rendite von 404 Prozent.

Anfang 2014 beendeten Sleep und Zakaria die Nomad Investment Partnership. Bis zu diesem Zeitpunkt war das Fondsvermögen auf ungefähr 3 Milliarden Dollar angewachsen. Damit hatte es eine Größe erreicht, bei der sie astronomische Summen hätten verdienen können. Aber das war nie der Zweck ihres großen Abenteuers gewesen. Viele Fonds »beginnen mit dem Ziel, einen Haufen Geld zu machen«, schrieb Sleep in einer E-Mail. »Uns stellte nicht Geld zufrieden. Wir fanden unsere Befriedigung darin, das Problem des Geldanlegens zu lösen, immer dazuzulernen und unseren Job so gut zu machen, wie wir konnten. All unsere Ziele betrafen uns selbst und unsere Persönlichkeit, Geld war ein (erfreuliches) Nebenprodukt.«

Besonders Zakaria war besorgt, die Arbeit könne eintönig werden. »Aus intellektueller Sicht hatten wir getan, was wir konnten«, sagte er. »Wir haben jeden Aspekt des Geldanlegens durchdacht, wir haben über alles nachgedacht, was wir für wichtig hielten und ich glaube, ich habe Recht, wenn ich sage, dass es nichts mehr zu tun gab.« Also setzten sie sich zur Ruhe, in der Hoffnung, die zweite Hälfte ihres

Lebens wohltätigen Zwecken zu widmen. Sleep schrieb Buffett einen Brief, in dem er ihm für seinen Anteil am Erfolg von Nomad dankte. Buffett antwortete: »Du und Zak, ihr habt die richtige Entscheidung getroffen. Ich denke, ihr werdet merken, dass das Leben gerade erst begonnen hat.«

In weniger als 13 Jahren hatte Nomad einen Wertzuwachs von erstaunlichen 921 Prozent vor Provisionen erzielt – etwas weniger als ihr Ziel, aus 1 Pfund Sterling 10 zu machen. Eine entscheidende Rolle hatte dabei Amazon gespielt, dessen Kurs sich seit 2005 verzehnfacht hatte. Es gab eine Zeit, in der diese Aktie ungefähr 40 Prozent des Fondsvermögens ausmachte.

Im Ruhestand behielt Zakaria ungefähr ein halbes Dutzend seiner Lieblingsaktien aus dem Portfolio von Nomad. Die wichtigste seiner Aktien, Amazon, war 2020 auf über 3000 Dollar gestiegen, was Amazon einen Marktwert von 1,5 Billionen Dollar verlieh und Jeff Bezos zum reichsten Mann der Welt gemacht hatte. Zakaria, der nie eine Amazon-Aktie aus seinem persönlichen Portfolio verkauft hatte, hatte ungefähr 70 Prozent seines Gelds bei diesem Unternehmen angelegt. Der Rest ist fast vollständig in Costco, Berkshire Hathaway und einen Onlinehändler namens Boohoo.com investiert. Zakaria sagte, er werfe ab und zu einen Blick auf sein Portfolio und frage sich dann: »Was würde Nick tun? Und ich denke, ›Nick würde *gar nichts* tun.‹ Dann sage ich mir, ›Okay, das war's für die nächsten sechs Monate.‹«

Was Sleep angeht, so investierte er fast sein ganzes Geld in nur drei Aktien: Amazon, Costco und Berkshire Hathaway. »Es gibt nur wenige Unternehmen, die so in die Zukunft investieren, wie diese«, sagte er. »Sie kümmern sich nicht um die Wall Street. Ihnen sind Trends und Moden egal. Sie machen einfach auf Dauer genau das Richtige.« Die Schwankungsanfälligkeit eines Portfolios aus nur drei Aktien störte ihn nicht, da alle drei Unternehmen mit großer Wahrscheinlichkeit ihre langfristigen Ziele erreichen würden.

Allerdings war Amazon bis 2018 so steil angestiegen, dass diese Aktie mehr als 70 Prozent seines Nettovermögens ausmachte. Sleep begann, sich Sorgen zu machen. Könnte der Marktwert auf 3 oder 4 Billionen Dollar anwachsen oder gab es auch für Amazon Grenzen? Er war sich nicht sicher. Deshalb verkaufte er nach 13 Jahren an einem einzigen Tag die Hälfte seines Bestands für 1500 Dollar pro Aktie. Wie hat er sich dabei gefühlt? »Ich habe es gehasst«, sagte er. »Ich war hin- und hergerissen und bin mir nicht sicher, ob es eine gute Entscheidung war.«

Eine Weile saß Sleep geduldig auf zig Millionen Dollar Bargeld, weil er unsicher war, wie er seinen Gewinn aus dem Verkauf der Amazon-Aktien anlegen sollte. Aber als wir 2020 miteinander sprachen, hatte er das Geld in eine vierte Aktie investiert, ASOS, einen Onlinehändler, der früher im Portfolio von Nomad war. Seit er diese Aktie wieder gekauft hat, hat sich ihr Kurs schon verdoppelt. Kurz und gut, das Leben ist immer noch schön.

Fünf Lektionen mit langer Haltbarkeit

Meiner Auffassung nach kann man von Sleep und Zakaria fünf wichtige Lektionen lernen. Erstens: Sie geben ein überzeugendes Beispiel dafür ab, was es bedeutet, Qualität als Hauptprinzip im Geschäftsleben, in der Geldanlage und im Leben insgesamt zu verfolgen – eine moralische und intellektuelle Grundsatzentscheidung, die von dem Buch Zen and the Art of Motorcycle Maintenance inspiriert ist. Man kann Qualität natürlich leicht als einen unscharfen und subjektiven Begriff abtun, aber dieses Prinzip kann sich als überraschend nützlich erweisen, weil es viele Entscheidungen erleichtert. Zum Beispiel war es für Sleep und Zakaria offensichtlich, dass eine niedrige, jährliche Managementgebühr, die nur die Betriebskosten von Nomad deckte, qualitativ hochwertiger war als eine üppige Gebühr, mit der sie sich unabhängig von ihren Leistungen hätten bereichern können.

Als Zweites ist ihr Konzept zu nennen, sich auf das zu konzentrieren, was eine lange Haltbarkeitsdauer hat und alles Kurzlebige und Flüchtige beiseitezulassen. Sie wendeten dieses Konzept nicht nur bei der Auswahl der Informationen an, die das höchste Gewicht haben sollten, sondern auch bei der Auswahl der von ihnen bevorzugten Unternehmen.

Drittens ist die Erkenntnis wichtig, dass es ein bestimmtes Geschäftsmodell gibt – das des Aufteilens von Größenvorteilen –, das eine Aufwärtsspirale in Gang setzt, die langfristig zu nachhaltigem Wohlstand führt. Sleep und Zakaria profitierten massiv von dieser einen wichtigen Erkenntnis, indem sie sich auf wenige Unternehmen mit einer hohen Qualität konzentrierten, die alle einen ähnlichen Weg gingen. Paradoxerweise behaupteten sie auch, für sie sei es weniger riskant, eine kleine Aktienanzahl (meist ungefähr zehn) zu halten, als Hunderte. Letzteres entsprach der üblichen Strategie von Fonds und hätte zwangsläufig zu weniger glänzenden Ergebnissen geführt. »Wir wussten, dass wir nicht viel wussten«, sagte Sleep. »Deswegen war es für uns sinnvoll, nur ein paar Aktien zu haben, denn nur diese verstanden wir und nur über sie wussten wir *wirklich* Bescheid.«

Sie waren nicht überrascht, dass die Unternehmen, die sie am besten kannten und am meisten mochten – Amazon, Costco und Berkshire Hathaway –, sich als bemerkenswert widerstandsfähig erwiesen, als COVID-19 die Welt auf den Kopf stellte. Schließlich konnten sie ihren Kunden wegen ihrer Größenvorteile einen außergewöhnlichen Gegenwert für ihr Geld bieten. »Besonders bei Costco und Amazon sieht man, dass ihr Geschäft aufgrund der Krise besser läuft«, sagte Zakaria. »Je schwieriger die Bedingungen für die Wirtschaft sich im Allgemeinen gestalten, desto besser werden sie für Unternehmen, die große Kostenvorteile haben.«

Viertens ist es nicht notwendig, sich skrupellos oder unethisch zu verhalten, um große Erfolge zu erzielen – selbst in einer so ausgeprägt kapitalistischen Branche, in der eigennütziges Verhalten die Norm ist. Während der Finanzkrise schrieb Sleep über das Unheil, das von einer Kultur angerichtet worden war, »in der die Spieler einfach gewinnen müssen« und »keine allzu großen Skrupel wegen der dazu erforderlichen Mittel haben«. Er und Zakaria wollten, dass Nomad eine aufgeklärtere Form des Kapitalismus verkörpert.

Deswegen wählten sie ein Gebührenmodell, das für ihre Anteilseigner vorteilhafter als für sie selbst war. Sie waren auch zueinander großzügig. Zum Beispiel bestand Zakaria darauf, dass Sleep einen Anteil nicht von 50 Prozent, sondern von 51 Prozent an ihrer Investmentgesellschaft halten sollte. Wenn es je zu Meinungsverschiedenheiten kommen sollte, vertraute Zakaria Sleep die endgültige Entscheidung an. Sleep sagte, es sei undenkbar gewesen, einen Partner auszunutzen, der gewissermaßen »einen Revolver geladen, über den Tisch geschoben« und gesagt hatte, »,Los, erschieß mich, wenn du willst!'« Er setzte hinzu: »Unser Verhältnis zeichnet sich durch eine große Freundlichkeit aus, und ich denke, das war für unseren Erfolg wichtig.« Bezeichnenderweise teilen sie sich, einige Jahre nachdem sie ihren Fonds abgewickelt haben, immer noch ein Büro. Wie sich Sleep ausdrückte: »Wer sich gut verhält, hält es auch lange zusammen aus.«

Die große Bedeutung von Wohltätigkeit ist ein weiteres Merkmal, dass ihre sanfte Version des Kapitalismus kennzeichnet. »Sobald wir bewiesen hatten, was wir mit Nomad beweisen wollten, war uns beiden klar, dass unsere Aufgabe jetzt darin bestehen würde, das Geld an die Gesellschaft zurückzugeben«, sagte Sleep. »Dadurch verringert sich das Risiko, dass wir durch zu viel Geld verdorben werden.« Außerdem »macht es Spaß, es zu verschenken«.

Zakaria und seine Frau Maureen unterstützen eine Reihe wohltätiger Organisationen, die sich der Forschung und der Medizin widmen, wie etwa das London Mathematical Laboratory, die Royal Society und das Royal Hospital for Neuro-disability. Sleep verbringt dagegen viel Zeit damit, OnSide Youth Zones zu helfen, einer Organisation, die Kindern aus Problemgebieten eine Zuflucht anbietet, damit sie sich austauschen und neue Fertigkeiten erlernen können. Seinen Worten zufolge besteht das Hauptziel für Zakaria und ihn nunmehr darin, »auf Dauer so viel Gutes wie möglich zu tun«.

Dennoch hat Sleep nicht auf alle Sinnesfreuden verzichtet. Er liebt Autorennen und fährt mit seinem Shelby Mustang GT350 von 1965 und seinem Lola T70 von 1967 regelmäßig Rennen. Er nahm mit seiner Tochter Jess auch an einer 36-Tage-Rallye von Peking nach Paris (über die Mongolei und Sibirien) teil; sie fuhren dabei abwechselnd seinen Mercedes Pagode von 1964.

Fünftens: Große Vorteile können sich diejenigen verschaffen, die sich in einer Welt, die immer mehr auf Kurzfristigkeit und sofortige Bedürfnisbefriedigung ausgerichtet ist, bewusst anders verhalten. Das gilt nicht nur für das Geschäftsleben und die Geldanlage, sondern auch für unsere Beziehungen, unsere Gesundheit, unsere Karrieren und überhaupt alles, worauf es im Leben ankommt.

Die Erfüllung von Wünschen aufzuschieben, ist in der Welt, in der wir leben, keine leichte Sache. In reichen Ländern ist alles sofort und ohne Schranken verfügbar – Lebensmittel, Informationen, Fernsehserien am Stück, alle möglichen Abarten von Pornografie oder nach was immer einem sonst der Sinn steht. Unsere Aufmerksamkeitsspanne schrumpft unter dem unablässigen Bombardement von E-Mails, Textnachrichten, Facebook-Posts und Twitter-Nachrichten. Auf ähnliche Weise können wir heute augenblicklich in einen Markt einsteigen und genauso schnell wieder aussteigen – einfach indem wir ein paar Tasten auf unseren Mobiltelefonen drücken. Jeder bemüht sich auf seine Weise, mit dieser technologischen und sozialen Revolution fertigzuwerden, die einerseits wundervoll, andererseits gefährlich ist. Als vergnügungssüchtige Wesen werden wir meist von dem angezogen, was sich im Moment gut anfühlt – trotz des Preises, den wir (oder andere) vielleicht später dafür zu zahlen haben. Das zeigt sich nicht nur in unserem individuellen Leben, sondern auch in unseren Gesellschaften – an Dingen wie Haushaltsdefiziten oder dem ungezügelten Energieverbrauch.

»Die Erfüllung eigener Wünsche aufschieben zu können, ist extrem wichtig«, so Sleep. »Wenn man sich all die Fehler anschaut, die man in seinem Leben so macht, sowohl privat als auch beruflich, dann entstehen sie fast immer dadurch, dass man eine kurzfristige Lösung oder ein kurzfristiges Vergnügen wollte … Und diese Neigung ist bei Börsianern sehr weit verbreitet.«

Man denke nur einmal kurz an die vielen Impulse, die die Erträge der Geldanleger ruinieren, wenn sie ihnen nicht widerstehen: zum Beispiel die Tendenz, zu häufig zu kaufen und zu verkaufen; emotionale Entscheidungen auf der Grundlage alarmistischer Nachrichten zu treffen; sich der Herde anzuschließen und den beliebtesten (und am stärksten überteuerten) Vermögenswerten hinterherzujagen; Fonds billig zu verkaufen, die ein oder zwei Jahre dem Markt hinterhergehinkt haben; oder gewinnbringende Aktien zu bald zu verkaufen, statt sie geduldig im Depot zu belassen, damit ihr Wertzuwachs im Laufe der Jahre immer größer wird. Die Fähigkeit, solchen Impulsen zu widerstehen, ist »eine dieser Superkräfte«, meinte Sleep. »Diese Kraft muss man unbedingt nutzen, wenn man sich überlegt, was für einen am besten ist.«

Sleep und Zakaria beherrschen ihre Impulse perfekt. Wie sonst hätten sie Costco 18 Jahre und Amazon 16 Jahre lang halten können, während die Amazon-Aktie von 30 Dollar auf über 3000 Dollar in die Höhe schoss? Sie hatten verstanden, dass wir davon profitieren, wenn wir die Erfüllung unserer Wünsche aufschieben und den langfristigen Resultaten Priorität einräumen. Aber es reicht nicht aus, dieses Prinzip einfach nur intellektuell zu erfassen. Genauso wichtig ist es, sich konsistente Rahmenbedingungen zu schaffen, die ein solches Verhalten unterstützen.

Zunächst einmal waren die meisten ihrer Investoren gemeinnützige Institutionen (wie etwa Universitätsstiftungen) mit langen Zeithorizonten. In seinen Mitteilungen an die Anteilseigner lobte Sleep überschwänglich deren »freundliche Geduld« – und bestärkte sie auf diese Weise höflich in ihrer Einstellung. Nomad investierte außerdem in Unternehmen, die von anderen Nonkonformisten geführt wurden, wie etwa Bezos oder Buffett, welche ebenfalls außergewöhnlich langfristig dachten. Es war auch von Vorteil, dass Sleep und Zakaria ein ruhiges Büro in der King's Road bezogen, über einem Laden, der chinesische Heilkräuter verkaufte – weit weg von dem lauten Trubel der großen Finanzzentren. Sie schalteten Störeinflüsse auch dadurch aus, dass sie sich nicht mit Verkaufsanalysten und Finanzberatern abgaben (die die Tagesergebnisse von Fonds zwanghaft überwachen). Sie hatten sich so sehr von all dem Drama und der Aufregung abgekoppelt, dass sie sich gerne mit Mönchen oder Einsiedlern verglichen.

Wenn auch wir als Anleger dauerhafte Erfolge erzielen wollen, müssen wir ihrem Beispiel folgen und konsequent den inneren und äußeren Kräften widerstehen, die uns zu impulsiven Handlungen drängen. Mit diesem Hintergedanken ignoriere ich das ganze nutzlose Geschwätz in den Medien über bevorstehende Marktkorrekturen und Marktzusammenbrüche. Wochenlang überprüfe ich nicht, wie sich meine Investments entwickelt haben.* Im Zweifelsfall tue ich nichts. Deshalb besteht mein Portfolio zum Großteil aus zwei Indexfonds und einem wertorientierten Hedgefonds, die ich alle seit mindestens 20 Jahren halte. Meine kostspieligsten Fehler habe ich immer dann gemacht, wenn ich ungeduldig oder neidisch auf die Gewinne anderer geschaut und vom Kurs abgewichen bin, indem ich auf nicht börsennotierte Unternehmen oder auf Einzelaktien gesetzt habe, die einen schnellen Weg zum Reichtum versprachen. Aber paradoxerweise ist der langsamere Weg am Ende fast immer der schnellere.

Die Investoren, die ich am meisten bewundere, halten sich meist auf eine fast schon heroische Weise zurück – nicht, weil sie faul sind, sondern weil sie die Vorteile der Geduld erkannt haben. Howard Marks sagte mir einmal: »Unsere Ergebnisse sind nicht auf das zurückzuführen, was wir kaufen oder verkaufen, sondern auf das, was wir halten. Die wichtigste Aktivität ist also das Handeln, nicht das Kaufen oder das Verkaufen. Ich habe mich immer gefragt, ob eine Investmentgesellschaft bessere Ergebnisse erzielen würde, wenn sie sagen würde, ›Wir sind nur an Donnerstagen auf den Märkten aktiv‹. Die restlichen vier Tage in der Woche könnte man dann damit zubringen, stillzusitzen und nachzudenken.«

Niemand verkörpert dieses Zeitlupen-Denken besser als Thomas Russo. Länger als drei Jahrzehnte schlug er bei Gardner, Russo & Gardner, einer Gesellschaft

* Seit ich diesen Satz geschrieben habe, ist mir aufgefallen, dass er nicht ganz der Wahrheit entspricht. Tatsächlich kontrolliere ich in Krisenzeiten, wie etwa der COVID-19-Pandemie, mein Portfolio oft mehrmals am Tag. Es ist eine Angewohnheit, die mehr schadet als nutzt. Aber immerhin hat sie mich noch nicht dazu getrieben, impulsive Anlageentscheidungen zu treffen. Dennoch beunruhigt es, wie leicht man rückfällig werden und solche schädlichen Gewohnheiten annehmen kann.

in Lancaster, Pennsylvania, den Mark mit den Renditen, die er erzielte. »Ich sehe mich als Ackerbauer«, sagte Russo. »Die Wall Street ist voll von Jägern – Leuten, die sich aufmachen und versuchen, Großwild zu erlegen. Sie töten es, bringen es heim und dann gibt es ein großes Fest und alles ist wunderbar und danach halten sie Ausschau nach dem nächsten Stück Großwild. Ich dagegen säe aus und verbringe meine ganze Zeit damit, die Aussaat zu kultivieren.« Zu seinen wichtigsten Aktienpositionen zählen Berkshire Hathaway, Brown-Forman und Nestlé, die er alle seit den 1980er- Jahren hält.* Vor ein paar Jahren, als er 59 war, fragte ich Russo, ob er damit rechne, Berkshire Hathaway und Nestlé für den Rest seines Lebens zu halten. Er antwortete ohne zu zögern: »Ich denke schon.«

Wie Sleep und Zakaria hat auch Russo seine gesamte Karriere auf der Erkenntnis aufgebaut, wie nützlich das Konzept der aufgeschobenen Wunscherfüllung ist. Alle Unternehmen, die er besitzt, haben eines gemeinsam: die, wie er es ausdrückt, »Fähigkeit, Leiden zu ertragen«. Das heißt, dass sie mit Blick »auf die ferne Zukunft« investieren, auch wenn sie bis dahin schmerzhafte Verluste ertragen müssen. Wie Russo bemerkte, profitieren wir, wenn wir »heute auf etwas verzichten«, meistens davon, »morgen etwas zu gewinnen«.

Mich fasziniert besonders, dass dieses zeitlose Prinzip nicht nur für das Geschäftsleben und die Geldanlage gilt, sondern für alle Bereiche unseres Lebens. Wir können das sehen, wenn wir Sport treiben oder Diät halten, wenn wir uns sorgfältig auf eine Prüfung vorbereiten oder bis spät abends arbeiten, und wenn wir Geld für den Ruhestand sparen oder um es zu investieren. In jedem Fall profitieren wir langfristig, wenn wir etwas tun oder etwas ertragen, das kurzfristig unattraktiv zu sein scheint. Andererseits, sagte Sleep, »denke ich, dass es fast immer stimmt, dass die Dinge, die uns unglücklich machen, kurzfristig reizvoll erscheinen.« Er zählte eine ganze Reihe weit verbreiteter Fallstricke auf: sich zu betrinken, zu viel Kuchen zu essen, zu lügen, Striptease-Bars zu besuchen und Süßigkeiten in einem Laden zu klauen. Für den Augenblick, sagte er, »scheinen all diese Dinge eine gute Idee zu sein. Sie sind aufregend. Sie befriedigen. Sie bringen ein kleines Glücksgefühl. Aber am Ende gehen sie doch auf Kosten des künftigen Wohlergehens«.

All das ist nicht neu. Im Buch *Genesis* tauscht Esau, den der Drang nach sofortiger Bedürfnisbefriedigung blind gemacht hat, mit seinem Bruder sein wertvolles

* Brown-Forman ist ein amerikanischer Spirituosenproduzent (Anmerkung des Übersetzers).

Erstgeburtsrecht gegen einen wertlosen Teller Linsensuppe. Im Gegensatz dazu besaß Joseph – der Sohn von Jakob und ein Meister darin, die Erfüllung seiner Wünsche aufzuschieben – die Voraussicht, während »der sieben Jahre des Überflusses« große Mengen an Getreide einzulagern, damit die Ägypter »die sieben Jahre der Hungersnot,« welche darauf folgen würden, überlebten.* Tausende von Jahren später stehen wir wieder und immer wieder vor derselben Wahl zwischen der *Gegenwart* und der *Zukunft*, zwischen dem *Sofortigen* und dem *Aufgeschobenen*.[3]

Für uns Normalsterbliche ist das eine schwierige Wahl. Aber Zakaria sagte, dass er das fromme Gefühl genießt, ein »Büßerhemd« zu tragen und »auf sofortige Bedürfnisbefriedigung zu verzichten«, während andere der Versuchung erliegen. Das erinnert mich an einen wunderbaren buddhistischen Ausdruck, der verwendet wird, um eine der Belohnungen für den Verzicht auf ungesundes oder ungeschicktes Verhalten zu beschreiben: *die Freude, keine Reue zu empfinden.* Auch Kabbalisten wie Rav Yehuda Ashlag oder Rav Philip Berg lehren, der einzige Weg, dauerhaftes Glück, Erfüllung und Freiheit zu erlangen, bestehe darin, unseren schädlichen Neigungen zu widerstehen. In seinem wegweisenden Buch *Kabbalah for the Layman* schreibt Rav Berg: »Statt den Weg des geringsten Widerstands zu wählen, die schnelle Lösung, die sofortige Bedürfnisbefriedigung, wählt der Kabbalist den Weg des größten Widerstands.« Dies erscheint widersinnig, beschreibt aber eine große Wahrheit über den Weg zur Zufriedenheit.

Ein praktischer Trick, mit dem man sich trotzdem »kurzfristig belohnen kann«, besteht laut Sleep darin, sich all die wundervollen Vorteile vorzustellen, die man haben wird, weil man sich dafür entschieden hat, auf die sofortige Befriedigung seiner Bedürfnisse zu verzichten. Auf diese Weise hat auch der Verzicht etwas Angenehmes und »man nimmt ihn eher in Kauf«. Tatsächlich, sagte Sleep, »mag ich diesen Verzicht, weil ich einfach weiß, dass er das Leben besser machen wird«.

---

*Genesis 25: 27–34, 41: 25–36 (Anmerkung des Übersetzers)

KAPITEL 7

NÜTZLICHE GEWOHNHEITEN

Die besten Investoren erarbeiten sich durch Gewohnheiten, die im Laufe der Zeit immer nützlicher werden, einen überwältigenden Wettbewerbsvorteil.

Und darum ist nicht wenig daran gelegen, ob man gleich von Jugend auf sich so oder so gewöhnt; vielmehr kommt hierauf sehr viel, oder besser gesagt, alles an.

Aristoteles, Nikomachische Ethik

Ich denke, dass die Menschen – bis sie älter werden – unterschätzen, wie wichtig Gewohnheiten sind und wie schwierig es ist, sie zu ändern, wenn man erst einmal 45 oder 50 ist, und wie wichtig es ist, die richtigen Gewohnheiten anzunehmen, wenn man jung ist.

Warren Buffett

1990 wog Tom Gayner 86 Kilogramm. Niemand hätte ihn für einen Gewinner der olympischen Goldmedaille im Beachvolleyball gehalten. Aber er sagte, sein Gewicht sei im Rahmen des Normalen gewesen. In diesem Jahr begann er, bei der Markel Corporation, einer Versicherungsgesellschaft in Richmond, Virginia, als Manager des Investmentportfolios zu arbeiten. Geldanlegen ist eine Arbeit, die man im Sitzen verrichtet: Sie besteht im Wesentlichen aus Lesen, Nachdenken und Spielen mit Zahlen. Dafür war Gayner wie geschaffen. Selbst als Acht- oder Neunjähriger bestand für ihn ein schöner Freitagabend darin, mit seiner Großmutter vor dem Fernseher zu sitzen und *Die Woche an der Wall Street mit Louis Rukeyser* anzuschauen. Als er älter wurde, hatte seine Neigung zum Stillsitzen und zum Nachdenken die zu erwartenden Folgen: Sein Gewicht stieg allmählich bis auf 90 Kilogramm an. Er entschloss sich, etwas dagegen zu tun und verkündete gegenüber Freunden und Kollegen, während der nächsten zehn Jahre würde er 1 Pfund pro Jahr abnehmen. Das mag sich sehr wenig ehrgeizig anhören, aber man muss bedenken, dass nach Aussage einiger Studien der durchschnittliche Amerikaner zwischen dem Eintritt ins Erwachsenenalter und den mittleren Jahren 1 bis 2 Pfund pro Jahr zunimmt. Gayner, ein Meister darin, sich den Zinseszinseffekt zunutze zu machen, verstand, wie kleine Vorteile – oder Nachteile – über längere Perioden akkumulieren. Auf diese Weise ging er daran, die ungesunden Angewohnheiten seines bisherigen Lebens zu ändern.

»Als Kind ernährte ich mich wie ein Waschbär auf einem Campingplatz«, erzählte er. Zum Beispiel aß er schätzungsweise um die 200 Donuts pro Jahr. Einige hätten auf dieses ungesunde Vergnügen ganz verzichtet und sich (zeitweise) zu einem freudlosen Leben ohne Donuts entschlossen, nur um dann (fast immer) wieder rückfällig zu werden. Nicht aber Gayner. Er gab unbekümmert zu, immer noch vielleicht 20 Donuts im Jahr zu essen. Insgesamt hatte er es aber geschafft, sich wesentlich gesünder zu ernähren. Ich war im Laufe der Jahre mehrmals mit ihm essen, unter anderem zum Mittagessen in einem altmodischen Club in New York (wo er einen Römersalat mit Lachs und ungesüßtem Eistee bestellte), zweimal zum Mittagessen in seinem Büro (mehr Salat, mehr Fisch) und zum Abendessen bei ihm zu Hause in einem Vorort von Richmond. Er hatte köstlichen Lachs mit Pesto und Rosenkohl zubereitet. Dazu gab es Wein und zum Nachtisch Eis. Wie sonst auch in seinem Leben, besteht die Strategie von Gayner in Sachen Ernährung darin, »in die richtige Richtung zu gehen«, und nicht darin, perfekt zu sein. »Im Allgemeinen«, sagte er, »strebe ich eine befriedigende und nicht eine optimale Lösung an.«

Ähnlich ging er bei seinem Fitnesstraining vor. »Ich war nie gut in Sport«, sagte er. »Den Höhepunkt meine Karriere als Sportler erreichte ich in der siebten Klasse, als ich bei von der Kirche organisierten Basketballspielen mitmachte.« Er behauptete, bis zum Alter von 50 Jahren *insgesamt* nicht mehr als 8 Kilometer gerannt zu sein. Als er einmal im Flugzeug saß, las er einen Zeitungsartikel mit der Überschrift »Hassen Sie Laufen?«. »Ja«, dachte er, »ich hasse Laufen.« Aber der Artikel beschrieb ein 28-Tage-Laufprogramm, welches scheinbar so einfach war, dass er sich entschied, es auszuprobieren. In der ersten Woche musste man höchstens fünf Minuten pro Tag laufen. In der zweiten Woche erhöhte sich die Zeit auf zehn Minuten, auf 15 Minuten in der dritten Woche und 20 Minuten in der vierten Woche. Zu diesem Zeitpunkt, sagte er, »hatte man sich mit kleinen Schritten daran gewöhnt«. Tatsächlich läuft er auch mehr als fünf Jahre später immer noch fünf Mal pro Woche. Er beginnt meistens um ungefähr 5 Uhr 30 oder 6 Uhr am Morgen, während die meisten anderen sich noch im Bett räkeln, und läuft ungefähr 5 Kilometer in 30 Minuten. »Ich bin nicht so schnell, wie es scheint«, sagte er. »Ich bin sogar noch langsamer, als ich aussehe.«[1]

Gayner, der heute einer der beiden Vorstandsvorsitzenden von Markel ist, einer Holdinggesellschaft, die Versicherungs- und Investmentgeschäfte auf der ganzen Welt betreibt, hält vielleicht nicht den Weltrekord über 100 Meter. Aber sein regelmäßiges Laufen (zusammen mit etwas Yoga und mäßigem Hanteltraining) hilft ihm dabei, die physischen Herausforderungen und die täglichen Belastungen eines harten Jobs zu bewältigen, zu dem das Management von 21 Milliarden Dollar an Aktien und Anleihen sowie 19 Tochtergesellschaften gehören, ganz zu schweigen von der Verantwortung für ungefähr 17 000 Mitarbeiter. »Wenn man ein Vorstand oder ein Finanzmanager mit einer solchen Verantwortung ist, dann ist man 24 Stunden am Tag, sieben Tage in der Woche im Job. Es gibt keine Pause. Es gibt keine Freizeit«, sagte er. »Deshalb halte ich es für sehr wichtig, auf seine Gesundheit, seinen Schlaf und seine Bewegung zu achten und darauf, dass das Leben über der Arbeit nicht zu kurz kommt, man also genug Zeit mit seiner Frau, seinen Kindern und den Mitgliedern seiner Kirchengemeinde verbringt.« Wenn man das tut, »garantiert das noch nicht, dass man seine Ziele erreicht, aber man verbessert dadurch seine Chancen«.

Das Besondere an Gayner ist seine strenge Disziplin. Die meisten Leute bemühen sich ein paar Tage lang und geben dann auf. Ich besitze eine Hantel und ein Sprungseil. Keines von beiden habe ich mehr als dreimal benutzt. Sie dienen nur dazu, dass ich mich schuldig fühle. Aber Gayner macht immer weiter; dabei ist er nicht perfekt, geht aber immer *in die richtige Richtung*. Er sagte von sich, er verhalte sich bei allem, was er tue »radikal gemäßigt«. »Extreme Veränderungen sind nicht nachhaltig. *Aber mäßige, schrittweise* Veränderungen sind nachhaltig.«

Er achtet auch genau darauf, nicht zu weit in eine falsche Richtung zu gehen. Nach einem flotten Spaziergang um einen See in der Nähe seines Büros zeigte er mir, wie er mit seiner Apple Watch seine Aktivitäten kontrolliert, um sicherzustellen, dass er sein Ziel, »sich 30 Minuten am Tag sportlich zu betätigen« auch erreicht. Genauso kontrolliert er jeden Tag sein Gewicht, außer wenn er auf Reisen ist, und »wenn es gestiegen ist, trainiere ich ein bisschen mehr oder achte eine Zeitlang ein bisschen mehr auf das, was ich esse. Wenn man sein Gewicht nie außer Kontrolle geraten lässt, lässt es sich einfacher halten. Und das beschreibt auch, wie ich im Allgemeinen versuche, durchs Leben zu kommen«.

Diese radikal-gemäßigte und beharrliche Strategie funktioniert nachgewiesenermaßen.* Als ich Gayner 2017 eineinhalb Tage lang interviewte, wog er 87 Kilogramm, nicht viel mehr, als vor 27 Jahren. Was die Gewichtszunahme angeht, habe ich ihn um Längen geschlagen, was zeigt, wie sehr sich kleine Unterschiede in der täglichen Lebensweise im Laufe von Jahrzehnten auswirken.**

Aus alldem kann man eine wichtige Schlussfolgerung ziehen, sowohl für die Geldanlage als auch für das Leben. Überwältigende Erfolge sind meist das Ergebnis kleiner, allmählicher Fortschritte und Verbesserungen, die man im Laufe vieler Jahre macht. »Das Geheimnis großen Erfolgs liegt darin, an jedem Tag ein bisschen besser zu sein als am vorhergegangenen«, sagte Gayner. »Es gibt verschiedene Wege, das zu erreichen, aber im Kern geht es darum … Entscheidend ist, immer und immer wieder Fortschritte zu machen.«

»Die Summe kleiner Vorteile«

Gayner folgt dieser Philosophie auch bei der Geldanlage. Viele Anleger wechseln ohne Plan von einer kurzfristigen Spekulation oder vielversprechenden Strategie zur nächsten – ungefähr wie Leute, die von einer Modediät zur nächsten springen,

---

* Ich behaupte nicht, dass die Art und Weise, wie Gayner sich ernährt und Sport treibt, bei jedem genauso gut funktionieren würde. Denn das hängt von einem komplexen Zusammenspiel vieler Faktoren ab, unter anderen den Erbanlagen und dem Stoffwechsel. Aber ich bin mir sicher, dass seine Lebensweise für die meisten von uns besser wäre als die von Buffett, der auf dem Weg zum Büro bei McDonald's frühstückt, Unmengen von rotem Fleisch isst und eimerweise Coco-Cola trinkt. Buffett sagte einmal im Spaß zu den Töchtern von Mohnish Pabrai, er rühre nichts an, das er nicht schon gegessen hat, als er weniger als fünf Jahre alt war.

** ACHTUNG, NEUIGKEIT! Als wir 2020 wieder miteinander sprachen, teilte mir Gayner mit: »An diesem Morgen zeigte mir die Waage ein Gewicht von 85,3 Kilogramm an.« Seine Hartnäckigkeit und Geduld hatten sich ausgezahlt. Er wog endlich wieder genauso viel wie vor 30 Jahren.

ohne für eine nachhaltige Lösung ihres Ernährungsproblems zu sorgen. Gayner, der Schutzheilige des stetigen Fortschritts, verfolgt unbeirrt eine Anlagestrategie. Sie beruht auf vier Prinzipien, die sich seit 30 Jahren nicht geändert haben. Sie zeigen ihm, welches die richtige Richtung ist und helfen ihm, »Dummheiten zu vermeiden … Sie sind so etwas wie Leitplanken«.

Erstens sucht er nach »Unternehmen, die Gewinne machen, eine schöne Kapitalrendite erzielen und nicht zu hoch verschuldet sind«. Zweitens muss das Management »zu gleichen Teilen fähig und vertrauenswürdig sein«. Drittens sollten die Unternehmen in der Lage sein, Gewinne zu reinvestieren und damit stattliche Renditen zu erwirtschaften. Viertens müssen die Aktien zu »vernünftigen« Preisen erhältlich sein.

Wenn Gayner ein Unternehmen entdeckt, dass seine vierteilige Prüfung besteht, dann investiert er »mit einem unendlich langen Zeithorizont«. Er hält die Aktien auf Dauer und vermeidet so Steuerzahlungen auf Kursgewinne. Berkshire Hathaway war die erste Aktie, die er 1990 für Markel kaufte, und der Bestand ist bis heute auf mehr als 600 Millionen Dollar angewachsen. Buffett machte 1965 einen Fehler, als er Berkshire Hathaway übernahm. Das Unternehmen war damals ein Textilproduzent, der in Schwierigkeiten steckte und auf die Pleite zusteuerte. Dennoch schoss der Kurs seit damals von 15 Dollar auf 330 000 Dollar in die Höhe, weil er das Vermögen des Unternehmens in lukrativere Geschäftsfelder investiert hatte. »Als Anleger hat man davon profitiert«, sagte Gayner, »dass die Person, die die Entscheidungen traf, ein Genie war«. In den Augen von Gayner zeigt Berkshire Hathaway, dass von seinen vier Kriterien das dritte am wichtigsten ist, nämlich »das Reinvestitions-Kriterium«.

Gayners zweitgrößter Aktienbestand ist CarMax, ein Unternehmen, das er seit den späten 1990er-Jahren hält. Damals war es eine kleine Firma mit einer neuen Idee – Gebrauchtautos zum Festpreis zu verkaufen und so die üblichen Geschäftspraktiken auf diesem Gebiet, wie mit den Kunden zu feilschen und sie hinters Licht zu führen, nicht mitzumachen. Gayner, ein gläubiges Mitglied der Episkopalkirche der Vereinigten Staaten und in einer Quäker-Familie aufgewachsen, erinnerte sich, dass das Kaufhaus Macy's in den 1850er-Jahren von einem Quäker gegründet worden war, der jeden Artikel zu einem Festpreis verkaufte und seine Kunden so davon überzeugen konnte, dass sie von den Verkäufern nicht übers Ohr gehauen würden. Würde CarMax aufgrund seiner transparenten und fairen

Politik nicht in ähnlicher Weise vom Vertrauen der Kundschaft profitieren? Außerdem war die Aktie billig und CarMax hatte unbegrenzte Möglichkeiten, Gewinne zu reinvestieren, da ja immer neue Niederlassungen gegründet werden konnten. Seit Gayner zuerst in CarMax investierte, ist das Unternehmen von acht auf ungefähr 200 Niederlassungen gewachsen und der Aktienkurs stieg um mehr als das Sechzigfache.

Gayners Portfolio wird von verlässlichen Gewinnmachern wie etwa Brookfield Asset Management, Walt Disney, Diageo, Visa und Home Depot dominiert – Unternehmen, von denen er glaubt, dass sie langfristig erfolgreich sein werden, trotz der immer drohenden »kreativen Zerstörung« infolge neuer Konkurrenten.* Zum Beispiel hält er es für sehr beruhigend, dass Diageo Johnnie Walker besitzt, eine 200 Jahre alte, schottische Whiskymarke: »Das scheint mir etwas sehr Solides zu sein. Deswegen versuche ich, so etwas zu finden.« Er sucht sie aber nicht, um mit ihnen zu handeln, sondern um sie auf Dauer zu besitzen, während sie immer wertvoller werden. »Nach meiner Erfahrung sind die reichsten Menschen auf etwas Wertvolles gestoßen und haben daran festgehalten. Diejenigen, die immer auf der Jagd nach dem neuesten ›heißen‹ Geschäft sind, scheinen mir hingegen die Unglücklichsten, Hektischsten und Erfolglosesten zu sein.«

Insgesamt besitzt Gayner ungefähr 100 Aktien, was vielleicht als etwas zu defensiv erscheinen mag. Aber seine wichtigsten 20 Positionen machen zwei Drittel des Gesamtvermögens aus, was einer moderat aggressiven Strategie entspricht. Seine Haltung gegenüber Tech-Aktien wie Amazon, Alphabet oder Facebook war ähnlich vorsichtig. Er brauchte »sehr lange«, um deren dauerhafte Wettbewerbsvorteile zu sehen und merkte erst spät, dass sie seine vier Anlagekriterien erfüllten. Aber die Aktien waren nicht billig und er konnte ihren Wert nur schwer einschätzen. Deswegen entschied er sich für ein schrittweises Vorgehen. Er baute »stetig« große (aber keine riesigen) Positionen auf und nutzte den Durchschnittskosteneffekt, um das Risiko, zu viel zu bezahlen, zu senken. Wenn er sich getäuscht haben sollte, wäre es keine Katastrophe.[2]

Dieses Augenmerk auf die Vermeidung von Katastrophen erinnert mich an eine wunderbare Erkenntnis von Jeffrey Gundlach, der als Vorstandvorsitzender

* Brookfield Asset Management ist eine kanadische Vermögensverwaltungsgesellschaft, Diageo ein britischer Hersteller von alkoholischen Getränken (Anmerkung des Übersetzers).

der Investmentgesellschaft DoubleLine Capital für ein Portfolio in Höhe von rund 140 Milliarden Dollar verantwortlich ist. Gundlach, ein forscher und brillanter Milliardär, der als »Anleihekönig« bekannt geworden ist, sagte, er täusche sich in ungefähr 30 Prozent aller Fälle. Deswegen stelle er sich vor jedem Investment eine entscheidende Frage: »Wenn ich davon ausgehe, dass ich mich täusche, was wird das für *Folgen* haben?« Er versucht dann, sein Investment so zu gestalten, dass es ihn nicht in den Ruin treiben kann, gleichgültig, was passiert. »Sorgen Sie dafür, dass Ihre Fehler nicht tödlich sind«, riet mir Gundlach. »Das ist entscheidend dafür, dass man auf Dauer durchhalten kann. Und davon hängt letztendlich der Erfolg in diesem Geschäft ab: auf Dauer durchzuhalten.«

Gayners Portfolio ist auf Dauer angelegt. Es hätte eine viel höhere Rendite gebracht, wenn er mehr in Amazon, Google oder Facebook investiert hätte. Aber seine Anlageentscheidungen – genau wie sein Vorgehen hinsichtlich Ernährung und Fitness – haben nicht das Optimum zum Ziel. Vielmehr bemüht er sich, auf Dauer vernünftige Entscheidungen zu treffen. Diese Vorgehensweise hat im Laufe von drei Jahrzehnten zu erstaunlichen Ergebnissen geführt. Denn er hat sich den Zinseszinseffekt dauerhaft zunutze gemacht, ohne dabei »so schnell zu galoppieren«, dass er »das Risiko eines katastrophalen Sturzes« eingegangen wäre.

In den beiden schlechtesten Jahren seiner Investmentkarriere fiel der Wert des Aktienportfolios von Gayner einmal um 10,3 Prozent – 1999, als die Tech-Aktien nach oben schossen und Gayner den Fehler machte, sie leer zu verkaufen –, das andere Mal um 34 Prozent. Das war 2008, als sich in der Finanzkrise zeigte, dass einige der Unternehmen, an denen er Anteile hielt, stärker verschuldet waren, als er gedacht hatte. Seine Frau Susan, Vorstandsvorsitzende eines Fertighausherstellers, der Markel gehört, sagte, diese zwei Jahre seien »dunkle Nächte für die Seele« von Gayner gewesen, voller »Selbstzweifel und Hoffnungslosigkeit«. Gayner gab zu, die Finanzkrise habe ihn so sehr mitgenommen, dass er damals fast alle Haare verlor. Aber er stand sie durch und kehrte schließlich wieder auf den Weg des Erfolgs zurück.

Und dieser Erfolg ist bemerkenswert. Von 1990 bis 2019 erzielte Gayners Aktienportfolio eine durchschnittliche Jahresrendite von 12,5 Prozent, verglichen mit 11,4 Prozent für den S&P 500. Das bedeutet, aus 1 Million Dollar, die man in Gayners Portfolio investiert hätte, wären 34,2 Millionen Dollar geworden, im Vergleich zu 25,5 Millionen Dollar bei einer Investition dieser Summe in den

S&P 500. Das zeigt eindrucksvoll, wie sehr sich selbst ein kleiner Vorteil über einen langen Zeitraum auswirken kann.

»Wenn man es schafft, auf Dauer ein befriedigendes Ergebnis zu erzielen und vernünftig zu bleiben, wird man eine ganze Menge Leute hinter sich lassen, und darüber staunen, wie weit man in den Rendite-Rankings nach oben kommt«, sagte Gayner. »Ich bin nie die Nummer Eins bei irgendetwas gewesen. Ich bin immer nur geduldig, tüchtig und zuverlässig gewesen. Aber, wie mein Vater gesagt hat, die wichtigste Eigenschaft ist Verlässlichkeit.* Wenn man nur lange genug durchhält, bleibt man auf Dauer im Spiel. Und es ist erstaunlich, wie nahe man dann den Spitzenplätzen kommt – nur weil die Gruppe der Mitbewerber immer kleiner wird.«

Markel selbst hat auch eine erstaunliche Entwicklung durchgemacht, und das in einer ganz ähnlichen Weise. Als das Unternehmen 1986 an die Börse ging, war es ein wenig bekannter Spezialversicherer mit einem Marktwert von ungefähr 40 Millionen Dollar. Die Familie Markel, die das Unternehmen 1930 gegründet hatte, stellte Gayner ein. Er hatte die Firma jahrelang als Analyst und Aktienbroker beobachtet, um ihr zu helfen, das Geschäftsmodell von Berkshire Hathaway zu kopieren. Gayner nutzte den Teil der Prämieneinnahmen aus dem Versicherungsgeschäft, der nicht für Schadenszahlungen benötigt wurde (den sogenannten *float*), um Aktien und, seit 2005, auch ganze Unternehmen zu kaufen – genauso, wie zuvor Buffett die Prämienüberschüsse aus *seinem* Versicherungsgeschäft investierte. Gayner gelang es, das Vorgehen Buffetts meisterhaft zu klonen – und zwar, ganz typisch für ihn, über Jahrzehnte. Allerdings gefällt Gayner der Begriff *klonen* nicht, da man denken könnte, er hätte Buffett einfach nur kopiert. Tatsächlich hat er sich das, was funktionierte, angeschaut und es nach seinen eigenen Bedürfnissen »umgestaltet«.

---

* Gayners Vater, der einen sehr großen Einfluss auf ihn hatte, war die Verkörperung von Zuversicht und Durchhaltewillen. Er wuchs während der Weltwirtschaftskrise auf, die den Konkurs des Familienunternehmens, das Glas produzierte, verursachte und die Familie in die Armut stürzte. In seiner Jugend verdiente er sich Geld, indem er sich nachts aus dem Haus schlich und in einer illegalen Kneipe Klarinette spielte. Er kämpfte im Zweiten Weltkrieg und wurde am Knie verwundet. Er machte später eine Ausbildung zum Steuerberater, kaufte einen Spirituosenladen und machte kleinere Immobiliengeschäfte. »Mein Vater war der reichste Mensch, den ich je gekannt habe«, sagte Gayner. »Er hatte zwar nicht mehr Geld als Jeff Bezos oder Warren Buffett, aber er hatte *genug*. Was ich gesagt habe, meine ich psychologisch.«

Wie gut hat das funktioniert? Gayner zeigte mir ein Exemplar des Jahresberichts von Markel für 1987. Die gesamte Bilanzsumme betrug damals 57,3 Millionen Dollar. Bis Ende 2019 war sie auf 37,4 *Milliarden* Dollar angewachsen. Der Marktwert von Markel hatte ungefähr 14 Milliarden Dollar erreicht und das Unternehmen stand im Jahr 2020 auf Platz 335 in der Liste der 500 größten amerikanischen Unternehmen, die das Wirtschaftsmagazin *Fortune* jedes Jahr veröffentlicht. »Wir haben ganz schön viel erreicht«, sagte Gayner. »Es ist immer dasselbe, entscheidend ist immer eine nachhaltige, dauerhafte Wertentwicklung.«

Auch die Aktionäre von Markel haben allen Grund zur Freude. Zu ihnen gehört auch Gayner, der mehr als die Hälfte seines Nettovermögens in das Unternehmen investiert hat. Beim Börsengang wurden die Aktien von Markel zu 8,33 Dollar gehandelt, bis 2019 kletterten sie auf 1143 Dollar – eine Steigerung auf das 137-Fache.

Die Karriere von Gayner beweist, dass man nicht bis ans Äußerste gehen muss, um langfristig außerordentlich gute Ergebnisse zu erzielen. Im Gegenteil, sagte er, »wenn man bis ans Äußerste geht, bringt man sich nur in Schwierigkeiten.« Sein unbeirrtes, radikal-gemäßigtes Vorgehen hätte die Zustimmung einiger der weisesten Denker der Weltgeschichte gefunden, wie etwa Konfuzius, Aristoteles, Buddha und Maimonides.*

Aristoteles, der berühmte griechische Philosoph, behauptete vor ungefähr 2400 Jahren, Vortrefflichkeit und dauerhaftes Glück hingen von unserer Fähigkeit ab, die Goldene Mitte zu wählen, »ein Mittleres, das von beiden Enden gleich weit entfernt ist.« Wenn es um Sinnesfreuden geht, wie Essen, Wein oder Sex, sollten wir die Mitte zwischen Übermaß und Abstinenz anstreben. In ähnlicher Weise sollten wir beim Umgang mit Risiko einen vorsichtigen Kurs zwischen Verzagtheit und Übermut steuern: »Wer alles flieht und fürchtet und nichts erträgt, wird feig, dagegen wer gar nichts fürchtet und gegen alles angeht, tollkühn.«**

---

* Maimonides war ein jüdischer Philosoph und Theologe des Mittelalters (Anmerkung des Übersetzers). Lou Marinoffs aufschlussreiches Buch *The Middle Way: Finding Happiness in a World of Extremes* handelt von den faszinierenden Parallelen zwischen Aristoteles, Buddha und Konfuzius. Buddha ermahnte, wie Aristoteles, seine Schüler dazu, den »Mittelweg« zu wählen und zwei entgegengesetzte, aber gleichermaßen schädliche Extreme zu vermeiden: »das Schwelgen in Sinnesfreuden« und »das Verlangen nach Selbstkasteiung«. Konfuzius lehrte, dass der »bessere Mensch« dem »Pfad der Mitte« folge, der zu geistigem Gleichgewicht und einer harmonischen Gesellschaftsordnung führe.

** Die Zitate von Aristoteles wurden übernommen aus: Günther Bien (Hrsg.), *Aristoteles: Nikomachische Ethik*, 4. Aufl., 1985, Hamburg, Meiner-Verlag, S. 29, 34 (Anmerkung des Übersetzers).

Gayner ist weder feige noch tollkühn. Alles, was er tut, ist vernünftig und maßvoll – von seiner Ernährungsweise und seinem Fitnessprogramm bis zur Strukturierung seines Portfolios, das einen Kompromiss zwischen Diversifizierung und Konzentration darstellt. Das Schöne an diesem gemäßigten Vorgehen bei der Geldanlage und im Leben besteht nicht nur darin, dass es sich reichlich auszahlt, sondern dass normale Leute wie du und ich es *nachvollziehen* können.[3] Einige der berühmten Investoren, die ich interviewt habe, sind so intelligent, dass sie nicht von dieser Welt zu sein scheinen, wie beispielsweise Charlie Munger, Ed Thorp oder Bill Miller. Gayner ist hochintelligent, aber sein wirklicher Vorteil ist nicht intellektueller, sondern verhaltensmäßiger Natur. Wenn er sich mit einigen der intelligentesten seiner Kollegen vergleicht, sagt er: »Meinen Mangel an Geisteskraft mache ich durch mehr Disziplin, Beharrlichkeit und Geduld wett.«

Man unterschätzt Gayner leicht. Er ist umgänglich und bescheiden. Ihm fehlt das Ego und der Glanz, den wir oft von den Fürsten der Hochfinanz erwarten. Er fährt einen Toyota Prius. (»Mir gefällt es, dass ich nur 4 oder 5 Liter auf 100 Kilometern brauche; ich bin nämlich geizig«, sagte er. »Und wenn wir kein Erdöl bräuchten, dann würde es auf der Welt wahrscheinlich friedlicher zugehen.«) Er lebt in einem schönen, aber bescheidenem Stadthaus. (»Die Unterhaltskosten sind gering.«) Und er spricht von sich als »sehr glücklich verheiratet«. Seine Frau war seine Freundin in der Schule. Sie ist die Tochter eines presbyterianischen Pfarrers. Er lernte sie kennen, als er 15 war und heiratete sie mit 19. Bei ihrer ersten Verabredung fuhren ihn seine Eltern zu einem Custard Stand in Salem, einer kleinen Stadt in New Jersey, wo er auf einem Bauernhof mit 40 Hektar Ackerfläche aufwuchs.*

Kurz und gut, an Gayner ist nichts Großartiges oder Auffallendes. Dennoch würde man sich schwertun, in der Welt des Geldanlegens ein besseres Vorbild als ihn zu finden. Schließlich setzt sein »gemäßigter, langsamer und stetiger« Vermögensbildungsansatz auf gesunden Menschenverstand und wohlüberlegte Gewohnheiten, nicht auf außergewöhnliche Fähigkeiten oder Tollkühnheit. Als ich ihn fragte, was man als Privatanleger tun sollte, um reich zu werden, gab er mir den am leichtesten verständlichen Rat, den man sich nur denken kann: »Geben Sie weniger für Ihre Leben aus, als Sie verdienen. Legen Sie das Ersparte so an, dass es

*Custard Stand ist eine amerikanische Fastfoodkette (Anmerkung des Übersetzers).

eine Rendite erbringt. Wenn Sie diese zwei Regeln befolgen, können Sie Ihr Ziel praktisch nicht verfehlen.« Er fügte hinzu: »Wenn Ihr Leben Sie weniger kostet, als Sie verdienen, dann sind Sie schon reich.«

Gayner ist ein unerbittlicher und genauer Kostenkontrolleur. Er verwaltet die Investments von Markel mit minimalen Kosten und maximaler Steuerersparnis. Jeder, der nicht zu häufig kauft und verkauft und Finanzprodukte mit hohen Gebühren vermeidet. kann in den Genuss ähnlicher Vorteile kommen. Er verhält sich im Privatleben ähnlich sparsam, eine Gewohnheit aus seiner Kindheit als Quäker. Er erträgt es nicht, überteuerte Lebensmittel in Flughäfen zu kaufen und kann sich nur mit Mühe dazu überwinden, in den Ferien zweimal am Tag Essen zu gehen, obwohl er jedes Jahr einige Millionen Dollar verdient.

Wenn Sparsamkeit ein wesentlicher Bestandteil seines Rezepts für finanziellen Erfolg ist, dann gilt das auch für Fleiß. Als Student an der Universität von Virginia konnte er sich mit halber Kraft durchmogeln. Und heute? Heute funktioniert das nicht mehr. Er kommt meist gegen 7 Uhr 15 ins Büro, arbeitet am Morgen sehr viel, da er zu dieser Tageszeit am produktivsten ist und duldet keine Ablenkungen. »Wir haben dafür gesorgt, dass alles ruhig und ungestört abläuft«, sagte er. »Wie oft haben Sie in der Zeit, in der wir hier in meinem Büro zusammensitzen, das Telefon klingeln gehört?«

An seinem Computermonitor klebte ein Stück Papier mit einem Zitat von Michael Jordan: »Ich bin in meinem Leben immer und immer wieder gescheitert und deshalb war ich erfolgreich.« Gaynes erinnert sich gern daran, dass es Jordan in seinem zweiten Studienjahr nicht ins Basketballteam der Universität schaffte, aber danach durch seinen »übermenschlichen« Arbeitseifer und »reine Willenskraft« einer der besten Spieler aller Zeiten geworden ist. »Man hat das Ergebnis nicht in der Hand«, sagte Gayner. »Aber man hat es in der Hand, sich anzustrengen, alles zu geben und sich ganz einer Aufgabe zu widmen. Alles andere muss man nehmen, wie es kommt.«

Als ich ihn 2020 wieder interviewte, hatten eine Pandemie und Krawalle die Vereinigten Staaten im Griff. Aber Gayner konzentrierte sich weiterhin auf seine Aufgabe und seine Arbeit, betrieb das Investmentgeschäft wie gewohnt weiter und ging so seinen Mitarbeitern mit gutem Beispiel voran. »Immer einen Fuß vor den anderen setzen«, sagte er mir. »Diese Maxime hat mich mein Leben lang geleitet. Warum sollte es jetzt anders sein?«

Ein weiteres Merkmal von Gayners Strategie der allmählichen, persönlichen Weiterentwicklung besteht in seinem Entschluss, »unaufhörlich« zu lernen. Er ist ein unersättlicher Leser und verschlingt alles – von Fachbüchern über den Erwerb von Verhaltensroutinen bis zu Biografien und Romanen seines Lieblingsautors Mark Twain. Aber er sieht sich auch als »Knoten in einem neuronalen Netz«, durch das er mit vielen intelligenten Menschen in Verbindung steht, die ihm bei seinen andauernden Bemühungen helfen können, sein Wissen zu erweitern und seine Fähigkeiten zu verbessern.

Chuck Akre, ein berühmter Finanzmanager, dem wir in diesem Buch bald wieder begegnen werden, half ihm dabei zu erkennen, dass die Wiederanlage von Gewinnen der wichtigste Faktor für den Erfolg eines Unternehmens ist. Josh Tarasoff, ein talentierter Hedgefonds-Manager, half ihm zu verstehen, warum er Amazon-Aktien besitzen sollte. Gayner war außerdem jahrelang neben Buffett als Aufsichtsrat für die Washington Post Company tätig. Eine unvergessliche Erkenntnis aus dieser Zeit bestand darin, dass »Hartnäckigkeit und Ausdauer« Buffetts größte Stärken sind. »Seine Energie und Kraft sind einfach unglaublich … Sobald er aufsteht, ist er voll da – er ist wie der Hase von Energizer, der läuft und läuft und läuft. Das ist schon eine sehr sportliche Leistung.«

Nicht ohne Grund genießt Gayner das Vertrauen vieler führender Investoren. »Eine meiner Stärken ist, dass ich ein netter Kerl bin«, sagte er. »Ich versuche immer, anderen zu helfen. Ich versuche immer, das Richtige zu tun. Deshalb habe ich dieses tolle Netzwerk von Freunden, Kollegen und Geschäftspartnern, die *für und nicht gegen mich* sind. Sie helfen mir, sie helfen mir einfach!« Oft denken wir, man müsse rücksichtslos sein und seine Ellbogen einsetzen, um an die Spitze zu kommen. Aber an Gayner sieht man, welche (nicht auf den ersten Blick offensichtlichen) Vorteile es hat, immer nett und anständig zu sein. Ich bezeichne diese oft unterschätzten Vorteile als »Früchte der Menschlichkeit«. Guy Spiers, der den Aquamarine-Fonds managt, verbringt so viel Zeit damit, anderen zu helfen, dass auch er viele Bekannte hat, die ihm helfen wollen. Spier spricht in diesem Zusammenhang von »den Zinsen der Freundlichkeit«.

Wenn das Ziel in dauerhaftem Erfolg besteht, verhält man sich nach Gayners Überzeugung besser so, dass andere einen schätzen – nicht zuletzt deshalb, weil die Leute eher Geschäfte mit jemandem machen wollen, der vertrauenswürdig ist. »Manchmal sind Leute, die anderen drohen, sie einschüchtern und hinters

Licht führen, eine Zeitlang sehr erfolgreich und machen eine steile Karriere«, sagte er. »Aber das hat nie Bestand. Nie. Eine Weile geht es gut, aber nicht für immer. Sie werden feststellen, dass diejenigen, die andauernd, Jahr für Jahr, Erfolg haben, von großer Integrität und Rechtschaffenheit sind.«

Wenn ich versuche, mir darüber klar zu werden, aus welchen zahlreichen Gründen Gayner so weit gekommen ist, fällt mir ein Konzept ein, von dem mir Nick Sleep erzählt hat: »die Summe kleiner Vorteile«. Der Ausdruck stammt von dem legendären Trainer Sir David Brailsford, der das britische Radrennteam bei den Olympischen Spielen von Peking und London zu einer unschlagbaren Mannschaft gemacht hat. Diese Triumphe waren nicht das Resultat einer großen Neuerung, sondern einer *Vielzahl kleiner Verbesserungen*, die dem Team in ihrer Gesamtheit eine erdrückende Übermacht verliehen. Zum Beispiel verwendeten die Radfahrer von Brailsford Reifen, die mit Alkohol eingerieben waren, um ihre Straßenhaftung zu verbessern. Sie trugen elektrisch beheizte Überhemden, damit die Muskeltemperatur vor dem Rennen im optimalen Bereich lag. Sie wuschen sich ihre Hände genauso, wie das Chirurgen machen, um das Krankheitsrisiko zu senken. Sie nahmen sogar auf ihren Reisen ihre eigenen Kopfkissen mit, um besser schlafen zu können.

Brailsford, der einen MBA-Abschluss hat, ließ sich von dem japanischen Konzept *kaizen* (»kontinuierliche Verbesserung«) inspirieren, das beim Aufstieg von Toyota an die Weltspitze die Hauptrolle gespielt hat. In einem Interview mit Eben Harrell für den Harvard Business Review erklärte Brailsford: »Ich kam auf die Idee, nicht im großen, sondern im kleinen Maßstab zu denken und eine Strategie kontinuierlicher Verbesserung in vielen kleinen Schritten zu verfolgen. Man sollte sich Perfektion aus dem Kopf schlagen und sich darauf konzentrieren, sich weiterzuentwickeln, indem man einen kleinen Schritt nach dem anderen macht.«

Sleep, der ein begeisterter Radfahrer ist, sagte, dass die erfolgreichsten Unternehmen die Leidenschaft teilen, auch kleinste Vorteile auszunutzen. Er erinnerte sich daran, wie Lord Harris, der Gründer von Carpetright, darauf bestanden hatte, alte Preisschilder wiederzuverwenden, indem man auch die Rückseite beschriftete und so einen Penny hier, einen Penny da sparte. »Es ist nicht die eine große Sache«, sagte Sleep. »Man muss sich um all die kleinen Dinge kümmern und sie zu einem Ganzen zusammenfügen.«

Und so lässt sich auch der Erfolg von Gayner erklären. Niemand kümmert sich mehr als er um die kleinen Dinge. Seine alltäglichen Gewohnheiten wirken, jede für sich genommen, unbedeutend – ähnlich wie die Kopfkissen, welche die Radfahrer mit auf ihre Reisen nahmen. *Er steht früh auf und geht früh ins Büro. Er läuft und macht Yoga. Er isst viel Salat und wenige Donuts. Er arbeitet in einem ruhigen Büro, in dem er sich konzentrieren kann. Er wendet systematisch vier altbewährte Anlageprinzipien an, um damit jede Investmentidee zu überprüfen. Er minimiert seine Kosten soweit wie möglich. Er lebt weit unter seinen Verhältnissen. Er ist ein eifriger Leser. Er analysiert und klont andere kluge Investoren. Er betet, geht in die Kirche und gewinnt geistige Stärke aus seinem Glauben an eine höhere Macht. Er verhält sich so, dass er in anderen Vertrauen und Wohlwollen weckt.*

Nichts von alldem ist für sich allein weltbewegend. Aber es kommt auf die Summe all dieser kleinen Vorteile an: Die Summe macht den Unterschied. Außerdem wirken sich die Vorteile kluger Gewohnheiten viele Jahre lang aus. Kurzfristig mögen all diese winzigen Vorteile unbedeutend erscheinen. Aber die Zeit ist ein Feind schlechter und ein Freund guter Gewohnheiten. Wenn man Jahr um Jahr, Jahrzehnt um Jahrzehnt bei seinen guten Gewohnheiten bleibt, ist der langfristige Effekt erstaunlich. Gayner hat tatsächlich nur einen wesentlichen Charakterzug, der ihn von anderen unterscheidet: Er ist der König der Beständigkeit.

Erfreulicherweise ist es also nicht notwendig, ein großes Geheimnis zu kennen oder einen überragenden Intelligenzquotienten zu haben. Was wir brauchen, ist eine Reihe vernünftiger Gewohnheiten, die uns voranbringen und die wir dauerhaft durchhalten können – Gewohnheiten, die uns kleine Vorteile bringen, die sich im Laufe der Zeit zu einem großen Vorteil aufaddieren. Gayner hat uns gezeigt, wie das geht. Nun wollen wir uns anschauen, welche weiteren nützlichen Gewohnheiten den Besten auf Dauer einen Vorteil verschaffen.

Mit vollem Einsatz

Im Jahr 2000 interviewte ich Jeff Vinik, einen zurückhaltenden Investment-Superstar, der mit 33 Jahren Manager des größten und berühmtesten Fonds der Welt wurde: des Magellan-Fonds von Fidelity. Will Danoff, sein Nachfolger als Manager des Contrafunds von Fidelity, sagte, Vinik sei »der beste Fondsmanager« seiner Generation bei Fidelity gewesen und »ein Investment-Naturtalent«.

Während seiner vier Jahre als Manager des Magellan-Fonds übertraf Vinik den S&P 500. Er verließ Fidelity im Unfrieden nach einem Anleihegeschäft zur Unzeit und gründete danach einen hochspekulativen Hedgefonds, dessen Resultate großes Erstaunen hervorriefen. Als ich mit ihm sprach, stand sein Unternehmen, Vinik Asset Management, kurz davor, Milliarden an die Anteilseigner zurückzuzahlen, damit er sich auf die Verwaltung seines eigenen Vermögens konzentrieren und mehr Zeit mit seiner Familie verbringen konnte. Bis zu diesem Zeitpunkt war er zwölf Jahre als Fondsmanager tätig gewesen und hatte eine atemberaubende Rendite von durchschnittlich 32 Prozent pro Jahr erzielt.

Als ich Vinik nach den Gründen für seinen Erfolg fragte, nannte er zwei Erklärungen. Erstens sagte er: »Ich bin während meiner ganzen Karriere im Investmentgeschäft immer nach derselben Methode vorgegangen: Ich habe nach Unternehmen gesucht, die gute Gewinnaussichten und vernünftige Bewertungen haben.« Zum Beispiel hatte er kurz zuvor mit den »Aktien einer ganz alltäglichen Restaurantkette« ein Vermögen verdient. »Der Gewinn pro Aktie sollte pro Jahr um 20 Prozent steigen, aber das Kurs-Gewinn-Verhältnis betrug nur 12 Prozent. Das war eine tolle Gelegenheit und auf diese Weise kann man Geld verdienen.« Im Nachhinein erscheint mir das ein gutes Beispiel für Idee von Joel Greenblatt zu sein, nämlich die Komplexität des Geldanlegens auf das Wesentliche zu reduzieren und die zentralen Grundprinzipien immer und immer wieder anzuwenden.

Zweitens sagte Vinik: »In den vergangenen zwölf Jahren gab es noch einen anderen konstanten Faktor: sehr, sehr harte Arbeit. Je mehr Unternehmen man analysiert, je mehr Gewinn-und-Verlust-Rechnungen man sich anschaut – und zwar jede Zeile –, auf desto mehr gute Ideen trifft man und desto bessere Ergebnisse erzielt man. An harter Arbeit führt kein Weg vorbei.«

Wie sah sein Tagesablauf aus? »Ich bin für gewöhnlich um 6 Uhr 45 im Büro«, erzählte mir Vinik. »Ich gehe ungefähr um 5 Uhr nachmittags heim, damit ich viel Zeit mit meiner Familie verbringen kann. Meistens lese ich nachts noch zwei oder drei Stunden, wenn meine Kinder im Bett liegen.« Er kämpfte sich durch ganze Stapel von Unternehmensmitteilungen und Veröffentlichungen von Industrieverbänden und versuchte, »alle Analysen, die von der Wall Street kommen«, zu lesen. Dabei kam ihm sein phänomenales Gedächtnis zugute: »Ich versuche immer, alles was in Tausenden von Unternehmen vor sich geht, im Kopf zu behalten.« So war er in der Lage, kleine Veränderungen zu bemerken, die anderen entgingen – zum Beispiel den Wendepunkt, an dem die Gewinne eines konjunkturabhängigen und allgemein verschmähten Unternehmens zu steigen und dessen Aussichten sich zu verbessern begannen.

Die Anlagestrategie von Danoff ist anders. Er legt mehr Wert darauf, Aktien langfristig zu halten. Aber seine Arbeitsmoral ist nicht weniger streng. »Beim Finanzmanagement geht es darum, jeden Stein umzudrehen, jeden Geschäftsbericht zu lesen und mit jedem Analysten zu sprechen. Je mehr man tut, desto besser wird man«, sagte er. »Der Wettbewerb ist wahnsinnig hart.« Danoff managt den Contrafund seit 1990, aber sein Wunsch, den Markt zu schlagen und für seine Anteilseigner Geld zu verdienen ist nicht schwächer geworden. Er kann offenbar nicht anders. »Ehrlich gesagt, scheren sich andere Fondsmanager einen Dreck darum«, sagte er. Vielen »geht es nur um die Gebühren« oder »den Ruhm … Ich gebe mir mehr Mühe«.

Danoff las mir einen Brief vor, den ihm 1993 ein Ehepaar geschrieben hatte, das in seinen Fonds investiert hatte, um für das Studium ihres Sohns vorzusorgen, der damals ein Jahr alt war. »Wir haben Bilder von ihm beigefügt, damit Sie merken, dass es Menschen aus Fleisch und Blut sind, die Ihnen ihr hart verdientes Geld anvertrauen.« Diese Verantwortung – zusammen mit »Schuldgefühlen«, »Furcht« und dem Wunsch, »ein gutes Beispiel zu geben« – treibt Danoff an. Er sagte: »Ich muss jeden Tag vollen Einsatz bringen.«

Gleichgültig wie sie motiviert sind, ich sehe die besten Investoren als mentale Athleten. Sie sind immer um Wissensvorsprünge bemüht – mehr Informationen, bessere Informationen, aktuellere Informationen oder einfach nur eine sorgfältigere Auswertung allgemein verfügbarer Informationen. All dieses hart erarbeitete Wissen zahlt sich im Laufe der Zeit auf die eine oder andere Weise aus.

Danoff, der sich jedes Jahr mit den Vorständen Hunderter Unternehmen trifft, zeigte mir, was er sich notiert hatte, als er mit einem »dem Untergang geweihten« Dotcom-Unternehmen, Ask Jeeves, konferierte. Die Geschäftsführung hatte ihm gestanden, sie werde von einem unschlagbaren neuen Unternehmen, Google, ausgestochen. An diesem Tag, so Danoff, »erkannte ich zum ersten Mal, dass Google ein ganz besonderes Unternehmen ist«. Neugierig geworden, traf er sich im August 2004 mit Sergey Brin, einem der beiden Google-Gründer, und dem

Vorstandsvorsitzenden Eric Schmidt. Er begann damals, sich über das gewaltige Potenzial dieses Unternehmens klar zu werden. Der Umsatz von Google verdoppelte sich alle paar Monate, sagte Danoff, und das Unternehmen konnte sich einer Umsatzrendite von 25 Prozent, einer riesigen Barreserve und einer Verschuldung von null rühmen. »Die finanziellen Ergebnisse waren hervorragend, vor allem wenn man sie mit denen vieler unprofitabler ›Einhörner‹ von heute vergleicht.«* Die meisten Fondsmanager beteiligten sich nicht am Börsengang von Google, der einen Monat später stattfand. Aber Danoffs Fonds wurde einer der größten Anteilseigner. 16 Jahre danach ist das Unternehmen (das heute Alphabet heißt) immer noch eines seiner größten und profitabelsten Investments.

Als renommierter Manager eines Unternehmens, das mehr als 7,3 Billionen Dollar an Kundengeldern verwaltet, hat Danoff zu praktisch jedem Zugang. Aber was ihn auszeichnet, ist seine Entschlossenheit, diesen Vorteil zu nutzen, um unablässig jeden Stein umzudrehen. Auf einer Geschäftsreise nach Palo Alto stellte er zu seinem Erstaunen eine Lücke in seinem sonst übervollen Terminkalender fest: »Warum treffen wir uns am Mittwoch, nach 4 Uhr 30 am Nachmittag mit niemandem?«, fragte er seine Kollegen. »Vielleicht sollten wir Tesla einen Besuch abstatten.« Danoff entschied sich kurzfristig und mehr oder weniger zufällig, zur Zentrale von Tesla zu fahren. Er kam dort spät an einem Nachmittag im Dezember an, als es schon dunkel wurde. Nach einigen Minuten tauchte ohne Vorankündigung der charismatische Gründer von Tesla, Elon Musk, auf, und sprach über seine Vision, »tolle Autos herzustellen, auf die Amerika stolz sein wird«. Danoff war so beeindruckt, dass er frühzeitig bei Tesla einstieg. Dies hat sich als ein sehr lukratives Investment herausgestellt; auch ein Jahrzehnt nach dieser vom Glück begünstigten Reise hält er seine Anteile an Tesla.

Es ist kein Zufall, dass Vinik und Danoff ihre Karriere als Schützlinge von Peter Lynch begannen, der den Magellan-Fonds 13 Jahre lang mit wahnsinnigem Einsatz gemanagt hatte. Als ich Lynch vor zwei Jahrzehnten interviewte, erklärte er mir, welche einfache Überlegung ihn dazu gebracht habe, jeden Tag so viele Aktien zu analysieren. »Ich war immer der Meinung, wenn man sich zehn Ideen am Tag anschaut, könne man eine gute finden«, sagte er mir. »Und wenn man sich 20

* »Einhörner« sind neugegründete Unternehmen mit einer Marktbewertung von mehr als 1 Milliarde Dollar (Anmerkung des Übersetzers).

anschaut, könne man zwei finden.« Lynch erinnerte sich an eine seiner besten Anlageentscheidungen: »Wenn sich 1982 hundert Leute ohne Vorurteile Chrysler angeschaut hätten, dann hätten 99 von ihnen Aktien dieses Unternehmens gekauft.«

Wieder und wieder war der kumulative Effekt vieler kleiner Vorteile entscheidend, der im Laufe der Jahre einen eindrucksvollen Umfang annimmt: das eine weitere Unternehmen, das Lynch besucht hatte; die zwei oder drei zusätzlichen Stunden Lektüre, zu denen sich Vinik zwang, nachdem seine Kinder im Bett waren. Das verlässlichste Anzeichen für Erfolg besteht häufig in nichts Geheimnisvollerem als in hartnäckiger Entschlossenheit.

Bill Miller bat Lynch am Anfang seiner Karriere einmal um Rat. Lynch sagte ihm, das Investmentgeschäft sei finanziell und intellektuell so reizvoll, dass es eine große Menge intelligenter Menschen anzieht. »Man kann sie nur schlagen, wenn man härter arbeitet als sie«, sagte Lynch, »denn niemand ist so wahnsinnig viel schlauer als alle anderen.« Lynch erzählte Miller, er bleibe an der Spitze, weil er Investmentanalysen lese, während er mit Kollegen morgens um 6 Uhr 30 ins Büro fuhr, dass er nach dem Abendessen oder am Wochenende arbeitete und dass er jahrelang keinen Urlaub gemacht hatte. Als Miller ihn fragte, ob es möglich sei, kürzer zu treten, wenn man älter wird, antwortete Lynch: »Nein. In diesem Geschäft gibt es nur zwei Möglichkeiten: Vollgas oder Stillstand.« Miller stimmt dem zu: »Das ist im Großen und Ganzen richtig. Man muss sich *voll und ganz* einbringen.«

2014, als Marty Whitman 90 Jahre alt war, fragte ich ihn, warum er während und nach dem Crash von 2008 so schlechte Ergebnisse erzielt hatte, was sehr ungewöhnlich für einen der Giganten der wertorientierten Geldanlage war. »Mit zunehmendem Alter und wachsendem Vermögen wurde ich auch fauler«, erklärte er mir. »2007 war mir klar, was kommen würde, aber ich handelte nicht dementsprechend. Ich hätte alle meine Anlagen in der Immobilienbranche verkaufen sollen … Das war kein Fehler meiner Anlagestrategie. Man muss fleißig und sorgfältig sein – und 2008 war ich das nicht.«

Ich bewunderte die Offenheit von Whitman, aber sein Eingeständnis beunruhigte mich. Ich hatte viele Jahre lang bei ihm Geld angelegt und war mit den Ergebnissen immer zufrieden gewesen. Deswegen habe ich seiner Firma einen großen Teil der Ersparnisse meiner Mutter anvertraut. Es war mir nicht in den Sinn gekommen, er könne nachlässig werden. Als er auf sein Versagen in der Finanzkrise zu sprechen kam, sagte Whitman: »Es ist zwar intellektuell gesehen enttäuschend, aber für mich macht es keinen sehr großen Unterschied … Was spielt es für eine Rolle, ob meine Kinder am Ende 10 Millionen Dollar und wohltätige Organisationen 10 oder 20 Millionen Dollar weniger bekommen?« Ich traute mich nicht, ihm zu sagen, dass sein Mangel an Fleiß und Sorgfalt für meine Mutter eine große Rolle spielen würde.

»Nur sehr wenige Frauen könnten mit mir verheiratet sein«

Um so viele kluge Konkurrenten aus dem Feld zu schlagen, reicht es nicht aus, nur härter zu arbeiten als sie. Man muss auch schärfer überlegen als sie. Selbst die erfahrensten Investoren müssen sich unaufhörlich weiterentwickeln und unaufhörlich dazulernen, weil die Welt sich so schnell und so sehr ändert, dass ihr Wissen mit der Zeit veraltet. Wie Munger oft erzählte, sei einer von Buffetts wichtigsten Charakterzügen, dass »er andauernd wie eine Maschine lernt«. Normalerweise liest Buffett fünf oder sechs Stunden am Tag und schließt sich dabei meistens in seinem Büro ein, damit er seine Ruhe hat.

»Buffett ist das perfekte Beispiel dafür, wie man sich über die Jahre weiterentwickeln kann«, sagte Paul Lountzis, Präsident von Lountzis Asset Management. Lountzis, der seit drei Jahrzehnten an den jährlichen Hauptversammlungen von Berkshire Hathaway teilnimmt, ist von Buffetts Fähigkeit, sich weiterzuentwickeln, tief beeindruckt. Er begann damit, billige Aktien zu kaufen, wandte sich dann den Aktien von Unternehmen mit einer höheren Qualität zu, kaufte dann ganze Unternehmen, wagte sich dann auf ausländische Märkte wie China oder Israel und investierte dann in zwei Branchen, von denen er bisher immer die Finger gelassen hatte: Eisenbahnen und Technologie. Dank dieser Entwicklung konnte Buffett in seinen späten Achtzigerjahren den lukrativsten Aktienkauf seiner Karriere tätigen – ein Investment in Apple Corporation, mit dem er bis heute einen Gewinn von mehr als 80 Milliarden Dollar gemacht hat. »Er ist seiner Disziplin und seinen Prinzipien treu geblieben, hat sie aber stets neu an die jeweiligen ökonomischen und finanziellen Rahmenbedingungen angepasst«, sagte Lountzis. »Es ist unglaublich. Sehr wenige Leute sind dazu in der Lage.«

Auch Lountzis praktiziert eifrig die Kunst des unaufhörlichen Lernens. Dies half ihm, sich aus einfachen Verhältnissen nach oben zu arbeiten und ein angesehener Finanzmanager zu werden. Er wurde 1960 geboren und wuchs als eines von fünf Kindern einer Familie griechischer Einwanderer in Pennsylvania auf. Sein Vater arbeitete als Barkeeper, seine Mutter nähte in einer Textilfabrik. »Mein Vater legte seine Trinkgelder immer auf den Küchentisch und meine Mutter kaufte damit Lebensmittel ein«, erzählte er. »Meine Eltern brachten große Opfer … Meine Mutter trug immer die gebrauchten Schuhe von Freundinnen und kaufte sich nie eigene.« Einige Jahre nach ihrer Heirat, als sie schon drei Kinder hatten, beliefen sich ihre gesamten Ersparnisse auf 30 Dollar.

Mit acht Jahren begann Lountzis, selbst Geld zu verdienen: Er spülte Geschirr. Später arbeitete er als Reinigungskraft bei McDonald's und finanzierte sein Studium am Albright College, indem er jedes Wochenende und in jeden Ferien Vollzeit in einem Krankenhaus arbeitete. Er brauchte acht Jahre, um sein Studium abzuschließen.

Nebenbei beschäftigte er sich mit dem Geldanlegen. »Ich habe mich leidenschaftlich in das Thema vertieft«, sagte er. Mit 13 las er über Buffett. Mit 14 begeisterte er sich für Ben Grahams *The Intelligent Investor*. Dann fesselte ihn der Klassiker von Philip Fisher aus dem Jahr 1958, *Common Stocks and Uncommon Profits*, der ihn mit der Analyse von »Gerüchten« als Methode, um einen Wissensvorsprung zu erzielen, bekannt machte. »Diese zwei Bücher sind wirklich die Grundlage von allem«, sagte Lountzis. »Ich habe jedes von ihnen 50 oder 60 Mal gelesen.«

Lountzis ist ein herzlicher und überschwänglicher Mann, der gern und viel von seinen vier erwachsenen Kindern und seiner Frau Kelly spricht, die seit fast 40 Jahren an seiner Seite steht. Aber sein Leben dreht sich zum größten Teil um seine fast zwanghafte Suche nach Informationen, die ihm dabei helfen, ein erfolgreicherer Investor zu werden. »Ich bemühe mich an sieben Tagen in der Woche vier, fünf, sechs oder sieben Stunden am Tag zu lesen«, sagte er. »Ich habe keine Hobbys. Ich habe noch nie in meinem Leben Golf gespielt … Es liegt mir eben im Blut, immer zu versuchen, mehr zu wissen und dazuzulernen.«

Er betrachtet das gesellschaftliche Leben als störende Ablenkung. »Ich mag andere Leute. Aber wenn ich nichts von ihnen lernen kann, sie mich nicht intellektuell herausfordern und ich mich nicht weiterentwickeln kann, dann verzichte ich lieber auf Gesellschaft.« An seiner Frau schätzt er vor allem, dass »sie nichts von mir verlangt. Ich kann Ihnen gar nicht sagen, wie wichtig das ist … Sie versteht mich und nimmt mich so, wie ich bin. Nur sehr wenige Frauen könnten mit mir verheiratet sein«. Lountzis beschönigt seine Einseitigkeit nicht: »Wenn man auf einem Gebiet an die Spitze kommen will, muss man mit Leidenschaft, ja sogar Besessenheit dabei sein. Jeder, der behauptet, man könne alles auf einmal haben, irrt sich. Denn sehen Sie, man wird nicht ein Roger Federer, wenn man nicht Tennis spielt. Es *muss* einen voll und ganz in Anspruch nehmen.«

Lountzis saugt die Einsichten der Großen in der Geschäfts- und in der Finanzwelt gierig auf. Er liebt Bücher über Unternehmer wie Phil Knight, den Mitbegründer von Nike: »Ich könnte alles lesen, was je über ihn geschrieben wurde. Er fasziniert mich einfach.« Auf einem Computerserver hat er Tausende von Videos über die Magier der Finanzwelt archiviert, die ihm dabei helfen, das Geldanlegen, die Märkte und den Lauf der Welt besser zu verstehen: Darunter sind Hedgefonds-Manager wie Mohnish Pabrai und Stanley Druckenmiller; Wagnisfinanzierer wie Michael Moritz und Jim Goetz; visionäre Beteiligungskapitalgeber wie Leon Black und Stephen Schwarzman. Lountzis sagte, er besitze mindestens 500 Videos über Buffett und alle Aufnahmen der seltenen öffentlichen Auftritte von Munger, die er finden konnte. Und dann habe er noch die Protokolle von Dutzenden ihrer Jahreshauptversammlungen. Buffett und Munger »sind nicht nur einfach intelligent«, sagte er. »Sie sind Genies.«

Fast jeden Tag schaut sich Lountzis beim Training auf einem Peleton-Ergometer in seinem Fitness-Club auf seinem iPhone ein Video an. Fast jede Nacht liegt er im Bett und schaut sich auf seinem iPad ein Video an. Oft wiegen ihn wohlklingende Investmentweisheiten in den Schlaf. Immer wenn er das macht, stellt er sich dieselben Fragen: »Verpasse ich irgendetwas? Tut gerade jemand etwas, das kein anderer tut? Wie kann ich besser werden?« Sein Ziel besteht nicht darin, andere Investoren nachzuahmen. »Man kann eine Person nicht nachahmen, weil man nicht diese Person ist«, sagte er. »Aber man kann von anderen lernen und das Gelernte in abgewandelter Form bei seiner eignen Arbeit anwenden.«

Er informiert sich vielseitig. Aber was Lountzis zu einer Art »Lernmaschine« macht, ist seine Gewohnheit der zwanghaften Wiederholung. Zum Beispiel hat er die Vorlesung Buffetts an der Universität von Florida aus dem Jahr 1998 nach eigener Schätzung mindestens 15-mal gesehen und die Niederschrift mindestens fünfmal gelesen. Auch hat er den Geschäftsbericht von Berkshire Hathaway für 1993 so gründlich studiert, dass er die fünf Hauptfaktoren, von denen Buffett sagte, er selbst berücksichtige sie bei der Risikobewertung jeder Aktie, auswendig und in der richtigen Reihenfolge zitieren kann. Diese Angewohnheit der Wiederholung hat ihn dazu gebracht, fast 30 Jahre lang jedes Jahr nach Omaha zur Jahreshauptversammlung von Berkshire Hathaway zu gehen und dieselben Bücher Dutzende von Malen zu lesen. Der Vorteil dieser vielen Wiederholungen, sagte er, liege darin, dass sich viele »grundlegende« Erkenntnisse »in meinem Gehirn eingeprägt haben« – ganz ähnlich, wie wenn man dieselben Gebete oder Bekenntnisse jeden Tag wiederholt.

Ich vermute, dass die Vorteile des Wiederholens sträflich unterschätzt werden und dass die meisten von uns gut daran täten, sich ein oder zwei Bücher vorzunehmen und sie so oft zu lesen, dass sie zu einem Teil von ihnen werden. Ich schaue fast jeden Tag in den *Zohar*[*] und es gibt noch andere Bücher, die ich immer und immer wieder lese. Dazu gehören die *Selbstbetrachtungen* von Marc Aurel, *The Wisdom of Truth* von Rav Yehuda Ashlag und *The Book of Joy* vom Dalai Lama und von Erzbischof Desmond Tutu.

Nachdem er viele zeitlos gültige Anlagegrundsätze verinnerlicht und zu einem Teil seiner selbst gemacht hatte, folgte Lountzis seiner ganz eigenen Methode und stellte ein Portfolio von ungefähr 15 sorgfältig analysierten Aktien zusammen.[**] Sein Augenmerk gilt herausragenden Unternehmen mit einem Management, das »kreativ, anpassungsfähig und visionär« ist und »großen Mut« hat. Solche Eigenschaften sind heute wichtiger denn je, in einer Zeit, die durch noch nie dagewesene Umbrüche gekennzeichnet ist, die selbst die bedeutendsten Unternehmen bedrohen. »Das Problem« besteht laut Lountzis darin, dass *qualitative* Faktoren wie Anpassungsfähigkeit oder Mut »nicht messbar« seien und in Jahresabschlüssen nicht zum Ausdruck kommen, weil sie *quantitative* Berichte über die Vergangenheit darstellen.

* Der *Zohar* (»Glanz«) ist das zentrale Werk der Kabbala, einer mystischen Richtung im Judentum des Mittelalters (Anmerkung des Übersetzers).

** Lountzis arbeitete als junger Analyst für Bill Ruane und übernahm dessen Vorgehen, sich aggressiv auf einige wenige Unternehmen von hoher Qualität und attraktiver Bewertung zu konzentrieren. 2020 erzählte mir Lountzis, dass er den durch die COVID-19-Pandemie ausgelösten Crash dazu genutzt hat, seinen Anteil an Berkshire Hathaway bis auf 25 Prozent seines Aktienportfolios aufzustocken.

Seine Lösung besteht darin, eher wie ein Enthüllungsjournalist als wie ein Wirtschaftsprüfer zu arbeiten. »Unternehmen ändern sich sehr schnell und viele fallen hinter die Konkurrenz zurück. Man muss deshalb vorausblicken und versuchen, auch Einsichten zu gewinnen, die nicht in den Zahlen der Jahresabschlüsse enthalten sind«, sagte Lountzis. »Man muss sein Büro verlassen und mit Konkurrenten, Kunden und ehemaligen Angestellten reden und sich auf diese Weise einen Eindruck verschaffen, der das durch die Zahlen vermittelte Bild ergänzt.« Aus diesem Grund führt er häufig persönliche Interviews mit Experten, wie etwa Vorstandsvorsitzenden im Ruhestand, die ihm zu »einzigartigen und detaillierten Einsichten« verhelfen.

Laura Geritz ist eine ähnliche »Lernmaschine«. Aber der Wissensvorsprung, den sie sich erarbeitet hat, ist anderer Natur als der von Lountzis. Während dieser vor allem in den Vereinigten Staaten investiert, zählt Laura Geritz zu den wichtigsten amerikanischen Investoren auf ausländischen Märkten. In einem normalen Jahr zieht sie sechs bis neun Monate durch die Welt und sucht nach den besten Anlagemöglichkeiten. Sie ist 48 Jahre alt und schon in 75 Ländern gewesen. Sie ist Vorstandsvorsitzende von Rondure Global Advisors in Salt Lake City, Utah, und im Vorstand für Kapitalanlagen verantwortlich. Sie hat einen ausgeprägten Sinn für ihre Verantwortung gegenüber den Anteilseignern ihrer beiden Fonds und ist weniger daran interessiert, für sich persönlich Geld anzuhäufen. »Ich habe genug«, stellte sie fest. Vor allem ist sie eine intellektuelle Abenteurerin, die von »der Leidenschaft zu lernen« vorangetrieben wird.

Laura Geritz passt zu keinem der Klischees ihrer Branche, die von Alpha-Männern dominiert wird, welche meist von denselben elitären Business Schools geformt wurden. Sie ist ein echtes Original, die ihren »nichtlinearen« Investmentansatz mit der rhythmischen Poesie ungebundener Verse vergleicht. Sie war nie dazu bestimmt, eine Karriere im Fondsmanagement zu machen. Viele ihrer Verwandten waren Bauern und Fabrikarbeiter. Ihr Vater nahm den Ruf als Professor für Literatur an ein kleines College an und zog mit seiner Familie in eine, wie sie sie beschrieb, »winzige Stadt in Westkansas, genau wie sie im ersten Absatz von *Kaltblütig* geschildert wird«. Falls Sie sich nicht an den ersten Absatz von Truman Capotes Tatsachenroman über einen Vierfachmord erinnern sollten – er beginnt so: »Der kleine Ort Holcomb liegt in der Weizenhochebene von West-Kansas, eine weite einsame Gegend, die selbst für die anderen Kansaner hinter dem Mond liegt.«* Laura Gerlitz ist eine zierliche Frau aus dem mittleren Westen, höflich und bescheiden. Wie eine Kämpferin wirkt sie nicht. Aber es hat ein hohes Maß an Energie und Entschlossenheit erfordert, um von »hinter dem Mond« dahin zu kommen, wo sie heute ist.

Laura Geritz studierte Politikwissenschaft an der Universität von Kansas, aber sie las auch gern jeden Tag das *Wall Street Journal*. Mit 19 hatte sie genug gespart, um zum ersten Mal etwas zu investieren. Sie kaufte Anteile eines von Marty Whitman gemanagten Fonds. Sie träumte davon, ein Profiinvestor zu werden, dachte sich aber, sie könne dies nur schaffen, wenn sie über ganz besondere Fähigkeiten verfüge, die sonst niemand besaß. Also machte sie ihren Masterabschluss in Sprachen und Kultur Ostasiens, zog für ein Jahr nach Japan und lernte, fließend Japanisch zu sprechen. Es gelang ihr, eine Stelle als zweisprachige Kundenbetreuerin bei American Century Investments zu erhalten. Ein paar Jahre danach schaffte sie es als Analystin in das Fondsmanagementteam der Firma – eine Position, für die es bis zu 12 000 Bewerbungen geben kann. Später verbrachte sie ein Jahrzehnt bei Wasatch Advisors und erwarb sich den Ruf einer den Markt übertreffenden Fondsmanagerin, die auf Schwellenländermärkte und »Grenzmärkte« spezialisiert war.** Sie verließ das Unternehmen 2016, um ihre eigene Firma zu gründen und stellte drei Analysten ein, die mit ihr zusammen in einem »sehr lauten« Büro arbeiteten.

Als wir 2017 zum ersten Mal miteinander sprachen, gab es die Fonds von Laura Geritz erst seit zwei Wochen. Sie hatte aber schon Geschäftsreisen nach Russland, Japan, Süd-Korea und in die Türkei unternommen. Zweimal im Jahr mustert sie ungefähr 69 000 Aktien, um unbeliebte Märkte zu entdecken, die sie bei ihrer weltweiten Suche nach guten Unternehmen zu guten Preisen besuchen kann. »Ich gehe gerne dorthin, wo andere nicht hingehen«, sagte sie. »Wenn man etwas Besonderes sein will, wenn man besser als andere sein will, dann muss man gegen den Strom schwimmen.« Der Markt, der es ihr am meisten angetan hatte, war die Türkei, wo sie gerade ungefähr 30 Unternehmen besucht hatte.

---

* Aus *Cold Blood* wurde nach der Übersetzung von Kurt Heinrich Hansen zitiert: Truman Capote, *Kaltblütig*, 40. Aufl., 2014, Hamburg, Rowohlt-Verlag (Anmerkung des Übersetzers).

** Grenzmärkte (»*frontier markets*«) sind eine Untergruppe der Schwellenländermärkte. Zu ihnen gehören Länder wie Vietnam, Tunesien oder Argentinien. Sie verfügen über eine geringere Marktkapitalisierung und sind riskanter als die traditionellen Schwellenländermärkte (Anmerkung des Übersetzers).

Aber es war nicht schwer zu sehen, warum andere Investoren ihre Meinung nicht teilten.

Erdoğan, der autokratische Präsident der Türkei, der sich durch den Bau eines Palasts mit mehr als 1100 Zimmern selbst verherrlicht hatte, hatte kurz zuvor einen versuchten Militärputsch überstanden. Er schlug zurück, indem er den Notstand erklärte, Tausende von Soldaten, Polizisten und Richtern einsperren ließ, Zeitungen und andere Medien schloss und seine politischen Gegner als Terroristen anprangerte. Der Ruf des Landes wurde durch eine Reihe von Selbstmordattentaten, unter anderem auf den Flughafen von Istanbul, weiter in Mitleidenschaft gezogen. Der Tourismus brach ein. Die Währung stürzte ab. Inflation und Verschuldung stiegen steil an. Ausländische Anleger flohen.

Aber Laura Geritz war schon früher viele Male in der Türkei gewesen und sah das Land mit anderen Augen. Vor ein paar Jahren, als der Optimismus über die wirtschaftlichen Aussichten des Landes auf dem Höhepunkt gewesen war, hatte sie an einer Investmentkonferenz in Istanbul teilgenommen. Damals nahm das Hotel, das die Konferenz veranstaltete, 1200 Dollar pro Nacht für ein Zimmer. Sie hatte sich geweigert, dort zu übernachten. »Dieses Mal zahlte ich 70 Dollar pro Nacht für ein Hotelzimmer«, sagte sie. »Für mich war das ein Zeichen von extremem Pessimismus.« Das alltägliche Leben erschien bei Weitem nicht so furchterregend, wie man das aufgrund der Berichterstattung im Ausland hätte vermuten können. »Im Land gab es für mich keinen Grund, vor irgendetwas Angst zu haben. Die Türkei ist eines der freundlichsten Länder in der Welt.«

Durch diesen Gegensatz zwischen Realität und Wahrnehmung bot sich Laura Geritz eine ideale Gelegenheit, langfristig in drei der besten türkischen Unternehmen zu investieren: die größte Supermarktkette, den führenden Rüstungsproduzenten und den marktbeherrschenden Süßwarenhersteller des Landes. Alle drei verfügten über dauerhafte Wettbewerbsvorteile, verlässliche Geldzuflüsse, hohe Kapitalrenditen und, was am wichtigsten war, gesunde Bilanzen. Außerdem waren sie so billig, dass sie höchstwahrscheinlich auf Dauer kein Geld verlieren würde. Angesichts der Gefahren von Schwellenländermärkten ist dieses Bemühen um die Minimierung der Risiken unabdingbar. Tatsächlich haben die meisten der Unternehmen, an denen Laura Geritz beteiligt ist, Bargeldreserven, mit denen sie durch schwierige Zeiten kommen können, in denen Kapital kaum noch erhältlich ist und schwächere Unternehmen untergehen. »Ich bin an

Unternehmen interessiert, die überleben können«, sagte sie. »Ich kaufe gute Unternehmen, aber ich kaufe sie gerne in Ländern, die Probleme haben.«

Die Bereitschaft von Laura Geritz, ausgiebig zu reisen, verleiht ihr einen Vorteil gegenüber heimatverbundeneren Investoren, der mit der Zeit noch zunimmt. »Je mehr man in der Welt herumkommt, desto besser erkennt man Regelmäßigkeiten«, sagte sie. Dazu zählen Konjunkturzyklen vom Boom bis zur Depression, die in vielen Ländern in Abhängigkeit von größerer oder geringerer Kreditverfügbarkeit und von wachsendem oder abnehmendem Optimismus auftreten. Solche Muster zu erkennen, helfen Laura Geritz, »die katastrophalen Zusammenbrüche zu vermeiden, zu denen es in Schwellenländer- und Grenzmärkten kommen kann«. Zum Beispiel war sie in Brasilien in einer Zeit der Euphorie ausgestiegen, als ausländisches Kapital den Markt überschwemmt, die Regierung sich mit ihren Ausgaben übernommen hatte und die Preise verrückt gespielt hatten. Die drohenden Anzeichen einer Überhitzung waren ihr bekannt vorgekommen. »Die meisten Hotels kosteten 1000 Dollar pro Nacht«, erinnerte sie sich. »Ich habe, soweit ich weiß, für ein Stück Pizza im Flughafen 35 Dollar bezahlt.«

Sie sah ähnliche Warnsignale in Nigeria, als Ausländer das Land überrannten, weil sie davon überzeugt waren, es böte »die besten Anlagemöglichkeiten in Afrika«. Sie kam zu dem vorsichtigen Schluss: »Ich habe diesen Film schon einmal gesehen. Ich habe ihn in China gesehen, als die Bewertungen in die Höhe gingen und jeder in den Markt verliebt war. Und ich habe ihn in Brasilien gesehen.«

Vor jeder Reise bereitet sich Laura Geritz gründlich vor, um das Land, das sie besucht, besser zu verstehen. »Ich versuche, mindestens drei Bücher über jedes Land zu lesen, in das ich gehe«, sagte sie. Üblicherweise geht es in einem dieser Bücher um die Wirtschaft oder die Politik des Landes oder der Region, ein weiteres ist ein literarisches Werk und ein weiteres ein weniger anspruchsvolles Buch der Unterhaltungsliteratur, wie etwa ein Kriminalroman oder eine Abenteuergeschichte. »Wenn ich eine Geschäftsreise nach Uganda mache, nehme ich einen kleinen Koffer mit Kleidung und einen Riesenrucksack mit 20 Büchern mit«, sagte sie mir. »Das ist immer ganz lustig.« Sie besitzt zwar auch einen Kindle-E-Book-Reader, »aber der hat mich schon in ein paar Ländern im Stich gelassen und ohne Bücher kann ich nicht leben«.

Laura Geritz und ihr Team bei Rondure treffen sich alle paar Wochen, um über ein Buch zu sprechen, das sie alle gelesen haben. »Das letzte Buch, das wir gelesen haben, war *Investing the Templeton Way*, das ich schon oft gelesen habe. Aber es könnte auch ein Buch sein wie *Grit* oder *The Creative Brain*.«* In jedem der vergangenen 13 Jahre wählte sie außerdem ein Gebiet (manchmal zwei) aus, das sie ein Jahr lang intensiv studiert hat. Zu diesen Themenbereichen, die sie voller Vorfreude auswählt, gehörten Afrika, der Nahe Osten, Physik, Erdöl und »die Literatur und Geschichte von Russland«. Im Jahr 2019 plauderten wir, während wir mittags Sushi aßen. Ich fragte sie nach ihrem aktuellen Studiengegenstand. Sie antwortete: »Es ist diesmal etwas ganz Ausgefallenes! Ich lese alles über die Entdeckungsfahrer, angefangen bei den Wikingern.«

Laura Geritz, die zwei bis drei Bücher pro Woche liest, schaut kaum in Zeitungen und ignoriert die brandaktuellen Nachrichten auf ihrem Bloomberg-Terminal. »Ich lese lieber *The Rise of the Robots* und überlege mir, wie die Welt in zehn Jahren aussehen könnte, als darüber nachzudenken, wie die Welt vor zehn Minuten ausgesehen hat.«** Ihre Methode, Geld zu investieren, ist außergewöhnlich intellektuell. Sie beruht auf ihrer Überzeugung, dass gründliche Lektüre und ausgiebiges Reisen ihren Horizont erweitert und ihr dadurch einen wichtigen, wenngleich wenig konkreten Vorteil verschafft. »Es gibt eine Grenze für das, was man erreichen kann, wenn man nur im Büro sitzt und Tag für Tag über den Finanznachrichten brütet«, sagte sie. »Ich glaube nicht, dass unsere Arbeit so klar strukturiert und regelmäßig ist.«

Laura Geritz hat sogar versucht, diese unkonventionelle Geisteshaltung zu institutionalisieren, indem sie den Freitag zum Kreativtag bestimmt hat, den ihre Kollegen verbringen können, wie sie wollen. Sie nutzt diesen Tag häufig, um an einem Fluss in Salt Lake City zu sitzen und dort in Ruhe zu lesen oder ihr Tagebuch zu vervollständigen, das sie führt, um die Eindrücke von ihren Reisen zu verarbeiten. Sie sieht es als einen Vorteil an, dass ihr Unternehmen in Utah ansässig ist. »Hier, abseits der ausgetretenen Pfade, kann man in Ruhe nachdenken.« Während der Coronavirus-Pandemie konnte sie in ihrer Wohnung wegen eines Erdbebens und mehrerer Baustellen in der Nähe nicht mehr »gründlich nachdenken«. Also

* *Grit: Why Passion and Resilience Are the Secrets to Success* und *The Creative Brain: The Science of Genius* sind psychologische Ratgeber von Angela Duckworth beziehungsweise Nancy Andreasen (Anmerkung des Übersetzers).

** *The Rise of the Robots,* ein Sachbuch von Martin Ford, beschreibt die wirtschaftlichen Folgen des technologischen Wandels (Anmerkung des Übersetzers).

mietete sie sich »ein ruhiges Haus an einem Fluss« in einem entlegenen Teil Idahos und begab sich dort höchst zufrieden mit 45 Büchern in Quarantäne.

Aber Laura Geritz zieht es noch weiter in die Ferne, zu anderen Orten, die sich zum Nachdenken und Meditieren eignen. Zum Beispiel besuchte sie eine Insel vor der australischen Küste mit nur acht Häusern. »Man geht mit seinen Lebensmitteln auf ein Boot und sie setzen einen auf der Insel ab. Manchmal hat man eine Mobilfunkverbindung und manchmal nicht. Es gibt kein Internet. Man kann etwas Musik hören und den schönen Meerblick genießen – und man hat seine Bücher.«

Von Zeit zu Zeit hält sie sich mehrere Wochen lang im Ausland auf, um sich in die Kultur des jeweiligen Lands einzuleben und zu lernen, wie die Einheimischen leben, wie sie ihr Geld ausgeben und was sie konsumieren. In dem Land, über das sie mehr erfahren möchte, mietet sie eine preiswerte Ferienimmobilie an einem zentralen Ort, die sie als ihre Basis vor Ort nutzt, auch weil »der Stress des Hin- und Herfliegens« ihr sonst zu viel würde (sie fliegt in der Economy-Class). Im Laufe der Jahre hat sie in so verschiedenen Ländern wie Tansania, Kenia, England, Frankreich, Holland, Dubai, Abu Dhabi, Thailand, Singapur und Japan gelebt.

Vor einigen Jahren, als die japanischen Immobilienpreise gefallen waren, nutzte sie die Gelegenheit, ein Apartment im Zentrum von Kyoto zu kaufen, der alten kaiserlichen Hauptstadt, von der aus sie Unternehmen in ganz Asien besuchen konnte. Es ist eine einfache Wohnung, die nur mit einem Bett, einem Sofa, einem Tisch und ein paar Stühlen eingerichtet ist. Früher war ein Restaurant darin, dessen Spezialität Kugelfisch war – jene japanische Delikatesse, die tödlich sein kann, wenn man die giftigen Körperteile nicht sorgfältig entfernt. In ihrem Hof gibt es einen großen Felsen, der nicht entfernt werden kann, weil die Einheimischen glauben, er sei dorthin gebracht worden, um »den Schlangengott« zu ehren. Als ich sie fragte, ob eher Amerika oder Japan ihre Heimat sei, antwortete sie: »Ehrlich gesagt, Japan.«

Die meisten von uns sehnen sich danach, an einem Ort zu leben, an dem sie sich heimisch und zugehörig fühlen. Aber für sie ist es normal, »eine vollkommen Fremde« zu sein. Sie sagt, für Anleger »sei es entscheidend, genaue Beobachtungen anzustellen. Und in Japan ist das alles, was man tun kann: ein Beobachter sein. Denn man kann sich nie so sehr in die Gesellschaft integrieren, dass man wirklich als Mitglied akzeptiert wird.«

Um in einem Land wie Japan, das von den Vereinigten Staaten so verschieden ist, erfolgreich investieren zu können, musste sie ihre Vorurteile ablegen und die Kultur der Japaner aus deren Sicht beobachten. Zum Beispiel stehen für amerikanische Unternehmen typischerweise die Interessen ihrer Aktionäre an erster Stelle. Aber nach der Meinung von Laura Geritz, deren Rondure Overseas Fonds ein Drittel seines Vermögens in Japan investiert hat, besteht die Priorität japanischer Unternehmen darin, ihre Kunden zufriedenzustellen – erst danach kommen ihre Mitarbeiter, ihre Geschäftspartner und die Gesellschaft im Ganzen. »Ich denke, die Aktionäre stehen an letzter Stelle.«

Aktivistische Investoren, die bei der Unternehmensführung mitreden wollen, versuchen oft vergeblich, japanische Vorstandsvorsitzende dazu zu überreden, ihre kurzfristigen Gewinne zu steigern, indem sie Barreserven profitabler anlegen oder sich höher verschulden. Aber Laura Geritz sagt, dass den Japanern mehr daran liege, Unternehmen aufzubauen, die langfristig – manchmal Jahrhunderte – überlebensfähig sind – trotz Gefahren wie Erdbeben, Tsunamis, Kriegen und Epidemien. »Es ist keine Kultur der sofortigen Bedürfnisbefriedigung.« Dieser Konservatismus passt gut zu ihrem Ziel des nachhaltigen Vermögensaufbaus.

Ihre Globetrotter-Karriere stillte zwar ihre grenzenlose Neugier, hatte aber auch einen hohen Preis. »Man kann keine Pause machen«, sagte sie. »Wenn ich eine Zeitlang aufhöre, gerate ich ins Hintertreffen … Man ist es seinen Anlegern schuldig, keine Pause zu machen, weil es um ihre Zukunft geht.« Auch einfache Freizeitvergnügen, die sich »die meisten normalen Menschen« gönnen, »wie Skifahren oder sich mit Freunden treffen« waren »kaum möglich für mich«, erzählte sie, »weil ich nichts anderes im Kopf habe als Aktien und fremde Länder.«

Wie sieht es mit Familie aus? »Ich habe keine Kinder und ich habe wirklich Glück, weil ich einen Mann habe, den ich liebe und der über meine Arbeit und was sie erfordert Bescheid weiß. Er hat mich immer unglaublich unterstützt.« Ihr Ehemann, Rob, ein Amerikaner, den sie in der Schule kennengelernt hat, arbeitet im Auslandsverkauf eines Sportartikelherstellers. Sein Job ist flexibel genug, dass er sie auf vielen ihrer Geschäftsreisen begleiten kann. Aber ihre beiden Berufe zwingen sie dazu, viel Zeit getrennt voneinander zu verbringen. Er lebt meistens in ihrer Wohnung in Kyoto, während sie die meiste Zeit in Utah verbringt.

Laura Geritz wusste von Anfang an, dass eine Karriere in der stressigen Investmentbranche volles Engagement verlangt. Also verschob sie den Gedanken an

Kinder auf später. »Es war damals eine große Herausforderung, als Frau in diesem Geschäft zu arbeiten. Mir war klar, dass Kinder zu bekommen nicht die beste Idee wäre, wenn ich mit den Männern mithalten wollte.« In jenen Tagen gab es bei American Century kaum Frauen, die sie sich zum Vorbild hätte nehmen können. Laura Geritz erinnerte sich aber an eine Kollegin in ihrem Büro, die nicht länger als von 8 Uhr morgens bis 5 Uhr nachmittags arbeiten konnte, weil sie ein Kind hatte. »Man hat ihr gesagt, sie bekäme nie eine Beförderung, da die Mindestarbeitszeiten viel länger seien … Mir musste man so etwas nicht sagen. Ich habe mich einfach an jenen orientiert, die Erfolg hatten, und das waren diejenigen, die von 6 Uhr morgens bis 10 Uhr nachts im Büro waren und auch am Samstag und Sonntag arbeiteten.«

Später in ihrer Karriere wäre es für sie in Frage gekommen, ein Kind zu bekommen, aber zu dieser Zeit war sich ihr Mann nicht sicher. »Dann ist uns die Zeit davongelaufen.« Hat sie es jemals bereut? »Ja, manchmal.« Andererseits sagte sie: »Ich liebe meine Arbeit so sehr, dass es mir nicht wie ein großes Opfer vorkommt.«

Die Kunst des Weglassens

Wenn alle Investoren, die wir in diesem Kapitel kennengelernt haben, etwas gemeinsam haben, ist es Folgendes: Sie konzentrieren sich fast ausschließlich auf das, worin sie sehr gut sind und was ihnen am wichtigsten ist. Ihr Erfolg ist auf diese wilde Entschlossenheit zurückzuführen, sich auf ein relativ enges Gebiet zu spezialisieren und die vielen Ablenkungen zu ignorieren, die sie bei ihrem Streben nach Spitzenleistungen stören könnten.

Jason Zweig, ein alter Freund von mir, der für die Finanzratgeber-Seiten im *Wall Street Journal* verantwortlich ist und eine überarbeitete Auflage von *The Intelligent Investor* herausgegeben hat, schrieb mir einmal: »Denk doch an Munger oder Miller oder Buffett. Keiner von ihnen würde auch nur eine Minute seiner Zeit oder ein Quäntchen seiner Energie dazu verwenden, etwas zu tun oder über etwas nachzudenken, was ihn nicht voranbringt … Sie haben die Fähigkeit, zu sich selbst ehrlich zu sein.

Sie machen sich nicht selbst etwas vor, worin sie gut und worin sie nicht gut sind. Diese Fähigkeit, zu sich selbst ehrlich zu sein, muss ein Teil ihres Erfolgsgeheimnisses sein. Denn so zu sein, kann sehr schwierig und sehr schmerzlich sein, aber es ist extrem wichtig.«

Ich denke, dass dies für jede Art von Können gilt, das man erwerben will, ob es darum geht, Aktien auszuwählen, Kranke zu heilen oder um die richtigen Worte zu ringen. Einer meiner Helden ist der inzwischen verstorbene Oliver Sacks, ein führender Neurologe und ein Spitzenautor, der in seinem Haus ein großes gelbes Schild angebracht hatte, auf dem das Wort »NEIN« in Druckbuchstaben stand. In seinen Memoiren erklärte er, so habe er »sich selbst daran erinnert, Einladungen abzulehnen, um mehr Zeit zum Schreiben zu haben.«

Vor Tausenden von Jahren schrieb der Philosoph Lao-Tse, dass man auf dem Weg zur Weisheit alle unnötigen Aktivitäten »weglassen« müsse. »Um Wissen zu erlangen, muss man jeden Tag Dinge hinzufügen. Um Weisheit zu erlangen, muss man jeden Tag Dinge weglassen.«

Die Kunst des Weglassens ist von nicht zu unterschätzender Bedeutung, vor allem in einer Zeit der Informationsüberflutung, in der man so leicht abgelenkt werden kann. Setzt man sich dem aus, wird man durch den Lärm einander widersprechender Nachrichten, von Mitteilungen in den sozialen Medien, von automatisierten Telefonanrufen und anderen Störgeräuschen betäubt. In seinem Buch *World Without Mind: The Existential Threat of Big Tech* warnt Franklin Foer: »Wir werden dauernd mit Werbebotschaften, Benachrichtigungen und Schlagzeilen bombardiert, was uns jede Möglichkeit nimmt, in Ruhe nachzudenken. Meiner Meinung nach wird unser Menschsein dadurch existenziell bedroht.«

Dass man nicht mehr in Ruhe nachdenken kann, stellt auch eine existenzielle Bedrohung für den Erfolg beim Geldanlegen dar. Deswegen zieht sich Laura Geritz regelmäßig zurück, um an einem Wasserfall im Gebirge in der Nähe von Kyoto zu sitzen und dort zu lesen, zu schreiben und nachzusinnen. Der inzwischen verstorbene Bill Ruane, der mit seinem Sequoia-Fonds fabelhafte Renditen erwirtschaftete, rief mich einmal aus, wie er selbst sagte, »meinem Versteck«, an – einer Hotelsuite in New York City, in der er alleine arbeitete, ohne Verbindung zu den Kollegen in seinem nahen Büro. Guy Spier, der unter einer Aufmerksamkeitsdefizit- und Hyperaktivitätsstörung leidet, zog mit seiner Familie von Manhattan in ein gemietetes Haus in einem ruhigen Ortsteil von Zürich, wo sein klarer, aber leicht ablenkbarer Verstand öfter »einem ruhigen Teich« ähnlich sein konnte. Im Büro von Spier, das nur eine kurze Straßenbahnfahrt von seinem Zuhause entfernt ist, gibt es eine Bibliothek, in der Telefone oder Computer nicht erlaubt sind. Er hat sich bewusst eine Umgebung geschaffen, in der er in Ruhe nachdenken kann.

Als Leiter eines Investmentteams, das mehr als 100 Milliarden Dollar zu managen hat, könnte Matthew McLennan jede Stunde jedes Tages mit Konferenzen und Telefongesprächen verbringen. »So geschäftig man auch sein mag«, sagte er, »man muss jegliche unproduktive Geschäftigkeit vermeiden … Und ich denke, es ist sehr wichtig, sich Freiräume zum sorgfältigen Überlegen zu schaffen.« Er macht keine Termine für den Vormittag, hält sich den Freitag »relativ frei« und nimmt sich während der Arbeitswoche »sehr regelmäßig« Auszeiten von seinem Büro. Er treibt auch regelmäßig Sport, um so den Kopf frei zu bekommen, und unternimmt am Wochenende oft Wanderungen in der Natur. »Sich von Zeit zu Zeit aus einer stressreichen Umgebung zu lösen, ist sehr wichtig.«

Je abgelenkter und überlasteter andere sind, desto größer ist der Vorteil, wenn man selbst Wirrwarr im Kopf, technologische Belästigungen und Überreizungen vermeidet. Aber jeder macht das auf seine Weise. Ruane fand mitten in Manhattan einen ruhigen Zufluchtsort. Für Chuck Akre, der den Markt während drei Jahrzehnten um Längen schlug, ist es leichter, ruhig und gleichmütig im ländlichen Virginia nachzudenken, wo seine Firma, Akre Capital Management, in einer Kleinstadt mit einer einzigen Verkehrsampel ansässig ist. Er lebt in einem Haus mit Blick auf die Blue Ridge Mountains. »Wir sehen ab und zu Hirsche, Bären, Füchse, Kojoten und wilde Truthähne«, erzählte er mir. »Es ist schön hier. Es tut der Seele gut.« Hier zu leben habe den Vorteil, so weit weg »von all dem dummen Zeug und dem Unsinn« zu sein, dass er »sich nicht verrückt macht mit dem, was an den Märkten und in der Welt so vor sich geht … Ich blende das einfach aus«.

Stattdessen konzentriert er sich darauf, Anteile an ein paar gut geführten Unternehmen zu halten, die attraktive Kapitalrenditen erwirtschaften und in der Lage sind, ihre Überschüsse so zu reinvestieren, dass sie hohe Renditen bringen. Und dann ist er dazu fähig, »den Dingen ihren Lauf zu lassen«. Er hält Markel seit 27 Jahren und hat damit mehr als das Hundertfache seines Einsatzes verdient. Er hält Berkshire Hathaway seit 42 Jahren. Seine größte Position, American Tower Corporation, ist seit 2002 von 79 Cent pro Aktie auf ungefähr 260 Dollar pro Aktie gestiegen. Indem er ein gemächliches Leben an einem ruhigen Ort führt, kann sich Akre vor dem Einfluss »brillanter Ideen« anderer Investoren »schützen« und

»sich ausschließlich auf das konzentrieren, was für uns funktioniert«. Man kann sagen, dass er einen fischreichen Teich entdeckt hat und damit zufrieden ist, dort bis ans Ende seiner Tage zu angeln. Akre drückte es anders aus: »Man kann nicht mit allen Damen auf einmal tanzen.«

Aus all dem lassen sich einige praktische Schlussfolgerungen ziehen, die uns helfen können, wohlhabender *und* glücklicher zu werden. Um Erfolg zu haben und ein erfülltes Leben zu führen, müssen wir uns als Erstes entscheiden, was uns am wichtigsten ist, und ehrlich zu uns selbst darüber sein, was wir am besten können. Zweitens müssen wir Gewohnheiten annehmen, durch die wir auf Gebieten, auf die es wirklich ankommt, immer besser werden können – und Gewohnheiten aufgeben, die uns nur ablenken und stören. Es ist nützlich, sich eine Liste der Gewohnheiten aufzuschreiben, die Teil unserer Alltagsroutine sein sollten. Aber es ist genauso wichtig, alles was wir nicht tun sollten, auf eine Liste zu schreiben, damit wir uns bewusst machen, auf welche Art wir uns gewöhnlich ablenken und uns selbst behindern. Wie Gayner sagt, geht es nicht darum, perfekt sein zu wollen, sondern Gewohnheiten anzunehmen, die auf Dauer in die richtige Richtung führen.

Michael Zapata, ein Hedgefonds-Manager, der früher Kommandant der Elite-Antiterror-Einheit SEAL Team Six war, hat gründlich darüber nachgedacht, warum es wichtig ist, sich auf etwas zu konzentrieren. »Man muss sich über seine Prioritäten im Leben klar werden«, sagte er. »Für mich sind sie Gott, Familie und Fonds – in dieser Reihenfolge.« Dieses Wissen hilft ihm dabei, seine Zeit und Energie so einzusetzen, dass er »in Übereinstimmung« mit dem lebt, was ihm am wichtigsten ist. »Beispielsweise ist dieses Gespräch gewissermaßen nicht in Übereinstimmung mit meinen Prioritäten, weil es nichts mit Gott, Familie oder Fonds zu tun hat«, sagte er. »Aber ab und zu ist das schon in Ordnung. Man muss nur darauf achten, dass man sich nicht von seinen Prioritäten abbringen lässt …, dass man sich sein Leben nicht durcheinanderbringen lässt.«

Geht das zu weit? Vielleicht. Aber die meisten Menschen machen den Fehler, zu viel Komplexität in ihrem Leben zuzulassen. Sie bleiben deshalb immer an der Oberfläche und beschäftigen sich mit unwichtigen und überflüssigen Dingen. Wie man am Beispiel der besten Investoren sieht, muss man auf einigen wenigen Gebieten in die Tiefe gehen und alles andere weglassen, wenn man auf Dauer Spitzenleistungen erbringen will.

KAPITEL 8

SEIEN SIE KEIN NARR!

Wie man mit Charlie Mungers Methode, Dummheiten zu vermeiden, besser investiert, besser denkt und besser lebt.

Doch der Dumme – welchen Weg er auch einschlägt, ihm fehlt der Verstand, obwohl er von jedem andern gesagt hat: Er ist dumm.

Kohelet 10:3

Um weise zu sein, muss man sowohl gute wie schlechte Gedanken und Taten kennenlernen, aber man sollte die schlechten zuerst erforschen. Erkenne zuerst, was nicht klug und nicht gerecht ist und was nicht getan zu werden braucht.

Leo Tolstoi, *Kalender der Weisheit*

Es ist bemerkenswert, welch große Vorteile Leute wie wir auf lange Sicht dadurch erzielen, dass wir konsequent nichts Dummes tun – anstatt zu versuchen, besonders intelligent zu handeln.

Charlie Munger

Wegen eines zehnminütigen Interviews mit Charlie Munger hatte ich eine Reise von fast 5000 Kilometern gemacht. Ich kam eine Stunde zu früh zu meiner Audienz an und wartete nervös darauf, zu ihm vorgelassen zu werden. Es war der 15. Februar 2017 und Munger war anlässlich der Jahreshauptversammlung der Daily Journal Corporation in Los Angeles. Munger, der Aufsichtsratsvorsitzender dieses wenig bekannten Zeitungsverlags ist, ist besser bekannt als der Milliardär, der zusammen mit seinem Geschäftspartner Warren Buffett seit mehr als vier Jahrzehnten den Aufsichtsratsvorsitz von Berkshire Hathaway innehat. Er wurde 1924 geboren und ist eine Hälfte des größten Investorenteams, das es jemals gab.

Munger hatte zugestimmt, kurz vor dem Beginn der Daily-Journal-Versammlung persönlich mit mir zu sprechen. Ich stand vor dem Eingang zu einem Konferenzraum in der schlichten Zentrale des Unternehmens und sah zu, wie sich die Lobby mit Hunderten seiner Anhänger füllte. Darunter waren bekannte Investoren wie Li Lu, Mohnish Pabrai, François Rochon, Whitney Tilson, Christopher Davis und Francis Chou. Jedes Jahr bekommt man den Witz zu hören, dass praktisch niemand hier am *Daily Journal* interessiert ist. Beim Betreten des Gebäudes trugen sich die Besucher in eine Liste ein, auf der auch nach der Zahl der Aktien gefragt wurde, die sie besaßen. Für fast alle lautet die Antwort »null.« Genau wie ich, waren sie von nah und fern gekommen, um den bissigen Witz und die Weisheiten dieses 93 Jahre alten Idols zu genießen.

Die Aussicht, Munger zu interviewen, war einerseits aufregend und andererseits enervierend. Denn er steht im Ruf, ein wahnsinnig schlauer Miesepeter zu sein, der Fehler und Ungenauigkeiten blitzschnell entdeckt. Buffett sagte einmal: »Charlie kann jede Art von Geschäft schneller analysieren und bewerten als irgendjemand sonst auf der Welt. Er erkennt alle echten Schwächen innerhalb von 60 Sekunden.« Buffett sagte auch, Munger könne sich »des besten 30-Sekunden-Verstands weltweit« rühmen. »Ihm wird immer klar, um was es im Kern geht, bevor man auch nur seinen Satz beendet hat.« Der Mitbegründer von Microsoft, Bill Gates, sagte, Munger sei »der vielseitigste Denker, dem ich je begegnet bin«.

Auch Menschen, die normalerweise nicht zur Heldenverehrung neigen, sind von Mungers starkem Intellekt beeindruckt. Pabrai, der behauptete, Munger stehe, was seine Intelligenz angeht, »einen Quantensprung über Warren«, lachte, während er sich daran erinnerte, wie er einmal Munger auf einer Bühne hat reden hören, die dieser sich mit einem Wissenschaftler teilte, der den Nobelpreis gewonnen hatte und als »der beste Verstand von Caltech« galt.* »Dieser Typ wirkte neben Munger wie ein geistiger Zwerg, der von nichts eine Ahnung hatte. Man sah den Unterschied sofort: ein großer Denker auf der einen, ein Dummkopf auf der anderen Seite.« Pabrai fügte hinzu, dass Mungers Talente ihm »einen Riesenvorsprung« verschafft hätten, den er dadurch ausbaute, dass er mehrere Bücher pro Woche las und zusammenfasste und sich dabei mit einer Vielzahl von Gebieten intensiv beschäftigte. Diese Kombination von »unglaublicher Hardware« und »einem riesigen Dateninput lässt ihn wie jemand wirken, der schon seit 300 Jahren gelebt hat.«

Aber es gab noch einen anderen Grund, warum ich ein bisschen ängstlich war, als ich mich auf das Treffen mit Munger vorbereitete. Selbst seine größten Bewunderer räumen ein, er sei barsch und könne manchmal auch grob werden. Chou lachte, als er mir die Geschichte von einem Kollegen erzählte, der regelmäßig nach Omaha und Kalifornien fuhr, um Munger reden zu hören. Eines Tages, erzählte mir Chou, begegnete sein Freund Munger zufällig in einem Aufzug. Er rief aus: »Charlie, Sie haben mich sehr inspiriert und ich habe während all der Jahre so viel von Ihnen gelernt!« Munger fertigte ihn mit zwei Worten ab: »Ach was.« Und dann ging er weg.

Bill Miller erinnerte sich, wie er Munger einmal in New York auf der Straße begegnet war. »Ich sagte, ›Charlie!‹. Und er schaute mich an und sagte, ›Wer zum Teufel sind Sie denn?‹.« Miller stellte sich vor und erinnerte Munger daran, dass sie sich einmal bei einer Veranstaltung zur verhaltenswissenschaftlichen Finanztheorie getroffen hatten. »Er sagte, ›Ach ja!‹ und sagte dann zu seiner Frau, ›Warum gehst du nicht ins Hotel, während ich ein bisschen mit Bill spazieren gehe …‹ Wir sind dann so ungefähr eine Stunde herumgelaufen und haben uns über dies und jenes unterhalten. Aber es war schon seltsam, als er sagte, ›Wer zum Teufel sind Sie denn?‹.«

Aber meine Lieblingsgeschichte über das vollkommen fehlende diplomatische Geschick von Munger stammt von Buffett, der sie Pabrai und Guy Spier 2008 bei einem gemeinsamen Mittagessen erzählte. Munger, der ein Glasauge hat, ging einmal in eine Kraftfahrzeugzulassungsstelle, wo ein Beamter unglücklicherweise den Fehler machte, ihn zu fragen: »Haben Sie immer noch nur ein gesundes Auge?« Munger antwortete: »Nein, ich habe mir ein neues wachsen lassen.«

---

* Caltech (California Institute of Technology) ist eine der renommiertesten Technischen Universitäten der Vereinigten Staaten (Anmerkung des Übersetzers).

Pabrai hatte mir versichert, dass Munger netter und freundlicher ist, als man aufgrund seines Rufs erwartet: »Charlie ist ein sehr netter und fürsorglicher Mensch. Er hat eine harte Schale. Aber darin verbirgt sich ein guter und liebevoller Mensch.« Mungers Tochter Molly, die Anwältin und Philanthropin ist, sagte dazu, dass er im Laufe der Jahre sanfter und zugänglicher geworden sei: »Er neigt dazu, scharf und bissig zu sein, aber ich denke, dass diese Neigung ausgeprägter war, als er jünger war.«

Dennoch hatte ich mich vorsichtshalber sehr sorgfältig auf unser kurzes Treffen vorbereitet. Als ich über seinen Reden, Schriften und Gedanken aus mehreren Jahrzehnten brütete, erkannte ich, dass Munger eine Gewohnheit hat, die wir alle klonen sollten: Er bemüht sich konsequent, »närrische Gedanken«, »idiotische Verhaltensweisen«, »gewöhnliche Fehler« und »übliche Dummheiten« zu vermeiden.

Beispielsweise machte er sich 2015 bei einer anderen Jahreshauptversammlung über den in akademischen Kreisen weit verbreiteten Irrtum lustig, der Markt sei effizient und niemand könne ihn schlagen. »Ich wusste, dass das Unsinn war«, sagte er und fügte hinzu, dass er auch »niemals geglaubt [habe], dass es eine sprechende Schlange im Garten Eden gegeben hat. Ich habe ein Talent dafür, Unsinn zu erkennen. Ich habe keine wunderbaren Geistesblitze, die andere Leute nicht haben. Ich bin nur ein bisschen konsequenter als andere Schwachsinn aus dem Weg gegangen. Andere Leute versuchen, schlau zu sein. Ich versuche bloß, nicht dumm zu sein. Ich habe gemerkt, dass man nichts weiter tun muss, um im Leben voranzukommen, als nicht dumm zu sein und lange zu leben. Aber es ist schwieriger, nicht dumm zu sein, als die meisten Leute denken.«

Es ist ein seltsamer Widerspruch, dass sich einer der intelligentesten Menschen weltweit vor allem darauf konzentriert, keine Dummheiten zu begehen. Aber wie wir sehen werden, ist das an den Märkten und im Leben eine außerordentlich erfolgreiche Strategie.

Ratschläge eines Nichtdummkopfs für das Leben

Die Tür des Konferenzraums öffnete sich und Munger begrüßte mich mit leiser, krächzender Stimme: »Schön Sie zu sehen, setzen Sie sich doch.« Und dann saß ich fast Knie an Knie mit dem weisen Mann. Einige Leute unterhielten sich lautstark, als sie den Raum verließen, aber Munger hatte keine Probleme damit, den Lärm auszublenden und sich zu konzentrieren. Er hat weißes Haar und trägt eine starke Brille. Sein dunkler Anzug wirkte zu weit für seinen dünnen und gebrechlichen Körper. Zu meiner großen Erleichterung benahm er sich überraschend wohlwollend.[1]

Wir hatten keine Zeit, um Smalltalk zu machen. Deshalb kam ich gleich zum Wesentlichen. Ich sagte Munger, dass er für mich »der Großmeister der Vermeidung von Dummheiten« sei und ich fragte ihn, warum er der Vermeidung gewöhnlicher Fehler und leicht vorhersehbarer irrationaler Verhaltensweisen so viel Aufmerksamkeit widme. »Weil es funktioniert«, antwortete er. »Es funktioniert. Es mag widersinnig erscheinen, sich einem Problem ›von hinten‹ zu nähern. Aber wenn man besonders schlau sein und ein Problem ›von vorne‹ angehen will, merkt man, wie schwierig das ist. Wenn man dagegen anders an die Sache herangeht, sich überlegt, welche Katastrophen passieren können und welche Ursachen sie haben und dann versucht, sie zu vermeiden, dann stellt sich heraus, dass dies ein sehr einfacher Weg ist, Chancen zu erkennen und Probleme zu vermeiden.«

Mungers Methode, Probleme sozusagen »rückwärts« zu lösen, ist zum Teil von Carl Gustav Jacobi inspiriert, einem Mathematiker des 19. Jahrhunderts, von dem der berühmte Ausspruch stammt: »Man muss immer umkehren.« Aber Munger erzählte mir auch, dass er diese Methode der Umkehrung mit Hilfe seines Freunds Garrett Hardin verfeinert hatte, eines Ökologen, der genau wie Munger von den negativen Konsequenzen schludrigen Denkens beeindruckt war. »Die Grundidee von Hardin war Folgende: Wenn man gefragt wird, wie man Indien helfen könnte, sollte man sich überlegen, ›Was könnte man tun, um Indien vollständig zu *ruinieren*?‹ Man denkt dann sorgfältig über all die Dinge nach, mit denen man Indien ruinieren könnte. Anschließend dreht man alles um und sagt; ›Gut, *all das* werde ich nicht tun.‹ Es erscheint widersinnig, aber diese Fragen *umzudrehen*, hilft einem wirklich. Es bringt einen dazu, ein Problem gründlich und von allen Seiten zu durchdenken.«

1986 hielt Munger die Verabschiedungsrede an einer Privatschule in Los Angeles, auf die einige seiner acht Kinder und Stiefkinder gingen. Statt die üblichen Gemeinplätze über die Geheimnisse des Erfolgs und des Glücks herunterzubeten, erklärte er an einem einleuchtenden Beispiel, wie man das Prinzip der Umkehrung anwenden könne. Er gab den Schülern eine Reihe von »Ratschlägen, wie man auf jeden Fall ein erbärmliches Leben führt«. Er empfahl ihnen, unzuverlässig zu sein, Kompromisse zu vermeiden, Ressentiments zu nähren, auf Rache aus zu sein, in Neidgefühlen zu schwelgen, »chemische Substanzen zu sich zu nehmen«, alkoholabhängig zu werden, nicht »von den guten und schlechten Erfahrungen anderer zu lernen«, starr an ihren bestehenden Überzeugungen festzuhalten und »am Boden liegen zu bleiben«, wenn sie »den ersten, zweiten oder dritten schweren Rückschlag im Kampf des Lebens« erleiden würden.

Als ich Munger fragte, wie man diese Denkweise auf praktische Probleme anwenden könne, also etwa auf die Frage, ob man heiraten oder eine bestimmte Aktie kaufen solle, empfahl er, sich zu fragen, »›Wird es in einer Katastrophe enden?‹, statt sich zu fragen, ›Wird es wundervoll?‹. Herauszufinden, was falsch laufen kann, und zu versuchen, das zu vermeiden, ist etwas ganz anderes, als herauszufinden, was gut ist und zu versuchen, es zu bekommen. Man muss im Leben natürlich beides tun. Aber die Umkehrung, das Identifizieren von Problemen und der Versuch, sie zu vermeiden, erspart einem viel Ärger … Es ist eine Vorsichtsmaßnahme. Es ist wie die Checkliste, die man vor einem Flugzeugstart durchgeht.«

Wenn man sich überlegt, Geld bei einem gut gemanagten Fonds anzulegen, könnte man sich in ähnlicher Weise fragen: »Wie investiere ich blindlings in einen lausigen Fonds, der höchstwahrscheinlich scheitern wird?« Mit Hilfe dieser Frage erkenne man all die Gefahren, die Anleger in aller Regel übersehen – zum Beispiel unverschämt hohe Gebühren, ein großes Engagement in den beliebtesten und teuersten Marktsegmenten und atemberaubend hohe kurzfristige Renditen, die aber so gut wie sicher nicht nachhaltig sind.[2]

Das also ist der erste mentale Trick, den man von Munger übernehmen sollte, um sich vor Dummheiten zu schützen: Man stelle sich ein furchtbares Ereignis vor, denke dann rückwärts und frage sich, welche Fehler zu diesem bedauerlichen Resultat geführt haben könnten, um dieses selbstzerstörerische Verhalten anschließend sorgfältig zu vermeiden. »Natürlich sind viele Leute«, so Munger, »so scharf auf den Hauptgewinn, dass sie nicht im Entferntesten an die Dummheiten denken, die verhindern könnten, dass sie ihn bekommen.«

Buffett und Munger haben die Umkehrungsmethode genutzt, um vielen vorhersehbaren und unvorhersehbaren Katastrophen zu entgehen. In einer Mitteilung an die Aktionäre von Berkshire Hathaway aus dem Jahr 2009 beschrieb

Buffett die Kunst der Umkehrung ausführlich unter der Überschrift »Was wir nicht tun.«. Zum Beispiel »lassen Charlie und ich die Finger von Unternehmen, deren Zukunftsaussichten wir nicht einschätzen können, wie toll ihre Produkte auch sein mögen«. Stattdessen »halten wir uns an Unternehmen, deren Gewinnaussichten auf Jahrzehnte hinaus halbwegs sicher sind«. Berkshire Hathaway hält auch eine große Barreserve, um in Krisenzeiten nicht zum »Bittsteller« werden zu müssen. Buffett sagte einmal zum Spaß, dass »die Umkehrungsmethode auch bei weniger abgehobenen Problemen funktioniert: Singen Sie einen Country-Song rückwärts und schon bekommen Sie Ihr Auto, Ihr Haus und Ihre Frau zurück.«

Von den besten Investoren, die ich getroffen habe, sind sich alle, genau wie Buffett und Munger, vollkommen darüber im Klaren, *was sie nicht tun sollten.* Joel Tillinghast, der als Manager des Niedrigkursaktienfonds von Fidelity seit 1989 den Russell-2000-Aktienindex pro Jahr um durchschnittlich 3,7 Prozent geschlagen hat, wurde von Jim Lowell, dem Herausgeber des Börsenbriefs Fidelity Investor, als »der talentierteste Aktienkäufer seiner Generation« bezeichnet. Während eines Interviews in Boston bat ich Tillinghast, mir seine Erfolgsstrategie zu erklären. Er antwortete mit einer Aufzählung all dessen, was er nicht tat. Zum Beispiel lässt er die Finger von den Aktien unreifer Biotechnologieunternehmen, weil er weiß, dass sonst die Gefahr besteht, dass er seinen Schwächen nachgibt. Er kann keine verlässlichen Gewinnprognosen erstellen, weil die Zukunft dieser Unternehmen »so undurchsichtig« ist. Außerdem sind Biotechnologieaktien so schwankungsanfällig, dass er wahrscheinlich emotional reagieren würde. »Ich würde verrückt werden, wenn ich mich mit Biotechnologieaktien abgeben würde«, sagte er. »Also mache ich das nicht.«

Tillinghast, ein schüchternes und zurückhaltendes Mathematikgenie, verwaltet ein Vermögen von mehr als 40 Milliarden Dollar. Er hat eine Vielzahl von Vorsichtsprinzipien entwickelt, die ihm dabei halfen, fast alle seiner Konkurrenten zu übertreffen – und zu überdauern. »Zahlen Sie nicht zu viel. Suchen Sie sich keine Unternehmen aus, die in Gefahr sind, von der Konkurrenz überholt und vom Markt verdrängt zu werden. Vertrauen Sie weder Gaunern noch Idioten Ihr Geld an. Investieren Sie nicht in Dinge, die Sie nicht verstehen.«

Tillinghast hält sich außerdem von Unternehmen fern, die sehr konjunkturabhängig, stark verschuldet oder nur eine Modeerscheinung sind. Er sieht »Selbstbeweihräucherung des Managements« und »kreative Buchführung« als

»Warnsignale«. Er vermeidet Gebiete, von denen er keine genauen Kenntnisse hat oder von denen er nichts versteht, weil nichts wichtiger sei, »als sich vor seinem Unwissen zu schützen«. Er vermeidet es auch, »zu öffentlich und zu häufig« über seine Aktienpositionen zu sprechen, weil es ihm erschwere, seine Meinung zu ändern und auch zuzugeben, wenn er unrecht hatte. Und er widersteht dem Drang, Aktien häufig zu kaufen und zu verkaufen, weil dies zu hohen Transaktionskosten und Steuerzahlungen führe, die zu Lasten der Rendite ginge.[3]

Was bleibt übrig, nachdem er all die üblichen Ursachen von Enttäuschungen eliminiert hat? Ein Portfolio mit unterbewerteten, durchschaubaren, finanziell stabilen, profitablen und wachsenden Unternehmen, die von ehrlichen Managern geführt werden. Seine »erstaunlichste« Aktie, Monster Beverage, ist um das Tausendfache gestiegen.

Wir können uns alle ein Beispiel an Tillinghast nehmen und davon profitieren, die beliebtesten Misserfolgsrezepte zu verstehen. Man sollte sich überlegen, warum die meisten Anleger scheitern und, wie Tillinghast, *genau das nicht tun*. »Es ist schwierig, Spitzenleistungen zu erbringen«, sagte er. »Aber das, *was man nicht tun will*, tut man einfach nicht. Hier hat man viel mehr Kontrolle … Ich werde es nicht ohne Weiteres schaffen, 7 Kilogramm abzunehmen. Aber auf Donuts zu verzichten, ist für mich leicht.«

Schließlich sollte man sich klarmachen, dass Mungers Methode, Probleme rückwärts zu lösen, uns auch dabei helfen kann, in unserem Privatleben nicht selbst Chaos anzurichten. Der Ko-Vorstandsvorsitzende von Markel, Tom Gayner, ist einer von den Ehemännern, die sich ohne ihre Frauen in das Nachtleben wagen. »Ich bin mit einer reizenden Frau verheiratet«, sagte er. »Ohne sie allein in einer Bar zu sein, unter der Einwirkung von zu viel Alkohol – unter diesen Umständen kann man viel eher in Versuchung geführt werden, als wenn man enthaltsam ist.« Er empfahl, »die Umkehrungsmethode von Munger« anzuwenden und sich eine einfache Frage zu stellen: »Was wäre wirklich übel und wie kann ich das vermeiden?« Eine vernünftige Antwort auf den zweiten Teil dieser Frage wäre, nach Meinung von Gayner, »zwei Drinks zu nehmen und nicht zehn«.

Ob Ihr Ziel nun darin besteht, ein toller Aktieninvestor oder ein toller Ehemann zu sein, es ist in jedem Fall hilfreich, sich zu fragen, wie man ein schrecklicher Aktieninvestor oder Ehemann werden kann. Und dann? *Man muss immer umkehren.*

Der Dummheiten-Sammler

Während andere Milliardäre Kunst, Oldtimer und Rennpferde sammeln, sagt Munger von sich, er sei ein Sammler von »Absurditäten«, »Torheiten« und »Dummheiten«. Seine Tochter Molly erinnerte sich daran, wie sie in ihrer Kindheit als warnende Beispiele wiederholt Geschichten zu hören bekam »über Leute, die dumme Dinge tun«, in denen oft »Undankbarkeit und schlechtes Urteilsvermögen« eine Rolle spielten. In einer typischen Geschichte kam der verwöhnte Erbe eines großen Vermögens vor, der anfing, seinen Vater zu hassen und sich mit ihm zerstritt. Wie Molly Munger feststellte, »ist das in jeder Hinsicht dumm: undankbar, selbstzerstörerisch, egoistisch«.

Die Angewohnheit, nach Beispielen für die Dummheit anderer Leute zu suchen, ist ein unschätzbares Hilfsmittel, um nicht selbst idiotisch zu handeln. Tatsächlich ist sie die zweite Technik zum Kampf gegen die Dummheit, die man von Munger übernehmen sollte. Dieses perverse Hobby verschafft ihm immer Unterhaltung und viele Einsichten. Er kann sich so im Kopf einen Katalog all der »blödsinnigen« Handlungen zusammenstellen, die er aus seinem Repertoire streicht. Jeder könne sich diese Gewohnheit zunutze machen, sagte er mir, »aber ich glaube, man braucht dazu ein bestimmtes Temperament. Viel von dem, was ich mache, hat nichts mit Intelligenz zu tun. Es ist etwas anderes: Temperament, Einstellung. Aber ich glaube, es ist zum Teil vererbt – wie eine gute Hand-Auge-Koordination oder ein Talent für Tennis«.

Munger hat die Qual der Wahl, wenn er die Dummheiten von Anlegern sammelt. Zum Beispiel macht er sich über die Neigung lustig, auf Marktprognosen zu hören. Er vergleicht diese Ansätze finanzieller Wahrsagerei mit der alten Kunst, aus Schafseingeweiden die Zukunft vorherzusagen. Ein weiterer gewöhnlicher Fehler bestünde darin, »ein konjunkturabhängiges Unternehmen auf dem Höhepunkt des Konjunkturzyklus zu kaufen. Viele Leute machen das andauernd und natürlich werden sie darin von den Investmentbankern bestärkt, gleichgültig wie unsinnig es ist, denn schließlich bringt es ja Provisionen«. Diese naiven Anleger würden nicht erkennen, »dass das Pendel wieder in die andere Richtung schwingen wird« und darauf vertrauen, dass es mit dem Unternehmen »weiter aufwärtsgeht, nur weil es *bisher* aufwärtsgegangen ist. Das ist eine übliche Dummheit«.

Munger sammelt auch Beispiele der eigenen Dummheit. Als ich an der Jahreshauptversammlung von Berkshire Hathaway im Jahr 2017 teilnahm, sprach er offen über zwei der kostspieligsten Unterlassungsfehler, die er und Buffett je begangen haben. Munger bekannte vor einem Publikum von ungefähr 40 000 Aktionären, dass »wir Sie enttäuscht haben«, weil sie Google nicht gekauft hatten. »Wir haben auch bei Walmart versagt, als es ein todsicherer Kauf war.«

Die meisten von uns ziehen es vor, ihre Fehler vor der Öffentlichkeit zu verstecken. Wir sind auch wenig gewillt, sie vor uns selbst zuzugeben. Aber nach der Meinung von Munger vermeidet man umso eher die Wiederholung eigener Fehler, je klarer man sie sich vor Augen führe. Er sagte den Aktionären von Berkshire Hathaway einmal: »Ich mag es, wenn die Leute zugeben, dass sie Vollidioten waren. Ich weiß, dass ich mehr Erfolg habe, wenn ich mir meine eigenen Fehler unter die Nase reibe. Es ist wichtig, das zu lernen.« In der Tat ist das der dritte Kniff, den man von ihm übernehmen sollte, wenn man seine eigene Dummheit in die Schranken weisen will.

Aber Munger betreibt keine nutzlose Selbstkasteiung. Er gibt seine Fehler zu, lernt seine Lektion und schaut nach vorne, ohne sich in Selbstmitleid und Bedauern zu wälzen. »Wir sind nicht tatenlos gewesen und deshalb haben wir auch ein paar Fehler gemacht«, sagte er. »Wir haben viel von den Fehlern anderer gelernt und so viele Fehler vermieden. Aber wir haben auch selbst einige unangenehme Erfahrungen gemacht und aus den eigenen Fehlern gelernt.« Einige der Fehlschläge von Berkshire Hathaway taten richtig weh, wie etwa der Kauf von Dexter Shoe Corporation im Jahr 1993, einem Unternehmen, das von der chinesischen Billigkonkurrenz verdrängt wurde. Aber keiner dieser Fehler war aus der Sicht des großen Ganzen eine Katastrophe. Keiner der Investoren, die ich getroffen habe, hat die Notwendigkeit, Katastrophen zu vermeiden, tiefer verinnerlicht als Fred Martin, der Gründer des in Minneapolis ansässigen Unternehmens Disciplined Growth Investors. Es ist seine Priorität in allen Lebensbereichen – von der Vermögensverwaltung bis zum Steuern seines Privatflugzeugs. Wie Munger hat sich Martin darauf konzentriert, die Fehler anderer Leute zu analysieren. »Ich mache das nicht zum Spaß«, sagte er. »Es geht mir darum dazuzulernen.« Während seiner vier Jahre als amerikanischer Marineoffizier im Vietnamkrieg war diese Denkweise für Martin Teil seiner Überlebensstrategie – eine einschneidende Erfahrung, die ihm die katastrophalen Folgen vermeidbarer Fehler vor Augen führte.

Martin ging im Juni 1969 zur Marine, nachdem er sein Studium an der Dartmouth Business School abgeschlossen hatte. Im selben Monat stieß der amerikanische Zerstörer *USS Frank E. Evans* mit einem australischen Flugzeugträger im südchinesischen Meer zusammen. Es war 3 Uhr morgens und der kommandierende Offizier des Zerstörers war Schlafen gegangen und hatte zwei unerfahrenen Leutnants das Kommando überlassen. Das Schiff steuerte in die falsche Richtung, geriet in die Bahn des Flugzeugträgers und wurde in zwei Teile gerissen. Die Vorderhälfte des Zerstörers sank innerhalb weniger Minuten und mit ihr ein Großteil der darin gefangenen Mannschaft. Insgesamt starben 74 Menschen. Vier Offiziere kamen vor ein Kriegsgericht. Die Untersuchung kam zu dem Schluss, dass »dieses tragische Ereignis auf Fehlentscheidungen zurückgeführt werden kann«.

Martin kann sich noch gut erinnern, wie entsetzt er war, als er ein Foto mit den Überresten des Schiffs sah. »Es ist ein schreckliches Bild, weil das Schiff einfach in der Mitte aufhört. Es ist, als ob ein Schweißer einen riesigen Schneidbrenner genommen und eine Hälfte des Schiffs abgetrennt hätte.« Diese Katastrophe ist ihm vor allem deswegen unvergesslich geblieben, weil sie auch ihm hätte passieren können. Martin wurde zum Leutnant auf einem anderen Zerstörer befördert und bekam als einer der jüngsten Offiziere in der Marinegeschichte die Erlaubnis, ein Schiff auf See zu kommandieren. Mit 24 war er für 240 Menschenleben verantwortlich, immer wenn sein Kapitän schlief. Wie könnte er jemals die zwei unglücklichen Leutnants auf der *Frank E. Evans* vergessen – diese »armen Jungen«, deren Fehler zum Untergang ihres Schiffs geführt hatten?

Nacht für Nacht hatte Martin Wache, erschöpft vom Schlafmangel. Das Funkgerät plärrte los, der Maschinenraum rief ihn wegen irgendeines Problems an – all das, während sie im Dunkeln durch gefährliche Gewässer fuhren. In dieser Situation »konnten sehr leicht schreckliche Fehler passieren«, sagte er. »Mann, war ich müde … Ich habe nur versucht durchzuhalten.« Er gewöhnte sich an, jedes Mal auf die Brückennock hinauszugehen, wenn das Schiff gerade seinen Kurs änderte, um sich mit eigenen Augen davon zu überzeugen, dass die Bahn frei war. Diese »einfache Regel«, nämlich »Ausschau zu halten, bevor man den Kurs ändert«, war »nicht Bestandteil unserer Ausbildung«, sagte Martin. »Aber sie hätte es sein sollen.« Als er mit über 70 Jahren daran zurückdachte, erkannte er, wie sehr die Vorsicht ihm als Gewohnheit in Fleisch und Blut übergegangen war.

Martin verabschiedete sich 1973 von der Marine. »Als ich die Marine verließ, war ich ein todernster Mensch«, erinnerte er sich. Der Aktienmarkt hatte ihn schon lange interessiert. Er hatte seine erste Aktie mit zwölf Jahren gekauft und sogar das *Wall Street Journal* abonniert, von dem er in unregelmäßigen Abständen mehrere Ausgaben gleichzeitig aufs Schiff geliefert bekam. Er fand einen Job als Aktienanalyst bei einer Bank in Minneapolis. Er erkannte schnell, dass die meisten der Kollegen in seinem neuen Beruf die Wachsamkeit vermissen ließen, mit der er und seine Schiffskameraden vorgegangen waren. Sein eigener Vater, ein erfolgreicher Aktienbroker, der ein talentierter Verkäufer war, hatte in dem Jahr, als die Maklerfirma, bei der er arbeitete, pleiteging, eine halbe Million Dollar verloren. Er hatte einen unverantwortlich großen Teil des Familienvermögens in dieses Unternehmen gesteckt und alle Warnsignale, dass es untergehen könne, übersehen.

Einige Jahre später machte sein Vater einen ordentlichen Gewinn mit einer Aktie, die ihm Martin empfohlen hatte. Als sie sich am Telefon darüber unterhielten, dämmerte es Martin plötzlich, dass sein Vater zwar »ein wunderbarer Mensch«, aber ein »furchtbarer Investor« war – »hyperaktiv, impulsiv und immer auf der Jagd nach dem schnellen Geld … Er war zu leicht erregbar. Mir wurde klar, dass er nicht wirklich wusste, was er tat«.

Martins Investmentkarriere begann in einer Zeit der Masseneuphorie, als die Vernunft ein sehr knappes Gut war. Unter der Führung der »Flotten Fünfzig« spielte der Markt 1973 verrückt. Martin erkannte, dass die Aktienkurse nichts mehr mit der Realität zu tun hatten. Er erinnerte sich daran, wie er eine »heiße« Aktie analysiert hatte. Das Unternehmen hatte keine Gewinne erzielt und er hatte seinem Chef gesagt, dass diese Aktie so gut wie wertlos sei. »Und er erwiderte, ›Mach dir deswegen keine Sorgen, Fred. *Es ist nur eine Frage des Glaubens*‹. Natürlich löste sich diese Aktie später in Luft auf.« Als der Markt 1974 zusammenbrach, endeten auch die Karrieren »all der Starbroker«, sagte Martin. Aber er sah auch, dass das Verhältnis zwischen Aktienkurs und Aktienwert jetzt das andere Extrem erreicht hatte. »Es war eine unglaubliche Kaufgelegenheit … Man musste nur mutig genug sein, um zu investieren.« Als ein eifriger Sparer hatte er genug Geld, um eine Reihe von Aktien zum Schnäppchenpreis zu kaufen, unter anderem FlightSafety International – »die erste meiner Aktien, deren Kurs sich verzehnfachte«.*

* FlightSafety International ist eine weltweit tätige amerikanische Flugschule (Anmerkung des Übersetzers).

Die Erfahrungen, die er mit der Tollheit des Markts machte, bestätigten die Lektion, die er auf See gelernt hatte. Nichts ist wichtiger, als offensichtliche Fehler zu vermeiden, die katastrophale Konsequenzen haben können. In den folgenden Jahrzehnten konnte er immer wieder dasselbe Muster beobachten: unverantwortliche Risiken gefolgt von unnötigen Katastrophen.

Zum Beispiel ließen ihn während der Internet- und Telekom-Manie der späten 1990er-Jahre einige seiner Kunden im Stich und investierten einen Großteil ihrer Lebensersparnisse bei Jim Oelschlager, einem wagemutigen Tech-Guru, der auf dem Höhepunkt seiner Karriere Anlagen in Höhe von 30 Milliarden Dollar eingesammelt hatte. Oelschlager managte hochspezialisierte Fonds voller überteuerter Kursraketen wie Cisco Systems. Als die Blase im Jahr 2000 platzte, sank der Marktwert von Cisco um 400 Milliarden Dollar. Wie Martin befürchte hatte, mussten tollkühne Anleger, die zu viel in solche superaggressiven Fonds investiert hatten, »über die Klinge springen«.

Ein Kunde rief Martin einmal an und fragte ihn, ob er eine Rendite von 12 Prozent, »Jahr für Jahr, ohne Ausnahme«, garantieren könne. Martin sagte ihm, die Aktien seien zu schwankungsanfällig, als dass man eine solche Garantie geben könne. »Er antwortete, ›Nun, es gibt da einen Typ in New York – ein wahres Genie mit Namen Madoff. Er verrät nicht, wie er es macht, aber er liefert zuverlässig 12 Prozent, wie ein Uhrwerk.‹.« Also vertraute der Kunde seine Ersparnisse Bernie Madoff an, der das größte Pyramidensystem in der Finanzgeschichte betrieb. Was kann man daraus lernen? »Wenn einem die Leute nicht sagen können, was sie machen oder wie sie es machen« und »man selbst nicht verstehen kann, was sie treiben«, sagte Martin, »sollte man die Finger davonlassen«. Seine »goldene Regel des Risikomanagements« ist einfach: »Man sollte über das, was man besitzt, Bescheid wissen.«

Nach Martins Meinung besteht der beste Schutz vor finanziellen Katastrophen darin, »die Grundprinzipien der Geldanlage zu verstehen« und dann »so diszipliniert zu sein, diese Gesetze der finanziellen Schwerkraft« nie zu verletzen. Das wichtigste dieser Gesetze verlangt, immer ein Sicherheitspolster zu haben – und zwar dadurch, dass man Vermögenswerte für weniger kauft, als sie wert sind. Martin, Mitautor eines Buchs mit dem Titel *Benjamin Graham and the Power of Growth Stocks*, gibt zu bedenken: »Man wird auf jeden Fall Fehler machen. Die Frage ist aber: Kann man sich von ihnen erholen?« Grahams Prinzip des Sicherheitspolsters hilft einem, seine Fehler »zu beschränken, damit sie nicht zu groß werden. Und so ist es möglich, sich von ihnen zu erholen«.

Martin sagt nicht, dass wir alle Risiken vermeiden sollen. Im Gegenteil, »man muss Risiken eingehen, wenn man eine gute Rendite erzielen will«. Aber es sollte sich immer um »wohlüberlegte Risiken« handeln. Martin, der 6 Milliarden Dollar verwaltet und als Mindesteinlage für die Eröffnung eines individuellen Kontos 15 Millionen Dollar verlangt, hat sich auf eine interessante Nische spezialisiert: kleine und mittlere Unternehmen mit hohen Wachstumsraten. Aber er legt Wert darauf, zu günstigen oder fairen Preisen zu investieren – immer im Verhältnis zu den von ihm ermittelten, inneren Werten von heute und in sieben Jahren. Es ist für ihn »ein Glaubensgrundsatz«, dass der innere Wert eines Unternehmens und sein Marktwert im Zeitablauf konvergieren werden. Es gibt »zwei Quellen für die Wertsteigerungen von Aktien«, sagte er. »Eine besteht im Wachstum des inneren Werts. Die andere besteht in der Angleichung« von Aktienkurs und »wirklichem Wert« des betreffenden Unternehmens. Er weiß nicht, wann es zu dieser Angleichung kommt. Aber durchschnittlich hält er Aktien ein Jahrzehnt lang.

Martin kauft nur dann eine Aktie, wenn sie so billig ist, dass sie während der nächsten sieben Jahre eine hohe Rendite erwarten lässt. Bei Aktien mittelgroßer Unternehmen fordert er eine Mindestrendite von 12 Prozent pro Jahr. Bei Aktien kleiner Unternehmen, deren Risiko unterzugehen größer ist, verlangt er mindestens 15 Prozent pro Jahr. Warum spielt das eine Rolle? Weil diese standardisierten Anforderungen ihm nur dann erlauben, Aktien zu kaufen, wenn die Kaufgelegenheit attraktiv genug ist. Wie Martin in der Marine gelernt hatte, ist es eine unverzichtbare Vorsichtsmaßnahme, »sich an Regeln zu halten: Man muss sie immer befolgen, denn nur so vermeidet man, in Schwierigkeiten zu kommen.«* Das Konzept, eine bestimmte Vorgehensweise festzulegen und sich ein paar strenge Regeln zu verordnen, ist die vierte Technik, mit der man Dummheiten vermeiden kann. Vielleicht brauchen Buffett und Munger keine Zwänge, um diszipliniert vorzugehen. Aber Sie und ich, wir sind nicht Buffett oder Munger.

---

* Es stimmt zwar, dass sich Martin streng an seine Anlageregeln hält. Aber er macht eine wichtige Einschränkung: »Der Prozess des Investierens ist nicht unveränderlich. Er ist dynamisch.« Jedes Jahr verbringt sein Team drei Tage damit zu diskutieren, wie man ihre Regeln verbessern könnte.

Es gibt noch eine andere Regel, an der Martin »sklavisch« festhält, um sich vor Unheil zu schützen. Er investiert zum Kaufzeitpunkt nie mehr als 3 Prozent des Gesamtvermögens in eine Aktie. Normalerweise hält er 45 bis 50 Aktien. Ist das nicht zu konservativ? Sicher. Aber es hat ihn nicht davon abgehalten, die Aktienindizes während mehrerer Jahrzehnte um Längen zu schlagen – und es hat ihn vor unabsehbaren Verlusten bewahrt.

Betrachten wir doch nur einmal das Beispiel von Bill Ackman und Bob Goldfarb, zwei talentierten Investoren, die Riesensummen auf Valeant Pharmaceuticals setzten. Nach Skandalen wegen betrügerischer Buchführung und unverschämt überteuerten Medikamenten verlor das Unternehmen 95 Prozent seines Werts. Goldfarb, der mehr als 30 Prozent seines Sequoia-Fonds in Valeant investiert hatte, setzte sich zur Ruhe, nachdem er seinen guten Ruf durch einen einzigen Fehler ruiniert hatte. Ackman verlor 4 Milliarden Dollar. »Er ist bestimmt brillant«, sagte Martin. »Aber damals hat er sich wie ein Amateur verhalten … Er hätte keine Position in solch extremer Höhe halten sollen.« Martin hält es für besonders lehrreich, »finanzielle Katastrophen« zu studieren, die »von wirklich guten Leuten« verursacht wurden, weil »man sich dann immer daran erinnert, wie schwierig dieses Geschäft ist … Bescheidenheit ist bei der Geldanlage sehr wichtig. Man muss sich immer, *wirklich immer*, der eigenen Grenzen bewusst sein.«

Diese vorsichtige Einstellung gegenüber Gefahren ist nicht nur auf dem Gebiet der Geldanlage, sondern auch in anderen Bereichen hilfreich. Munger predigt oft von der Notwendigkeit, Handlungen mit einer kleinen Erfolgschance und einem zerstörerischen Verlustrisiko zu vermeiden. Er stellte einmal fest: »Drei Dinge ruinieren die Menschen: Drogen, Alkohol und Schulden.« Zu der Kategorie von Handlungen, die diese gefährliche Asymmetrie aufweisen, gehören auch betrunken Autofahren, außereheliche Affären, Steuerbetrug und Spesenbetrug. Unabhängig von unseren Moralvorstellungen gilt, dass das einfach unsinnige Wetten sind.

Dass Martin überlebt hat – als Marineoffizier, Fondsmanager und langjähriger Pilot – ist kein Zufall. Er konzentriert sich konsequent auf seine Priorität, nämlich zu verhindern, »dass die eigenen Fehler einen zugrunde richten«. Heutzutage fliegt er einen gebrauchten Gulfstream-Jet, den er gekauft hat, nachdem der Preis von 14 Millionen Dollar auf 5,25 Millionen Dollar gefallen war. »Er ist einfach fantastisch«, sagte er. »Er geht ab wie eine gesengte Sau.« Dennoch spricht er von sich und dem Chefpiloten seines Unternehmens als »den zwei größten Feiglingen am Himmel«. Sie haben eine »eiserne« Regel, die ihnen viele Jahre lang Probleme erspart hat: Wenn einer von ihnen während einer Reise »ein komisches, warmes Gefühl« im Magen hat, »dann sagt er es und wir fliegen nicht weiter. Wir kehren um … Da gibt es keine Diskussion«. Martin erinnerte sich daran, dass sie einmal ein wichtiges Treffen mit einem Großkunden in Florida verschoben haben, weil die Gefahr bestand, dass der Treibstoff knapp werden könnte: »Ich war nicht gewillt, den Sicherheitsabstand zu unterschreiten … Zu einem Treffen zu spät zu kommen, ist eine Sache. Aber mit dem Flugzeug abzustürzen und zu sterben ist etwas völlig anderes.«

Martin hat diese Regel auch auf seine Anlageentscheidungen übertragen. Er hat zwei vertrauten Kollegen ein Vetorecht bei jedem Aktienkauf eingeräumt – eine weitere Vorsichtsmaßnahme für den Fall, dass er etwas übersieht oder zu selbstsicher ist.

Martins Bereitschaft, sich seine Fehlbarkeit einzugestehen, hat ihm gute Dienste geleistet. Sie hat ihn nicht nur vor eigenen Fehlern bewahrt, sondern ihm auch ermöglicht, vom Versagen anderer Investoren zu profitieren. Vor einigen Jahren wurde ein Hedgefonds, der hohe Gebühren berechnet und früher Milliarden gemanagt hatte, nach einigen Jahren schlechter Ergebnisse geschlossen. Martin nutzte die Gelegenheit und kaufte eine »umwerfende« Büroeinrichtung im Wert von 500 000 Dollar für 25 0000 Dollar. »Man sollte nie vergessen«, sagte er, »welche Vorteile man als letzter Überlebender hat.«*

Misstrauen Sie Ihrem Verstand!

Eines der haarigsten Probleme, mit dem wir als Geldanleger zu tun haben, ist: Das menschliche Gehirn ist nicht darauf ausgelegt, rationale Entscheidungen zu treffen. Unser Urteilsvermögen wird oft von Gefühlen wie Furcht, Gier, Neid und Ungeduld untergraben; von Vorurteilen, die unsere Realitätswahrnehmung ver-

* Auch dadurch, dass er die Kosten seiner Investmentfirma außergewöhnlich niedrig hält, verbessert Martin seine Überlebenschancen. Nicht zuletzt zahlt er sich selbst nur ein bescheidenes Grundgehalt von 150 000 Dollar pro Jahr. Er gibt auch nur einen winzigen Bruchteil seines Gesamteinkommens für sein Leben aus. »Wenn ich heute falsch liege, dann kann ich morgen richtig liegen«, sagte er, »weil ich morgen auch noch da bin.«

zerren; von unserer Anfälligkeit für gewundene Verkaufsmaschen und Gruppendruck; und von unserer Gewohnheit, auf der Grundlage unrichtiger oder unvollständiger Informationen zu handeln. Wie der Evolutionsbiologe Robert Trivers in *The Folly of Fools: The Logic of Deceit and Self-Deception in Human Life* schreibt, befähigen uns »unsere wunderbaren Sinnesorgane«, Informationen zu erlangen, die unser Gehirn systematisch »verdirbt und ruiniert«.

In den 1990er-Jahren beschäftigte sich Munger mit diesem Problem in drei Vorträgen über »die Psychologie des menschlichen Fehlurteils«. Im Jahr 2005 erweiterte er sie und nahm sie in seine »Greatest Hits«-Kollektion *Poor Charlie's Almanack: The Wit and Wisdom of Charlie Munger* auf. Nick Sleep pries seine Vorträge als »die besten Vorträge über Geldanlage aller Zeiten«. Sie sind eine beeindruckende Demonstration intellektuellen Wagemuts. Munger, der noch nie eine Psychologieveranstaltung besucht und nur drei Lehrbücher über seinen Gegenstand gelesen hatte, stellte eine Liste von 25 »psychologischen Tendenzen« zusammen, die dafür verantwortlich sind, dass unser Verstand nicht immer richtig arbeitet. Er gab ihnen so plakative Namen wie die Tendenz zur Selbstüberschätzung, die Tendenz zu leerem Gewäsch oder die Tendenz zur Verleugnung belastender Erlebnisse. Er besaß sogar die Kühnheit, die akademischen Psychologen dafür zu kritisieren, dass sie ihr eigenes Fach nicht verstanden.

Mungers Zusammenstellung »gewöhnlicher Denkfehler« verschaffte ihm – und uns – eine praktische Checkliste mit all den Fallstricken, die es zu vermeiden gilt. »Es kommt darauf an, sie erst zu verstehen und sie sich dann abzugewöhnen«, sagte Sleep. »Diese Sachen aufzuzählen ist einfach, sie zu verinnerlichen hingegen nicht. Das ist harte Arbeit.« Aber es ist eine Arbeit, die notwendig ist, weil »die dauerhaftesten Vorteile psychologischer Natur sind«.

Munger begann seine Liste mit einer Tendenz, die so wichtig ist, dass ihre Bedeutung von fast jedem unterschätzt wird: die Rolle, die Anreize dabei spielen, »das Denken und das Verhalten zu ändern«. Er zitierte seinen Helden Benjamin Franklin, der gesagt hatte: »Wenn man jemanden überzeugen will, muss man an seinen Vorteil appellieren, nicht an seinen Verstand.« Munger schrieb: »Dieser Grundsatz dient als Richtschnur für eine einfache und wichtige Vorsichtsmaßnahme im Leben: Man sollte nie vergessen, wie stark der Einfluss von Anreizen ist.«[4]

Anreize sind in jedem Lebensbereich von entscheidender Bedeutung, ob es nun darum geht, Angestellte zu motivieren oder darum, die hartnäckigsten Widersacher zu beschwatzen, die es gibt: die eigenen Kinder. Munger stellte fest, dass die Sowjetunion sehr unter der »närrischen und absichtlichen Nichtbeachtung der großen Wirkung von Belohnungen« durch die kommunistischen Führer gelitten habe, weil diese deshalb in vielen Fällen keine Anreize zu produktiver Arbeit geschaffen hätten. Er warnte auch vor den »durch Anreize verursachten Verhaltensweisen« von Verkäufern, welche »einen ganz anständigen Menschen« dazu bringen könnten, mehr und mehr »unmoralisch zu handeln, um das zu bekommen, was sie wollen«. Zum Schutz davor gab Munger folgenden Tipp: »Misstrauen sie Ratschlägen, die dem Berater große Vorteile bringen.«

Die Finanzwelt steckt voller Interessenkonflikte und wir sollten uns immer des Einflusses von Anreizen auf das Denken und Handeln von jedem bewusst sein, der Produkte oder Beratung anzubieten hat. Wenn man zum Beispiel daran denkt, einen Fonds oder eine Leibrente zu kaufen, muss man genau wissen, wie die »Berater« für ihre Empfehlungen belohnt werden. Es ist genauso wichtig festzustellen, ob die Anreize eines Fondsmanagers gut mit den Interessen der Anleger vereinbar sind.

Im Jahr 1998 verfasste ich einen vernichtenden Artikel über den Kaufmann-Fonds, der das große Los gezogen und als kleiner Fonds erfolgreich viel Geld auf Aktien winziger Unternehmen gesetzt hatte. Überragende Renditen und eine aggressive Werbekampagne änderten den Fonds von Grund auf. Mit einem verwalteten Vermögen von 6 Milliarden Dollar konnte er sich nicht länger auf kleine Unternehmen konzentrieren und die Ergebnisse verschlechterten sich. Dennoch strichen die beiden Manager innerhalb von drei Jahren 186 Millionen Dollar an Gebühren ein, obwohl sie dem S&P 500 um mehr als 50 Prozentpunkte hinterherhinkten. Einer der beiden gab mir gegenüber sogar zu, er habe kein eigenes Geld in den Fonds investiert. *Das* nenne ich einen Interessenkonflikt. Nach all den Jahren bin ich nicht mehr schockiert, wenn ich sehe, dass dieser Fonds immer noch unerhört hohe Gebühren von 1,98 Prozent pro Jahr berechnet. Angesichts eines Fondsvermögens von 7,5 Milliarden Dollar ist er eine fantastische Geldquelle. Wäre es nicht fairer, aufgrund der Größenvorteile weniger zu berechnen? Sicherlich. Aber wer hätte davon einen Vorteil? Nur die Anteilseigner.

Im Gegensatz dazu hat Martin schon seit Langem akzeptiert, dass er keine großen Summen in Aktien kleiner Unternehmen investieren kann, ohne dadurch die Renditen seiner Anteilseigner zu gefährden. Deswegen schloss er 2006 sein auf kleine Unternehmen spezialisiertes Portfolio für Neuanleger, als sich die Investitionen seiner Firma in diesem Bereich nur auf 400 Millionen Dollar beliefen. Diese Selbstbeschränkung kostete ihn Zigmillionen an Gebühren, war aber zum großen Vorteil seiner Altkunden. Zu sehen wie professionelle Investoren ihre Anreize strukturieren, ist immer sehr aufschlussreich. Als Vizepräsident von Berkshire Hathaway, einem Unternehmen mit einem Marktwert von über 500 Milliarden Dollar, erhält Munger ein Gehalt von 100 000 Dollar. Als Aufsichtsratsvorsitzender vom Daily Journal erhält er gar kein Gehalt. Er profitiert von guten Leistungen, nicht von Gebühren.*

Munger betont immer, wie wichtig es sei, mit ehrlichen und uneigennützigen Leuten zusammenzuarbeiten und sich von jenen mit »perversen Anreizen« fernzuhalten. Er war entsetzt über die Gier, die die Finanzkrise von 2008 bis 2009 ausgelöst hatte, als die besten und klügsten Köpfe an der Wall Street solche Taten vollbrachten, wie Subprime-Hypothekenkredite umzuetikettieren und in Form von Anleihen auf den Markt zu bringen, die zwar brandgefährlich waren, aber eine einwandfreie Risikobewertung hatten. Es ist leicht, schäbiges Verhalten zu rechtfertigen, vor allem wenn es erlaubt ist und andere dasselbe tun. Aber Munger hat höhere moralische Ansprüche. Nach seiner Meinung sollte man in solchen Fällen sagen: »Das ist unter meiner Würde.«

Eine andere Bedrohung durch den eigenen Verstand, auf die Munger in seinen Reden hinwies, ist »die Tendenz, Zweifel schnell aus dem Weg zu räumen«, indem man sich beeilt, eine Entscheidung zu treffen – eine Gewohnheit, die häufig durch Stress verursacht wird. Diese Zweifel-Vermeidungs-Tendenz lässt sich evolutionstheoretisch erklären; unsere Vorfahren mussten im Angesicht von Lebensgefahr schnell und entschieden handeln. Aber mentale Abkürzungen, die Geldanleger dazu bringen, übereilte Entscheidungen zu treffen, enden häufig in Katastrophen. Die Sache wird dadurch noch schlimmer, dass wir oft auch der, wie Munger es nennt, Widerspruch-Vermeidungs-Tendenz zum Opfer fallen, die uns

* Das Daily Journal gibt juristische Zeitschriften und Software für Gerichte heraus und hat sich für einen Verlag ganz gut geschlagen. Aber mit einem Marktwert von 400 Millionen Dollar steht er nur am Rand der Interessen von Munger, nicht im Zentrum. Zum Milliardär wurde er durch seine Beteiligung an Berkshire Hathaway. Dennoch ist er bei Weitem nicht so reich wie Buffett. Das liegt zum Teil daran, dass er seine Investorenlaufbahn erst nach seiner Zeit als Jurist begann, während Buffett sozusagen schon im Mutterleib damit beschäftigt war, Geld zu vermehren.

dazu bringt, neue Informationen und Erkenntnisse zu missachten, die unsere bisherigen Schlussfolgerungen in Frage stellen könnten, gleichgültig wie überhastet wir diese gezogen haben.

Munger nannte dafür einen anschaulichen Vergleich: »Sobald eine Samenzelle in ein menschliches Ei eindringt, sorgt ein automatischer Abwehrmechanismus dafür, dass noch andere Samenzellen hereinkönnen. Der menschliche Verstand neigt sehr stark dazu, ähnlich zu verfahren.« Der Unwillen, unsere Ansichten neu zu überdenken und unsere Meinungen zu ändern ist eines der größten Hindernisse für rationales Denken. Statt aufgeschlossen zu bleiben, neigen wir bewusst und unbewusst dazu, Informationen zu bevorzugen, die bestätigen, was wir ohnehin schon glauben.

Der Fehler, blind an unseren einmal gefassten Überzeugungen festzuhalten, kann durch einige andere psychologische Tendenzen noch verstärkt werden. Die Tendenz zur Selbstüberschätzung bringt uns dazu, unsere Talente, Meinungen und Entscheidungen überzubewerten. Die Tendenz zu übertriebenem Optimismus verleitet uns zu Sorglosigkeit und dann überheben wir uns bei unseren finanziellen Entscheidungen – und zwar besonders, wenn alles gut geht und wir uns sehr schlau vorkommen. Und die Tendenz zur Verleugnung belastender Erlebnisse bringt uns dazu, die Tatsachen zu verdrehen oder zu ignorieren, wenn »es zu schmerzhaft ist, die Wirklichkeit zu ertragen«. Das hilft zu erklären, warum sich so viele Anleger einreden, sie könnten langfristig Indexfonds schlagen, obwohl sie nicht die dazu notwenigen Fähigkeiten, das dazu notwendige Temperament und die dazu notwendige Kontrolle über die Kosten haben. Munger zitiert gerne den griechischen Redner Demosthenes, der festgestellt hatte: »Nichts ist leichter als Selbstbetrug. Denn was ein Mensch wahrhaben möchte, hält er auch für wahr.«

Wenn uns unser Verstand solche üblen Streiche spielt, wie kann man dann hoffen, rationale Anlageentscheidungen zu treffen? Zuallererst müssen wir akzeptieren, dass diese heimtückische Bedrohung existiert. Wie Ben Graham schrieb: »Das Hauptproblem des Anlegers – und sein schlimmster Feind – ist wahrscheinlich er selbst.«

Wir müssen uns auch vor unseren eigenen, besonderen psychologischen Tendenzen in Acht nehmen, die unser Urteilsvermögen in vorhersehbarer Weise beeinflussen können. Howard Marks, der dazu neigt, sich Sorgen zu machen, sagte mir: »Wenn Ihre Überlegungen vor allem aus Wunschdenken bestehen, halten Sie günstige Ereignisse für wahrscheinlicher als sie wirklich sind … Wenn Sie eher zu Furcht neigen, gewichten Sie ungünstige Ereignisse über … Niemand wird sich sagen: ›Das ist meine Vorhersage und sie ist wahrscheinlich falsch.‹ Aber man *muss* sich sagen: ›Das sind meine Erwartungen und ich muss mir darüber im Klaren sein, dass sie wahrscheinlich von meinen Gefühlen beeinflusst worden sind.‹ Und man muss gegen diese Gefühle *ankämpfen*. Für mich bedeutet das, nicht den Schwanz einzuziehen, wenn es hart auf hart kommt.«

Munger versucht, sich vor seiner Irrationalität zu schützen, indem er versucht, sich methodisch die »extreme Objektivität« von Wissenschaftlern wie Charles Darwin, Albert Einstein oder Richard Feynman zum Vorbild zu nehmen. Als ich ihn fragte, was man von ihnen lernen könne, um ein Problem gründlich zu durchdenken, antwortete Munger: »Sie waren alle sehr ehrlich zu sich selbst … Sie *arbeiteten hart* daran, Dummheiten zu vermeiden. Sie legten *großen Wert* darauf, alles gründlich zu durchdenken. Sie waren sehr geduldig und sehr aufmerksam und sie arbeiteten hart, sehr hart und sehr lange daran, Dummheiten zu vermeiden.«

Munger bewundert an ihnen vor allem ihre feste Entschlossenheit, nach »nicht bestätigenden Fakten« zu suchen, die sogar ihre am meisten wertgeschätzten Überzeugungen widerlegen könnten. Diese Geisteshaltung, die sich auf verschiedene Art und Weise äußern kann, ist unsere fünfte Waffe im Kampf gegen die Idiotie.

Zum Beispiel ließ sich Darwin weder von seinem christlichen Glauben noch von der herrschenden Meinung seiner Kollegen, der anderen Naturforscher, von seinen schockierenden Schlussfolgerungen über den Verlauf der Evolution abbringen. In der Einführung zu seinem Buch *On the Origin of Species* aus dem Jahr 1859 verwirft er einen unantastbaren Glaubensgrundsatz der Bibel und erklärt: »Nach den gründlichsten Studien und nüchternsten Überlegungen, zu denen ich fähig bin, habe ich keinen Zweifel mehr daran, dass die Ansicht der meisten Naturforscher, eine Ansicht, die ich früher auch geteilt habe – nämlich, dass jede Art unabhängig von allen anderen Arten geschaffen worden ist – falsch ist.«

Eigene Fehler bereitwillig aufzudecken, stellt einen unschätzbaren Vorteil dar. Munger bestärkt diese Bereitschaft, indem er sich immer dann selbst applaudiert, wenn es ihm gelungen ist, eine seiner festen Überzeugungen zu widerlegen. Auf diese Weise stellt die »Verminderung von Nichtwissen« für ihn eine Quelle der Befriedigung und nicht der Scham dar. Er bemerkte einmal: »Das bisschen Erfolg, das wir mit Berkshire Hathaway hatten, ist zum Großteil der Fähigkeit von

Warren und mir zu verdanken, unsere eigenen Lieblingsideen zu hinterfragen und aufzugeben. Jedes Jahr, in dem man nicht eine seiner Lieblingsideen über Bord geworfen hat, ist wahrscheinlich ein verschwendetes Jahr.«

Vor allem ein Jahr war in dieser Hinsicht bemerkenswert. Denn die Lieblingsidee, die sie in diesem Jahr aufgaben, wurde durch eine bessere Idee ersetzt, die den Kurs von Berkshire Hathaway während der nächsten fünf Jahrzehnte dramatisch verändern sollte. 1972 hatten Buffett und Munger die Gelegenheit, den kalifornischen Schokoladenhersteller See's Candies für 30 Millionen Dollar zu kaufen – ein hoher Preis, der das Vierfache des Nettosachkapitals ausmachte. Munger hielt ihn angesichts der starken Marke des Unternehmens, seines treuen Kundenstamms und der Fähigkeit, Preiserhöhungen durchzusetzen, für angemessen. Aber Buffett war ein Schnäppchenjäger, der ein Vermögen gemacht hatte, indem er in mittelmäßige Unternehmen zu so niedrigen Preisen investiert hatte, dass er kaum dabei verlieren konnte. Er hatte diese »Zigarrenstummel«-Strategie von seinem verehrten Mentor Graham gelernt. Wie konnte er sie also aufgeben und für Qualität bezahlen?

Buffett schaute im Geschäftsbericht von Berkshire Hathaway für das Jahr 2014 auf jenes Jahr zurück: »Meine verfehlte Vorsicht hätte eine tolle Kaufgelegenheit zunichtemachen können. Aber glücklicherweise haben sich die Verkäufer entschieden, unser Angebot in Höhe von 25 Millionen Dollar anzunehmen.« Munger sagte, er und Buffett hätten See's nicht gekauft, wenn der Preis auch nur um 100 000 Dollar höher gewesen wäre: »Wir waren damals so dämlich.« Seit 1972 hat See's Gewinne vor Steuern in Höhe von ungefähr 2 Milliarden Dollar erzielt – und so ihre neue Überzeugung gerechtfertigt, es lohne sich für richtig gute Unternehmen mehr zu bezahlen.

Diese Erkenntnis änderte alles und führte dazu, dass sie in erstklassige Unternehmen wie zum Beispiel Coca-Cola investierten. Ihr Verständnis von immateriellen Vermögenswerten, wie etwa Markentreue und außergewöhnliches Management, hat sich weiterentwickelt, sodass sie bereit waren, noch höhere Aufschläge zu bezahlen, um einmalige Unternehmen wie ISCAR und Precision Castparts zu erwerben.* Im Geschäftsbericht für 2014 rechnete es Buffett Munger hoch an,

* ISCAR ist ein israelischer Hersteller von Maschinen zur Metallbearbeitung; Precision Castparts ist ein amerikanisches Gießereiunternehmen (Anmerkung des Übersetzers).

dass er ihn von seiner Sucht nach Zigarrenstummeln geheilt hatte und »Berkshire Hathaway seine heutige Gestalt« gab. »Das Rezept, das er mir verschrieben hat, war einfach: Vergiss, was du über den Kauf akzeptabler Unternehmen zu wunderbaren Preisen weißt. Kaufe stattdessen wunderbare Unternehmen zu akzeptablen Preisen.«

Nichts von alldem wäre passiert, wären Buffett und Munger nicht so entschlossen gewesen, ihre Überzeugungen in Frage zu stellen. Munger hat »schwerfällige Ideologien« schon immer verachtet, bei allem, von der Geldanlage bis zur Politik. Er verurteilte sie als »einen der schädlichsten Einflüsse auf das menschliche Denken«. Da er als Rechtsanwalt tätig gewesen war, bevor Buffett ihn dazu überredete, den Beruf zu wechseln, hatte er bewusst geübt, Gegenargumente so zu analysieren, dass er sie so gut vortragen konnte als seien es seine eigenen Ansichten. Er legt auch viel Wert darauf, Aufsätze einflussreicher Denker zu lesen, die anderer Meinung sind als er wie zum Beispiel der Kolumnist der *New York Times* Paul Krugman. Die meisten von uns bevorzugen Medien, die unsere sozialen und politischen Vorurteile bestätigen. Aber das Beispiel Mungers hat mich darauf gebracht, die einfache und horizonterweiternde Gewohnheit anzunehmen, Beiträge im *Wall Street Journal* zu lesen, die mit meinen eigenen Vorstellungen nicht übereinstimmen.

Eine andere praktische Möglichkeit sicherzustellen, dass unsere schlechten Ideen und ungeprüften Vorurteile nicht unwidersprochen bleiben, besteht darin, sich intellektuelle Trainingspartner zu suchen, die keine Scheu davor haben, mit uns zu streiten und uns zu widersprechen. Buffett stellte einmal fest: »Menschen sind sehr gut darin, alle neuen Informationen so zu interpretieren, dass ihre vorher gefassten Schlussfolgerungen gestützt werden … Dieses Talent scheint wirklich jeder zu besitzen. Und wie kann man sich davor schützen?« Seine Antwort lautete: »Ein Gegenüber, das nicht unterwürfig ist und selbst sehr logisch denken kann … ist wahrscheinlich das Beste, was man haben kann.« Munger, sein ideales Gegenüber, hat schon so viele Investmentideen torpediert, dass Buffett ihn als »den schrecklichen Mister No« bezeichnet.

Munger wies darauf hin, ein entscheidender Vorteil, einen Diskussionspartner zu haben, bestehe darin, dass er einen zwinge, seinen eigenen Gedanken so gut zu organisieren, dass er überzeugend ist. Pabrai erinnerte sich, als er Spier Munger vorstellte und ihm sagte: »Charlie, mit diesem Menschen tausche ich mich über alle meine Ideen aus.«, Spier scherzte, er sei so dumm, dass Pabrai genauso gut mit einem Affen sprechen könne. »Und Charlie warf sofort ein: ›Mit dem Affen würde es nicht funktionieren.‹ Er meinte es sehr ernst. Er wirkte wie Moses bei der Verkündung des Vierten Gebots. Er sagte: ›Mit dem Affen würde es deswegen nicht funktionieren, weil Mohnish *wissen* würde, dass es ein Affe ist.‹«

Andere führende Investoren haben andere Wege gefunden, um sicherzustellen, dass sie gegenüber abweichenden Meinungen offen sind. Bill Nygren, ein berühmter Fondsmanager bei Harris Associates in Chicago, erinnerte sich, wie er Michael Steinhardt traf, einen Hedgefonds-Milliardär, der »immer zwei Wall-Street-Analysten in sein Büro einlud: den größten »Bullen«, also den größten Optimisten, und den größten »Bären«, also den größten Pessimisten. Und dann diskutierten sie zu dritt beim Mittagessen eine Idee. Er wollte immer wissen, was die größten Pessimisten von einer Aktie dachten, bevor er sie kaufte, und was die größten Optimisten von einer Aktie dachten, bevor er sie leer verkaufte.«

Inspiriert durch das Vorbild von Steinhardt veranstaltet Nygren vor jedem Aktienkauf eine »Advocatus-Diaboli«-Sitzung. Ein Analyst seines Teams vertritt die Seite der Bullen. Ein anderer hat die Aufgabe, »so überzeugend wie möglich zugunsten der Bären zu argumentieren … Wenn wir besser verstehen, auf was wir uns einlassen, ist es wahrscheinlicher, dass wir die richtige Entscheidung treffen«.

Nygren weiß, dass es besonders schwierig ist, eine Aktie objektiv zu beurteilen, wenn man sie erst einmal besitzt. Das liegt zum Teil am »Besitzeffekt« – eine kognitive Verzerrung, die dazu führt, dass wir das, was wir besitzen, höher bewerten als das, was wir nicht besitzen, ob es sich nun um eine Aktie oder einen Bierkrug handelt. Eine Methode, mit der Nygren dieser Verzerrung begegnet, besteht darin, auch für alle größeren Bestände solche »Advocatus-Diaboli«-Sitzungen durchzuführen. Mindestens einmal im Jahr überprüft ein Mitglied seines Teams die betreffende Aktie – mit dem Auftrag, »Argumente zu finden, die für einen Verkauf sprechen«.

Eine andere psychologisch geschickte Strategie besteht darin, ein »Prämortem« durchzuführen, bevor man eine wichtige Anlageentscheidung trifft. Das heißt, man geht davon aus, dass sich die betreffende Entscheidung in der Zukunft als falsch erweisen wird und stellt sich die hypothetische Frage: »Warum hat diese Entscheidung so katastrophale Konsequenzen gehabt?« Das Konzept des Prämortem entwickelte der Psychologe Gary Klein, um Probleme im Voraus zu identifizieren und das Risiko von übertriebenem Optimismus zu verringern.* Für einen Anleger ist es eine nützliche Vorsichtsmaßnahme, da sie dazu zwingt, sich mit ungünstigen Tatsachen und latenten Gefahren auseinanderzusetzen – und zwar als Schritt in einem strukturierten Entscheidungsprozess.

Im Jahr 2016 besuchte ich als Gasthörer den Kurs »Investmentanalyse für Fortgeschrittene« an der Columbia Business School. Er wurde seit zehn Jahren von Ken Shubin Stein unterrichtet, einem Freund von mir, der damals Aufsichtsratsvorsitzender der Investmentgesellschaft Spencer Capital Holdings war. Shubin Stein, der Arzt gewesen war, bevor er Hedgefonds-Manager wurde, forderte seine MBA-Studenten auf, sich vorzustellen, eines ihrer Investments sei in drei Jahren fehlgeschlagen und dann einen Zeitungsbeitrag über die Gründe des Scheiterns zu schreiben. Ein anderer bedeutender Investor erzählte den Kursteilnehmern, seine Familie verfasse oft ein Prämortem-Protokoll – als letzte Vorsichtsmaßnahme, bevor sie eine Investition tätige. Diese Methode führe zur Aufdeckung so ernster Probleme, dass er sich gegen ein Drittel der Investitionen entschieden habe, die er andernfalls getätigt hätte.

Niemand, dem ich jemals begegnet bin, denkt sorgfältiger als Shubin Stein über die Schutzmaßnahmen nach, die man ergreifen kann, um die nachteiligen Auswirkungen kognitiver Verzerrungen zu vermindern. Dabei hilft es ihm, dass er schon auf vielen Gebieten Erfahrungen gesammelt hat. Er arbeitete zwei Jahrzehnte als Fondsmanager und hat eine Beteiligungsgesellschaft mit mehr als 400 Beschäftigten aufgebaut. Aber er ist auch in den Naturwissenschaften zu Hause. Er hat molekulargenetische Forschungsarbeiten durchgeführt, ist ausgebildeter Chirurg und hat die Internationale Gesellschaft zur Prävention und Behandlung von Gehirnerschütterungen mitgegründet. Sein Interesse am menschlichen Gehirn ist so groß, dass er 2018 das Investmentgeschäft verlassen hat und Neurologe wurde.

Shubin Stein ist der Meinung, dass »man sich nicht effektiv« gegen kognitive Verzerrungen »immunisieren« könne, gleichgültig wie klug man sei oder wie viel Selbsterkenntnis man besitze. Die Einsicht, dass wir alle diesen Verzerrungen

* Die Bezeichnung Prämortem (»vor dem Tod«) nimmt Bezug auf den Ausdruck »*postmortem*« (»nach dem Tod«), der im Englischen Obduktion bedeutet. Bei einem Prämortem obduziert man also sozusagen einen Körper vor dem Tod oder, im übertragenen Sinn: Man analysiert die möglichen Ursachen für den »Tod«, also das Scheitern einer Investition oder sonst eines Vorhabens – und zwar bevor es tatsächlich dazu gekommen ist (Anmerkung des Übersetzers).

unterliegen, ist zwar ein Anfang, aber dieses Wissen schützt uns nicht vor ihrem unbewussten Einfluss auf unser Denken. Dennoch macht er einige praktische Vorschläge, die uns dabei helfen können, unsere Fähigkeit, rationale Entscheidungen zu treffen, deutlich zu verbessern – trotz all der problematischen Tendenzen, die sich über Jahrtausende in unser Gehirn eingeprägt haben.

Zuallererst empfiehlt Shubin Stein, sich Zeit zu nehmen und die Liste der gewöhnlichen Denkfehler noch einmal zu schreiben, die Munger in seinen Vorträgen über die Psychologie des Fehlurteils geschildert hat. Statt Munger zu zitieren, solle man diese Fallstricke besser mit seinen eigenen Worten beschreiben, um seine Erkenntnisse zu verinnerlichen und sie sich anzueignen. Es ist außerdem nützlich, Mungers Liste zu personalisieren, indem man Fehler bei der Geldanlage, die man in der Vergangenheit gemacht hat, einbezieht und die Tendenzen hervorhebt, für die man besonders anfällig ist. »Man muss lernen, wie das eigene Gehirn arbeitet und welche Stärken und welche Schwächen man hat«, erklärte Shubin Stein. Er selbst ist zum Beispiel sehr anfällig für die »Autoritätsverzerrung«, die dafür verantwortlich war, dass er ab und zu Aktien überschätzte, die Investmentgrößen gehalten haben, die er bewundert hat. Um dieser Verzerrung zu begegnen, fügte er zu seiner kognitiven Checkliste zwei Fragen hinzu: »Habe ich meine Arbeit erledigt? Und habe ich alles selbst überprüft?«

Wie Munger spricht sich auch Shubin Stein bei der Analyse von Investments für ein »wissenschaftliches Vorgehen« aus. Das bedeutet, dass man »die Methode der Falsifizierung« befolgen, also immer danach streben sollte, seine Hypothesen »zu widerlegen«, um herauszufinden, »ob sie der Kritik widerstehen können«. Eine der Lieblingsfragen von Shubin Stein lautet: »Warum könnte ich unrecht haben?« Er betont auch, wie wichtig es sei, »alternative, konkurrierende Hypothesen« zu analysieren – eine Methode, die er von Richard Heuer übernahm, einem ehemaligen CIA-Mitarbeiter, der einen Klassiker mit dem Titel *Psychology of Intelligence Analysis* geschrieben hat. Shubin Stein ermahnte seine Studenten, sie dürften niemals Heuers Erkenntnis vergessen, dass »ein einzelner Beweis mehr als eine Hypothese unterstützen kann.«

Eine der bleibenden Leistungen von Heuer bei der CIA war die Entwicklung einer eindeutigen Prozedur in acht Schritten, um »verschiedene konkurrierende Hypothesen gleichzeitig zu bewerten«. Die wenigsten von uns besitzen die Geduld, Probleme so gründlich zu durchdenken. Aber wie Heuer sagte, können wir unsere »kognitiven Beschränkungen« nicht überwinden, wenn wir nicht über einen »systematischen Analyseprozess« verfügen, mit dessen Hilfe wir methodisch überlegen können. *»Advocatus-Diaboli«-Sitzungen, Prämortems – Diskussionen mit einem skeptischen Gesprächspartner –, eine kognitive Checkliste, die uns auf Verzerrungen und von uns begangene Fehler aufmerksam macht, die uns am gefährlichsten sind*, gehören zu den Analysetechniken, die uns dabei helfen können, systematisch zur Ruhe zu kommen, klar und unvoreingenommen zu denken und Risiken zu erwägen, die wir sonst vielleicht übersehen würden.

In ähnlicher Weise brachte Shubin Stein seinen Studenten bei, für jedes Unternehmen, das sie analysierten, einen »Bullen-Bären«-Vergleich durchzuführen. Dabei handelte es sich um eine weitere grundlegende Methode, bei der man Thesen (eine positive, eine negative) formuliert, und zwar jeweils auf einer einzelnen Seite für sich. Entscheidend ist, solche Techniken routinemäßig zu nutzen, damit wir konsequent unsere Annahmen hinterfragen, Gegenargumente erwägen und der Neigung unseres Verstands widerstehen, Abkürzungen zu nehmen, um Energie zu sparen. Die konsequente Befolgung systematischer analytischer Prozeduren ist die sechste Strategie in unserem heldenhaften Bemühen, keine Idioten zu sein.

Schließlich benötigen wir auch eine pragmatische Methode, um uns vor unseren Gefühlen zu schützen, die ja unsere Fähigkeit, rationale Entscheidungen zu treffen, enorm beeinträchtigen können. In seinen Vorträgen erwähnte Munger, auf welche Weise Emotionen wie Stress, Depression, Hass und Neid »dysfunktionales« Denken verursachen und unsere kognitiven Verzerrungen verstärken können. Zum Beispiel können akuter Stress und Unsicherheit den Drang eines Anlegers verstärken, der Herde zu folgen und nicht mehr selbständig zu denken, vor allem wenn die Märkte abstürzen. Aus evolutionstheoretischer Sicht ist es sinnvoll, nach Sicherheit in der großen Menge zu suchen. Aber für Investoren erweist sich der Herdentrieb oft als fatal, weil er sie dazu veranlasst, in Zeiten von Blasen zu kaufen und in Zeiten von Panik zu verkaufen. Munger stellte einmal fest: »Die Torheit der Menge und die Neigung von Menschen, sich unter bestimmten Umständen wie Lemminge zu verhalten, sind für die meisten unsinnigen Gedanken brillanter Menschen und den Großteil des törichten Verhaltens verantwortlich.«

Im Jahr 2015 veröffentlichte der *Annual Review of Psychology* eine Übersicht über die 35 Jahre lange wissenschaftliche Erforschung des Einflusses von Gefühlen auf Entscheidungen. Die Autoren schreiben, dass »das eine grundlegende

Ergebnis« all dieser Studien darin bestehe, dass »Gefühle das Entscheidungsverhalten in hohem Maße, in großem Umfang und auf eine vorhersehbare Weise beeinflussen«. Forscher, die Entscheidungen beim Glücksspiel untersuchten, fanden zum Beispiel heraus, dass »Traurigkeit die Tendenz zu hochriskanten Einsätzen mit großen Gewinnmöglichkeiten begünstigte, während Angst die Neigung zu risikoarmen Einsätzen mit geringen Gewinnmöglichkeiten verstärkte«. Mit anderen Worten, unsere Gefühlslage und unsere Stimmungen verzerren regelmäßig unsere Wahrnehmung und unser Risikoverhalten.

Auf der Grundlage solcher Erkenntnisse gewöhnte sich Shubin Stein die Vorsichtsmaßnahme an zu überprüfen, ob er »in der richtigen psychologischen und physiologischen Verfassung ist, Entscheidungen zu treffen«. Diese Gewohnheit ist unschätzbar wertvoll, nicht nur auf den Finanzmärkten, sondern in allen Bereichen unseres Lebens, in denen unsere Entscheidungen verheerende Konsequenzen haben könnten.

Die wissenschaftliche Literatur zeigt, dass Hunger, Angst, Einsamkeit, Müdigkeit, Schmerz und Stress »Bedingungen sind, unter denen schlechte Entscheidungen getroffen werden«. Deshalb verwendet Shubin Stein das Akronym HALT-PS (es bedeutet »Halt: Pause« und steht als Abkürzung für *hunger, anger, loneliness, tiredness, pain, stress*), um sich daran zu erinnern und innezuhalten, wenn diese Faktoren sein Urteilsvermögen beeinträchtigen könnten. Wichtige Entscheidungen verschiebt er dann, bis er in einem Zustand ist, in dem sein Gehirn wahrscheinlich besser funktioniert.* Und das ist unsere siebte Technik, um unnötige Dummheiten zu vermeiden.

Während der Finanzkrise von 2008 bis 2009 musste Shubin Stein eine qualvolle Feuerprobe bestehen. Viele seiner Investoren zogen sich zurück und ließen sich auszahlen, genau in dem Moment, als sie stattdessen hätten kaufen sollen. Sein Unternehmen war in Gefahr und er hatte starke Schamgefühle wegen des ersten ernsten Rückschlags seiner Karriere. Zur selben Zeit verloren zwei seiner engsten Freunde ihre Tochter durch einen Bootsunfall. Diese traumatische Zeit war für ihn »der Katalysator«, sich eine gesündere Lebensweise anzugewöhnen, die

* Auch der *Annual Review of Psychology* kommt zu dem Ergebnis, dass »zeitlicher Aufschub« eine hilfreiche Strategie sein kann, weil »besonders starke Emotionen kurzlebig sind« und »die Menschen mit der Zeit wieder in ihren Normalzustand zurückkehren«.

ihm helfen sollte, sein emotionales Gleichgewicht auch unter hohen Belastungen zu bewahren und klar zu denken.

»Es gibt vier Dinge, die bekanntermaßen die Gesundheit und die Funktion des Gehirns verbessern«, so Shubin Stein: »Meditation, Bewegung, Schlaf und gesunde Ernährung.« Er entschloss sich, jedes ihm zur Verfügung stehende Mittel einzusetzen. Er trieb energisch Sport, was ihm auch zu einem besseren Schlaf verhalf. Er aß mehr Fisch, mehr Gemüse und mehr Obst. Er verzichtete auf seine »schlechtesten Angewohnheiten«, zu denen auch die Unsitte gehörte, sich mit Vanilleeiscreme mit Schokoladensauce vollzustopfen, um Stress zu bewältigen. Und er gewöhnte sich an, regelmäßig zu meditieren – eine für den Geschäftserfolg vieler Investoren wesentliche Angewohnheit.

Diese »Praktiken, um dauerhaft hohe Leistungen zu erzielen, steigern ihre Wirkung mit der Zeit«, wenn man sie konsequent anwendet, sagte Shubin Stein. Zum Beispiel: »Man meditiert nicht, weil es an einem bestimmten Tag wichtig ist. Regelmäßig zu meditieren hilft einem, mit Rückschlägen fertig zu werden und immer auf sie vorbereitet zu sein … Diese Gewohnheit ist eine gute Vorbereitung auf künftige Belastungen. Es ist damit ganz ähnlich wie mit der Präventivmedizin.« Ich denke, das ist ein entscheidender Punkt, den aber die meisten von uns übersehen. Der optimale Zeitpunkt, diese heilsamen Gewohnheiten anzunehmen, ist nicht, wenn wir mitten im Chaos stecken, sondern *davor*.

Sobald es Probleme gibt, sagte mir Shubin Stein, ist es entscheidend zu erkennen, »dass uns vielleicht unsere Gefühle zum Scheitern bringen werden«. Wenn er gestresst, verärgert oder überlastet ist, versucht er, eine Pause einzulegen, ruht sich aus, achtet darauf, dass er sich gut ernährt und nimmt sich die Zeit, in einen »neutralen« Gefühlszustand zurückzukehren, in dem er »vernünftigere Entscheidungen treffen kann«. Einfache Mittel, wie seinen Terminkalender zu bereinigen oder über Entscheidungen eine Nacht zu schlafen, haben sich ebenfalls als sehr nützlich erwiesen. »Je hektischer es wird, desto weniger tue ich, sowohl im Privat- als auch im Berufsleben«, sagte er. »Ich versuche, die Dinge zu entschleunigen. Ich versuche, mein Leben zu vereinfachen … Ich schaue mir meinen Terminkalender an und streiche viele Termine, damit ich genug Zeit habe, mich vernünftig zu ernähren, zu meditieren, nachzudenken und zu überlegen.«

Im Jahr 2020 arbeitete Shubin Stein freiwillig als Arzt auf einer Intensivstation voller COVID-19-Patienten, die beatmet wurden. »Es kam mir wirklich wie eine Schlacht vor«, sagte er. »Wir taten etwas Wichtiges, aber unser Leben war in Gefahr und wir setzten unsere Familien der Gefahr aus. Das war ein schreckliches Gefühl.« Ein paar Tage zuvor hatte seine Frau ihr erstes Kind zur Welt gebracht. Er zog in ein Hotel, um sie zu schützen.

Mitten in diesem Alptraum machte Shubin Stein sich alle Gewohnheiten zunutze, die ihm während seiner Investmentkarriere geholfen hatten, seine Gefühle in den Griff zu bekommen. Dazu gehörten nahrhaftes Essen, körperliche Bewegung und »kleine Portionen Meditation«, was manchmal nur bedeutete, »zehn Sekunden in der Toilette durchzuatmen«, bevor er auf die Intensivstation zurückkehrte. Vor allem versuchte er, sich immer genau seines »inneren Zustands« bewusst zu werden, damit Gefühle wie Furcht, Angst, Trauer, Ärger oder Einsamkeit nicht die Fähigkeit beeinträchtigen konnten, für seine Patienten zu sorgen und jeden Tag mit ihren von Kummer geplagten Angehörigen zu sprechen.

Ein »unglaublich hilfreiches« Werkzeug war seine HALT-PS-Checkliste. Er nutzte sie andauernd, um seinen Gefühlszustand und das Schwächegefühl einzuschätzen, das durch den körperlichen Schmerz hervorgerufen wurde, den das Tragen der Schutzkleidung verursachte. Sobald man erkennt, »dass man nicht in Hochform ist«, sagte Shubin Stein, »kann man bewusst gegensteuern«. Im Krankenhaus bedeutete das, sich die Mühe zu machen, seine Entscheidungen genau zu überprüfen und »besonders einfühlsam mit den Patienten umzugehen«.

Die Herausforderungen, denen er sich gegenübersah, waren außergewöhnlich, aber eine allgemeine Lehre können wir alle daraus ziehen. Wir müssen so viel Selbsterkenntnis besitzen und so ehrlich zu uns sein, dass wir bemerken, wenn unser Gefühlszustand wahrscheinlich unser Urteilsvermögen und unsere Leistungsfähigkeit beeinträchtigt, um dann besonders vorsichtig und sorgfältig vorgehen zu können.

Im Allgemeinen sollten wir unser Leben auf eine Weise leben, die zu Gelassenheit und Widerstandsfähigkeit beiträgt. Munger, zum Beispiel, verbringt überdurchschnittlich viel Zeit mit Aktivitäten, die sein Wohlbefinden und seine Ausgeglichenheit fördern, ob es sich nun darum handelt, Bücher daheim in seiner Bibliothek zu lesen, mit Freunden Bridge zu spielen, Golf zu spielen oder Angeln zu gehen. Er sorgt auch dafür, dass sein Terminkalender nicht zu voll ist und ihm genug Zeit zum Nachdenken bleibt. Jeder ist anders, aber wir alle brauchen Gewohnheiten und Hobbys, die zur Gelassenheit beitragen.

Allerdings stimmt es auch, dass Munger sich nicht so sehr anstrengen muss, wie die meisten von uns, um seine Gefühle in Schach zu halten. Als ich ihn fragte, ob er mit Marks einer Meinung sei, die besten Investoren seien allesamt gefühlsarm, antwortete er: »Ja, ganz sicher.« Macht er sich jemals Sorgen um seine Investments oder hat er Angst? »Nein.« Also muss er nicht *gegen* diese Gefühle ankämpfen, weil er sie gar nicht hat? »Das stimmt.«

Durch die Abwesenheit extremer emotionaler Störeinflüsse hat Munger die Freiheit, sich mit unerschütterlichem Gleichmut darauf zu konzentrieren, wie hoch die Chancen bei einer Investition zu seinen Gunsten stehen. Als die Bankaktien während der Finanzkrise in Rauch aufgingen, kam er zu dem Schluss, Wells Fargo sei so lächerlich billig, »eine Gelegenheit, die nur einmal alle 40 Jahre kommt«. Er kaufte die Aktie für das Daily Journal zum »Tiefstpreis« im März 2009 – in seinen Augen ein perfektes Beispiel für eine von »Rationalität und klarem Verstand« geleitete Handlung. Die ihm angeborene Gefühlsarmut ist eine Stärke, die wenige Anleger mit ihm gemein haben. »Warren ist auch so veranlagt«, sagte er. »Wir sind uns, was unsere Veranlagungen angeht, ziemlich ähnlich.«

Munger hat auch gelernt, gewisse negative Gefühle zu kontrollieren, die ihm seine Lebensfreude verderben würden. »Wahnsinniger Ärger, wahnsinniger Groll – das muss man vermeiden«, sagte er mir. »Ich lasse nicht zu, dass mich solche Gefühle überwältigen. Ich lasse es nicht einmal zu, dass ich sie bekomme.« Das Gleiche gilt für Neid, den er für die dümmste der sieben Todsünden hält, weil er nicht einmal Spaß macht. Er verachtet auch die Neigung, sich selbst als Opfer zu sehen und er erträgt kein Gejammer. Als ich ihn fragte, ob er über bestimmte geistige Fertigkeiten verfüge, um selbstzerstörerische Emotionen unschädlich zu machen, antwortete er: »Ich *weiß*, dass Ärger dumm ist. Ich *weiß*, dass Groll dumm ist. Ich *weiß*, dass Selbstmitleid dumm ist. Also gebe ich mich einfach nicht damit ab … Schließlich versuche ich jeden Tag, von früh bis spät, nicht dumm zu sein.«

Die Lektionen eines ganzen Lebens

Am Ende unseres Interviews nahm Munger wieder seinen Stock und humpelte langsam durch die Lobby des Bürogebäudes vom Daily Journal zu einer improvisierten Bühne. Das Publikum brach in anhaltenden Beifall aus, als es ihn sah. Er brauchte Hilfe, um die zwei Stufen auf die Bühne hinaufzuklettern. Er atmete schwer, nahm Platz und schaute mit seinem einen gesunden Auge in einen Raum voller Bewunderer. Viele mussten stehen, weil alle Stühle besetzt waren. Dass mehr Leute da waren als in den Vorjahren, kommentierte er sarkastisch: »Sie denken, es ist die letzte Gelegenheit, mich zu sehen.«

Teils Guru, teils Schauspieler, genoss Munger diese Gelegenheit, viele der Lektionen, die er in seinem Leben gelernt hatte, mitzuteilen. »Sie alle sind Mitglieder einer Sekte«, sagte er mit liebevoll-amüsierter Miene. »Wir werden hier eine lange Zeit bleiben, weil Sie einen langen Weg hinter sich haben.« Während der nächsten zwei Stunden beantwortete er mehr als 40 Fragen und spendete den Gläubigen das Sakrament seiner Weisheiten und Witze – über alles, von den Finanzmärkten bis zur Ehe.

Als er nach Karriere-Tipps gefragt wurde, meinte er: »Man sollte sich ein Spiel aussuchen, für das man irgendein seltenes Talent hat. Wenn man 1,55 Meter groß ist, sollte man nicht gegen einen Typ Basketball spielen, der 2,45 Meter groß ist. Es wäre einfach zu schwierig. Also muss man ein Spiel finden, bei dem man einen Vorteil hat. Und es muss etwas sein, an dem man wirklich interessiert ist.«

Als er nach China gefragt wurde, bewunderte er die ökonomische Transformation des Landes, beklagte aber, dass zu viele Chinesen »das Glücksspiel mögen und tatsächlich an das Glück glauben. Nun, das ist einfach dumm. Man sollte nicht an das Glück glauben, man sollte an Wahrscheinlichkeiten glauben«. Munger ist nicht daran interessiert, in Casinos oder auf Rennplätzen zu spielen. »Wenn die Chancen nicht auf meiner Seite sind«, sagte er, »dann spiele ich einfach nicht.«

Als er nach dem Börsenkrach von 1973 bis 1974 gefragt wurde, in dem seine Investmentgesellschaft mehr als 50 Prozent verloren hatte, führte er an, auch der Kurs der Aktien von Berkshire Hathaway habe sich bei drei Gelegenheiten halbiert: »Wenn man auf Dauer in diesem Geschäft bleiben will – und das ist die einzige Art, wie man dieses Geschäft betreiben kann –, sollte man in der Lage sein, mit einem Verlust von 50 Prozent umzugehen, ohne deswegen ein großes Aufheben zu machen. Deswegen ist meine Empfehlung an Sie alle: Führen Sie Ihr Leben so, dass Sie 50-Prozent-Verluste mit Anstand und Würde wegstecken können. Versuchen Sie nicht, sie zu vermeiden. Sie werden vorkommen. Tatsächlich würde ich sagen, dass Sie, falls diese Verluste nicht vorkommen, nicht aggressiv genug gewesen sind.«

Zum Thema Diversifizierung sagte er, sie sei eine schöne »Strategie für Leute, die von nichts eine Ahnung haben«. Aber er ziehe es vor, auf jene seltenen Gelegenheiten zu warten, bei denen die Gewinnchance viel höher als das Verlustrisiko ist. Wenn sie auftreten, würde er »mit beiden Händen« zugreifen. Munger vertraute dem Publikum an, dass das zehnstellige Vermögen seiner Familie praktisch ausschließlich aus drei Investments besteht: Berkshire Hathaway, Costco und einem Portfolio mit chinesischen Aktien, die Li Lu ausgewählt hatte. Die Wahrscheinlichkeit, dass eines dieser drei Investments scheitern wird, ist »so gut wie null«, sagte Munger. »Ist mein Reichtum sicher? Absolut.«

Als er nach Indexfonds gefragt wurde, sprach er über das Elend, dass sie über den Berufsstand der Finanzmanager gebracht und von denen sie viele überflüssig gemacht hätten. Denn die große Mehrheit der Manager aktiv gemanagter Fonds schaffe es nicht, den Index auf Dauer zu schlagen. Das bedeute, dass sie Gebühren einstreichen, ohne dafür eine Gegenleistung zu bieten. »Ehrliche und vernünftige Leute wissen, dass sie etwas verkaufen, das sie nicht wirklich liefern können«, sagte Munger. »Die meisten Leute gehen damit um, indem sie es einfach verdrängen … Ich verstehe das. Ich meine, ich will ja auch nicht an meinen eigenen Tod denken.«

Die Menge zerstreute sich, nachdem die Aktionärshauptversammlung zu Ende gegangen war. Aber Munger blieb sitzen. Ein paar Dutzend treue Anhänger versammelten sich um ihn und er verbrachte *weitere zwei* Stunden damit, ihre Fragen zu beantworten. Um sich zu stärken, öffnete er eine Schachtel mit Erdnusskonfekt von See's. Er kaute es genussvoll, die Krümel flogen überall herum, und dann bot er seinen entzückten Fans auch davon an. Ich stand ein paar Meter von seinem Stuhl entfernt, beobachtete ihn genau und stellte auch ab und zu Fragen. Was mich am meisten beeindruckte, war nicht die Wendigkeit und die Vielseitigkeit seines Verstands, sondern die Großzügigkeit seines Gemüts. Es bewegte mich sehr, die Geduld, Achtsamkeit und Freundlichkeit zu sehen, die dieser gebrechliche Lehrer seinen Schülern entgegenbrachte.

Wenn Munger auf seine Finanzabenteuer zurückblickt, wird klar, dass er nicht die Höhe seiner Siege am meisten schätzt, sondern die Art und Weise, wie er sie errungen hat. Er erinnerte sich an eine Zeit, als er und Buffett frohen Muts von »dem besten Geschäft, das wir je gesehen hatten« Abstand nahmen – der Gelegenheit, einen Schnupftabakhersteller zu kaufen. Es gab nur einen Haken: Das Unternehmen verdiente ein Vermögen damit, ein süchtig machendes Produkt zu verscherbeln, von dem man wusste, dass es Krebs verursachte. Davon unbeeindruckt kaufte die Familie Pritzker dieses hässliche Juwel und erzielte einen Gewinn von ungefähr 3 Milliarden Dollar. Dennoch verspürt Munger kein Bedauern: »Wir haben gut daran getan, dass wir keinen Riesengewinn mit einem Produkt gemacht haben, von dem wir wussten, dass es ein tödliches Produkt war«, sagte er. »Warum hätten wir das tun sollen?«

Für Munger hat das Ziel nie darin bestanden, um jeden Preis zu gewinnen. »Geld war immer sehr wichtig für ihn«, sagte seine Tochter Molly. »Aber es war nie sein Ziel, es durch Betrug zu verdienen oder es um den Preis zu verdienen, im Leben zu scheitern.« In seinem Vorwort zu *Damn Right!*, einer Biografie über Munger von Janet Lowe, schreibt Buffett: »In 41 Jahren habe ich noch nie erlebt, dass Charlie versucht hätte, jemanden auszunutzen ... Bei verschiedenen Geschäften hat er ganz bewusst mir und anderen das größere Stück vom Kuchen überlassen. Wenn etwas schiefgegangen war, hat er immer mehr als seinen Teil der Schuld auf sich genommen, und war das Gegenteil der Fall, beanspruchte er weniger als seinen Teil der Anerkennung. Er ist im wahrsten Sinn des Wortes großzügig ...«

Munger verkörpert eine aufgeklärte Form des Kapitalismus, die von altmodischen Werten geprägt ist. Zum Beispiel lehnt er niederträchtige Praktiken ab, wie Lieferanten durch verspätete Bezahlung »zu misshandeln«. »Nach meiner Auffassung vom Leben sollten immer beide Seiten profitieren«, sagte er. »Ich will, dass die Lieferanten mir vertrauen und ich traue ihnen. Und ich will die Lieferanten *nicht* so sehr auspressen, wie ich nur kann.« Aber wie kann er seinen Glauben an Fairness im Geschäftsleben damit vereinbaren, dass in der Realität viele Vermögen auf weniger ehrbare Weise erworben wurden?

Als Antwort auf diese Frage erzählte Munger von dem Multimilliardär und Medienmogul Sumner Redstone, einem berüchtigten, gerissenen und eisenharten Typ, der beherrschende Anteile an Viacom und CBS anhäufte.* »Praktisch niemand mochte ihn, auch seine Frau und seine Kinder nicht«, sagte Munger. »Sumner Redstone und ich machten unseren Abschluss an der Harvard Law School im Abstand von ungefähr einem Jahr und er hat jetzt mehr Geld als ich. Man könnte also sagen, dass *er* der Erfolgreichere ist. Aber so sehe ich das nicht. Ich denke nämlich nicht, dass es nur ums Geld geht und ich denke, dass man besser anders leben

* Viacom und CBS sind amerikanische Medienkonzerne, die 2019 fusionierten (Anmerkung des Übersetzers).

sollte … Mir hat Sumner Redstone mein ganzes Leben lang als Beispiel dafür gedient, wie ich nicht sein wollte.«

Als ich Munger fragte, was wir von ihm und Buffett lernen könnten, um ein glückliches Leben zu führen, erzählte er mir von der Qualität ihrer Beziehung und von der Befriedigung, mit anständigen, vertrauenswürdigen Leuten zusammenzuarbeiten. »Warren ist für mich ein toller Partner gewesen. Ich war für ihn ein guter Partner … Wenn man einen guten Partner *haben* will, muss man selbst ein guter Partner *sein*. Das ist ein ganz einfaches Prinzip und es funktioniert gut.« Dasselbe Prinzip gilt auch für die Ehe. »Wenn man einen guten Ehegatten haben will, muss man ihn sich verdienen.«

Trotz aller seiner Bemühungen hat auch Munger seinen Teil an Leiden ertragen müssen. Sein erster Sohn Teddy starb mit neun Jahren an Leukämie – »ein elender, langsamer Tod. Am Ende wusste er, dass er sterben musste. Und ich hatte ihn die ganze Zeit angelogen … Es war eine einzige Qual.« Es gab auch eine Scheidung. Und da war der Verlust eines seiner Augen. Und dann starb seine zweite Frau Nancy nach 52 Ehejahren. »Mir gefällt die Vorstellung, dass das Leben aus einer Reihe von Prüfungen besteht, die man mit Anstand bestehen kann – oder eben nicht«, sagte Munger. »Ich denke, man muss Unglücksfälle nehmen, wie sie kommen. Und man muss auch die Glücksfälle nehmen, wie sie kommen. Man sollte versuchen, frohen Muts alle Probleme so gut, wie man nur kann, in den Griff zu bekommen.«

Dabei ist auch ein gewisser Sinn für Humor hilfreich. Einer der Höhepunkte der Hauptversammlung des Daily Journal bestand darin, dass Munger von seinem Pech bei Mädchen erzählte, als er vor 80 Jahren ein kleiner, dürrer Junge auf der Omaha Central High School war. In seinem ersten Studienjahr lud er »eine blonde Göttin« ein, ihn zu einer Tanzveranstaltung zu begleiten. Er wollte sie beeindrucken und tat, als sei er Raucher. »Sie trug ein Strickkleid und ich setzte sie in Brand«, sagte er. »Aber ich reagierte schnell und überschüttete sie mit Coca-Cola. Das Feuer war schnell gelöscht. Aber meine blonde Göttin habe ich nie wiedergesehen.«

Nachdem er fünf Stunden ohne Pause geredet hatte, bekam Munger die Nachricht, er habe einen weiteren Termin. Ich hielt seinen Arm, um ihn zu stützen und half ihm von der Bühne. Als er ging, verspürte ich ein Gefühl von Ehrfurcht. Heute hatte ich einen wirklich großen Mann erlebt.

EPILOG

JENSEITS DES REICHTUMS

Geld ist wichtig. Aber es ist nicht entscheidend für ein erfülltes Leben

Wenn man weiter nichts im Leben erreicht hat, als reich zu werden, indem man kleine Stücke Papier kauft, dann hat man nicht richtig gelebt. Zum Leben gehört mehr, als nur geschickt ein Vermögen zu machen.

Charlie Munger

Ein Fernsehreporter fragte einmal Bob Marley: »Sind Sie ein reicher Mann?« Der Musiker antwortete vorsichtig: »Was verstehen Sie unter reich?« Der Reporter präzisierte seine Frage: »Haben Sie viele Besitztümer, viel Geld auf dem Konto?« Marley antwortete mit einer Gegenfrage: »Machen Besitztümer reich? Ich bin nicht auf diese Art reich. Mein Reichtum ist mein Leben, jetzt und in Zukunft.«

Während des vergangenen Vierteljahrhunderts habe ich sehr viel Zeit damit verbracht, viele der führenden Investoren auf dieser Welt zu beobachten und zu interviewen. Ich habe mich häufig dabei überrascht, dass ich mir die Frage stellte, was einen Menschen reich macht. Auf den ersten Blick sind diese Investoren die Hauptgewinner schlechthin. Sie haben alle einen fast unvorstellbar großen Jackpot geknackt und können sich palastartige Anwesen, Jachten, Flugzeuge und erstklassige Sammlungen aller möglichen Dinge kaufen, von Kunstwerken bis zu Rennautos. Aber was nützt ihnen ihr Reichtum wirklich? Welche Bedeutung hat er für ihre Zufriedenheit? Und wenn ihre materiellen Reichtümer nicht der Schlüssel zum wahren Glück sind, was ist es dann?

All diese Spielzeuge und Trophäen können einem viel Freude machen, wie man sich unschwer vorstellen kann – aber auch nicht *so viel* Freude. Sir John Templeton schrieb einmal: »Materieller Reichtum ist angenehm, trägt aber wenig zum Glück oder zum Lebenssinn bei ... Die weit verbreitete Vorstellung, Glück hänge von äußeren Umständen ab, ist einer der großen Irrtümer der Menschen.« Damit hatte er offensichtlich Recht, zumindest zum Großteil. Man muss kein erleuchteter Zen-Mönch sein, um zu erkennen, dass sinnliche Freuden ein unsicherer und flüchtiger Weg zum Glück sind. Dennoch muss ich sagen, dass sich Templeton nicht ohne Grund dafür entschieden hat, in einem schönen Haus auf den sonnenverwöhnten Bahamas in der Gesellschaft von Superreichen zu leben. Seine Entscheidung macht deutlich, dass die äußeren Umstände sicher *einen gewissen* Einfluss auf unser Wohlergehen haben.

Ed Thorp, ein legendärer Glücksspieler und Investor, der Lebensfreude ausstrahlt, hat mit der für ihn typischen Rationalität darüber nachgedacht, wie er sein Leben am besten organisieren sollte, um seine Chancen, glücklich zu sein, zu erhöhen. Eine seiner Entscheidungen, die sein Leben am meisten bereichert haben, war der Kauf eines Hauses am Strand von Newport Beach in Kalifornien, mit einem wunderbaren Blick auf die Sonnenuntergänge über dem Pazifik. Es ist »wirklich der beste Ort, um es sich gut gehen zu lassen«, sagte Thorp. »Warum sollte ich in einer überfüllten, hektischen Stadt leben, wo das Wetter schlecht ist, die voll von Dreck, Smog und Lärm ist und wo man Mühe hat, von einem Ort zum anderen zu gelangen? Ich ziehe es vor, an einem Ort zu leben, wo es sonnig und angenehm ist, wo ich im Freien Sport treiben kann, wo ich die Schönheit der Natur genießen, wandern, tauchen und segeln kann.«*

Thorp, der seine Laufbahn als Mathematikprofessor mit einem bescheidenen Gehalt begann, weiß den Luxus zu schätzen, den ihm sein Erfolg im Investmentgeschäft eingebracht hat. Als ich ihn fragte, ob er Besitztümer habe, die er liebt, grinste er und sagte: »Mir gefällt mein Tesla wirklich sehr gut. Das Auto macht mir viel Spaß. Für mich ist es einfach das beste Auto.« Dennoch hat er sich nie von der Idee verführen lassen, er könne noch glücklicher sein, wenn er *mehr* Geld, *mehr* Häuser, *mehr* Autos, *mehr* von irgendetwas ansammeln würde. »Das Wichtigste

* Seitdem ist Thorp ungefähr 6 Kilometer weiter, entlang der Küste, nach Laguna Beach gezogen, wo er noch näher am Ozean lebt.

im Leben ist wahrscheinlich, mit wem man seine Zeit verbringt«, sagte Thorp, der nach 55 Ehejahren Witwer wurde und anschließend wieder geheiratet hat. »Leute, die immer nur damit beschäftigt sind, Dinge anzuhäufen, begreifen das nicht. Und am Ende haben sie sehr viele Dinge, aber sie haben ihr gesamtes Leben nur damit verbracht, ihnen hinterherzujagen.«

Wie Thorp sagte, wird es dann gefährlich, wenn die Jagd nach Geld und Reichtum uns so in Anspruch nimmt, dass wir die wirklich wichtigen Dinge aus den Augen verlieren. Während seiner Karriere als Hedgefonds-Manager hätte Thorp leicht seine Kunden übers Ohr hauen und einen größeren Teil der Gewinne in die eigene Tasche stecken können. Stattdessen fragte er sich, was er »für fair und angemessen« halte, wenn *er* der Kunde wäre. Er gestaltete das Honorarsystem deshalb so, dass er nur dann etwas verdiente, wenn seine Kunden auch einen Gewinn machten. »Menschen, die sich nicht um andere kümmern und die bereit sind, unberechenbar und schäbig zu handeln und andere zu betrügen, scheinen im Vorteil zu sein«, sagte er. »Aber meiner Meinung nach haben sie allenfalls einen Vorteil dabei zu bekommen, was sie wollen. Sie können sich mehr Früchte vom Baum des Lebens pflücken. Aber sie leben kein gutes Leben und merken es nicht einmal. Und wenn alles vorbei ist, haben sie ihr ganzes Leben mehr oder weniger verschwendet.«

All diese Überlegungen zeigen, dass man eins nicht vergessen darf: Man muss sich genau im Klaren sein, was man um des Geldes willen bereit und nicht bereit ist zu opfern. Dazu gehören enge Beziehungen mit der Familie und Freunden, Talente und Ziele, durch die man sich selbst verwirklichen könnte, die Zeit, in der man Erfahrungen machen könnte, die keinen materiellen Wert haben oder moralische Werte, deren Missachtung verlockend (und oft profitabel) sein kann. Als ich Thorp fragte, ob er in seinem Leben Entscheidungen getroffen habe, die er bedauere, antwortete er: »Ich bedauere keine meiner *grundsätzlichen* Entscheidungen.« Das sollte uns daran erinnern, dass zu einem erfolgreichen und erfüllten Leben auch die Selbstachtung gehört, die man erwirbt, wenn man konsequent versucht, sich trotz all seiner Fehler und Schwächen anständig zu verhalten und niemandem zu schaden.

Die Freiheit, bis zum Alter von 109 Jahren zu arbeiten

Irving Kahn starb 2015 im biblischen Alter von 109 Jahren. Er hatte zwei Weltkriege, den Börsenkrach von 1929, die Weltwirtschaftskrise, den Aufstieg und den Fall der Sowjetunion, die Erfindung des Computers und vieles mehr erlebt. Benjamin Graham war sein Mentor und Freund gewesen und hatte ihn in die Geheimnisse der intelligenten Geldanlage eingeweiht. Kahn hatte sich diese Weisheiten zunutze gemacht und ein anerkanntes Investmentunternehmen gegründet, Kahn Brothers Group, in dem er neben seinem Sohn Thomas und seinem Enkel Andrew arbeitete. Kahn war 65 Jahre lang verheiratet und hatte eine ganze Busladung voller Enkel und Urenkel. Wie ich im Abschnitt *Das langandauernde Spiel* in Kapitel 4 erwähnt habe, stellte ich Kahn wenige Monate vor seinem Tod schriftlich ein paar Fragen und sein Enkel Andrew schrieb die Antworten seines Großvaters über einen Zeitraum von ein paar Tagen nieder.

Vor allem wollte ich wissen, was entscheidend dafür ist, dass man nicht nur ein außergewöhnlich langes, sondern auch ein sinnvolles und erfülltes Leben führt. »Es ist sehr schwer, diese Frage zu beantworten«, antwortete Kahn. »Jeder hat da seine eigene Antwort. Aber für mich ist die Familie immer sehr wichtig gewesen.« Und auf was war er am meisten stolz, was hat ihm am meisten Freude bereitet, wenn er auf sein Leben zurückblickt? »Eine Familie zu haben, gesunde Kinder zu haben, zu sehen, was wir alles in der Firma erreicht haben. All das hat mir große Freude bereitet«, gab er Auskunft. »Es hat mir auch Freude gemacht, Leute zu treffen, die schlauer sind als ich und die mir sehr weitergeholfen haben. Im Leben gibt es sehr viele Geheimnisse. Irgendwann muss man sich einfach Hilfe suchen.«

Denken Sie einmal kurz über diese Grundbausteine von Kahns reichem und erfülltem Leben nach. *Familie, Gesundheit, eine herausfordernde und sinnvolle Arbeit*, zu der es gehörte, seinen Kunden zu helfen, indem er ihre Ersparnisse jahrzehntelang vorsichtig und konservativ vermehrte – und *Lernen* – vor allem von Graham, einem Investmentguru, der, wie Kahn sagte, »mir beibrachte, wie man Unternehmen analysiert und dank dieser Analysen zum Erfolg gelangt, nicht durch Glück oder Zufall«.

Viele der alltäglichen Freuden des Lebens bestanden für Kahn in intellektuellen Entdeckungen. Er genoss es, Unternehmen zu analysieren und über Geschäftsleben, Volkswirtschaft, Politik, Technologie und Geschichte zu lesen. Als einzigen Luxus leistete er es sich, Tausende von Büchern zu kaufen. Er gab nur einen Bruchteil seines Einkommens für seinen Lebensunterhalt aus und protzte nie mit seinem Reichtum. Hamburger waren ihm lieber als das Luxusessen von Gourmetrestaurants. Er erinnerte sich voller Freude daran, dass er in den 1930er-Jahren für ein Dinner mit seiner Frau bei seinem Lieblingschinesen 75 Cent bezahlte. Sogar nachdem er 100 Jahre alt geworden war, fuhr er noch mehrmals wöchentlich mit dem Bus zur Arbeit. Als ich sein Büro besuchte, war ich erstaunt, wie unauffällig es war. Die Möbel waren praktische Gebrauchsmöbel und sie sahen alt und abgenutzt aus; die Wände hätten einen neuen Anstrich vertragen können und die auffälligste Dekoration im ganzen Raum war eine Pinntafel mit Dutzenden von Schnappschüssen seiner Familie und einem alten Bild seines Lehrers Graham.

»Mein Vater hat sich immer für Ideen interessiert«, sagte Thomas Kahn, der heute der Präsident des Familienunternehmens ist. »Den meisten Typen hier an der Wall Street geht es nur ums Geld. Sie wollen maßgeschneiderte Anzüge … Sie kaufen sich ein Haus in Palm Beach, haben ein Auto, einen Chauffeur und ein Flugzeug. Ihr Ziel besteht darin, Geld auszugeben. Für Irving war das nie ein Ziel … Ihm ging es nie nur um Materielles.« Am meisten genoss er »die Befriedigung, Recht zu haben, richtige Entscheidungen zu treffen und besser als andere zu sein«.

Aber in gewisser Weise war Geld doch extrem wichtig: Es ermöglichte Kahn, so zu leben und zu arbeiten, wie er es wollte. Thomas Kahn sah das auch so: »Man baut sich ein Vermögen auf und dann kann man tun, was man will, weil man unabhängig ist.« Für viele der erfolgreichsten Investoren, die ich interviewt habe, ist vielleicht die Freiheit, ihr Leben so zu gestalten, dass es mit ihren Leidenschaften und Vorlieben harmoniert, der größte Luxus, den sie sich mit ihrem Geld kaufen können. Bill Ackman, ein Milliardär, der für seine wagemutigen und umstrittenen Spekulationen bekannt ist, sagte mir einmal: »Der Wunsch nach Unabhängigkeit war für mich von Anfang an der wichtigste Antrieb. Ich wollte finanziell unabhängig sein. Ich wollte unabhängig genug sein, um sagen zu können, was ich dachte. Und ich wollte unabhängig genug sein, um tun zu können, was ich für richtig hielt.«

Auf seine ganz eigene, unauffällige Art war Kahn sich immer selbst treu. Für die meisten von uns ist die Aussicht, als Hundertjährige zur Arbeit in ein

Bürohochhaus in Manhattan zu fahren, wenig reizvoll. Aber Kahn hatte kein Interesse daran, sich zur Ruhe zu setzen – oder zum Beispiel Kunstgalerien zu besuchen, ins Theater zu gehen oder zum Vergnügen zu reisen. »Er liebte seine Arbeit«, sagte Thomas Kahn. »Sie war sein Hobby.«

Genauso wichtig ist, dass sein Vermögen Kahn Seelenfrieden gab. Seine Priorität bestand nie darin, seine Gewinne zu maximieren, sondern sein Kapital zu erhalten und über viele Jahrzehnte nachhaltige Gewinne zu machen. Er legte eine ansehnliche Barreserve an, was auf Kosten seiner Gewinne ging, aber ihn davor bewahrte, in schwierigen Zeiten eines seiner Investments vorzeitig verkaufen zu müssen. Diese solide Grundlage, zusammen mit seiner bescheidenen Lebensweise, ermöglichte es ihm, alle möglichen Wirtschaftskrisen zu überstehen. »Wenn der Markt abstürzt, was soll's? Man kann ja weiter Hamburger essen«, sagte Thomas Kahn. »Es ist wirklich schön, sagen zu können: ›Ja, es stimmt, mir geht es nicht gut. Aber ich stehe nicht am Abgrund wie andere Leute.‹«

Dieses Gefühl tiefverwurzelter Sicherheit ist unbezahlbar. Die weltweite Finanzkrise von 2008 bis 2009 nahm die Zeitungsbranche sehr mit. Ich verlor meinen Job als Herausgeber eines internationalen Magazins und erlitt zur gleichen Zeit schockierende Verluste mit meinen Geldanlagen. Mit zwei Kindern auf Privatschulen und angesichts der exorbitanten Wohnungskosten in London erfuhr ich am eigenen Leib, wie quälend die Angst ist, vielleicht nicht mehr für seine Familie sorgen zu können. Glücklicherweise war ich vorsichtig genug gewesen, keine Schulden zu machen. Deshalb kam ich durch die Krise, ohne eines meiner Investments verkaufen zu müssen. Aber dieses traumatische Erlebnis bestärkte mich in meiner Überzeugung, dass nichts wichtiger ist als die Fähigkeit, auch schwerste Zeiten durchstehen zu können – nicht nur finanziell, sondern auch emotional.

Geld kann ein unschätzbares Sicherheitspolster sein, ein Rettungsring, ein Schutz vor Unsicherheit und Pech. Aber es genügt nicht. Man braucht auch die mentale Stärke und Widerstandskraft, um Stürme zu durchstehen und wieder von vorne anzufangen, wenn sie abgeflaut sind. Die Lebensqualität der meisten Menschen hängt weniger von ihren Finanzen ab als von inneren Eigenschaften wie Gelassenheit, Gleichmut, Hoffnung, Vertrauen, Dankbarkeit und entschlossenem Optimismus. John Milton, der *Verlorenes Paradies* diktieren musste, nachdem er erblindet war, formulierte es so: »Es ist der Geist mir stets der eigene

Herr, und er vermag die Hölle mir zum Himmel, den Himmel mir zur Hölle zu verwandeln.«*

»Die Fähigkeit, Schmerzen zu ertragen«

Im Allgemeinen wird angenommen, gefeierte Investoren hätten es geschafft und sie lebten in einem Kokon von Reichtum und Privilegien, der sie vor den meisten Problemen bewahre. Aber ich habe genug Zeit mit ihnen verbracht, um Zeuge ihrer Sorgen und Probleme zu werden, darunter unschöne Scheidungen, kranke Kinder und Zeiten überwältigender Belastungen. Ihre Vermögen hängen stark von den Launen der Finanzmärkte ab, die wankelmütig und grausam sein können. Sie können Träume zerstören, Überheblichkeit bestrafen und Fehler so bloßstellen, dass jeder sie sehen und sich über sie lustig machen kann. Mohnish Pabrai bemerkte, dass die besten Investoren eine unverzichtbare Eigenschaft gemein haben: »die Fähigkeit, Schmerzen zu ertragen«.

Im Jahr 2017 traf ich Jason Karp in seinem eleganten Büro auf der 32. Etage eines New Yorker Wolkenkratzers mit Aussicht über den Central Park. Der Stern von Karp, damals Vorstandsvorsitzender und Repräsentant des für Kapitalanlagen verantwortlichen Vorstands von Tourbillon Capital Partners, stieg in der Welt des Investments gerade auf. Er hatte sein Studium 1998 an der Wharton Business School als einer der vier Jahrgangsbesten abgeschlossen, wurde ein erfolgreicher Portfolio-Manager bei SAC Capital und gründete einen der heißesten, neuen Hedgefonds der Finanzgeschichte. In ihren ersten drei Jahren erzielte seine Firma eindrucksvolle Renditen und sammelte schnell Vermögenswerte von über 4 Milliarden Dollar an. Karp, ein stattlicher, charmanter, kluger und krankhaft ehrgeiziger Mann, schien bei allem, was er anpackte, den Erfolg für sich gepachtet zu haben.

Aber sein Flaggschiff-Fonds verlor 2016 9,2 Prozent. Er litt zum Teil unter dem Verlust der Wette darauf, dass das von Skandalen gebeutelte Unternehmen Valeant sich erholen würde, sobald der Markt erkenne, dass es doch *nicht ganz* so toxisch war, wie es schien. In der Zwischenzeit erzielte der S&P 500 einen

* Aus *Paradise Lost* von John Milton (1608–1674), zitiert nach der Übersetzung von Franz Kottenkamp: *Verlorenes Paradies*, 1841, Pforzheim, Verlag Dennig, Finck & Compagnie, S. 9 (Anmerkung des Übersetzers).

Wertzuwachs von 12 Prozent. Es war das schlimmste Jahr in der 18-jährigen Karriere von Karp. Das Jahr 2017 begann ebenfalls schlecht und er sollte es mit einem Verlust von 13,8 Prozent abschließen. Karp sprach mit entwaffnender Offenheit darüber, wie er sein erstmaliges Versagen empfand: »Das vergangene Jahr war sehr demütigend«, sagte er. »Ich nahm es sehr persönlich und ich musste eine Menge Kritik einstecken … Es kam mir vor, als hätte ich das ganze Jahr damit verbracht, mich zu entschuldigen. Das war ziemlich ungewöhnlich und ich bekam starke Selbstzweifel wegen dem, was passiert war. Bin ich einfach schlecht geworden? Bin ich dumm geworden? Hab ich's nicht mehr drauf?«

In der Vergangenheit, so Karp, gab es Zeiten, in der seine Gewinne »fast unvorstellbar gut waren. Jeder will wissen, was dein Geheimrezept ist. Warum sind sie so hoch? Es steigt einem wirklich zu Kopf«. Aber nun kam es ihm vor, als sei er »vom höchsten Gipfel ins tiefste Tal gestürzt«. »Es kam mir fast vor, als hielten sie uns für unsterblich … Und plötzlich zeigte sich, dass auch wir nur sterblich waren.«

Als Karp in den 1980er-Jahren aufwuchs, spielte er mit einer Besessenheit Videospiele, die »vollkommen ungesund« war. Aber jetzt sieht er seine verschwendete Jugend als eine »sehr wichtige und hilfreiche« Vorbereitung für seine Investmentkarriere an. »Wenn man Videospiele im übertragenen Sinn begreift, dann ist das Interessante, dass man andauernd stirbt«, erklärte er. »Man spielt und spielt und spielt und stirbt. Man spielt und spielt und spielt und stirbt.« So lerne man in harmloser Weise, »zu akzeptieren, dass Niederlagen und Verluste sich ständig wiederholen. Und es macht einem nichts aus. Man macht einfach weiter. Und genauso ist es im Investmentgeschäft«.

Wenn man das Geld anderer Leute verwaltet, bestehe das Problem Karps Ansicht nach darin, dass »man andauernd unter Beobachtung steht. Man wird permanent mit allen anderen verglichen«. Aber die kurzfristig erzielten Gewinne würden wenig über seine Talente, seine Arbeitsmoral und seine langfristigen Aussichten aussagen. »Man wird jede Woche nach etwas beurteilt, über das man keine Kontrolle hat.«

Dieser Kontrollmangel kann qualvoll sein. Karp folgte einer logischen und konsequenten Anlagestrategie. Aber er bekam allmählich »das sehr, sehr unangenehme Gefühl, dass es keinen klaren Zusammenhang zwischen meiner Strategie und den von mir erzielten Resultaten gibt«. Wie er bemerkte, war es Wissenschaftlern bekanntlich gelungen, bei Tieren in Laborexperimenten dadurch »Wahnsinn hervorzurufen«, dass sie sie dazu brachten, wiederholt einen Hebel zu drücken und sie dann willkürlich entweder mit einem Elektroschock bestraften oder mit einem Leckerbissen belohnten. Als aktiver Händler in heftig schwankenden und irrationalen Märkten konnte er sich mit diesen unglücklichen Kreaturen identifizieren.

»Es gibt so viel Zufälligkeit, dass es einen in den Wahnsinn treiben kann«, sagte Karp. »Man muss ein besonderer Typ sein, ein masochistischer, eigenartig veranlagter Mensch, wenn man diesen Job sehr lange machen will … Es ist fast so, als setze man sich immer wieder der Folter aus. Wenn man richtig liegt, fühlt man sich großartig. Aber man liegt oft falsch. Und man muss immer wieder aufstehen.«

Karp erkannte, dass Widerstandskraft eine Grundvoraussetzung für den Erfolg ist – in den Märkten und im Leben. Er ist ein sehr guter Sportler und war während seiner Collegezeit als Squashspieler Mitglied der Ehrensportteams Academic-All-American und Academic-All-Ivy. Dann entwickelte er in seinen frühen Zwanzigern mehrere lebensbedrohliche Autoimmunkrankheiten und seine Ärzte sagten ihm, er werde bis zum Alter von 30 Jahren seine Sehkraft verlieren. Zu ihrer Überraschung erholte er sich vollständig, nachdem er sein Verhalten, was Ernährung, Schlaf und den Umgang mit Stress anging, radikal geändert hatte. Als von Gesundheit und Spitzenleistung Besessener sorgte er später dafür, dass es in den Büroräumen von Tourbillon ein Fitnessstudio, einen Meditationsraum und eine Küche mit gesunden Lebensmitteln gab. Er verbannte sogar zuckerhaltige Getränke aus dem Büro. Wenn er Mitarbeiter einstellte, suchte er bewusst Kandidaten aus, die ihre Fähigkeit, sich von Rückschlägen zu erholen, schon unter Beweis gestellt hatten. Er setzte einen ehemaligen Verhörfachmann der CIA ein, der ihm beim Auswahlverfahren helfen sollte.

Aber 2018 beschloss Karp, dass es jetzt genug war. Er spürte, dass er anderen »persönlich nicht mehr überlegen« war, dass er auf Märkten, die immer mehr von Indexfonds und Computerhandel dominiert wurden, kaum überdurchschnittliche Wertzuwächse erzielen konnte. Er hätte weitermachen und noch ein paar Jahr übertriebene Gebühren einstreichen können, aber er konnte es nicht ertragen, nur Mittelmaß zu sein. Also schloss er seine Fonds, zahlte ungefähr 1,5 Milliarden Dollar an seine Anteilseigner zurück und stieg aus dem Hedgefonds-Geschäft aus.

Als ich Karp 2020 wiedertraf, erzählte er mir: »Während meiner letzten paar Jahre bei Tourbillon war ich hochgradig depressiv und sogar auf dem Gipfel meines Erfolgs war ich hochgradig depressiv.« Trotz des Gelds, des Beifalls und des luxuriösen Lebensstils war er nicht glücklich. »Ich habe auf jeden Fall genug, um mich mehr als einmal zur Ruhe setzten zu können«, sagte er. »Aber für mich fühlte sich das alles immer ein bisschen leer an … Ich kam mir vor, als gehe meine Seele verloren.« Ebenfalls erkannte er, dass sein Job als Aktienhändler, der sich ohne Unterlass von einer kurzfristigen Spekulation in die andere stürzte, zur Sucht geworden war. »Es gab nur dieses zwanghafte Spiel, bei dem man gewinnen konnte, indem man mit den Kursen jonglierte … Aber ich habe nicht wirklich etwas geschaffen.«

Karp hatte sein Leben schon davor einmal grundlegend geändert. In seinen Zwanzigern stellte er seine Gesundheit wieder her, indem er sich einen »makellosen« Lebensstil angewöhnte – ohne industriell hergestellte Lebensmittel, ohne Alkohol, ohne Koffein und sogar ohne Shampoos oder Deos, die Chemikalien enthielten. In seinen Vierzigern ist er dabei, sich selbst wieder neu zu erfinden. Er hat sich entschlossen, etwas »von bleibendem Wert« zu schaffen und hat kurz zuvor sein neues Vorhaben präsentiert – eine private Beteiligungsgesellschaft namens HumanCo zur Förderung und Unterstützung von Unternehmen, die »den Leuten dabei helfen, ein gesünderes Leben zu führen«. Es ist eine kleine Nische und er ist überzeugt davon, dass darin seine Stärken liegen. Außerdem harmoniert der Gegenstand seines Unternehmens – gesundes Leben und Nachhaltigkeit – perfekt mit seinen eigenen Werten.

Für diesen Neuanfang verließ Karp Manhattan und zog mit Frau und Kindern nach Austin, Texas – »ein Mekka der Gesundheit und der Wellness mit besserem Wetter, der Gelegenheit, mehr Zeit im Freien zu verbringen, ohne kommunale oder bundesstaatliche Steuern und mit diesem positiven Lebensgefühl, das die abgestumpften New Yorker Finanzleute nie hatten«. Es hatte sich herausgestellt, dass er sich nicht am meisten nach Geld sehnte, sondern nach einem ausgeglichenen und gesunden Leben, nach der Gelegenheit, ein Unternehmen aufzubauen, das »eine Mission« hatte und anderen Menschen half, und nach dem Bewusstsein, Herr über sein eigenes Schicksal zu sein. Wie fühlt er sich heute? Karp beantwortete mir diese Frage so: »Ich bin heute so gesund und glücklich wie seit 20 Jahren nicht mehr.«

Der philosophische Investor

Selbst die besten Investoren machen von Zeit zu Zeit einen Fehler oder haben einfach nur Pech, wie sorgfältig und fleißig sie auch immer sein mögen. Schließlich sind die Finanzmärkte ein Abbild der Welt und des Lebens – unendlich kompliziert und überhaupt nicht vorhersehbar. Nachdem Joel Greenblatt seine Investmentfirma 1985 gegründet hatte, beteiligte er sich zum ersten Mal an einem Unternehmenszusammenschluss. Eines der Unternehmen, um die es ging, war Florida Cypress Gardens. Es betrieb eine Touristenattraktion, in der es exotische Gärten, Flamingos und eine Wassershow gab, in der ein Nikolaus auf Wasserskiern auftrat. Das Unternehmen war einverstanden, aufgekaut zu werden, und Greenblatt ging ein, wie er es beschrieb, »ziemlich risikoloses« Arbitragegeschäft ein, bei dem er darauf wettete, dass die Fusion wie geplant über die Bühne gehen würde. Eines Morgens schlug er dann das *Wall Street Journal* auf und erfuhr, dass der Hauptpavillon des Vergnügungsparks in einem Erdloch verschwunden war. Das Geschäft scheiterte und er erlitt einen größeren Verlust – in einer kritischen Zeit, in der »jedes 5-Cent-Stück zählte«. Greenblatt sagte: »Es wäre lustig gewesen, wenn ich vor Angst nicht fast um meinen Verstand gekommen wäre.«

Kurz und gut, wir alle können den, wie Hamlet sie nannte, »Pfeilen und Schleudern des wütenden Geschicks« zum Opfer fallen.* Wir können nicht damit rechnen, ein glückliches und erfülltes Leben zu führen, wenn wir nicht lernen, gut mit Missgeschicken fertig zu werden. In herausfordernden Zeiten versucht Pabrai, die Einstellung von Marc Aurel zu klonen, einem römischen Kaiser des 2. Jahrhunderts und stoischen Philosophen, dessen persönliche Überlegungen uns in seinen *Selbstbetrachtungen* erhalten blieben, einem Buch, das er nie veröffentlichen wollte. Nach Marc Aurel besteht »der höchste Wettkampf« darin, »durch keine Leidenschaft zu Fall zu kommen«. Aber wie?

Der Schlüssel dazu sei, schreibt er, sich sein ganzes Leben lang zu bemühen, seine Gedanken »einfach und wohlgesinnt« zu halten. Dazu gehöre, »von ganzer Seele alles zu begrüßen, was geschieht«, »überzeugt« davon zu sein, »dass dies gut ist« und nicht darüber nachzudenken, »was denn ein anderer sagt oder tut oder denkt«. Marc Aurel hielt es für sinnlos, sich über etwas Sorgen zu machen oder zu beschweren, das man nicht beeinflussen kann. Er konzentrierte sich stattdessen darauf, seine eigenen Gedanken und Gefühle zu beherrschen und tugendhaft zu handeln, um seine moralischen Verpflichtungen zu erfüllen. Er war der Meinung,

* William Shakespeare, *Hamlet*, Akt 3, Szene 1, zitiert nach der Übersetzung von August Wilhelm Schlegel (Anmerkung des Übersetzers).

»dass die Dinge die Seele nicht berühren … dass Beunruhigungen vielmehr ausschließlich aus der Meinung in uns kommen … Tilge die Meinung: dann ist die Vorstellung ›Ich bin geschädigt worden‹ getilgt! Tilge die Vorstellung ›Ich bin geschädigt‹, und der Schaden ist getilgt. Was den Menschen nicht schlechter macht, als er selbst schon ist, das macht auch sein Leben nicht schlechter, und es schadet ihm weder von außen noch von innen.« Er hatte das Ziel, »der Klippe gleich [zu] sein, an der sich ständig die Wogen brechen. Sie aber steht unerschüttert, und die sie umtobende See sinkt in Schlummer«.*

Es ist nicht schwer zu sehen, warum viele Spitzeninvestoren sich vom Stoizismus angezogen fühlen – keiner stärker als Bill Miller, der nach seinem ersten Studienabschluss Philosophie an der John Hopkins Universität studierte und 2018 bekanntgab, dass er der philosophischen Fakultät der Universität 75 Millionen Dollar spende. Während der Finanzkrise erlitt er Rückschläge, die ihn als Investor dauerhaft aus der Bahn geworfen hätten, wenn er sich nicht auf seine stoische Standhaftigkeit hätte stützen können.

Damals war Miller der bedeutendste Fondsmanager seiner Generation. Sein wichtigster Fonds, Legg Mason Value Trust, war berühmt dafür, dass er den S&P 500 15 Jahre lang ununterbrochen geschlagen hatte. Aber als der Markt 2008 zusammenbrach, machte Miller den schwersten Fehler seiner Karriere. Er setzte darauf, dass eine Reihe der am schlimmsten betroffenen Finanzaktien nach oben schießen, sobald die amerikanische Zentralbank entschieden eingreifen und Kapital zuschießen würde, um eine Katastrophe abzuwenden. Er häufte toxische Aktien wie Bear Stearns, AIG, Merill Lynch, Freddie Mac oder Countywide Financial an – die allesamt weiter fielen. Im Jahr 2008 verlor Value Trust 55 Prozent. Sein kleinerer Fonds sank um 65 Prozent.**

Die Anleger flohen. Das von Miller verwaltete Vermögen ging von ungefähr 77 Milliarden Dollar auf 800 Millionen Dollar zurück. Und als die Geschäfte derart schlecht gingen, verloren 100 Mitglieder seines Teams ihre Arbeit. Die Hälfte seines persönlichen Reinvermögens hatte sich kurz zuvor bei seiner Scheidung in Luft aufgelöst. Als der Markt zusammenbrach, verlor er 80 Prozent der ihm

* Zitiert nach der Übersetzung von Wilhelm Capelle: Marc Aurel, *Selbstbetrachtungen*, 12. Aufl., 1973, Stuttgart, Kröner-Verlag, S. 23, 24, 34, 35, 47 (Anmerkung des Übersetzers).

** Countrywide Financial war die größte Hypothekenbank der USA. Sie wurde von der Bank of America übernommen (Anmerkung des Übersetzers).

verbliebenen Hälfte – vor allem, weil er hartnäckig an seiner Gewohnheit festhielt, auf Kredit zu spekulieren. Miller, der als Sohn eines Taxifahrers »ohne jegliches Geld« aufgewachsen war, sagte dazu: »Es macht mir nicht wirklich etwas aus, wenn ich *mein* Geld verliere.« Aber der Gedanke an all das Leid, das er anderen zugefügt hatte, quälte ihn. »All diese Leute zu entlassen war schrecklich … Für mich war das am schlimmsten: das Geld der Kunden zu verlieren und dass Menschen ihren Job verloren, weil *ich* versagt hatte.«

Miller, der einige Jahre beim Militärgeheimdienst verbracht hatte, bevor er ins Investmentgeschäft eingestiegen war, beschreibt sich selbst als »sehr gefühlskalt«. Wenn Aktien sinken, bleibt er für gewöhnlich heiter und gelassen und begrüßt die Möglichkeit, von den Gefühlsverwirrungen anderer Anleger zu profitieren. Aber in der Krise war die Belastung so hoch und so dauerhaft, dass er 18 Kilogramm zunahm. »Wenn ich Stress habe, esse und trinke ich«, gab er zu. »Ich konnte einfach nicht jeden Abend Lachs und Broccoli essen und den ganzen Tag Mineralwasser trinken … Ich kann nicht alles aushalten und da war für mich die Grenze.«

Miller zieht die Philosophie in jedem Bereich seines Lebens hinzu. Als ich ihn vor 20 Jahren zum ersten Mal interviewte, erklärte er mir, wie ihm Ludwig Wittgenstein und William James das Denken beibrachten und ihm halfen, zwischen Wahrnehmung und Wirklichkeit zu unterscheiden. Später, als seine Karriere, seine Finanzen, sein Ruf und sein Seelenfrieden in Gefahr waren, wendete er sich stoischen Philosophen wie Epiktet und Seneca zu, um »emotionale Stabilität« zu finden. Ihm kam wieder ihre »allgemeine Methode, mit Schicksalsschlägen umzugehen« in den Sinn. »Es ist grundsätzlich so, dass man keine Kontrolle darüber hat, was einem zustößt«, sagte Miller. »Was man kontrollieren *kann*, ist die eigene Einstellung dazu. Ob das, was einem zustößt, nun gut, schlecht, unwichtig, fair oder unfair sein mag, man kann sich dazu entschließen, es einfach zu akzeptieren.«

Miller las damals auch wieder *Thoughts of a Philosophical Fighter Pilot*, ein Buch, in dem Konteradmiral Jim Stockdale über seine Erlebnisse als Kriegsgefangener berichtet, nachdem er 1965 über Vietnam abgeschossen wurde. Als er sich mit seinem Schleudersitz aus dem brennenden Flugzeug katapultierte und mit dem Fallschirm in feindlichem Gebiet landete, sagte Stockdale zu sich selbst: »Ich verlasse die moderne Welt und betrete die Welt von Epiktet.« Er verbrachte die nächsten siebeneinhalb Jahre im Gefängnis, davon vier in Einzelhaft und zwei mit Fußfesseln. Er wurde 15-mal gefoltert.

Epiktet, der als Sklave geboren wurde, zeigte, wie man unter allen Umständen geistige Freiheit erlangen kann. Er lehrte, dass wir keinerlei sichere Kontrolle über etwas Äußerliches haben können, weder über unsere Gesundheit noch über unseren Wohlstand und über unser Ansehen in der Gesellschaft. Aber wir haben die Verantwortung für unsere Absichten, Gefühle und Einstellungen. »Deine Rettung und dein Untergang kommen von innen«, erklärte er.*

Stockdale konnte nicht verhindern, dass seine Gefängniswärter ihn folterten, bis er gestand. Aber er kämpfte tapfer, um sein »inneres Selbst« zu bewahren. Als man ihn mit vorgehaltener Waffe zum Verhör abführte, sagte er sich eine Art Mantra vor: »Beherrsche die Furcht, beherrsche das Schuldgefühl.« Er bestand auch darauf, dass amerikanische Gefangene sich nicht öffentlich vor ihren Wärtern verbeugen oder eine vorzeitige Freilassung akzeptieren dürften. »Für den Stoiker ist das größte Übel, dass jemandem zugefügt werden kann, jenes, das man *sich selbst zufügt*, wenn man das Gute in sich selbst zerstört«, schreibt er. »Man kann *nur sich selbst* zum Opfer fallen. Es hängt alles von der geistigen Selbstdisziplin ab.«

Angesichts der schlimmsten Niederlage seiner Karriere konzentrierte sich Miller auf das, was er kontrollieren konnte und versuchte, alles andere zu ignorieren. Er wurde von der Presse geschmäht und in den sozialen Medien verspottet. »Es gefällt mir gar nicht, wenn Leute schreiben, wie dumm ich doch bin«, sagte er. Aber er hatte von den Stoikern gelernt, »dass man nicht kontrollieren kann, was andere über einen sagen oder denken. Man hat nur seine Reaktion darauf unter Kontrolle«. Seine Reaktion bestand darin, »zu versuchen, offen und ehrlich zu sein und Fehler zuzugeben« und alles zu tun, um den Schaden, den er angerichtet hatte, wieder gut zu machen. »Es ist für mich überhaupt nicht wichtig, meine Reputation zu retten. Es war mir vor allem wichtig, das Geld meiner Kunden, das ich verloren hatte, wieder zu verdienen, falls mir das möglich wäre.«[1]

Miller hatte keine Zweifel daran, dass seine Strategie, Aktien »mit großen Abschlägen auf ihren wahren Wert« zu kaufen, »mit der Zeit Erfolg haben würde«. Und zwei Jahrzehnte lang hatte er bewiesen, dass er »den Unterschied zwischen Dingen, die billig und Dingen, die teuer sind«, erkennen konnte. Also setzte er seine Arbeit fort, erst bei Legg Mason und dann bei seinem eigenen, neu gegründeten

* Zitiert nach der deutschen Übersetzung von Karl Maria Enk: Epiktetos, *Unterredungen*, 1866, Wien, Verlag Carl Gerold's Sohn, S. 366 (Anmerkung des Übersetzers).

Unternehmen Miller Value Partners. Dennoch bewies er so viel Einsicht zu erkennen, dass er seine Fonds stärker diversifizieren musste, als er bisher gedacht hatte. »Ich bin mir der Gefahren und der Möglichkeit, Unrecht zu haben, viel stärker bewusst als früher«, sagte er. »Ich muss zugeben, dass ich früher nicht geglaubt habe, dass ich so katastrophale Fehler machen könnte, wie ich sie dann gemacht habe.«

Die Anleger, die Miller die Treue hielten, haben seit der Finanzkrise satte Gewinne eingestrichen. Sein Flaggschiff-Fonds Miller Opportunity Trust rangierte während des auf die Krise folgenden Jahrzehnts unter dem besten 1 Prozent aller amerikanischen Aktienfonds. In der Zwischenzeit hatte auch Millers Privatvermögen neue Höchststände erreicht. Dazu trug bei, dass er mutig genug gewesen war, in der Krise mehr Aktien zu kaufen. Er investierte dafür Geld, das zum Teil aus dem Verkauf seiner Jacht stammte (nicht seines Flugzeugs, denn das hätte er *nie* verkauft!).

Aber am meisten hatte er durch den privaten Kauf eines großen Anteils an Amazon verdient, den er seit über zwei Jahrzehnten hält. Nachdem die Dotcom-Blase im Jahr 2001 platzte, erhöhte er diesen Anteil immer weiter und trieb seine Spekulation auf die Spitze, indem er in Kaufoptionen investierte, als die Aktie in der Finanzkrise abstürzte. Miller nimmt an, dass er jetzt der größte private Aktionär außerhalb der Familie des Gründers Jeff Bezos ist. Nach Aussagen von Miller war der Anteil von Amazon an seinem persönlichen Wertpapierportfolio 2020 bis auf 83 Prozent angewachsen.*

Wenn Miller nach all den Jahren auf die Finanzkrise zurückblickt, gibt er zu, dass »der Schmerz und die Enttäuschung überhaupt nicht vergangen sind«. Aber er ist zufrieden, dass fast alle seine Mitarbeiter schnell neue Jobs gefunden haben; dass er nicht so hoch verschuldet war, dass »er ganz aus dem Spiel ausgeschieden und ruiniert« gewesen wäre; und dass er die Stärke gehabt hat, selbst in den dunkelsten Tagen weiterhin billige Aktien zu kaufen und sich nicht »wie eine Schildkröte in ihren Panzer zurückgezogen« hat, »als ich das ganze Geld verloren habe«.

In persönlicher Hinsicht, sagte Miller, wäre die Krise »eine Art Reinigung« gewesen. Es sei schwer, bescheiden zu bleiben, wenn man »andauernd Recht« habe und »die Leute einem immerzu sagen, wie toll man doch ist … Einiges davon

* Die zweitgrößte Position in Millers Portfolio betrifft eine Riesenwette auf den Bitcoin. Es ist offensichtlich kein Portfolio für ängstliche Gemüter.

bleibt an einem hängen«. Bekannte Investoren werden häufig dazu eingeladen, »sich über alles möglich auszulassen«. Aber wenn man einmal »weit danebengelegen« hat und »am Markt vernichtend geschlagen wird, dann will keiner mehr hören, was man denkt. Das zwingt einen, den Blick nach innen zu richten, sich seine Fehler einzugestehen und zu versuchen, es besser zu machen. Und all das ist gut für den eigenen Charakter«.

Jetzt, da der Sturm vorbeigezogen ist, lebt Miller, der kürzlich 70 geworden ist, ein radikal vereinfachtes Leben. Er verwaltet ein Vermögen von 2,5 Milliarden Dollar – einen kleinen Bruchteil von dem, was er früher investiert hatte. Aber er hat nicht den Wunsch, ein großes Unternehmen mit Horden von Analysten zu führen und einen Berg von Geld zu verwalten. Er zieht es vor, mit einer Handvoll Vertrauter zusammenzuarbeiten, zu denen auch sein Sohn gehört. Als Chef seines eigenen Unternehmens hat er »wahnsinnig viel Freiheit«, die er bei Legg Mason vermisste, einem großen, börsennotierten Unternehmen, bei dem »die Kontrolle sehr intensiv« war. Er muss sich nicht länger bei Treffen mit der Geschäftsführung rechtfertigen. Er trägt normalerweise nur Jeans und ein T-Shirt. Sein Terminkalender ist zum Großteil leer und lässt ihm genug Zeit, sich auf das Wesentliche seines Jobs zu konzentrieren: »zu versuchen, das Geld der Kunden jeden Monat zu vermehren.«

Millers Reichtum erlaubt es ihm, viele der Unannehmlichkeiten, die ihn von dieser Aufgabe ablenken könnten, zu umgehen, wie etwa sein Auto selbst zu betanken, Linienflüge zu nehmen oder sich zu überlegen, wie er seine Häuser in Maryland und Florida einrichten soll. »Ich bin Herr meiner Zeit und meines Tuns«, sagte er. Als er eingeladen wurde, auf einer Festveranstaltung eine Rede zu halten, lehnte er mit der Begründung ab, er habe seinen Smoking entsorgt und würde sich keinen neuen mehr kaufen. Nichts ist Miller wichtiger, als auf seine eigene Art leben und investieren zu können – ohne Zwänge, unabhängig und ohne jemandem Rechenschaft schuldig zu sein. »Ja«, sagte er, »das ist das Höchste«.

Aus meiner Sicht kann man aus Millers Geschichte zwei wichtige Lehren ziehen. Erstens: Jeder hat Probleme. Wenn ich selbst Probleme habe, ist es tröstlich für mich, daran zu denken, dass Miller, Karp, Pabrai und alle anderen, die ich interviewt habe, durch den Wolf gedreht wurden, gleichgültig wie reich oder berühmt sie auch sein mögen. Es gibt ein altes Sprichwort, das häufig Philon von Alexandria zugeschrieben wird: »Sei liebevoll, weil jeder, den du triffst, schwer zu kämpfen hat.« Bei niemandem geht es immer nur nach oben und wir alle brauchen manchmal Unterstützung – durch Philosophie, Spiritualität, Familie, Freunde oder wo immer sonst wir sie finden können. Wenn man sich einbildet, unerhörte Reichtümer könnten irgendwie von Ängsten und Sorgen befreien, dann täuscht man sich. Dilgo Khyentse Rinpoche, ein buddhistischer Gelehrter aus Tibet, der Lehrer des Dalai Lama war, hat dazu einmal gesagt: »Wer sein Glück in Sinnenfreuden, Reichtum, Ruhm, Macht und Heldentum sucht, ist genauso töricht wie ein Kind, das versucht, einen Regenbogen zu erhaschen und sich als Mantel anzuziehen.«

Zweitens: Der einfachen Tugend des Durchhaltens gebührt große Hochachtung. Vor einigen Jahren schrieb ich in einer für ihn schwierigen Zeit an Pabrai, der damals an verschiedenen Fronten zu kämpfen hatte. Unter anderem hatte eines seiner wichtigsten Investments, Horsehead Holdings, Pleite gemacht.* Er schrieb mir zurück: »In diesen Zeiten ist Marc Aurel mein Vorbild. Es ist ein Segen, wenn man mit Missgeschicken fertig werden muss, auch wenn man das nicht erkennt, wenn sie auftreten. Denn auf diese Weise erreicht man neue Höhen.« Pabrais unerschütterlicher Optimismus erinnerte mich an eine wunderbare Passage aus den *Selbstbetrachtungen*: »Denke fortan bei allem, was Dein Herz kränken will, daran, den Grundsatz anzuwenden: ›Dies ist kein Unglück, aber es tapfer zu tragen, ist ein Glück!‹«**

»Ich bin der reichste Mann der Welt«

Wenn ich mir Gedanken darüber mache, worin ein erfolgreiches und erfülltes Leben besteht, kommt mir immer Arnold Van Den Berg in den Sinn, ein Investor, der ein solches Leben für mich am besten verkörpert. Er ist kein Milliardär und er ist kein Genie. Er besitzt weder eine Jacht noch ein Flugzeug. Aber in der Welt des Investments bewundere ich niemanden mehr als ihn. Müsste ich mir einen der bemerkenswerten Investoren, die ich im vergangenen Vierteljahrhundert interviewt habe, zum Vorbild nehmen, wäre er es. Das Schicksal war sehr grausam zu ihm, aber er schaffte es allen Widrigkeiten zum Trotz, ein Leben zu führen, das durch so viel mehr reich ist als nur durch Geld.

* Horsehead Holdings war ein amerikanischer Zinkproduzent (Anmerkung des Übersetzers).
** Marc Aurel, a.a.O., S. 48 (Anmerkung des Übersetzers).

Arnold Van Den Berg wurde 1939 als Sohn einer jüdischen Familie geboren und lebte in Amsterdam in derselben Straße wie Anne Frank. Im folgenden Jahr marschierten die Deutschen in den Niederlanden ein und begannen, die 140 000 dort lebenden Juden auszurotten. Bis zum Ende des Kriegs 1945 überlebten nur 38 000 von ihnen. Die Eltern von Van Den Berg versteckten sich fast zwei Jahre lang im Haus nichtjüdischer Freunde. Hank und Marie Bunt hatten für sie eine Geheimkammer hinter einer doppelten Wand gebaut. Aber es bestand die schreckliche Gefahr, dass Arnold oder sein älterer Bruder Sigmund Lärm machen würden, wenn die Nazis das Haus durchsuchten. Hätte man sie entdeckt, wären sie alle in Konzentrationslager geschickt worden, wo die Kinder oft als Erste getötet wurden. Deshalb ließen sich die Eltern von Van den Berg auf ein riskantes Unternehmen ein und sorgten dafür, dass ihre Söhne von der holländischen Untergrundbewegung mit gefälschten Papiern aus Amsterdam geschmuggelt wurden.

Die Rettungsorganisation bestand aus den drei tapferen Familien Tjaden, Glasz und Crommelin. Sie riskierten das eigene Leben, um zwei Kinder zu retten, die sie heimlich von einem Versteck zum nächsten schafften. Ein halbes Jahrhundert später berichtete eine Holländerin namens Olga Crommelin in einem Brief, wie sie Arnold mit dem Zug und zu Fuß in ein Dorf gebracht hatte, wo man ihn in einem christlichen Waisenhaus zusammen mit einigen anderen Kindern versteckte. Damals war sie ungefähr 17 und er zwei Jahre alt. »Als der Zug in den Bahnhof fuhr, wo wir aussteigen mussten, stand auf dem Bahnsteig eine kleine Gruppe SS-Leute. Ich bekam einen Riesenschreck und werde das nie vergessen«, erinnerte sich Olga Crommelin. Aber die Mitglieder der mörderischen Spezialeinheiten Hitlers waren so in ihre Unterhaltung vertieft, dass sie das jüdische Kleinkind und die Teenagerin nicht beachteten, die es wagte, sein Leben zu retten.

Van Den Berg lebte in dem Waisenhaus bis er sechs Jahre alt war. Viele Jahre lang hatte er geglaubt, er sei weggeschickt worden, weil seine Mutter nichts von ihm wissen wolle. Auch durch die Trennung von seinem Bruder erlitt er ein Trauma. Dieser fand Zuflucht bei einem kinderlosen Ehepaar, das auf einem Bauernhof lebte. Die Lebensbedingungen im Waisenhaus waren hart und es gab so wenig zu essen und zu trinken, dass Van Den Berg manchmal als letzten Ausweg Pflanzen aß, die er auf den Feldern fand. »Ich bin fast an Unterernährung gestorben«, sagte er. »Mit sechs Jahren konnte ich kaum laufen. Ich bin die meiste Zeit nur gekrochen … Es ist wirklich ein Wunder, dass ich durchgekommen bin.«

Eines Tages im Jahr 1944 wagten sich Van Den Bergs Eltern aus ihrem Versteck, um eine Frau aufzusuchen, die der Widerstandsbewegung angehörte und ihnen sagen konnte, wie es Arnold und Sigmund auf dem Land erging. Als sie auf der Straße waren, ging eine Luftalarmsirene los, und sie suchten Schutz in einer Metzgerei. Ein Nazi-Kollaborateur, der dort arbeitete, merkte, dass sie Juden waren und verriet sie der Polizei. Sie wurden verhaftet, verhört und nach Auschwitz geschickt.

39 Mitglieder von Van Den Bergs Familie kamen während des Holocaust ums Leben. Aber seine beiden Eltern überlebten.* Nach dem Krieg trafen sie im Haus der Bunts wieder zusammen und fuhren zu dem Waisenhaus, um ihren Sohn abzuholen. »Ich wusste nicht, dass sie meine Eltern waren. Ich erkannte sie nicht und es war mir auch egal. Ich wollte nur weg von dort«, sagte Van Den Berg. »Mein Vater sagte, dass ich nach ein paar weiteren Monaten wahrscheinlich gestorben wäre. Er hatte Angst, mich hochzuheben, weil meine Knochen so unter der Haut vorstanden, dass er dachte, sie würden brechen.«

Ein paar Jahre später wanderte die Familie in die USA aus und ließ sich in einem armen und gefährlichen Viertel im Osten von Los Angeles nieder. »Ich war ein sehr schwaches, dünnes Kind«, sagte Van Den Berg. »Wenn man der Schwächere ist, wird man ganz schön gepiesackt. Man ist dann das Opfer.« Als er am ersten Tag in seine neue Schule ging, machte ihn seine Mutter mit Lederhosen und langen Strümpfen piekfein, wodurch er gleich an diesem ersten Tag in mehrere Kämpfe verwickelt wurde. Er machte eine andere wichtige Erfahrung, als er gegen einen jungen Rowdy geschubst wurde, der ihn dazu aufforderte, sich mit ihm auf dem Fahrradplatz der Schule zu schlagen. »Ich hätte keine größere Angst gehabt, wenn man mich vor ein Erschießungskommando gestellt hätte«, sagte Van Den Berg. »Er hat mich windelweich geschlagen, bis er keine Lust mehr dazu hatte. Ich habe mich überhaupt nicht gewehrt.«

Zu Hause wusch er sich das Blut aus dem Gesicht und besah sich den Schaden. »Ich hatte eine Erleuchtung. Ich dachte, ›Mein Gott, ich hatte solche Angst, aber es war gar nicht so schlimm. Und wenn ich nun zurückgeschlagen hätte? Es wäre auch nicht schlimmer gewesen …‹ Und plötzlich habe ich all meine Angst vor dem Kämpfen verloren. Sie war einfach weg. Es war eine erstaunliche Verwandlung.«

---

* Auch Sigmund, der Bruder von Van Den Berg, überlebte.

Er war entschlossen, sich selbst zu verteidigen und lernte boxen. Schnell erkannte er, welchen Vorteil es hat, als Erster zuzuschlagen. Er steckte so voller Wut – auf die Nazis, auf die Schulrowdys, auf die Antisemiten, die ihn auf dem Weg nach Hause drangsalierten und auf seine Eltern –, dass er ein gefürchteter Kämpfer wurde. Seine drei besten Freunde waren harte Jungs aus gewalttätigen Elternhäusern, die sich in zahllosen Kämpfen gegenseitig zu Hilfe kamen. Seine Mutter schrie sie immer an und bespritzte sie mit dem Gartenschlauch. Aber mit zunehmendem Alter wurden auch sie reifer und ruhiger und sie stehen sich heute, in ihren Achtzigern, immer noch nah.

Van Den Berg baute seine Kräfte nach und nach auf. Er kletterte am Kletterseil hoch, was in jenen Tagen eine olympische Sportart war. Nachdem er sechs Monate lang jeden Tag zwei Stunden geübt hatte, trat er gegen einen seiner Feinde an, der noch nie geklettert war. Er hoffte, seine neuen Kräfte unter Beweis stellen zu können. »Er war so viel besser als ich, dass ich fast an Ort und Stelle in Tränen ausgebrochen wäre«, sagte Van Den Berg. »Ich war so beschämt … Aber dann kam mir ein Gedanke: Du wolltest stärker werden und du bist stärker geworden. Warum solltest du dann nicht weitermachen?«

Sein Trainer schickte ihn zu einer anderen Schule, um den dortigen Champion zu beobachten, der eine neuartige Klettertechnik entwickelt hatte. Van Den Berg war begeistert. Monatelang stand er mitten in der Nacht auf und machte seine Bewegungen zwanghaft vor dem Spiegel nach, bis sie ihm in Fleisch und Blut übergegangen waren. Er sagte sich immer wieder: »Ich bin die Nummer Eins in diesem Sport.« In den folgenden Jahren wurde er zu einem Starathleten. Er brach den Schulrekord, als er ein 6-Meter-Seil in 3,5 Sekunden hochkletterte, wurde dreimal Champion seiner Liga und trat auf Landesebene gegen Kletterer an, die schon auf dem College waren. Zum ersten Mal hatte er Erfolg, zum ersten Mal sah er, was er mit harter Arbeit und einem festen Glauben erreichen konnte.

Seine schulischen Leistungen waren aber immer noch katastrophal. Er hatte psychische Probleme, konnte sich im Unterricht nicht konzentrieren und tat sich beim Lernen schwer. »Es sah so aus, als sei ich nicht besonders intelligent. Also ließ meine Mutter mich von einem Top-Psychologen untersuchen. Sie dachte, dass vielleicht wegen des Kriegs etwas nicht mit mir stimmte«, sagte Van Den Berg. Er hörte, wie der Psychologe überlegte, ob vielleicht all die Jahre der Unterernährung sein Gehirn in einem kritischen Stadium seiner frühen Entwicklung geschädigt hätten.

»Deshalb dachte ich immer, ich sei nicht besonders intelligent«, sagte Van Den Berg. »Schauen Sie, wenn ich Ihnen mein Schulzeugnis zeigen würde, würden Sie einen Lachanfall bekommen. In meinem letzten Schuljahr hatte ich zwei Schulstunden im Fach Kraftfahrzeugreparatur, zwei Stunden Turnen. Eine Stunde Studierzeit. Wozu? Ich habe meine isometrischen Übungen immer während der Studierzeit gemacht. Dann hatte ich Chorgesang. Aber ich habe eine so schlechte Stimme, dass der Lehrer mich bei Aufführungen nur den Mund bewegen, aber nicht singen ließ, damit ich nicht den ganzen Chor durcheinanderbrachte ... Ich habe keine Talente für irgendetwas. Für gar nichts. Alles, was ich jemals erreicht habe, hat mich mehr Mühe gekostet, als irgendjemanden sonst.«

Der Vater von Van Den Berg, ein gewissenhaft ehrlicher, aber harter Mann, der ihn schlug, bis er schließlich zurückschlug, ließ seine Söhne für ihr Essen, ihre Kleidung und ihre Vergnügungen selbst bezahlen, sobald sie 13 Jahre alt geworden waren. Van Den Berg mähte Rasen, wusch Autos, trug Zeitungen aus, arbeitete an der Tankstelle, fuhr bei der Müllabfuhr mit und suchte sich später für vier Stunden am Tag nach der Schule einen Job in einem holzverarbeitenden Betrieb.

Mit 16 Jahren verkaufte er Blumen, während er auf ein Auto sparte. Er tat das mit so großem Erfolg, dass er das Recht bekam, seine Blumen an der begehrtesten Straßenecke zu verhökern. An jenem Tag gab es einen Wolkenbruch. Durchnässt, elend und niedergeschmettert von seinem Pech, gab er trotzdem nicht auf und verkaufte seine Blumen weiter. Eine Fremde, die im Auto vorbeikam, kaufte alle seine Blumen, damit er ins Trockene kam, bevor er sich erkälten würde. Sie fuhr ihn zu sich nach Hause, gab ihm ein trockenes Hemd und machte ihm eine Suppe, damit er sich aufwärmen konnte. »Ich habe sie niemals vergessen«, sagte Van Den Berg. »Diese Frau hatte mich im tiefsten Inneren gerührt ... Wenn jemand einen so sehr rührt, dann ist man nicht mehr derselbe.«

Nachdem Van Den Berg nur mit Mühe und Not durch die Schule gekommen war, wollte er nicht studieren. Er arbeitete in einer Druckerei, in der er auch befördert wurde, ging zu einer Versicherungsgesellschaft, für die er Policen an der Haustür verkaufte, und später verkaufte er Fondsanteile für ein Finanzdienstleistungsunternehmen. In der Zwischenzeit hatte er seine Freundin aus der Schulzeit geheiratet, die ihn aber später wegen eines anderen Mannes verließ. Er erlitt eine tiefe Depression, die mehrere Jahre dauerte, und begab sich in psychiatrische Behandlung. Er wusste, dass er Glück hatte, am Leben zu sein, weil nur wenige jüdische Kinder aus Holland den Krieg überlebt hatten. Aber er war in seinem eigenen Kopf gefangen. »Ich bestand aus nichts als Wut«, sagte er. Er war wütend auf seine Exfrau und die Erinnerung an den Holocaust quälte ihn.

Jahrelang hatte er versucht zu verstehen, warum ihn dieses Mädchen aus Amsterdam damals gerettet hatte. Warum war sie bereit gewesen, »ihr Leben für jemanden zu opfern, den sie nicht einmal kannte«? Und warum hatten ihr ihre Eltern erlaubt, sich auf diese »Selbstmordmission« zu begeben? Der Psychiater von Van Den Berg erklärte es ihm. »Es ist ganz einfach. Wenn einem sein Leben mehr wert ist als seine Grundsätze, dann opfert man seine Grundsätze. Wenn einem seine Grundsätze mehr wert sind als sein Leben, dann opfert man sein Leben.« Diese Erkenntnis »beeinflusste mich stark«, sagte Van Den Berg. In ihm regte sich der Wunsch, »etwas mit meinem Leben anzufangen« und nach Grundsätzen zu leben, die seiner Retter wert waren.

Während der Jahre, in denen er Fondsanteile verkaufte, fesselte ihn der Aktienmarkt immer mehr. Er begann zu überlegen, warum manche Investoren bessere Ergebnisse erzielten als andere. Dies regte ihn dazu an, die Bücher von Ben Graham zu studieren. Die Methode, Vermögenswerte mit großen Abschlägen zu kaufen, leuchtete ihm sofort ein. Van Den Bergs Mutter, eine geschickte Geschäftsfrau, die in Auschwitz überlebt hatte, indem sie Handel trieb und die Wachen bestach, damit sie ihr und ihrem Mann mehr Brot gaben, hatte immer gesagt, es sei dumm, irgendetwas zum normalen Ladenpreis zu kaufen. Es erschien ihm selbstverständlich, dieses Prinzip auch auf Aktien anzuwenden. Nachdem ein unehrlicher Kollege als Mann des Monats geehrt worden war, gab Van Den Berg seinen Job auf und entschied sich, seine eigene Investmentfirma zu gründen. Das war 1974 und er war 35 Jahre alt. Er hatte keinen Studienabschluss, keinen Geschäftsplan, kein Büro und keine Kunden.

Aber er ging seinen neuen Beruf mit demselben Eifer und demselben Ehrgeiz an, mit dem er sich auch dem Seilklettern gewidmet hatte. Sein Psychiater sagte ihm, er habe damals Siege gefeiert, weil er dieselben Methoden anwandte, die professionelle Sportler regelmäßig verwenden – sich selbst klare Ziele zu setzen, sich vorzustellen, wie man Spitzenleistungen erbringt und sich immer wieder selbst zu bestätigen und so alle Zweifel und Ängste zu verdrängen, bis nur noch ein unerschütterliches Selbstvertrauen übrig war. Van Den Berg war besessen von Techniken, sich die Kräfte des Unterbewussten zunutze zu machen. In einem

Experiment, das immer noch andauert, wurde er sein eigenes Versuchskaninchen. Er lernte, sich selbst zu hypnotisieren, um jeden Tag seine wirren Gedanken zu ordnen und zu fokussieren. Er überflutete seinen Geist mit selbstbestätigenden Gedanken und befreite sich so allmählich von der lähmenden Vorstellung, er sei unfähig und nichts wert. Und er verschlang inspirierende Bücher von Autoren wie James Allen, dessen Buch *From Poverty to Power*, von 1901, er immer und immer wieder las und schließlich zu seiner Bibel machte.

Allen, ein Freidenker, der vom Christentum und vom Buddhismus durchdrungen war, überzeugte Van Den Berg davon, Verantwortung für seinen eigenen Geisteszustand zu übernehmen; allen zu vergeben, die ihn verletzt hatten, einschließlich der Nazis, und sich so von seiner Wut zu befreien und die Welt dadurch zu verbessern, dass er zuerst sich selbst verbesserte. »Durch die eigenen Gedanken erschafft oder verdirbt man sein Leben, seine Welt, sein Universum«, predigte Allen. »So wie man im Inneren die Kraft der Gedanken nutzt, so werden sich das äußere Leben und die Umstände entsprechend gestalten ... Eine Seele, die unrein, schmutzig und egoistisch ist, bewegt sich mit unfehlbarer Präzision auf Unglück und Katastrophe zu. Eine Seele, die rein, selbstlos und edel ist, bewegt sich mit gleicher Präzision auf Glück und Wohlstand zu.«

Van Den Berg war wild entschlossen, seine Lebensumstände zu verbessern und verschrieb sich deshalb mit Haut und Haaren der Weiterentwicklung seines Charakters. Er begann, nach der Weisheit zu suchen und begab sich zu diesem Zweck auf verschiedene spirituelle Pfade – in der Absicht, der Wahrheit zu folgen, wohin immer sie ihn auch führen würde. Ehrlichkeit und Anstand wurden seine Leitprinzipien und er nahm sich Allens Feststellung zu Herzen, dass »ein Reicher, der keine Tugenden hat, in Wirklichkeit arm ist«. Van Den Berg verbannte alle negativen Gedanken über sich oder andere aus seinem Geist, damit sie ihm nicht länger seine Energie entzogen. Während Ärger und Feindseligkeit ihn früher zerfraßen, erneuerte er sich jetzt selbst von innen, indem er sich andauernd positive Sätze vorsagte wie etwa: »Ich bin ein liebevoller Mensch.«

In ihm war nichts von der Skepsis und dem Zynismus eines intellektuellen, akademisch gebildeten Snobs. Er glaubte felsenfest daran, sich eine glänzende Zukunft schaffen zu können, indem er seinen Geist ganz bewusst neu programmierte. Seine unermüdliche Ausdauer und sein unstillbares Verlangen, aus sich einen besseren Menschen zu machen, zeichneten ihn im Vergleich zu anderen aus. »Ich will bis zu meinem letzten Tag weiter daran arbeiten, mich selbst zu vervollkommnen«, sagte er. »Schließlich und endlich gibt es nur drei Dinge, die mir wirklich wichtig sind: Immer an dem festzuhalten, was ich glaube; nie mit dem zufrieden zu sein, was ich bin, sondern nur mit dem, was ich sein kann; und niemals aufzugeben.«

Van Den Berg schnitt sich aus *Barron's* ein Foto von einem bedeutenden Investor aus, der in einem feinen, dreiteiligen Anzug selbstsicher neben seinem Schreibtisch stand.* Er betrachtete das Bild jeden Tag, um sich selbst als erfolgreichen Finanzmanager vorzustellen. Er setzte sich zum Ziel, im Durchschnitt 15 Prozent Rendite pro Jahr zu erzielen und dabei in keinem Jahr mehr als 15 Prozent Verlust zu machen. Tatsächlich erreichte er dieses Ziel innerhalb der nächsten drei Jahrzehnte. Er räumte sein Einzimmerapartment aus, stellte einen Schreibtisch in die Mitte und umgab sich mit Investmentbüchern. Er gab sein geliebtes Schachspiel auf, weil es einen Teil seiner Aufmerksamkeit beanspruchte. Er spielte nur ein einziges Mal Golf und beschloss: »Auf diesen Sport werde ich mich nicht einlassen, weil er mich zu sehr fesseln würde.« Als eine Freundin ihn fragte, ob sie ihm ein Essen kochen dürfe, antwortete er ihr, er müsse studieren. Sie warf ihm vor, sich wie ein Mönch zu benehmen.

Van Den Berg entwickelte eine systematische, auf gesundem Menschenverstand beruhende Investmentstrategie. Unter anderem analysierte er Hunderte Unternehmenskäufe, um herauszufinden, was erfahrene Privatkäufer für verschiedene Arten von Unternehmen zahlten. Dann stellte er ein paar praktische Daumenregeln auf, die er niemals missachtete. Zum Beispiel investierte er nur in Aktien, deren Kurs mindestens 50 Prozent unter ihrem Wert am Privatmarkt für Unternehmenskäufe lag. Und immer wenn eine Aktie auf 80 Prozent ihres Privatmarktwertes stieg, verkaufte er sie.

Seine unbeirrbare Disziplin und seine strikte Konzentration auf Bewertungen führten ihn zum Erfolg. Die meisten Anleger hielten sich in der Folge des Crashs von 1974 von Aktien fern. Aber die Preise waren so niedrig, dass er keinen Moment zögerte, zu kaufen. Deswegen konnte er während des ersten Jahrzehnts, in dem er im Investmentgeschäft war, sehr hohe Gewinne erzielen. Als die Preise später während der Blasenbildung 1987 in die Höhe gingen, konnte er keine

* *Barron's* ist ein amerikanisches, wöchentlich erscheinendes Wirtschaftsmagazin (Anmerkung des Übersetzers).

Aktien finden, die billig genug waren, um mit ihnen die Aktien zu ersetzen, die er wegen seiner eisernen Regel verkaufen musste. Nach kurzer Zeit bestand die Hälfte des Vermögens seines wachsenden Kundenstamms aus Barreserven. Viele seiner Kunden waren darüber erbost. Dennoch ließ er sich nicht beirren und sagte sich selbst: »Du tust das Richtige, wenn du dich an deine Regeln hältst … Es kann sein, dass du dein Geschäft aufgeben musst, aber du tust das Richtige. Und das hat mich bestärkt.« Bald danach stürzte der Markt an einem einzigen Tag um 22,6 Prozent ab. »Jeder geriet in Panik, aber ich fühlte mich wie im siebten Himmel.«

Es dauerte länger als ein Jahrzehnt, bis Van Den Bergs Firma Century Management dauerhaft profitabel war. In diesen harten Jahren verliebte er sich und heiratete wieder. Damals hatte er 20 000 Dollar Schulden und konnte kaum für sich selbst sorgen, geschweige denn, für seine neue Frau Eileen und ihre beiden kleinen Kinder. Nach nur kurzer Zeit gebar sie ihr drittes Kind. Sie quetschten sich zunächst in ein 140-Quadratmeter-Haus in Los Angeles und nutzten die Garage als zusätzliches Schlafzimmer. Später kauften sie für 350 000 Dollar ein bescheidenes Haus in Austin, Texas, in dem sie bis heute wohnen. »Ich will es keinesfalls verkaufen«, sagte Van Den Berg. »Wir lieben es.«

Als sein Geschäft immer besser ging, wurde Van Den Berg wohlhabender und berühmter, als er es sich je hätte vorstellen können. Ein Buch mit dem Titel *The World's Greatest Investors* lobte ihn in höchsten Tönen, weil er das seltene Kunststück vollbracht hatte, 38 Jahre lang im Durchschnitt 14,2 Prozent Rendite pro Jahr erzielt zu haben. Viele Manager großer Finanzgesellschaften wollten sein Unternehmen kaufen. Er hätte dafür wahrscheinlich 100 Millionen Dollar kassieren können. Aber konnte er darauf vertrauen, dass diese wortgewandten Bieter dann auch im Interesse seiner Kunden handeln würden und nicht in ihrem eigenen? Als ihn vier Abgesandte einer Bank davon überzeugen wollten, sein Unternehmen zu verkaufen, sagte er ihnen: »Ich verkaufe zu keinem Preis. Bevor ich meine Firma verkaufe, mache ich sie eher dicht.«

Tatsächlich hatte er sich nie danach gesehnt, wirklich reich zu werden. Er begann mit dem Ziel, sich eine Reserve von 250000 Dollar zu schaffen – genug, um zehn Jahre damit auszukommen. »Es war mir gleichgültig, ob ich Millionen verdiene«, sagte er. »Ich wollte nur finanziell unabhängig sein und mir von niemandem mehr etwas sagen lassen müssen … Für mich besteht Luxus darin, sich wegen

Geld oder einer Rechnung oder einem finanziellen Missgeschick keine Sorgen machen zu müssen.«

Für jemanden in seiner Position ist sein Lebensstil ausgesprochen bescheiden. »Ich hatte nie ein großes Bedürfnis nach materiellen Dingen«, sagte er. »Ich habe kein Interesse an so etwas wie einem Riesenhaus … Das bedeutet mir nichts.« Er trinkt keinen Alkohol, lebt vegetarisch und macht leidenschaftlich gerne Yoga. Er trinkt lieber Rote-Beete-Smoothies in seinem mit Büchern vollgestopften Büro als in Luxusrestaurants zu dinieren. »Mir liegt wenig an schicker Kleidung«, sagte er. »Ich besitze nur drei Anzüge.« Viele Jahre fuhr er einen Nissan Maxima, »weil es das Auto einem am meisten für sein Geld bot«. Als ihn eines seiner Kinder fragte, warum er keinen Mercedes kaufe, erklärte er, er wolle »kein Zeichen« setzen, indem er ein angeberisches Auto fuhr. »Ich wollte nicht mit Leuten in Verbindung gebracht werden, die so dachten.« Vor ein paar Jahren konnte ihn seine Frau endlich dazu überreden, sich von seinem zehn Jahre alten Acura zu trennen und sich einen höherklassigen Lexus zuzulegen. »Sie wollte ihn so gerne für mich kaufen, dass ich nicht nein sagen wollte, weil sie so begeistert war«, erinnerte er sich. »Zuerst habe ich mich fast geschämt, ihn zu fahren.«

Sobald er die Gewissheit hatte, dass seine finanzielle Zukunft absolut sicher war, spielte es für ihn keine Rolle, wie viel Geld er noch verdienen konnte. »Ich bin der reichste Mann der Welt, weil ich mit dem zufrieden bin, was ich habe«, sagte Van Den Berg. »Ich fühle mich nicht deshalb reich, weil ich viel Geld habe, sondern weil ich gesund bin, gute Freunde und eine tolle Familie habe. Zum Wohlergehen gehören all diese Dinge: Gesundheit, Wohlstand, Glück, Seelenfrieden. Ein glücklicher Mensch hat mehr als nur eine Menge Geld; das allein bedeutet gar nichts.« Er erinnerte sich an einen ehemaligen Kunden, der 10 Millionen Dollar besaß und »so auf Geld aus war, dass er mich immer nur auf meine Kosten angerufen hat«, um ein paar Cent zu sparen.

»Das Wichtigste, was Leute brauchen, ist Liebe – und je weniger Liebe sie haben, desto mehr materielle Dinge brauchen sie«, so Van Den Berg. »Sie streben nach Geld, nach Erfolg, nach irgendetwas Äußerlichem, um sich selbst zu bestätigen. Aber alles, was sie brauchen, ist zu lieben und geliebt zu werden. Wissen Sie, meine Frau weiß nicht, wie viel Geld wir besitzen. Sie kümmert sich nicht darum und sie denkt nur an Geld, wenn sie überlegt, wie sie es für jemanden anderes ausgeben könnte.«

Eines der Wohltätigkeitsprojekte, an denen Van Den Berg und seiner Frau am meisten liegt, ist eine Rehabilitationseinrichtung für missbrauchte und vernachlässigte Kinder. Sie haben für Hunderte dieser Kinder Bücher und Spielzeug gekauft und seit 20 Jahren arbeitet Eileen Van Den Berg viel mit ihnen. Ohne Aufhebens davon zu machen half Van Den Berg auch vielen Leuten, die in finanziellen Schwierigkeiten steckten. Meist unterstützte er sie mit geringen, aber sinnvoll angelegten Beträgen, indem er eine Fortbildung bezahlte, durch die sie mehr Geld verdienen konnten oder indem er die Behandlungskosten für ein krankes Kind übernahm. Fähig zu sein, anderen helfen zu können, sagte Van Den Berg, »darin besteht für mich der größte Segen meines Gelds«.

Ich habe mehrere Jahre lang beobachtet, wie er mit anderen Menschen umgeht. Am meisten hat mich die große Freude beeindruckt, die es ihm macht, andere zu beraten, zu unterstützen und zu inspirieren. Er genießt es, Leute (zu denen auch ich gehöre) zu hypnotisieren und zu versuchen, positiv Einfluss auf ihr Unterbewusstsein zu nehmen, während sie in einem Zustand tiefer Entspannung auf dem Boden seines Büros liegen. Als er von seinen größten Abenteuern auf dem Gebiet der Hypnose erzählte, konnte er seine Aufregung nicht unterdrücken. Dazu gehörte das Beispiel seines Sohns Scott, der unter Hypnose eine Meisterschaft im Kugelstoßen gewann, obwohl er einen verstauchten und eingegipsten Fußknöchel hatte. Van Den Berg liebt es, vor benachteiligten Kindern, Studenten und Strafgefangenen Reden darüber zu halten, was er aus dem Holocaust und seinen eigenen Kämpfen gelernt hat. Und er verschenkt andauernd Bücher, die ihm auf seinem Weg geholfen haben, unter anderem eine Sonderausgabe von *From Power to Poverty*, deren Druck er finanziert hat. »Ich denke, dass beste Geschenk, das ich jemandem machen kann, ob arm oder reich, ist ein Buch, das sein Leben verändern kann«, sagte er. »Deshalb ist Bücherverschenken mein Hobby.«[2]

Van Den Berg stellt sich oft die Frage, warum er den Holocaust überlebt hat. »War es nur Glück?«, fragte er. »Man könnte darauf mit Ja antworten, weil ich ja schließlich nur eine Zahl in einer Statistik bin. Aber irgendwie kam es mir immer so vor, als sei ich verschont worden, weil mein Leben einen bestimmten Zweck hat. Und deshalb versuche ich, das Leben anderer Menschen zu verändern. Nicht, damit sie so leben, wie ich es für richtig halte, sondern einfach damit sie besser leben.«

In einem der Aktenschränke in seinem Büro bewahrt er seinen wahrscheinlich wertvollsten Besitz auf: eine umfangreiche Sammlung gefühlvoller Briefe der vielen Menschen, denen er schon geholfen hat. Zu ihnen zählen zahlreiche Freunde, Kunden, Zufallsbekanntschaften und seine eigenen Kinder. »Die Freude, die man verspürt, wenn man weiß, dass man im Leben anderer wichtig gewesen ist, kann einem niemand wieder wegnehmen«, sagte er. »Selbst wenn ich mein ganzes Geld verlieren würde, könnte ich mir immer noch diese Briefe anschauen und sagen: ›Nun, ich habe gewiss nicht umsonst gelebt. Man muss sich nur die Leute anschauen, deren Leben ich verändert habe.‹« Van Den Berg deutete auf seinen Schatz an Briefen und sagte: »Das ist mein Bankkonto.«

DANKSAGUNGEN

Dieses Buch gäbe es nicht ohne die große Geduld, den Großmut und die Offenheit der vielen bemerkenswerten Investoren, die mir ihre Einsichten und Erfahrungen mitgeteilt haben. In einigen Fällen verbrachten wir mehrere Tage am Stück miteinander. Andere haben sich im Laufe vieler Jahre unzählige Male mit mir unterhalten. Zu meiner großen Freude hießen sie mich in ihren Häusern und ihren Büros willkommen, gestatteten mir, mit ihnen zu reisen und sprachen offen über ihre Rückschläge und Herausforderungen. In einem für mich unvergesslichen Fall wurde ich sogar hypnotisiert, um so mein Unterbewusstsein neu zu programmieren. Ich bin all diesen Investoren zutiefst dankbar, dass sie mich an dem teilhaben ließen, was sie darüber gelernt haben, wie man intelligent investiert, rational denkt, Rückschläge überwindet und die Chancen auf ein glückliches und erfülltes Leben erhöht.

Die Liste der außerordentlich verständnisvollen Investoren, deren Gedanken dieses Buch so sehr bereichert haben, ist lang. Im Einzelnen danke ich Charlie Munger, Ed Thorp, Howard Marks, Joel Greenblatt, Bill Miller, Mohnish Pabrai, Tom Gayner, Guy Spier, Fred Martin, Ken Shubin Stein, Matthew McLennan, Jeffrey Gundlach, Francis Chou, Thyra Zerhusen, Thomas Russo, Chuck Akre, Li Lu, Peter Lynch, Pat Dorsey, Michael Price, Mason Hawkins, Bill Ackman, Jeff Vinik, Mario Gabelli, Laura Geritz, Brian McMahon, Henry Ellenbogen, Donald Yacktman, Bill Nygren, Paul Lountzis, Jason Karp, Will Danoff, François Rochon, John Spears, Joel Tillinghast, Qais Zakaria, Nick Sleep, Paul Isaac, Mike Zapata, Paul Yablon, Whitney Tilson, François-Marie Wojcik, Sarah Ketterer, Christopher Davis, Raamdeo Agrawal, Arnold Van Den Berg, Mariko Gordon und Jean-Marie Eveillard. Dank gebührt auch diesen fünf Giganten, die nicht mehr unter uns sind: Sir John Templeton, Irving Kahn, Bill Ruane, Marty Whitman und Jack Bogle.

Ich bin meinem Agenten, Jim Levine, sehr dankbar, der mich mit einer unbezahlbaren Kombination weiser Ratschläge, grenzenlosem Enthusiasmus und großer Liebenswürdigkeit unterstützt hat. Einen besseren Partner hätte ich mir nicht wünschen können. Ich bin auch Rick Hogan, dem geschäftsführenden

Herausgeber vom Scribner-Verlag, für seinen Scharfsinn, seine sorgfältige Betreuung der Veröffentlichung und seinen Perfektionismus zu Dank verpflichtet. Ricks Lieblingsbuch ist bezeichnenderweise *Zen and the Art of Motorcycle Maintenance*, das die Idee der Qualität als Richtschnur für das Leben diskutiert. Ich danke den Verlagsmitarbeitern Nan Graham, Roz Lippel und Colin Harrison dafür, dass sie sich so gut um mein Buch gekümmert haben. Ein Dank gebührt auch den anderen Mitgliedern des tollen Teams, die bei Scribner an diesem Buch gearbeitet haben: Steve Boldt, Dan Cuddy, Beckett Rueda und Jaya Miceli. Es ist mir eine große Ehre, dass mein Buch bei Scribner veröffentlicht wird, dem ehrwürdigen Verlag vieler meiner Lieblingsautoren.

Ich habe von so vielen Freunden und Kollegen Hilfe, Ratschläge und Unterstützung erhalten, dass es unmöglich ist, ihnen allen gerecht zu werden. Ich möchte aber damit beginnen, Guy Spier ganz besonders zu danken, der mir seit vielen Jahren ein unglaublicher Freund und ein großer Unterstützer ist. Guy freut sich, wenn er anderen helfen und so in den Genuss von deren Wohlwollen kommen kann. Davon habe ich in vielerlei Hinsicht profitiert – vor allem dadurch, dass er mich mit Mohnish Pabrai, Ken Shubin Stein und Nick Sleep bekannt gemacht hat. Ein ganz besonderer Dank gebührt auch Jon Gertner, der ein außergewöhnlicher Schriftsteller ist und mich nicht nur moralisch unterstützt, sondern auch in sein Buchprojekt *The Ice at the End of the World* eingeweiht hat, was mir sehr dabei geholfen hat, mein eigenes Buchprojekt zu auszuarbeiten.

Für ihre vielen Beweise der Liebenswürdigkeit, Fürsorglichkeit, Hilfsbereitschaft und Freundschaft möchte ich danken: Michael Berg, Marcus Weston, Eitan Yardeni, Avi Nahmias, Jason Zweig, Aravind Adiga, Tony Robbins, Michael O'Brien, Cecelia Wong, DJ Stout, Gillian Zoe Segal, Nina Munk, Peter Soriano, Fleming Meeks, Richard Bradley, Laurie Harting, Amey Stone, Lory Spier, Saurabh Madaan, Nikhil Hutheesing, Chris Stone, Ramin Bahrani, Marlies Talay, Beverly Goodman, Wade Savitt, Nancy Danino, Piper Tyrsdotter, Matthew Winch, Jamie True, Craig Kravetz, Howard Donnelly, Christian Moerk, Gautam Baid, Shai Dardashti, Samuel Freedman, Denis Thomopoulos, Richard Wertheimer, David Worth, Malia Boyd, Tom Easton, Charles Cartledge, Eben Harrell, Aran Dharmeratnam, Sharon Callahan, Helen und Jim Neuberger, Kathleen Hinge, Ancela Nastasi, Joan Caplin, Josh Tarasoff, Elliot Trexler, Ralph Townsend, Stig Brodersen, Preston Pysh, Kenneth Folk, Hedda Nadler, Daniel Roth, Mark

Chapman, Orly Hindi, Kabir Sehgal, Shalom Sharabi, Jelisa Castrodale, Randy Stanbury, John Mihaljevic, William Samedy, Michael Scherb, David Mechner, Katherine Bruce, Scott Wilson, Lucy Wilson Cummings, Debbie Meiliken, Jacob Taylor, Richard Krupp, Ambi Kavanaugh, Karen Berg und Rav Berg.

Ich danke auch meinen Freunden im Aligned Center, wo ich so viel mehr als nur einen schönen und ruhigen Platz zum Schreiben gefunden habe. Sein Gründer Matt Ludner ist mir in vielerlei Hinsicht ein Vorbild und ich habe mich oft mit Fragen zu allen möglichen Themen an ihn gewandt, von der Geldanlage bis zur Meditation. Es war mir eine große Freude, Zeit mit allen zu verbringen, die zum Aligned Center gehören, unter anderen Leticia Reyes-James, Caroline Hotaling, Faryn Sand, Jacopo Surricchio, David Janes, Alison Gilbert, Andy Landorf, Kristin Kaye, Gwen Merkin, Daniel Goleman, DeLauné Michel und Dan Fried.

Einer der großen Glücksfälle in meinem Leben besteht darin, zu einer Familie ganz außergewöhnlicher Menschen zu gehören. Ich danke vor allem meinem großen Bruder, Andrew Green, seiner liebenswerten Frau, Jennifer Hirschl, und meinen wunderbaren angeheirateten Verwandten Marvin Cooper, Johanna Cooper, Nancy Cooper und Bruce Meltzer.

Zu guter Letzt möchte ich dieses Buch den fünf Angehörigen widmen, die alles überhaupt erst möglich gemacht haben. Meine Mutter, Marilyn Green, ist mir vom ersten Tag an eine unermüdliche Hilfe und Stütze gewesen und es ist nur passend, dass sie immer jedes Kapitel als Erste gelesen hat. Mein verstorbener Vater Barry Green weckte in mir meine Liebe für Sprachen und meine Leidenschaft für das Geldanlegen. Mein Sohn Henry Green war mir von Anfang bis Ende ein unverzichtbarer und talentierter schriftstellerischer Partner: Er half mir sehr, indem er mich mit Hintergrundinformationen versorgte, meine Interviews abtippte, Fakten überprüfte und mich darauf hinwies, wenn ich mir mehr Mühe mit meiner Sprache geben musste. Meine Tochter Madeleine Green bewies eine heroische Geduld bei der Diskussion über die Charaktere und Ideen dieses Buchs. Sie unterstützte mich auch emotional, heiterte mich auf und ermutigte mich, wann immer meine Lebensgeister erlahmten. Es gab Zeiten, da kam ich mir vor, als sei ich das Kind, um das sie sich kümmern musste. Und dann ist da noch meine Frau Lauren Cooper, der liebevollste und achtsamste Mensch, den ich kenne. Ich habe Lauren getroffen, als ich erst 22 Jahre alt war und alles Gute in meinem Leben verdanke ich diesem einen wunderbaren Glücksfall. Ich danke Euch allen aus tiefstem Herzen.

ANMERKUNGEN ZU QUELLEN UND WEITERFÜHRENDER LITERATUR

Über die Kunst, reicher, weiser und glücklicher zu sein basiert auf meinen Interviews mit vielen der weltweit erfolgreichsten Investoren. Für dieses Buch interviewte ich mehr als 40 von ihnen, wobei ich meistens mehrmals länger mit ihnen sprach. Zum Beispiel reiste ich mit Mohnish Pabrai fünf Tage in Indien, besuchte ihn in Kalifornien, traf mich mit ihm in New York und Omaha und telefonierte viele Stunden mit ihm. In ähnlicher Weise verbrachte ich zwei Tage mit Bill Miller in seinem Haus und seinem Büro in Maryland, zwei Tage mit Bill Gayner in Virginia und zwei Tage mit Arnold Van Den Berg in Texas. Ich zog auch viele Interviews heran, die ich in der Vergangenheit mit Investorenlegenden wie Sir John Templeton, Bill Ruane, Michael Price, Peter Lynch und Jack Bogle geführt hatte.

Eine Besonderheit dieses Buchs besteht darin, dass ich fast ausschließlich Investoren vorstelle, die ich schätze und bewundere. Mehrere Male begann ich, über brillante Investoren zu schreiben, die mir unsympathisch waren. Aber ich gab es dann schnell auf. Es fühlte sich fast so an, als stoße mein Körper ein fremdes Organ ab. Mich faszinieren Anleger, die ihr finanzielles Können viele Jahre lang unter Beweis gestellt haben, aber mich ziehen vor allem Menschen an, die nicht nur über ein außergewöhnliches Talent zum Geldverdienen, sondern auch über Klugheit, Erkenntnisse und Tugenden verfügen. Die in diesem Buch porträtierten Anleger können uns zweifelsohne dabei helfen, reich zu werden. Aber sie können uns auch darüber aufklären, wie man denken und leben sollte.

In derselben Absicht habe ich die folgenden Anmerkungen zu Quellen und weiterführender Literatur geschrieben. Es geht mir hier nicht darum, erschöpfend darzustellen, woher jede einzelne Tatsache und jede einzelne Zahl stammt, sondern ich möchte den Leser auf eine vielfältige Literatur hinweisen, von der ich hoffe, dass sie ihm dabei hilft, reicher, weiser und glücklicher zu werden. Mit diesem Hintergedanken habe ich die Anleger, die ich interviewt habe, gebeten, Bücher zu empfehlen, die für die Entwicklung ihres Denkens wichtig waren. Auf den folgenden Seiten finden Sie eine Reihe ihrer Empfehlungen, ergänzt durch meine eigenen.

GROSSES LOB FÜR ÜBER DIE KUNST, REICHER, WEISER UND GLÜCKLICHER ZU SEIN

»Von der ersten bis zur letzten Seite fesselnd … Über die Kunst, reicher, weiser und glücklicher zu sein hat das Zeug zum Klassiker.«

Guy Spier, Vorstandsvorsitzender von Aquamarine Capital
und Autor von *The Education of a Value Investor*

»Wunderbar … ein gründlicher, gut geschriebener und sehr notwendiger Aufruf, darüber nachzudenken, wie wir unsere Geldanlagen auswählen und wie wir unser Leben führen.«

Stig Brodersen, Mitgründer des Investor's Podcast Network
und Moderator des Podcasts *We Study Billionaires*

»Sehr empfehlenswert … ein fesselndes Buch, voller einzigartiger Einsichten über Geldanlagen und das Leben.«

John Mihaljevic, Präsident von MOI Global und Autor von *The Manual of Ideas*

»Von unschätzbarem Wert … ein zeitloser Klassiker über lebenslanges Lernen, Weiterentwicklung und darüber, wie man das Beste aus sich selbst macht.«

Gautam Baid, Autor von *The Joys of Compounding*

»Bereichernd … William Green denkt über das Geldanlegen nach und stützt sich dabei auf geschichtliche, philosophische und spirituelle Einsichten. Weit mehr als ein Buch über die richtige Auswahl von Aktien – es ist ein wertvoller Ratgeber für alle Lebenslagen.«

Nina Munk, Autorin von *The Idealist* und *Fools Rush In*

»Fantastisch … Über die Kunst, reicher, weiser und glücklicher zu sein gelingt, was wenig anderen Büchern gelungen ist – zu zeigen, wie man sich *rational* verhält.«

Saurabh Madaan, Stellvertretender Vorstand für Kapitalanlagen bei Markel Corporation
und ehemaliger leitender Datenwissenschaftler bei Google

ANMERKUNGEN

Einführung: Wie die besten Investoren denken

1 Wenn Sie mehr über Jack Bogle, der 2019 starb, wissen wollen, schauen Sie sich einige seiner zeitlosen Bücher über das Geldanlegen an, zum Beispiel die zum 10. Jahrestag der Erstveröffentlichung erschienene Sonderausgabe von Common Sense on Mutual Funds (John Wiley & Sons, 2009). Darin warnt er sehr eloquent vor der Schwierigkeit, den Markt zu schlagen, vor den Gefahren der Spekulation und vor den zerstörerischen Wirkungen übertriebener Gebühren auf die Rendite der Anleger. Mein Lieblingsbuch von Bogle ist Enough: True Measures of Money, Business, and Life (John Wiley & Sons, 2008), das Kapitel mit so eigenwilligen Überschriften wie »Zu viele Werte aus dem 21. Jahrhundert, nicht genug Werte aus dem 18. Jahrhundert« enthält.
Als ich mit Bogle vor zwei Jahrzehnten ein Telefoninterview machte, sprach er mit viel Gefühl über das, was er von seinem Mentor, Walter Morgan, gelernt hatte. Morgan war ein Pionier der Fondsanlage, der die altmodischen Werte, die Bogle vertrat, verkörperte, Werte wie »Disziplin, Ehre, Pflicht [und] Anstand«. Ich hörte plötzlich nichts mehr und ich dachte, die Verbindung wäre unterbrochen worden. Dann merkte ich, dass Bogle so gerührt war, dass er nicht mehr sprechen konnte. Schließlich sagte er: »Entschuldigen Sie bitte, aber mir sind die Tränen gekommen … Ich glaube, ich habe ihn geliebt. Er hat so viel für mich getan.« Morgan hatte auf Bogle einen unauslöschlichen Eindruck gemacht, weil er »ein prinzipientreuer Gentleman mit einem starken Charakter war.« Er brachte ihm bei, dass »der Anteilseigner König ist … Denken Sie sich nur: Ein Anteilseigner schrieb ihm einmal, dass er keinen wirklich guten Anzug habe und ob Mr Morgan einen für ihn hätte? Und Mr Morgan schickte ihm einen.«
Als ich Bogle fragte, wer sonst seine Investmentphilosophie beeinflusst hätte, erwähnte er zwei bekannte Autoren. Charles Ellis schrieb in den 1970er-Jahren einen »einflussreichen« Artikel mit der Überschrift »The Loser's Game« und veröffentlichte später einen Buchklassiker mit dem Titel Winning the Loser's Game (McGraw-Hill, 1998). Bogle empfahl auch Burton Malkiels Buch A Random Walk Down Wall Street (W.W. Norton & Company, 2020), welches ihn in seinem Glauben an die zwingende Logik von Indexfonds bestärkte.

2 Mein Porträt von Bill Miller (»It's Bill Miller's Time«) erschien in der Ausgabe von Fortune vom 10. Dezember 2001. Es beschrieb, wie er sich in weiser Voraussicht nach den Anschlägen vom 11. September, als der Markt zusammenbrach, auf Aktien stürzte. In jenen Tagen wurde Miller von seinen Kollegen dafür ausgelacht, dass er 500 Millionen Dollar in ein Einzelhandelsunternehmen investiert hatte, das keine Gewinne machte und von dem viele dachten, dass es bald Pleite machen würde: Amazon.com. Aber Miller erklärte mir, dass Amazon »unglaubliche Größenvorteile« hätte, »die schließlich jeder erkennen« würde. Ich schrieb damals: »Wenn er unrecht hat, dann wird dies der größte Fehlschlag seiner Karriere werden. Aber wenn er Recht hat – und Miller glaubt immer noch, dass er Recht hat – dann wird seine Wette auf Amazon als eine der besten Anlageentscheidungen aller Zeiten gelten.« Die Aktie von Amazon ist seitdem von weniger als 10 Dollar auf mehr als 3000 Dollar in die Höhe geschossen und Miller war bei dem ganzen Anstieg dabei.

3 Ed Thorpe, der Inbegriff des rationalen Denkers, der sich auf die Maximierung von Gewinnchancen und die Minimierung von Katastrophenrisiken konzentriert, wurde zuerst als Glücksspieler berühmt. Er schrieb einen Bestseller, *Beat the Dealer* (Blaisell Publishing Company, 1962), in dem er zeigte, wie man beim Blackjack durch Kartenzählen gewinnen kann. Kürzlich schrieb er seine unterhaltsamen Memoiren, *A Man for All Markets* (Random House, 2017; deutsch: *Ein Mann für alle Märkte*, Börsenbuchverlag, 2018), in denen er von seinen Triumphen bei allem Möglichen – von Roulette und Baccara bis zum Handel mit Optionen und Optionsscheinen – erzählt. Als ich Miller über Thorp fragte, bemerkte er: »Ich denke, er ist der Beste. Was für ein großer Investor Buffett auch sein mag, ich denke, dass Thorp besser ist, weil er auf Sachen gekommen ist, an die vor ihm noch nie jemand gedacht hat… Seine Leistungen sind um so viel besser und es gibt dabei fast keine Schwankungen. Außerdem hat er das alles selbst geschafft und die statistische Arbitrage erfunden.«
Ein Grund für den Erfolg von Thorp besteht darin, dass er das Kelly-Kriterium anwandte, ein Wettsystem, von dem er sagt, dass es ihm dabei half, »das optimale Verhältnis zwischen Risiko und Gewinn« zu kalkulieren. »Es verhindert, dass man zu hoch wettet.« In *Fortune's Formula* (Hill and Wang, 2005; deutsch: *Die Formel des Glücks*, Börsenmedien, 2007) beschreibt William Poundstone, wie Thorp dieses Wettsystem eingesetzt hat. Es hat ihm ermöglicht, schnell ein Vermögen aufzubauen, ohne dabei das Risiko des Ruins einzugehen. Um sich klarzumachen, warum das so wichtig ist, lohnt es sich, *When Genius Failed* (Random House, 2000; deutsch: *Der große Irrtum*, FinanzBuch-Verlag, 2. Aufl., 2012) zu lesen, Roger Lowensteins fesselndes Buch über die Geschichte von Long-Term Capital Management – ein Hedgefonds, der mit einer so hohen Fremdkapitalquote arbeitete, dass sein Untergang fast zum Kollaps des Finanzsystems geführt hätte. Thorp erzählte mir, dass man ihm angeboten hätte, 10 Millionen Dollar in den Fonds zu investieren, dass er aber davon Abstand genommen hätte, weil die Fondsmanager, die für ihre Schlauheit berühmt und zu ihrem Unglück arrogant waren, »zu hohe Risiken« eingegangen waren. »Deshalb erschien mir die Wahrscheinlichkeit des Untergangs durchaus vorhanden zu sein.«Thorp empfiehlt auch *Superforecasting* (Crown Publishers, 2015; deutsch: *Superforecasting*, Fischer, 2016) von dem Psychologieprofessor Philip Tetlock und dem Journalist Dan Gardner. Tetlocks Forschung zeigt, dass Investoren, Ökonomen und andere Wahrsager ihre Fähigkeit, die Zukunft vorherzusagen, überschätzen. Tetlock schreibt, dass in Wirklichkeit »der durchschnittliche Experte ungefähr so richtig liegt, wie ein Schimpanse, der Dartpfeile wirft«. Eine wichtige Lektion, die wir alle von kampferprobten und weisen Investoren wie Bogle und Thorp lernen sollten, ist, dass wir uns immer vor unserer Neigung zu übertriebenem Selbstvertrauen in Acht nehmen müssen.

Kapitel 1: Der Mann, der Warren Buffett geklont hat

Dieses Kapitel basiert praktisch ausschließlich auf meinen Interviews mit Mohnish Pabrai. Wenn Sie mehr von ihm wissen wollen, können Sie Dutzende seiner Reden, Podcast-Auftritte und Blogs auf seiner Website, chaiwithpabrai.com, finden. Ich empfehle auch sein Buch, The Dhandho Investor (John Wiley & Sons, 2007; deutsch: Der Dhandho-Investor, Börsenmedien, 2008). Wie nicht anders zu erwarten, gibt er im ersten Absatz bekannt: »Ich habe nur wenige eigene Ideen. Praktisch alles habe ich von irgendwoher übernommen.«

1 Wenn Sie gerne mehr über die Dakshana-Stiftung wissen möchten, besuchen Sie https://dakshana.org. Diese Stiftung gibt begabten, aber benachteiligten Schülern die Gelegenheit, einen Studienplatz an den Indian Institutes of Technology oder einem staatlichen medizinischen College zu erhalten. Eine Spende von 99 Dollar pro Monat für 24 Monate reicht aus, um für einen Schüler das komplette Zweijahresprogramm von Dakshana zu bezahlen. Ein kosteneffizienterer Weg, um Familien zu helfen, der Armut zu entkommen, ist kaum vorstellbar.

2 Pabrai benutzt das Wort *Klonen*, um seine Angewohnheit zu beschreiben, die besten Ideen und Verfahren anderer Leute schamlos zu kopieren (und oft zu verbessern). Wo kann man mehr über diese erfolgreiche Anlage-, Geschäfts- und Lebensstrategie erfahren? Es gibt erstaunlich wenig empfehlenswerte Literatur. Aber für mich ist Tim Ferriss einer der anderen Großmeister des Klonens, obwohl ich ihn diesen Ausdruck noch nicht habe gebrauchen hören. Das gewichtige Buch von Ferriss, *Tools of Titans* (Houghton Mifflin Harcourt, 2017; deutsch: *Tools der Titanen*, FinanzBuch-Verlag, 4. Aufl., 2017), ist voll von praktischen Ratschlägen, die er vielen Spitzenleuten über Gegenstände entlockt hat, die so unterschiedlich sind wie morgendliche Routinen, Fitness, Ernährung, Produktivität und Vermögensaufbau.
In seinem Podcast, *The Tim Ferriss Show*, gibt es noch viel mehr. Meine Lieblingsfolgen sind die Interviews von Ferriss mit seinem Freund Josh Waitzkin, einem ehemaligen nationalen Schachmeister und einem Tai-Chi-Weltmeister, der auch der Autor des Buchss *The Art of Learning* (Free Press, 2007) ist. Waitzkin, der im Moment die Kunst des Stand-up-Paddlings erlernt, bringt auch Hedgefonds-Manager und Topathleten bei, dadurch Spitzenleistungen zu erreichen, dass sie eine »tiefe Geistesgegenwart« und eine »ungehinderte Selbstverwirklichung« kultivieren, was entscheidend für mentale Spiele auf Spitzenniveau, wie Investieren oder Schreiben, ist. Pabrai, Ferriss und Waitzkin haben die Fähigkeit gemeinsam herauszufinden, was funktioniert und ihr Wissen dann mit großer Detailversessenheit anzuwenden.
Sobald man erst einmal anfängt, nach anderen Beispielen für Klonen zu suchen, sieht man, wie viele der überragenden Menschen im Lauf der Geschichte sich bewusst bemüht haben, ihre Vorbilder nachzuahmen und ihr Verhalten zu kopieren. Leo Tolstoi schrieb 1884 in sein Tagebuch: »Ich muss für mich selbst einen Lesekreis einrichten: Epiktet, Marc Aurel, Buddha, Pascal, das Neue Testament. Jeder sollte das tun.« Marc Aurel beginnt sein unsterbliches Buch, *Selbstbetrachtungen*, mit einer genauen Liste der guten Eigenschaften, die er bei 16 Personen gefunden hat, einschließlich seines Adoptivvaters, des Römischen Kaisers Antoninus Pius: »ein gereifter Mann, fertig in jeder Hinsicht, unzugänglich gegen Schmeichelei«, mitfühlend, selbstlos, fleißig, niemals grob, niemals zufrieden »mit oberflächlichen Erwägungen«, unbestechlich »gegenüber scheinbaren Ehren«, »stark, standhaft und nüchtern«, »niemals war er geschmacklos oder auf Neuerungen erpicht« (Marc Aurel, a.a.O., S. 6-9; Anmerkung des Übersetzers). In ähnlicher Weise empfahl der Philosoph Seneca, sich vorzustellen, das wir andauernd von jemand beobachtet werden würden, den wir verehren, und zu versuchen, den strengen Anforderungen dieser Person zu genügen.

3 Der Erfolg von Pabrai beruht zu einem erstaunlichen Grad auf Prinzipien und Methoden, die er von Warren Buffett und Charlie Munger geklont hat. Vor vielen Jahren gab mir Pabrai ein Exemplar von *Poor Charlie's Almanack* (Donning, 2005), einer unverzichtbaren Sammlung von Mungers Reden und Schriften. Pabrai schrieb eine Widmung hinein: »Ich hoffe, Ihnen gefällt es genauso gut wie mir. Es ist das beste Buch, das ich je gelesen habe.« Wenn Sie wirklich von Munger lernen wollen, nicht nur, wie man Geld anlegt, sondern auch, wie man rational denkt, dann ist das Ihre Bibel. Es lohnt sich, es immer wieder und wieder zu lesen.

Für die Anhänger von Buffett besteht die erste Herausforderung darin, aus einem breiten Angebot hilfreicher Literatur auszuwählen. Dazu gehören *Tap Dancing At Work* (Portfolio/Penguin, 2012) von seinem Freund Carl Loomis und *The Warren Buffett Way* (John Wiley & Sons, 1994; deutsch: *Warren Buffett*, Börsenbuchverlag, 3. Aufl., 2016) von Robert Hagstrom. Ich persönlich greife immer wieder auf die Briefe des Aufsichtsratsvorsitzenden zurück, die Buffett für seine jährlichen Geschäftsberichte schreibt. Sie sind ab dem Jahr 1995 kostenlos auf www.berkshirehathaway.com erhältlich. Eingefleischte Fans können noch weiter zurückgehen und Sammelwerke wie *Berkshire Hathaway Letters to Shareholders* 1965-2019 (Explorist Productions, 2020) durchstöbern. Dieses Werk wird von seinem Herausgeber, Max Olson, regelmäßig auf den neusten Stand gebracht. Wenn Sie sich wirklich in die Schriften von Buffett zur Geldanlage und zum Geschäftsleben vertiefen, dann glaube ich, dass Sie Ihr Leben lang nichts anderes zu diesen Themen lesen müssen. Alles wird hier behandelt. Alles, was man wissen muss. Klar und leicht einzusehen. Und viel billiger als ein MBA.

4 Pabrais Überzeugung von den Vorteilen unerschütterlicher Ehrlichkeit beruht auf der Lektüre des Buchs *Power vs. Force* (Hay House, 2002) von dem verstorbenen David Hawkins, dessen Schriften auch einen großen Einfluss auf Guy Spier und Arnold Van Den Berg hatten. Hawkins, der ein Psychiater und Arzt war, bevor er ein spiritueller Lehrer wurde, scheibt mit erhellender Klarheit über die positiven und die negativen Folgen verschiedenen Verhaltens – und wie man eine höhere Bewusstseinsstufe erreichen kann. Zum Beispiel bemerkt er: »Einfache Freundlichkeit gegenüber sich selbst und allem, was lebt, ist die stärkste Kraft von allen, um Veränderungen zu bewirken. Sie ruft keine feindseligen Reaktionen hervor, bringt keine Nachteile mit sich und führt nie zu Verlust und Verzweiflung. Sie verstärkt die wahre Kraft von einem selbst und kostet einen nichts. Aber um die größtmögliche Wirkung zu haben, darf diese Freundlichkeit keine Ausnahmen zulassen. Und sie darf auch nicht in der stillen Hoffnung auf persönliche Vorteile oder Belohnungen ausgeübt werden. Dann ist ihre Wirkung ebenso weitreichend wie hintergründig.«

Hawkins, der seine Anhänger lehrte, einen Weg zu verfolgen, den er »andächtige Nicht-Dualität« nannte, schrieb auch Bücher wie *The Eye of the I* (Hay House, 2001; deutsch: *Das All-sehende Auge*, Sheema-Medien, 4. Aufl., 2005), *I: Reality and Subjectivity* (Hay House, 2003) und *Truth vs. Falsehood* (Hay House, 2005). Er sah sie als Ratgeber für »festentschlossene spirituelle Schüler«, die nach Erleuchtung suchen. Sie sind nicht so leicht verständlich wie *Power vs. Force*, aber sie sind etwas Besonderes und sprechen Sie vielleicht auf einer noch tieferen Ebene an. Vor Kurzem habe ich ein anderes seiner Bücher gelesen, *Letting Go* (Hay House, 2013; deutsch: *Loslassen*, Sheema-Medien, 2014), welches praktische Techniken enthält, um seine negativen Gefühle loszuwerden.

Kapitel 2: Der Wille, seinen eigenen Weg zu gehen

1 Meine Gespräche mit Sir John Templeton fanden im November 1998 in seinem Büro und in seinem Haus auf den Bahamas statt. Später unterhielt ich mich noch mit ihm am Telefon. Mein Artikel »The Secrets of Sir John Templeton« erschien in der Ausgabe des Magazins *Money* vom Januar 1999.

2 John Rothschild schrieb ein sehr schönes Buch, *The Davis Dynasty* (John Wiley & Sons, 2001), welches erzählt, wie Shelby Cullom Davis, sein Sohn Shelby M. C. Davis und *sein* Sohn Christopher Davis ein Investmentunternehmen aufgebaut haben, das drei Generationen lang

florierte. Der Reichtum der Familie beruhte nicht nur auf kluger Aktienauswahl, sondern auch auf extremer Sparsamkeit. Als ich Christopher Davis interviewte, erzählte er mir, dass sein Großvater Shelby Cullom Davis »Geldausgeben als unmoralisch« angesehen hätte. Einmal, als Christopher 13 Jahre alt war, war er mit seinem Großvater zu Fuß in der Nähe der Wall Street unterwegs. Er besaß die Kühnheit, um 1 Dollar für einen Hot Dog zu bitten. Sein Großvater verweigerte ihm diese Bitte und erklärte, dass »aus diesem Dollar 1000 Dollar werden würden, wenn ich ihn wie er investieren und genauso lang wie er leben würde!«. Christophers Vater, Shelby M. C. Davis, erbte diese Verachtung von solch schockierender Extravaganz: »Wenn ich mich mit einem Mädchen traf, das mein Vater nicht mochte, sagte er, ›Sie ist eine Verschwenderin.‹.«

3 Zu Templetons vielen freidenkerischen philanthropischen Unternehmungen gehörte auch die finanzielle Unterstützung der wissenschaftlichen Erforschung der Zusammenhänge von Gesundheit und Gebet. Als ein Beispiel dazu ist zu nennen: »Study of the Therapeutic Effects of Intercessory Prayer in Cardiac Bypass Patients: A Multicenter Randomized Trial of Uncertainty and Certainty of Receiving Intercessory Prayer", veröffentlicht im *American Heart Journal* von 2006. Die Templeton-Stiftung verfolgt weiterhin seine Vision «von unermüdlicher Neugier beim Streben nach unendlichem Wissen«. Die Website der Stiftung, templeton.org, dokumentiert die Unterstützung einer Vielzahl von faszinierenden Projekten, die von Spitzenforschung im Bereich der Genetik über eine »Initiative für das Heranziehen von Genies«, welche »mathematische Talente fördern will, von denen es nur eines unter einer Million Menschen gibt«, bis zu einem Film über Erzbischof Desmond Tutu und den Dalai Lama mit dem Titel *Act Like a Holy Man* reichten. Bis Ende 2018 hatte die Stiftung 1,5 Milliarden Dollar ausgegeben und verfügte noch über Mittel in Höhe von fast 3 Milliarden Dollar.

4 Meine Beschreibung von Templetons unkonventioneller Erziehung basiert vor allem auf meinen Interviews mit ihm. Aber ich habe mich auch auf die biografischen Informationen in zwei der besten je über ihn geschriebenen Bücher bezogen: *Investing the Templeton Way* (McGraw-Hill, 2008; deutsch: *Die Templeton-Methode*, FinanzBuch-Verlag, 2008) von Lauren Templeton und Scott Phillips und *The Templeton Touch* (Templeton Foundation Press, Neuauflage von 2012) von William Proctor.

5 Um mehr über die Anlagebedingungen während des Kriegs zu erfahren, siehe *Wealth, War & Wisdom* (John Wiley & Sons, 2008) von dem verstorbenen Barton Biggs, der selbst ein berühmter Investor war. Biggs schreibt fesselnd und detailreich über die Kriegsjahre und zieht daraus auch scharfsinnige Lehren, wie man auch in den turbulentesten Zeiten sein Vermögen schützen kann. Zum Beispiel: »Unsicherheit erzwingt Diversifizierung. Diversifizierung ist schon immer der erste Grundsatz der Investmentregeln des vernünftigen Mannes gewesen … In Schwarzafrika glaubten die Menschen Jahrhunderte lang, dass Vieh das sicherste Wertaufbewahrungsmittel sei. Bis dann die große Dürre kam.« Biggs schrieb auch seine Memoiren, *Hedgehogging* (John Wiley & Sons, 2006; deutsch: *Hedgehogging*, Wiley-VCH, 2016), die voll von seinen eleganten, bauernschlauen Einsichten sind. Zum Beispiel: »Der Aktienmarkt ist eine sadistische, widerspenstige und launenhafte Bestie und nichts ist für immer.«

6 Lauren Templeton und Scott Phillips liefern eine detaillierte Beschreibung von Templetons Leerverkaufsstrategie in ihrem Buch *Investing the Templeton Way*. Sie weisen darauf hin, dass er sich vor der Gefahr ins Unermessliche steigender Verluste dadurch geschützt hatte, dass er sich die eiserne Regel gegeben hatte, seine Leerverkaufsposition sofort »zu decken«, wenn eine Aktie,

auf deren Fall er spekuliert hatte, um einen bestimmten Prozentsatz anstieg, nachdem er seine Wette abgeschlossen hatte. Als Lauren Templeton 2017 eine Rede für die Gesprächsreihe »Talks at Google« hielt, deutete sie an, dass Sir John (ihr Großonkel) vielleicht bis zu 400 Millionen Dollar in den Leerverkauf dieser Aktien investiert hatte. Sie erklärte, dass seine Methode darin bestand, die Aktien sieben Tage vor Ablauf der Stillhaltefrist leer zu verkaufen und seine Leerverkaufspositionen zehn Tage nach dem Ablauf zu decken.

7 Ich bin heute viel aufgeschlossener gegenüber Templetons Büchern, als ich es vor zwei Jahrzehnten war, als ich sie zum ersten Mal gelesen habe. Zum Beispiel beeindruckt mich heute *Wisdom from World Religions* (Templeton Foundation Press, 2002) als eine besonders wertvolle Zusammenstellung von 200 »ewigen spirituellen Prinzipien«, die Templeton als »das Regelwerk, nach dem wir leben sollten«, ansah. Als ich das Buch vor ein paar Jahren wieder gelesen habe, fühlte ich Schamesröte in mein Gesicht aufsteigen und ich habe tatsächlich laut gestöhnt, als ich erkannte, wie engstirnig ich gewesen war und wie viel ich von ihm hätte lernen können. An den Rand einer Seite von Templetons Buch schrieb ich: »Der Witz ist, dass ich gleichzeitig intelligent und dumm sein konnte – ich hatte so viel damit zu tun, Proust zu analysieren und über Nietzsche nachzudenken, dass ich die offensichtliche Weisheit übersah, die er zu geben hatte. Ich war einfach zu beschränkt und zu voreingenommen, um zu sehen, was alles hinter seinem Erfolg und seiner Lebensfreude steckte.«

8 Templetons Faszination von »Gedankenkontrolle« geht auf seine Kindheit zurück. Dank seiner Mutter wuchs er mit den Lehren der Neugeist-Bewegung auf, welche die Rolle der »geistigen Kraft« dabei betonte, Glück, Gesundheit, Erfolg und Wohlstand zu erreichen. Seine Schriften sind voll von Zitaten der führenden Köpfe dieser Bewegung, unter anderen Imelda Shanklin, einer Geistlichen der Einheitskirche, die predigte: »Wenn man seinen Geist beherrscht, beherrscht man die Welt.« Templeton schrieb das Vorwort zu einem Buch mit dem Titel *New Thought, Ancient Wisdom* (Templeton Foundation Press, 2006) von seinem »Freund und Wegbegleiter« Glenn Mosley. Eine Schlüsselfigur in dieser spirituellen Bewegung war Ernest Holmes, der an »Geistheilung« glaubte und feststellte: »Wir leben in einem intelligenten Universum, das auf unsere Bewusstseinszustände reagiert. In dem Maße, in dem wir lernen, diese Bewusstseinszustände zu kontrollieren, kontrollieren wir automatisch auch unsere Umwelt.« Holmes prophezeite auch, dass »uns allen irgendwo auf dem Weg der menschlichen Erkenntnis bewusst werden wird, dass Himmel und Hölle in uns selbst liegen.«

Kapitel 3: Alles ist im Wandel

1 Das Zitat am Anfang dieses Kapitels ist aus dem Buch *Zen Mind, Beginner's Mind* (John Weatherhill, 1970; deutsch: *Zen-Geist – Anfänger-Geist*, Theseus, 2016), eine Sammlung brillanter Gespräche mit Shunryu Suzuki über Meditation und Lebensweise aus Sicht des Zen-Buddhismus. Kurz nach diesem Zitat erklärt Suzuki: »Wenn wir die ewig gültige Wahrheit von »Alles ist im Wandel« einsehen und darin unsere Gemütsruhe finden, dann haben wir das Nirwana erreicht. Wenn wir die Tatsache, dass alles im Wandel ist, nicht akzeptieren, können wir die vollkommene Gemütsruhe nicht finden.«

Ich habe viel über die Konsequenzen der Unbeständigkeit für Investoren geschrieben, aber ich hätte mich genauso gut mit einer anderen wichtigen Idee beschäftigen können, die wir auch aus dem Zen-Buddhismus übernehmen sollten: die Idee von *shoshin*, oder dem Geist des Novizen. Suzuki meint, dass wir immer danach streben sollten, unseren »Geist zu entleeren«, sodass er

»offen für alles« ist. Er sieht diese aufgeschlossene Haltung als das Geheimnis der Lebensweise des Zen-Buddhismus an und stellt fest: »Ein Geist voll von vorgefassten Ideen, persönlichen Absichten oder Gewohnheiten ist nicht offen für die Dinge, so wie sie sind … Man sollte keinen eigenen Gedanken im Kopf haben, wenn man jemand zuhört. Man sollte vergessen, was man alles im Kopf hat und nur dem zuhören, was sein Gegenüber sagt … Unser Geist sollte beweglich und offen genug sein, um die Dinge so zu verstehen, wie sie sind.«
Mariko Gordon, eine der nachdenklichsten Finanzmanagerinnen, die ich je getroffen habe, sagte, dass auch Investoren sich den Geist eines Novizen bewahren sollten. »Das ist sehr wichtig«, sagte sie zu mir, »keine Annahmen zu treffen und alles einfach so zu sehen, als ob man es zum ersten Mal sehen würde [und] fähig zu sein, nicht einem bestimmten Gesichtspunkt zu sehr anzuhängen.« Wenn sie damit anfängt, ein Unternehmen zu analysieren, »habe ich keine vorgefassten Meinungen«, sagte Gordon. »Wenn ich mit dem Management spreche, dann stelle ich eine Menge zielloser Fragen. Ich komme also nicht mit dem Plan ›Ich will versuchen, x, y und z herauszufinden‹, sondern ich komme, um ein Gespräch zu führen und zu sehen, was dabei herauskommt. Ich bin richtig neugierig auf das Unternehmen … Ich spiele gerne den Dorftrottel, denn ich schäme mich nicht, wenn es so aussieht, als wüsste ich überhaupt nichts.«
Gordon, deren Neugier und Aufgeschlossenheit sie in viele Richtungen geführt hat, an die sie davor nicht gedacht hatte, empfiehlt die Lektüre von *Hardcore Zen* (Wisdom Publications, 2015; deutsch: *Hardcore Zen*, Aurum, 2010) von Brad Warner, einem geweihten Zen-Lehrer, der früher Bassist in einer Punkrock-Band war. Ihr gefallen auch die Schriften von Alan Lew, ein Rabbi und Zen-Buddhist, Koautor eines Buchs mit dem Titel *One God Clapping* (Jewish Lights, 2001). Und sie empfiehlt *The Art of Time* (Da Capo Lifelong Books, 2000) von Jean-Louis Servan-Schreiber – ein Buch, von dem sie sagt, dass es »unser Verhältnis zur Zeit« diskutiert und »wie man darüber nicht oberflächlich, sondern grundsätzlich nachdenken sollte, also auf eine tiefere und meditativere Art«.

2 Der Aufsatz von T. Rowe Price, »Wandel – die einzige Gewissheit, die ein Investor hat« (im Original: »Change – the Investor's Only Certainty«), ist enthalten in *Classics: An Investor's Anthology* (The Institute of Chartered Financial Analysts, 1989), ein Sammelband, der von Charles Ellis und James Vertin herausgegeben wurde. Dieser Band enthält Beiträge einer ganzen Reihe von Giganten der Finanzwelt, unter anderem von John Maynard Keynes, Benjamin Graham, Philip Fisher und Roy Neuberger. Einer der besten Aufsätze stammt von Ellis, der über die psychologische Herausforderung schreibt, langfristig an Aktien festzuhalten: »Die entscheidende Frage ist, ob der Anleger tatsächlich durchhalten wird. Das Problem dabei liegt nicht in den Märkten, sondern bei uns selbst, bei unseren Wahrnehmungen und unserer Reaktionen auf unsere Wahrnehmungen. Deswegen ist es für jeden Kunden so wichtig, sich genau über die eigene Toleranz gegenüber Kursschwankungen oder die der Organisation, die er vertritt, klar zu werden …« Es gibt auch eine Rede von Templeton aus dem Jahr 1984 über »Globale Geldanlage«, die mit einem aufrüttelnden Appell schließt: »Wenn man nicht jeden Tag auf die Knie fällt, in tiefer Dankbarkeit für alles Gute, was einem widerfahren ist – für dieses Übermaß an Gutem –, dann hat man noch nie über den Tellerrand hinausgesehen.«

3 Man kann sich kostenlos die Sammlung »Memos from Howard Marks« bei www.oaktreecapital.com/insights/howard-marks-memos anschauen, die mehr als drei Jahrzehnte umfasst. Man kann sich auch eintragen, um E-Mail-Benachrichtigungen zu erhalten, wenn Marks neue Memoranden veröffentlicht. Ab und zu gibt es also auch in der Welt des Investments etwas umsonst, in diesem Fall sogar etwas Wertvolles und Nützliches.

4 Eines meiner Lieblingsbücher über das Geldanlegen ist *The Most Important Thing Illuminated* (Columbia University Press, 2013) von Howard Marks, das auch Kommentare von Christopher Davis, Joel Greeenblatt, Paul Johnson und Seth Klarman enthält. Wenn Sie sich ernsthaft mit den Finanzmärkten beschäftigen und verstehen wollen, wie man sein Portfolio strukturieren sollte, um »auf das, was möglicherweise kommen wird« vorbereitet zu sein, sollten Sie auch sein zweites Buch lesen, *Mastering the Market Cycle* (Houghton Mifflin Harcourt, 2018; deutsch: *Marktzyklen meistern*, Börsenbuchverlag, 2019), in dem Themen wie der Kreditzyklus, der Schuldenzyklus und »das Pendel der Investorenpsychologie« eingehend diskutiert werden. Es ist nicht so leicht zu lesen wie sein vorhergehendes Buch, aber es verschafft dem Leser eine solide Grundlage für das Verständnis der Finanzmärkte. Genauso wichtig ist es, alles, was man aus seinen zwei Büchern erfahren kann, durch die regelmäßige und sorgfältige Lektüre seiner neuesten Memoranden zu ergänzen, die verdeutlichen, wie er die Risiken und Chancen des aktuellen Marktumfelds einschätzt. Das kann besonders an den Extrempunkten des Auf und Ab der Märkte hilfreich sein, um die entgegengesetzten Fehler übertriebener Furcht oder übermäßiger Gier zu vermeiden.

5 Ich habe in diesem Abschnitt eine Reihe von Erkenntnissen von Michel de Montaigne zitiert, die ich aus Sarah Bakewells wunderbarem Buch *How to Live, or, A Life of Montaigne in One Question and Twenty Attempts at an Answer* (Chatto & Windus, 2010; deutsch: *Wie soll ich leben?*, Beck, 2. Aufl., 2019) habe. Montaigne wusste, wie die besten Investoren auch, wie wichtig es ist, sich von der Welt zurückziehen und in Ruhe nachdenken zu können. Bakewell, die Montaignes Bibliothek als ein »Kuriositätenkabinett« bezeichnet, das mit eigenartigen Dingen und Erinnerungsstücken vollgestopft war, zitiert ihn wie folgt: »Bedauernswert ist nach meiner Meinung, wer bei sich zu Hause nicht hat, wo er bei sich zu Hause sein kann, wo er sich ganz allein den Hof machen und sich verbergen kann.« (Dieses Zitat stammt aus der in Kapitel 3 genannten deutschen Übersetzung der *Essais* von Montaigne, S. 659; Anmerkung des Übersetzers.) Ein Kapitel in Bakewells Buch behandelt die Bedeutung davon, alles in Frage zu stellen. Dieses Kapitel trägt den von einem Ausspruch von Sokrates inspirierten Untertitel: »Ich weiß nur, dass ich nichts weiß und nicht einmal dessen bin ich mir sicher.«

6 Die Rolle von Glück bei der Geldanlage und im Leben steht im Mittelpunkt von Nassim Nicholas Talebs höchst originellem Buch *Fooled by Randomness* (Thomson/Texere, 2004; deutsch: *Narren des Zufalls*, Pantheon, 2. Aufl., 2018), aus dem Marks oft zitiert. Taleb ist ein brillanter und streitbarer Skeptiker, vor dessen Intellekt ich fast Angst habe. Ich fürchte mich immer ein bisschen vor seiner Kritik. Aber niemand hat wie er das Talent, unsere bequemen Annahmen und unsere Illusionen über Glück, Unsicherheit und Risiko in Frage zu stellen. Zum Beispiel stellt er in *Fooled by Randomness* fest: »Wir unterliegen oft dem falschen Eindruck, dass eine bestimmte Strategie exzellent ist oder dass ein erfolgreicher Unternehmer jemand mit einer ›Vision‹ ist oder dass ein erfolgreicher Börsenhändler besonders talentiert ist – nur um später festzustellen, dass 99,9 Prozent der von ihnen erzielten Ergebnisse dem Glück, und nur dem Glück, zu verdanken sind.«

Keines von den Büchern Talebs hat mich auf eine heilsamere Weise aufgerüttelt als *Antifragile* (Random House, 2012; deutsch: *Antifragilität*, Albrecht Knaus, 3. Aufl., 2013), das mich dazu brachte, über eine kritische Frage nachzudenken, die sich jeder Anleger stellen sollte: Wie kann ich mein Portfolio und mein Leben widerstandsfähiger machen? Taleb spricht eine eindringliche Warnung aus: »Wer zerbrechlich ist, wird irgendwann zerbrechen.« Tatsächlich finden sich in allen von Talebs Büchern wertvolle Einsichten. Denken Sie zum Beispiel nur an diese aus *The*

Black Swan (Random House, 2007; deutsch: *Der schwarze Schwan*, Pantheon, 5. Aufl., 2018): »Die Idee, dass man sich, um eine Entscheidung zu treffen, auf die möglichen Konsequenzen konzentrieren muss (die man wissen kann) und nicht auf deren Wahrscheinlichkeiten (die man nicht wissen kann), *ist die zentrale Idee des Konzepts der Unsicherheit.*« Oder denken Sie einmal über diesen Satz aus *Skin in the Game* (Random House, 2018; deutsch: *Das Risiko und sein Preis*, Penguin, 2018) nach: »*Bei einer Strategie, die in den Ruin führen kann, überwiegt der Nutzen nie das Risiko des Ruins.*« Genau wie bei den klügsten Investoren – von Ed Thorp über Warren Buffett bis zu Howard Marks – beruht die Anlagestrategie von Taleb auf der entscheidenden Erkenntnis, dass »es auf das Überleben ankommt«.

7 Für eine wissenschaftlichere Diskussion des *Satipatthana Sutta* sollte man Joseph Goldsteins Buch *Mindfulness* (Sounds True, 2013; deutsch: *Achtsamkeit*, KOHA, 2017) heranziehen, in welchem viele Weisheiten, sowohl für Buddhisten als auch für Nicht-Buddhisten, stecken. Goldstein, dessen Buch als »praktischer Führer zur Erweckung« beworben wird, ist einer der bedeutendsten Lehrer der Achtsamkeitsmeditation im Westen. Ich empfehle auch *Mastering the Core Teachings of Buddha* (Aeon Books, 2018; deutsch: *Die Meisterung des Kerns der Lehre Buddhas*, Michael Zeh, 2006) von Daniel Ingram, der Meditation und Erweckung aus einem anderen Blickwinkel betrachtet. Sein Untertitel – *An Unusual Hardcore Dharma Book* – ist Verlockung und Warnung zugleich. Josh Tarasoff hat mich auf dieses Buch aufmerksam gemacht, ein Hedgefonds-Manager, dessen Meditationsübungen ihm entscheidend dabei helfen, sein geistiges Gleichgewicht zu bewahren.

Kapitel 4: Der widerstandsfähige Investor

1 Sie können mehr über Benjamin Grahams Leben in *The Einstein of Money* (Prometheus Books, 2012) lesen, einer umfassenden Biografie von Joe Carlen. Mir hat auch sehr gut gefallen »Benjamin Graham: The Father of Financial Analysis«, ein Aufsatz, der 1977 von der Financial Analysts Research Foundation veröffentlicht wurde. Der Koautor ist Grahams Schüler Irving Kahn und der Aufsatz ist im Internet frei verfügbar – mit freundlicher Genehmigung des CFA Institute (Institute of Chartered Financial Analysts). Er enthält einen liebevollen Abriss von Grahams Leben und die Gedanken von Kahn über den Charakter und die intellektuelle Brillanz seines Mentors. Zum Beispiel: »Seine Gedanken waren so schnell, dass sich die meisten Leute wunderten, wie schnell er eine komplizierte Frage beantworten konnte, kaum dass er sie gehört hatte … Er zeichnete sich auch durch die außergewöhnliche Breite und Tiefe seines Gedächtnisses aus. Das erklärt, warum er Griechisch, Latein, Spanisch und Deutsch lesen konnte. Noch bemerkenswerter war, dass er, ohne je Spanisch studiert zu haben, einen spanischen Roman so professionell in literarisches Englisch übersetzen konnte, dass seine Übersetzung von einem amerikanischen Verlag akzeptiert wurde.«
Grahams Hauptwerk, *Security Analysis* (The McGraw-Hill Companies Incorporated, 1934; deutsch: *Die Geheimnisse der Wertpapieranalyse*, FinanzBuch-Verlag, 5. Aufl., 2016), das er zusammen mit David Dodd schrieb, ist ein gewichtiger und eindrucksvoller Wälzer. Tom Gayner, der Ko-Vorstandsvorsitzende von Markel, empfiehlt die Ausgabe von 1934, weil darin »die echte Stimme von Ben Graham und sein Standpunkt« enthalten seien und diese durchdrungen sei von der Leidenschaft ihres Autors für griechische und römische Literatur und seiner Sicht auf die Welt und darauf, »warum Leute in Zeiten des Triumphs und der Verzweiflung das tun, was sie tun.«

Grahams anderes großes Werk, *The Intelligent Investor*, ist leichter zugänglich. Es ist in einer überarbeiteten Auflage mit einem neuen Kommentar von Jason Zweig erhältlich (Harper Collins, 2003; deutsch: *Intelligent investieren*, FinanzBuch-Verlag, 2020). Es gibt auch eine Sammlung von kürzeren Schriften Grahams (und einigen Interviews) mit dem Titel *Benjamin Graham: Building a Profession* (McGraw-Hill, 2010), die von Zweig und Rodney Sullivan herausgegeben wurde.

2 Matthew McLennans Studium der alten und der modernen Geschichte bestärkte ihn in seinem Glauben, dass wir »Unsicherheit akzeptieren« und ganz bewusst die finanziellen Risiken, denen wir durch unvorhergesehene Katastrophen ausgesetzt sind, begrenzen müssen. »Ein Buch, aus dem ich sehr viel gelernt habe«, sagte er, ist *Der Peloponnesische Krieg* von Thukydides (Reclam, 2000; Anmerkung des Übersetzers), der erzählt, wie der Aufstieg von Sparta (»eine sehr traditionsverhaftete, sittenstrenge und militaristische Gesellschaft«) die Stellung von Athen (»eine blühende, den USA ähnliche Gesellschaft«) auf eine Art bedrohte, die »Unsicherheit hervorrief« und zu Krieg führte. Nach Meinung von McLennan sind beim Aufstieg Chinas, der die Vorherrschaft der USA bedroht, ähnliche destabilisierende Kräfte im Spiel. Genauso bedrohte der Aufstieg Deutschlands in den frühen 1900er-Jahren Großbritannien, das damals »auf dem Gipfel seiner Macht stand«. Diese historischen Muster sind »nicht notwendigerweise ein Abbild dessen, was passieren wird«, aber sie sind eine Mahnung daran, nie gleichgültig gegenüber den geopolitischen und ökonomischen Risiken zu werden, die vielleicht entstehen. McLennan fügte hinzu: »Übrigens besaß Thukydides offenbar eine eigene Goldmine. Er war also mit den Vorteilen, die man durch eine Absicherung haben kann, vertraut.«

3 McLennans Strategie, in »dauerhafte Unternehmen« zu investieren, die relativ widerstandsfähig gegenüber Umbrüchen und Krisen sind, geht zum Teil auf seine Beschäftigung mit Physik und dem Prinzip der Entropiezunahme zurück. Dadurch erklärt sich auch seine Überzeugung, dass »die Dinge mit der Zeit zur Unordnung tendieren«. Er hat auch von der Biologie gelernt. Zum Beispiel sieht er die Wirtschaft als ein darwinistisches Ökosystem an, in dem alle Unternehmen sich in Richtung Niedergang und Tod bewegen, genau wie die meisten Arten schließlich aussterben.

Wer sich mit diesen Ideen näher befassen will, kann sich Robert Hagstroms Buch *Investing: The Last Liberal Art* (Texere, 2000) anschauen, welches sich auf die Erkenntnisse von so verschiedenen Disziplinen wie Physik, Psychologie und Philosophie stützt. In dem Kapitel mit der Überschrift »Biologie: Der Ursprung einer neuen Art« wendet Hagstrom einen evolutionstheoretischen Ansatz auf die Geldanlage an. Daraus zieht er den Schluss, dass es schwierig sei, eine Anlagestrategie zu finden, die auf Dauer funktionieren wird, weil die Finanzmärkte sich unaufhörlich ändern und anpassen. »Je mehr Investoren dieselbe Strategie verwenden, desto weniger profitabel wird sie«, schreibt er. »Die Ineffizienz, diese Strategie zu verwenden, wird offensichtlich und sie wird verdrängt. Aber dann treten neue Investoren mit neuen Ideen auf … Kapital fließt in andere Anlageformen und eine neue Strategie setzt sich durch. Damit beginnt der evolutionäre Prozess von Neuem.« Wie Paul Lountzis in Kapitel 7 feststellt, besteht das Genie von Buffett zum Teil darin, dass er sich immer weiterentwickelt und nicht an derselben Anlagestrategie festhält, wenn sich die wirtschaftlichen Rahmenbedingungen ändern.

McLennan wurde auch von Stephen Wolframs 1197-seitigen Monster von einem Buch, *A New Kind of Science* (Wolfram Media, 2002), beeinflusst. Wolfram, den er als »einen bahnbrechenden Denker auf dem Feld der Komplexitätstheorie« bezeichnete, hat Millionen von Computerexperimenten mit zellulären Automaten durchgeführt. Diese bestehen aus Zeilen von Zellen, von denen jede entweder schwarz oder weiß ist. Wolfram zeigte, dass einige einfache Regeln für die Zustandsänderung der Zellen mit der Zeit Muster von immenser Komplexität hervorbringen können. Sein Buch, das voll ist mit Bildern dieser unvorhersehbar komplexen (und oft scheinbar zufälligen) Muster, bildete das »intellektuelle Rückgrat« von McLennans Überzeugung, dass man Unsicherheit erwarten und respektieren sollte.

4 Als ich McLennan fragte, wie er mit der Unsicherheit in seinem Privatleben umgehen würde, antwortete er, dass er das Studium stoischer Philosophen wie Seneca und Marc Aurel »sehr hilfreich« finden würde, weil diese einen dazu bringen würden, »darüber nachzudenken, was einen aus dem Gleichgewicht bringt«. McLennan fügte hinzu: »Heraklit verwendet den Ausdruck ›panta rhei‹ und ich denke, er bezieht sich auf die Idee, dass alles im Fluss ist. Ich habe oft darüber nachgedacht. Dabei habe ich festgestellt, dass man, wenn man akzeptieren kann, dass die Dinge außerhalb von einem selbst im Fluss sind, sich auf das eigene innere Gleichgewicht konzentrieren kann. Aber wenn ich mir die Welt so anschaue, dann sehe ich, dass die meisten Leute das Gegenteil tun. Sie versuchen, den Fluss der äußeren Dinge unter Kontrolle zu bringen. Sie versuchen, Vorhersagen zu machen. Sie versuchen, sich auf das einzustellen, was sie erwarten. Und das verursacht einen Zustand inneren Tumults. Ich denke, entscheidend ist hier eine ganz einfache Verhaltensänderung. Man muss sich fragen, ›Bin ich grundsätzlich bereit, Unbeständigkeit, Komplexität und Unsicherheit zu akzeptieren oder nicht?‹ Und wenn die Antwort ›Ja‹ lautet, dann denke ich, dass man dann frei dafür ist, sich auf sein eigenes Gleichgewicht zu konzentrieren.«

Was könnte das ganz praktisch bedeuten? Als jemand, der sich viel damit beschäftigt hat, selbst ins Gleichgewicht zu kommen, möchte ich es wagen, ein paar vorsichtige Ratschläge zu geben. Wie McLennan habe ich auch Trost und einen Blick für das richtige Verhältnis der Dinge in der stoischen Philosophie gefunden, vor allem in den Schriften von Seneca, Epiktet und Marc Aurel, auf die wir gleich zurückkommen werden.

Mir hat auch die Achtsamkeitsmeditation sehr geholfen. Eine Methode, die mich anspricht, wird von George Mumford gelehrt, einem ehemaligen Heroinabhängigen, der der Meditationslehrer von Michael Jordan und Kobe Bryant wurde. Von Mumford gibt es einen tollen Kurs auf der exzellenten App »Ten Percent Happier«, welche auch Meditationskurse von Lehrern wie Joseph Goldstein und Sharon Salzberg anbietet. Mir gefällt auch Mumfords Buch *The Mindful Athlete* (Parallax Press, 2015), welches verschiedene Techniken beschreibt, die einem dabei helfen, sich »mit jenem Zentrum in einem selbst, in dem man Raum zwischen Reiz und Reaktion findet, das Auge im Zentrum des Wirbelsturms« zu verbinden. Meiner Meinung nach ist die Fähigkeit, im Mahlstrom des Lebens ruhig und konzentriert zu bleiben, für Spitzeninvestoren genauso wichtig wie für Berufssportler.

Die Art der »Allgüte«-Meditation, die Salzberg und viele andere lehren, kann auch einen enormen positiven Effekt auf die Emotionen und sogar auf die »Verdrahtung« des Gehirns der Meditierenden haben. Wenn Sie mir das nicht glauben, dann lesen Sie *Happiness* (Little, Brown and Company, 2003; deutsch: *Glück*, Knaur, 14. Aufl., 2009) von Matthieu Ricard, der seine Karriere auf dem Gebiet der Zellgenetik aufgab, um ein buddhistischer Mönch zu werden. »So wichtig äußere Bedingungen auch sein mögen, das Leiden ist, genau wie das Wohlergehen im Wesentlichen ein innerer Zustand,« schreibt Ricard. »Das zu verstehen ist die Grundvoraussetzung für ein lebenswertes Leben.«

Bücher wie *Altered Traits* (Avery, 2017) von Daniel Goleman und Richard Davidson diskutieren die »Wissenschaft« der Achtsamkeit und zeigen, welche weitreichenden Wirkungen diese uralten Praktiken auf Geist, Gehirn und Körper haben. In ähnlicher Weise untersucht Kristin Neff, eine

Professorin der Universität von Texas in Austin den psychischen Nutzen von Selbstmitgefühl, ein Konzept, das sie vom Buddhismus übernommen hat. Sie und Christopher Germer haben *The Mindful Self-Compassion Workbook* (The Guildford Press, 2018; deutsch: *Selbstmitgefühl – Das Übungsbuch*, Arbor, 2019) verfasst, ein Buch, welches diese wissenschaftlichen Untersuchungen heranzieht, um zu zeigen, wie das Mitgefühl mit sich selbst genutzt werden kann, um innere Stärke, Widerstandskraft und emotionales Wohlergehen zu fördern.

Kapitel 5: Einfachheit ist die höchste Stufe der Vollendung

1 Joel Greenblatt hat drei Bücher über das Geldanlegen geschrieben. Ich würde mit *The Little Book That Beats the Market* (John Wiley & Sons, 2005; deutsch: *Die Börsen-Zauberformel*, Börsenbuchverlag, 3. Aufl., 2011) beginnen, das die Essenz seines lebenslangen Nachdenkens über die hohe Kunst der Aktienauswahl enthält. Das Buch ist ein Muster an Verständlichkeit.
Grenblatts nächstes Buch, *The Big Secret for the Small Investor* (John Wiley & Sons, 2011; deutsch: *Das Geheimnis erfolgreicher Anleger*, Börsenbuchverlag, 2012) war weniger erfolgreich, aber enthält ebenfalls einige unbequeme Wahrheiten, über die jeder, der den Markt schlagen will, nachdenken sollte. »Für die meisten Anleger kommt es einfach nicht in Frage, den Wert eines Unternehmens zu ermitteln – das richtig zu machen, ist viel zu schwierig«, schreibt er. »Warum holen wir uns nicht einen Experten, der das für uns erledigt? Das funktioniert leider nicht ... Wegen der Gebühren und der Art, wie das Investmentgeschäft funktioniert, schneiden die meisten aktiven Fondsmanager schlechter ab als der Markt.« Greenblatts Lösung für die Mehrheit der Anleger besteht in der indexorientierten Geldanlage. Aber er warnt davor, dass die üblichen, an der Marktkapitalisierung orientierten Indexfonds zu viele überbewertete Aktien und zu wenig Schnäppchen enthalten.
Früher in seiner Karriere schrieb Greenblatt auch *You Can Be a Stock Market Genius* (Fireside, 1999), ein anspruchsvoller, aber unterhaltsamer Führer durch die abgelegenen Gebiete der Investmentwelt, wie etwa Abspaltungen, Übernahmen oder Konkurse. Für Anleger, die die analytischen Fähigkeiten haben, sich in diesen gefährlichen Gewässern zurechtzufinden, ist das ein unbezahlbares Buch. Ein Freund von mir, der an der Harvard Business School studiert und eine erfolgreiche Investmentfirma geführt hatte, sagte mir: »Ich persönlich habe 10 Millionen Dollar wegen dieses Buchs verdient.« Als meine Frau dies hörte, stellte sie fest, dass es mir nicht gelungen wäre, einen ähnlichen Nutzen aus der Lektüre dieses Buchxs zu ziehen.

2 Greenblatts Bestrebungen, etwas Gutes für die Gesellschaft zu tun, haben sich vor allem um die Schulreform gedreht. Er half bei der Gründung der Success Academy, eines großen (und politisch umstrittenen) Netzwerks von gemeinnützigen Charter-Schulen, über das man mehr unter www.successacademies.org erfahren kann. Neben anderen bekannten Finanzmanagern wie Daniel Loeb, John Petry und Yen Liow sitzt er im Kuratorium dieses Netzwerks. In seinem neusten Buch, *Common Sense: The Investor's Guide to Equality, Opportunity and Growth* (Columbia Business School Publishing, 2020), schreibt Greenblatt, dass die Grundidee, die hinter Charter-Schulen steckt, darin bestünde, mit leistungsstarken Schulen ein Beispiel zu geben, das in vielen anderen ärmeren Gegenden nachgeahmt werden könne: »Sie helfen zu zeigen, dass Schüler aus Haushalten mit niedrigen Einkommen oder Schüler, die einer Minderheit angehören, Spitzenleistungen erzielen können, wenn sie richtig gefördert werden.«
Wie hat es funktioniert? Greenblatt schreibt, dass 2019 Schüler aus den 45 Schulen des Success-Netzwerks so gute Ergebnisse in den bundesstaatlichen Mathematik- und Englischprü-

fungen erzielten, dass »das Success-Netzwerk im gesamten Staat New York an erster Stelle bei den Leistungen der Schüler stand und damit jeden wohlhabenden Vorortsschulbezirk übertraf.« Das ist umso beeindruckender, wenn man bedenkt, dass sich die Schulen der Success Academy meistens in den ärmsten Gegenden von New York City befinden und dass 75 Prozent der Schüler aus benachteiligten Familien kommen.

3 James Stewarts *Den of Thieves* (Simon & Schuster, 1992) ist die definitive Darstellung des Schrottanleihenskandals der 1980er-Jahre, der zu Michael Milkens Gefängnisaufenthalt führte. Lesen Sie dieses Buch und entscheiden Sie dann, ob Milken die Begnadigung durch den Präsidenten verdient hatte, die er nach Jahren vergeblicher Bemühungen 2020 erhielt.

4 Eine fachlich anspruchsvollere Diskussion darüber, wie man rational in hochwertige Unternehmen wie etwa Coca-Cola investiert, findet man in *Value Investing From Graham to Buffett and Beyond* (John Wiley & Sons, 2001; deutsch: *Handbuch Value Investing*, Wiley-VCH, 2002) von Bruce Greenwald, Judd Kahn, Paul Sonkin und Michael van Biema. Roger Lowensteins erstklassige Biografie *Buffett* (Random House, 1995; deutsch: *Buffett*, Börsenbuchverlag, 2019) enthält eine detaillierte Erklärung, warum Buffett »ungefähr ein Viertel des Marktwertes von Berkshire Hathaway« auf Coca-Cola setzte und in diese Aktie mehr investierte »als in irgendeine der anderen Aktien«. Lowenstein stellt fest, dass es sich bei Coca-Cola um ein einfach strukturiertes Unternehmen handelte, das über Preisgestaltungsmacht, Schutzwälle gegen die Konkurrenz und einen einmalig hohen Markenbekanntheitsgrad verfügte. Und obwohl die Aktie *scheinbar* teuer war, war das Gewinnpotential des Unternehmens so groß, dass »Buffett dachte, er bekäme einen Mercedes zum Preis eines Chevrolets«. Wie Greenblatt erklärt, ist das der intelligenten Geldanlage zugrunde liegende Geheimnis einfach: »Finden Sie heraus, was etwas wert ist und zahlen Sie viel weniger dafür.«

Kapitel 6: Das große Abenteuer von Nick und Zack

1 Wie Nick Sleep und Qais Zakaria herausfanden, ist Robert Pirsigs Buch *Zen and the Art of Motorcycle Maintenance* (William Morrow and Company, 1974; Deutsch: *Zen und die Kunst, ein Motorrad zu warten*, Fischer, 36. Aufl., 1978) überraschend wichtig für den geduldigen Geldanleger sowie für jeden, der etwas von bleibendem Wert schaffen will, ob es sich nun um einen Fonds, ein Unternehmen, ein Kunstwerk oder eine wohltätige Einrichtung handelt. Am Anfang seines Buchs erklärt Pirsig, wie er an sein Thema herangehen will: »Ich will nichts überstürzen. Das ist auch so eine Unsitte des 20. Jahrhunderts. Wenn man etwas überstürzt, dann bedeutet das, dass einem nicht mehr länger etwas daran liegt und man sich anderen Dingen zuwenden will. Ich möchte mein Thema langsam, aber sorgfältig und gründlich behandeln …«
Sleep erinnerte sich: »Das Buch brachte mir das ganze Thema zu Bewusstsein, nämlich das Nachdenken darüber, wie man denken sollte. Es hat für mich einfach alles geändert.« Zum Beispiel brachte es ihn dazu, sich Fragen zustellen wie: »Wie kann ich ein besserer Investor werden, indem ich auf die richtige Art denke? Darüber nachdenken, wie man denken sollte. Darum geht es.« Sleep zufolge hat Pirsig sich der Suche nach dem gewidmet, das »wahr«, »wichtig« und »intellektuell aufrichtig« ist und er macht deutlich, was es bedeutet, sich »qualitätsvoll« zu verhalten.
Ein weiteres ungewöhnliches Buch, das Sleeps Investmentansatz inspirierte, war Michael Pollans *A Place of My Own* (Penguin Books, 2008). Es erzählt die Geschichte von Pollans Bemühungen, in den Wäldern hinter seinem Haus ein zauberhaftes Gebäude zu entwerfen und (»mit meinen

eigenen zwei ungeschickten Händen«) zu bauen, »als einen Platz, um zu lesen, zu schreiben und in den Tag zu träumen«. Sleep bemerkte dazu: »Was ich daran liebe, ist dieses sanfte und ruhige Nachdenken darüber, etwas wirklich so zu erbauen, wie es sich gehört und ganz allein und in aller Ruhe. Er liest darüber und genießt diesen Prozess. Und er findet dann seinen Ausdruck in diesem schönen Gebäude, das für ihn fast so etwas wie ein kleiner karmischer Tempel ist. Es steckt diese liebevolle, gelassene Philosophie darin. Und mir fällt heute auf, dass Zak und ich auch so ähnlich handelten, obwohl mir das damals nicht bewusst war.«
Sleep empfiehlt auch *The Book of Joy* (Avery, 2016; Deutsch: *Das Buch der Freude*, Lotos, 15. Aufl., 2016), das Ergebnis einer wochenlangen Unterhaltung zwischen Erzbischof Desmond Tutu und dem Dalai Lama. Es ist durchdrungen von ihrer lebensbejahenden Weisheit, ihrem verschmitzten Humor und ihrer fröhlichen Widerstandskraft. Im Gespräch über sein Exil von Tibet sagt der Dalai Lama: »Persönlich ziehe ich das Flüchtlingsleben der letzten fünf Jahrzehnte vor. Es ist nützlicher und man hat mehr Gelegenheiten, zu lernen und Lebenserfahrungen zu machen. Vom einen Standpunkt aus, denkt man: oh wie schlimm, oh wie traurig. Betrachtet man dieselbe Tragödie, dasselbe Ereignis von einem anderen Standpunkt aus, erkennt man, dass es mir neue Möglichkeiten verschafft hat. Also ist es wundervoll. Das ist der Hauptgrund, warum ich nicht traurig und trübsinnig bin. Es gibt ein tibetisches Sprichwort: ›Wo immer du Freunde hast, da ist dein Land; und wo immer du geliebt wirst, da ist deine Heimat.‹«

2 Sleep und Zakaria hatten ihr Bloomberg-Terminal auf einen niedrigen Tisch ohne Stuhl verbannt, sodass es körperlich unbequem war, sich dem ständigen Ansturm aktueller Nachrichten und immer neuer Marktdaten auszusetzen. Der Autor, der aus meiner Sicht am besten über das Thema geschrieben hat, wie man sich in einer Zeit unablässiger digitaler Ablenkungen konzentrieren und tatsächlich nachdenken kann, ist Cal Newport, ein Professor für Computerwissenschaft an der Universität von Georgetown. Er hat *Deep Work* (Grand Central Publishing, 2016; Deutsch: *Konzentriert arbeiten*, Redline, 2017) und *Digital Minimalism* (Portfolio/Penguin, 2019; Deutsch: *Digitaler Minimalismus*, Redline, 2019) verfasst. Zur Erklärung der Grundhypothese von *Deep Work* schreibt Newport: »Die Fähigkeit, konzentriert zu arbeiten, wird genau in der Zeit immer seltener, in der sie für unsere Wirtschaft immer wertvoller wird. Deshalb werden die wenigen, die diese Fähigkeit kultivieren und dann zum Mittelpunkt ihres Arbeitslebens machen, Erfolg haben.« Das beschreibt auch die erfolgreichsten Investoren – von Buffett und Munger bis zu Sleep und Zakaria.

3 Eines der Geheimnisse des finanziellen Erfolgs liegt in der Fähigkeit, den Verlockungen der sofortigen Bedürfnisbefriedigung zu widerstehen – zum Beispiel, indem man Geld für die ferne Zukunft spart und Aktien langfristig hält, statt wild mit ihnen Handel zu treiben. Dasselbe Prinzip gilt auch für Unternehmen. Wie Charlie Munger 2001 auf der Jahreshauptversammlung von Berkshire Hathaway feststellte: »Fast alle guten Unternehmen betreiben ein ›Kosten heute, Gewinne morgen‹-Geschäft.«
Wie wichtig es ist, Bedürfnisbefriedigung aufschieben zu können, ist auch Gegenstand von vielen der moralischen Geschichten, die wir als Kinder lesen. Nachdem ich darüber mit Thomas Russo diskutiert hatte, schrieb er mir: »Heute weniger Marmelade und dafür morgen mehr Marmelade, die Geschichte von den drei kleinen Schweinchen und so weiter … Diese Kindergeschichten vermitteln nachdenklichen Menschen das Prinzip der aufgeschobenen Bedürfnisbefriedigung. Aber in der Gesellschaft gibt es viele Gründe, warum Entscheidungsträger fälschlicherweise mehr Marmelade heute vorziehen, auch wenn das bedeutet: weniger Marmelade morgen. Viele Investmentchancen ergeben sich aus der Fähigkeit, die Gegenposition zu kurzfris-

tigen Wetten einzugehen. Ich hatte das große Glück, Kunden zu haben, die mir gestatteten, langfristig zu denken und zu handeln.«

Die Fähigkeit – oder die Unfähigkeit –, die Bedürfnisbefriedigung aufzuschieben ist auch in der Psychologie ein beliebtes Thema. Am berühmtesten ist der Marshmallow-Test. In diesem Experiment aus den 1960er-Jahren gab man Hunderten von Kindern eine Süßigkeit und stellte sie vor eine schwere Wahl: Sie konnten die Süßigkeit entweder sofort essen oder sie konnten ein paar Minuten warten, bis der Wissenschaftler zurückkehrte, und dann *zwei* Süßigkeiten essen. Ein Team von Psychologen von der Universität von Stanford beobachtete durch ein verspiegeltes Fenster, wie die Vorschulkinder mit der Versuchung kämpften. Walter Mischel, der das Experiment entworfen hatte, diskutiert dessen Implikationen in *The Marshmallow Test* (Little, Brown and Company, 2014; Deutsch: *Der Marshmallow-Effekt*, Pantheon, 4. Aufl., 2016). Er fand heraus, dass »diejenigen, die als Vorschulkinder länger ausgehalten hatten«, als Erwachsene eher fähig waren, »langfristige Ziele zu verfolgen und zu erreichen«. Sie »erreichten höhere Bildungsabschlüsse und hatten einen deutlich niedrigeren Körpermasseindex«. Maria Konnikova, die bei Mischel an der Columbia Universität studiert hatte, schrieb in einem Artikel für den *New Yorker* aus dem Jahr 2014 (»Die Mühen eines Psychologen bei der Erforschung von Selbstkontrolle«) über ihn: »Mischel hat immer wieder herausgefunden, dass der entscheidende Faktor für das Aufschieben der Bedürfnisbefriedigung in der Fähigkeit besteht, seine Wahrnehmung des Objekts, dem man widerstehen will, zu ändern.« Und weiter: »Der Schlüssel, so stellte sich heraus, ist zu lernen, mental die, wie Mischel sie nennt, ›heißen‹ Objekte der eigenen Umgebung ›abzukühlen‹: also die Dinge, die einen vom eigenen Ziel abbringen.« Eine seiner »Abkühlungstechniken« besteht darin, das Objekt der Begierde in seiner Vorstellung in eine sichere Entfernung zu bringen. Eine andere Art der Impulskontrolle ist, das Objekt umzudeuten – zum Beispiel, indem »man sich Marshmallows nicht als Süßigkeiten, sondern als Wolken vorstellt«.

Kapitel 7: Nützliche Gewohnheiten

1 Was sollte man sonst noch lesen, wenn man bessere Gewohnheiten annehmen will? Das nützlichste Buch, das ich zu diesem Thema kenne, ist *The Power of Habit* (Random House, 2012; Deutsch: *Die Macht der Gewohnheit*, Piper, 8. Aufl., 2013) von Charles Duhigg. Er stützt sich auf neurowissenschaftliche und psychologische Studien zur Gewohnheitsbildung. »Auf diese Weise werden neue Gewohnheiten geschaffen: Indem man einen Auslöser, eine Routine und eine Belohnung zusammenbringt und dann ein Verlangen kultiviert, das die Gewohnheitsschleife antreibt.« Zum Beispiel: »Wenn man damit beginnen will, jeden Morgen zu laufen, ist es entscheidend, dass man einen einfachen Auslöser (etwa seine Laufschuhe immer vor dem Frühstück zu schnüren oder die Laufsachen neben dem Bett zu lassen) und eine sichere Belohnung wählt (wie einen Leckerbissen zum Mittagessen oder das Erfolgserlebnis, wenn man seine Laufleistung aufschreibt oder der Endorphinschub, den man durch das Laufen erhält) … Beginnt das Gehirn, die Belohnung zu erwarten – also nach Endorphinen oder dem Erfolgserlebnis verlangt – entsteht der Automatismus, jeden Morgen seine Laufschuhe zu schnüren. Der Auslöser muss also nicht nur die Routine, sondern auch das Verlangen nach der Belohnung sein.«

Mohnish Pabrai und Guy Spier sind begeisterte Radfahrer. Auf Facebook teilen sie oft Videos, Fotos und die Daten ihrer langen Radtouren. Ich habe mich oft gewundert, warum sie sich diese Mühe geben. Aber ich weiß jetzt, dass es eine Methode ist, für sich selbst eine psychische

Belohnung zu schaffen, die ihren Wunsch verstärkt, an ihrer Fitness zu arbeiten. In ähnlicher Weise entwickelte ich eine nicht für möglich gehaltene Besessenheit für mein Peloton-Ergometer, als ich wegen der COVID-19-Pandemie die meiste Zeit zu Hause verbringen musste. Ich nahm sogar an einem Wettbewerb mit Dutzenden von Teams aus der ganzen Welt teil. Einer der Höhepunkte des Tages bestand für mich darin, mit meinen Teamkollegen Grafiken zu teilen, die unsere heldenhaften Anstrengungen darstellten.

2 Im jährlichen Geschäftsbericht von Markel schreibt Tom Gayner jedes Jahr über dieselben vier Anlageprinzipien. Ob das nicht eintönig ist? Selbstverständlich. Aber genau darum geht es. Seine Überlegenheit als Investor beruht zum Großteil auf der konsequenten Anwendung derselben vernünftigen, disziplinierten und altbewährten Methode. Eine Zusammenstellung seiner Geschäftsberichte ist auf www.markel.com zu finden. Es lohnt sich, sie jedes Jahr zu lesen, weil sie sich durch Tugenden auszeichnen, an denen Gayner unbeirrbar festhält, wie Bescheidenheit, Anstand, langfristiges Denken, Streben nach Vervollkommnung und Hilfsbereitschaft. Ich vermute, dass wir durch eine Art Osmose von der Gesellschaft von Menschen profitieren, die sich so verhalten.

3 Gayners übliche Verhaltensweise bei allem, von der Geldanlage über körperliche Bewegung bis zur Ernährung, ist »radikal-gemäßigt«. Er verzichtet auf extremere Strategien, die er für weniger nachhaltig hält. Seine Einstellung erinnert an die alte Lehre von Aristoteles, dass dauerhaftes Glück auf einer harmonischen Ausgeglichenheit beruht, der »goldenen Mitte«.
Lou Marinoffs Buch *The Middle Way* (Sterling Publishing Company, 2007) erklärt, wie das Studium der euklidischen Geometrie, zusammen mit seinem Sinn für die Schönheiten der Natur, Aristoteles davon überzeugte, dass »auch das menschliche Verhalten sich an ›richtigen‹ Proportionen orientieren sollte«. Aristoteles war der Meinung, dass »übertriebene Körperübungen ebenso wie unzureichende den Verlust der Leibeskraft herbeiführen. Desgleichen verdirbt ein Übermaß oder ein unzureichendes Maß von Speise und Trank die Gesundheit, während das rechte Maß sie hervorbringt, stärkt und erhält. Ebenso ist es nun auch mit der Mäßigkeit, dem Starkmut und den anderen Tugenden«. (Dieses Zitat stammt aus der in Kapitel 7 genannten Aristoteles-Ausgabe, S. 28–29; Anmerkung des Übersetzers.)
Lou Marinoff zufolge erkannten Aristoteles, Buddha und Konfuzius alle »dass Extreme ein Fluch für Glück, Gesundheit und Harmonie sind: nicht nur für sich selbst, sondern auch für alle anderen«. Marinoff wendet die Einsichten dieser Weisen auf unsere Zeit an und schreibt: »Materialisten, die vor allem anderen dem Vergnügen und dem Gewinn hinterherjagen, bleiben unglücklich. Religiöse Fanatiker, die vor allem anderen den Kampf gegen das Moderne betreiben, bleiben unglücklich … Buddhas Mittelweg hilft uns, diese Extreme zu vermeiden, indem wir in unserem Leben Mäßigung praktizieren und Mitgefühl für die Leiden anderer zeigen.«
Es steckt eine Menge praktischer Weisheit in Gayners Philosophie der radikalen Mäßigung. Aber gemessen am Maßstab der meisten Leute, wirkt er dennoch ziemlich extrem. Nachdem mir Gayner davon erzählt hatte, schaute ich mir *The Last Dance* an, eine faszinierende Dokumentarfilmserie über Michael Jordan und die Chicago Bulls. Es war nicht schwer zu begreifen, warum sich Gayner von Jordan hatte inspirieren lassen, den hohe Arbeitsmoral und unbändiger Siegeswille zu einer unbesiegbaren Macht im Basketball gemacht hatten. Auf dem höchsten Niveau ist der Wettbewerb beim Investieren genau wie beim Basketball so intensiv, dass nur Talent einfach nicht genug ist. Wie Peter Lynch einmal zu Bill Miller sagte: »Man kann sie nur schlagen, wenn man härter arbeitet als sie.«

Kapitel 8: Seien Sie kein Narr!

1 Während meines Interviews mit Charlie Munger bat ich ihn, mir ein paar Bücher zu empfehlen, die ich meinen Kindern geben könnte, um sie zu lehren, die »üblichen Dummheiten« zu vermeiden, die das Leben vieler Menschen ruinierten. »Nun«, sagte er, »da wäre zunächst einmal *Poor Charlie's Alamanack*«. Es gibt keinen Zweifel daran, dass diese Sammlung von Mungers »Witzen und Weisheiten« ein unbezahlbares Hilfsmittel für jeden ist, der seine Anfälligkeit für »gewöhnliche Fehler« ernsthaft verringern will. Darin ist auch die brillante Abschiedsrede von 1986 enthalten, in der er seine »Ratschläge, wie man auf jeden Fall ein erbärmliches Leben führt« mitteilt. Munger erwähnte mir gegenüber auch den Einfluss des verstorbenen Garrett Hardin, der ihm geholfen hatte, die Angewohnheit der »Umkehrung« anzunehmen. Wie Munger ging Hardin Probleme »von hinten« an, indem er sich zuerst damit beschäftigte, was schiefgehen könnte, und dann versuchte, katastrophale Resultate zu vermeiden. Hardin, der Humanökologe war, schrieb zahlreiche Bücher, darunter *Filters Against Folly* (Viking, 1985). Er wägt darin die Risiken verschiedener Unglücksfälle, zum Beispiel Unterbrechungen der Stromversorgung, gegeneinander ab und schreibt dazu: »Das Einzige, auf das wir uns wirklich verlassen können, ist die menschliche Unzuverlässigkeit selbst.«
Einen anderen Blick auf die tragikomische Fehlbarkeit des Menschen hat Robert Trivers, ein führender Wissenschaftler auf dem Gebiet der evolutorischen Biologie. Sein Buch *The Folly of Fools* (Basic Books, 2011; Deutsch: *Betrug und Selbstbetrug*, Ullstein, 2013) ist eine beunruhigende Analyse unserer Fähigkeit zur Selbsttäuschung. Trivers behauptet, wir merken uns falsche Informationen, um damit andere manipulieren zu können. Er drückt es so aus: »Wir belügen uns selbst, um andere besser belügen zu können.« Wie Munger und Hardin fordert uns Trivers auf, anzuerkennen wie anfällig wir für Fehler sind und wie sehr wir uns vor unserem eigenen Gehirn in Acht nehmen sollten. Wenn Sie trotzdem weiter an ihr eigenes Urteilsvermögen glauben, sollten Sie *Die Logik des Misslingens* (Rowohlt, 16. Aufl., 2003; Englisch: *The Logic of Failure*, Metropolitan Books, 1996) von Dietrich Dörner lesen, einem Psychologen, der die vorhersehbaren und vermeidbaren Fehler beschreibt, die wir machen, wenn wir schwierige Entscheidungen treffen müssen. Auf dem Umschlag meines Exemplars ist eine alte Fotografie, auf der zwei elegant gekleidete Herren einen entgleisten Zug untersuchen.

2 Wenn Sie mehr über die Denkweise Mungers erfahren wollen, sollten Sie mit der Lektüre von Tren Griffins Buch *Charlie Munger* (Columbia University Press, 2015; Deutsch: *Charlie Munger*, FinanzBuch-Verlag, 2016) beginnen. Es ist ein prägnantes Buch voller scharfsinniger Erkenntnisse, wie man an den Märkten und im Leben rational handeln sollte. Richtige Munger-Verehrer sollten sich auch mit den eigenwilligen Büchern von Peter Bevelin auseinandersetzen. Zu nennen wäre hier vor allem *Seeking Wisdom* (PCA Publications, 2007), ein gehaltvolles und schwieriges Buch, das aber die Mühe wert ist. In Frage kommt auch *All I Want to Know Is Where I'm Going to Die So I'll Never Go There* (PCA Publications, 2016).

3 Joel Tillinghast, der als Manager des Niedrigkursaktienfonds von Fidelity drei Jahrzehnte lang überragende Renditen erwirtschaftete, ist auch der Autor des Buchs *Big Money Thinks Small* (Columbia University Press, 2017). Es ist ein hilfreicher Ratgeber für den Privatanleger und enthält viele vernünftige Ratschläge, um erfolgreich zu sein, indem man »Fehler vermeidet«. Tillinghast schließt sein Buch mit einer einfachen Erkenntnis, die auch von Munger, Pabrai, Greenblatt oder Marks hätte stammen können: »Vor allem sollte man nach Anlagen suchen, die viel mehr wert sind, als sie kosten.« Ihre Anlagestrategien mögen sich unterscheiden, aber das grundlegende Prinzip ist bei allen dasselbe.

4 Munger hat sich intensiv mit den Schriften von Benjamin Franklin beschäftigt, unter anderem mit seiner *Autobiography* (Deutsch: *Autobiographie*, C.H. Beck, 3. Aufl., 2016). Als jemand, der, wie er von sich selbst sagt, »in Biografien vernarrt ist«, kennt er auch die Bücher über Franklin von Autoren wie Carl Van Doren oder Walter Isaacson gut. Als ich Munger fragte, was er von Franklin darüber gelernt habe, wie man Dummheiten vermeiden kann, antwortete er: »Von Ben Franklin habe ich eine Menge gelernt: Selbstkontrolle; nicht damit anzugeben, wie schlau man ist; nicht streitsüchtig zu sein. Ich glaube, er konnte all das besser, als ich es kann. Ich stoße immer noch Menschen in einer Weise vor den Kopf, die Ben Franklin fernlag.«

Als ich Franklins Buch *Poor Richard‹s Almanack* las, erkannte ich viele Aspekte von Mungers Geschäfts- und Lebensphilosophie wieder. Zum Beispiel schreibt Franklin: »Zu Verrat und Heimtücke nehmen nur Narren ihre Zuflucht, die nicht genug Verstand haben, um ehrlich zu sein.« Und: »Ein reicher Schuft ist wie ein fettes Schwein: Er tut nur gut, wenn er mausetot ist.« Und: »Wer sich mit Hunden niederlegt, wird mit Flöhen aufstehen.« Und: »Ein leerer Sack steht nicht.« Und: »Glas, Porzellan und ein guter Ruf können schnell beschädigt, aber nie wiederhergestellt werden.« Und: »Wenn deine Reichtümer dir gehören, warum nimmst du sie dann nicht in die andere Welt mit?« Und: »Die vornehmste Frage, die man sich in dieser Welt stellen kann ist: *Was kann ich darin Gutes tun?*«

In Mungers Haus steht eine Büste von Franklin und auch eine von Lee Kuan Yew, der »vielleicht der größte Landesvater war, der je gelebt hat«. Aber Munger ist nicht nur daran interessiert, von den Tugenden und Erfolgen der »großen Toten« zu lernen, sondern auch von ihren Schwächen und Fehlern, die sogar noch lehrreicher sein können. Wie Munger zum Beispiel sagte, »hatte Franklin ein sehr schlechtes Verhältnis zu seinem einzigen überlebenden Sohn«, der »immer loyal zur britischen Krone« blieb. »Dieses Zerwürfnis konnte er nie überwinden. Es war einfach zu tief … Er sprach mit seinem Sohn nicht einmal, als er starb. Das ist erstaunlich. Franklin war zu einem heftigeren Groll fähig als ich. Ich habe den Groll besser im Griff als Franklin. Ich bin nicht so wütend auf Menschen, die ich ablehne.«

Epilog: Jenseits des Reichtums

1 Weil Bill Miller die Angewohnheit hat, sich in allen Lebenslagen in der Philosophie Hilfe zu suchen, ist er besonders gut darin, Buchempfehlungen zu geben. Er machte mich mit den Stoikern bekannt und mit Konteradmiral James Bond Stockdale, für dessen Buch *Thoughts of a Philosophical Fighter Pilot* (Hoover Institution Press, 1995) ich eine tiefe Bewunderung empfinde. Es ist ein Buch mit einem wunderbaren Titel von einem Mann der Tat mit einem wunderbaren Namen. Dank Miller entdeckte ich auch die erfrischenden Weisheiten der *Selbstbetrachtungen* von Marc Aurel, der *Unterredungen* von Epiktet und der *Briefe an Lucilius* von Seneca. Auch sehr gut gefallen hat mir ein anderes der Lieblingsbücher von Miller, Bryan Magees *Confessions of a Philosopher* (Random House, 1998; Deutsch: *Bekenntnisse eines Philosophen*, List, 1998). Dabei handelt es sich um eine autobiografische Reise durch die Geschichte der westlichen Philosophie.

Vor zwei Jahrzehnten machte mich Miller auch mit dem Philosophen William James bekannt, dessen Schriften in Sammlungen wie *Pragmatism and Other Writings* (Penguin Books, 2000) erschienen sind. James, der die Psychologie in Harvard etablierte, stellte bahnbrechende Beobachtungen darüber an, wie verzerrt wir die Realität wahrnehmen – ein wichtiges Problem, das sich jedem Anleger stellt.

In den 1890er-Jahren hielt James einen Vortrag mit dem Titel »Über eine bestimmte Art von Blindheit bei den Menschen«. Er erzählte von einem Besuch in North Carolina, wo ihn

»das abgrundtiefe Elend« einer Hütte in den Bergen schockiert hatte: »Der Wald war gerodet worden und die ›Verbesserung‹, der er seine Vernichtung verdankte, war etwas Schreckliches, eine Art Geschwür, ohne den geringsten Reiz menschlicher Kunstfertigkeit, die den Verlust der Schönheit der Natur je hätte wiedergutmachen können.« Später half ein Bergbewohner James zu verstehen, dass die Einheimischen die Zerstörung der Landschaft anders wahrnahmen. Für sie »gewährleistete die Hütte Sicherheit für sie selbst und für Frau und Kinder« und die Rodung »war ein moralisches Symbol, ein Loblied auf Pflicht, Kampf und Erfolg. Ich bin für ihre besondere Art der Idealisierung ihrer Lebensbedingungen genauso blind gewesen, wie sie es für meine Idealisierung meiner Lebensbedingungen gewesen wären, wenn sie einen Blick auf meine seltsame akademische Lebensweise in Cambridge geworfen hätten.«

Für Miller war die Moral dieser Geschichte klar. Wir müssen immer auf der Hut vor unseren Vorurteilen sein – und uns bemühen, von Gelegenheiten zu profitieren, die sich ergeben, wenn andere in diese mentale Falle tappen. Als wir uns 2001 darüber unterhielten, warum er einen 15-Prozent-Anteil an Amazon gekauft hatte, erklärte er mir, dass ihm James dabei geholfen habe, die Vorurteile zu überwinden, die seine Kollegen für das Potenzial dieses keine Gewinne erzielenden Buchhändlers blind gemacht hatten.

Wenn Sie mehr über James erfahren wollen, lesen Sie Louis Menards *The Metaphysical Club* (Farrar, Strauss and Giroux, 2001), ein Buch, das die Vorstellungen von vier großen Denkern behandelt: James, Charles Sanders Peirce, Oliver Wendell Holmes Jr. und John Dewey. Menard schreibt: »Sie glaubten alle, dass die Ideen nicht einfach existieren und darauf warten, entdeckt zu werden, sondern dass sie Werkzeuge sind – wie Gabeln, Messer oder Mikrochips –, die Menschen entwickeln, um in der Welt zurechtzukommen, in der sie leben.«

2 Seit wir uns 2015 zum ersten Mal trafen, haben Arnold Van Den Berg und ich uns viele Bücher gegenseitig geschenkt. Da er wegen meiner Trägheit besorgt war, hat er mir auch ein Trampolin geschickt. Ich habe heute in meinem Arbeitszimmer einen ganzen Stapel seiner Lieblingsbücher. Dazu gehören *The Wisdom of Your Subconscious Mind* (Prentice-Hall, 1964) von John Williams, *The Biology of Belief* (Mountain of Love Productions, 2008; Deutsch: *Intelligente Zellen*, KOHA, 2016) von Bruce Lipton, *Core Healing* (Heart of the Golden Triangle Publishers, 2007) von Joyce Fern Glasser, *Right Is Might* (Humanetics Fellowship, 1991) von Richard Wetherill und die Ausgabe der gesammelten Werke von James Allen mit dem Titel *Mind Is the Master* (Penguin Group, 2010).

Ein Thema, das viele der Bücher gemeinsam haben, die Van Den Berg beeinflusst haben, ist der Glaube, dass unser Bewusstsein unsere Realität determiniert. Er verbrachte ein halbes Jahrhundert damit, mit verschiedenen Techniken zu experimentieren, um sein Denken zu ändern, sein Unterbewusstsein zu beeinflussen und sich von innen zu wandeln. Zu all dem inspirierte ihn sein absolutes Lieblingsbuch *From Poverty to Power* (L.N. Fowler & Company, 1901; Deutsch: *Finde vollkommenen Frieden*, Lüchow, 2021). Dieser schrieb vor 120 Jahren: »Es spielt keine Rolle, was außen ist, denn es ist alles ein Spiegelbild des eigenen Bewusstseinszustands. Alles was im Inneren ist, wird entsprechend gespiegelt und gefärbt.«

INDEX